法学教室 LIBRARY

Understanding Civil Law Decisions
Mizuno Ken / Kozumi Kenzaburo / Ishida Takeshi

〈判旨〉から読み解く民法

水野 謙／古積健三郎／石田 剛

有斐閣

はしがき

「判例を度外視して現行法の何たるかを知ることは今や全く不可能となった。それは議論にあらずして事実である。而かも確定した事実である。」

　これは，今から90年以上も前の1923年に出版された民法判例研究会編『判例民法(1)大正10年度』(有斐閣)の「序」の一節である。この格調高い文章をご存知の方も，そうでない方も，判例を検討せずに民法を学ぶことはできないという点に，まず異論はないだろう。時代の変遷と共に積み重なっていく判例法理の数々。判例の重要性は，今日ますます高まっている。

　では，このように重要な判例の内容を具体的にどのように捉え，理解したらよいのだろうか。これは難問である。いざ判例にアプローチしようとしても，その方法はおそらく無数にあって，判例を簡単に理解する定式など存在しないからである。本書を手に取った方の中にも，民法を勉強する際に判例とどう向き合ったらいいのか戸惑いを感じている人が，きっといるに違いない。

　私たち3人は，この悩ましい問題に挑戦すべく，互いの原稿について意見を交わしながら，法学教室2013年4月号(391号)から2015年3月号(414号)まで「逆引き民法☆24の判旨」というタイトルで，連載を行った。それらを加筆修正し，また，同じように意見交換をしながら新たに6つの項目を書き下ろし，財産法と家族法の新旧30の重要判例を検討したのが，この本である。

　本書のそれぞれの「講」では，最初に判旨が掲げられている。各判旨は，民法を学んだことのある方には，なじみ深いものが多いだろう。読者の中には，これらの判旨を，試験対策のために取りあえず覚えようとしたことがある方や，判旨を一読しただけで論点がさっと頭に浮かび，その論点についてA説とB説が対立しており，この判旨はA説に立っているなどと素早く頭が回転する方もいるかもしれない。

　これに対して，私たちが試みたのは，まずもって判旨の内在的な理解であ

る。ある論点をめぐる見解の対立にいきなり飛びつくのではなく，抽象的に読むと理解困難な判旨の背後には，どのような事情（判例の蓄積，当事者の争い方，事案の特徴など）が隠されているのかを解きほぐしたり，判旨の論理構造を控訴審判決や従来の判例と精密に比較したり，判旨が明確に述べていることとそうでないことを区別したり，といった具合である。

　このような検討を通じて，読者は，A 説でも B 説でもない新しい角度から判例を捉え直したり，判旨を過度に抽象化して射程距離を広くとることの危険性を認識したり，さらには，ある論点に引きつけて理解していた判旨が，実は異なる問題を扱っていることに気づいたりするだろう。また，多くの学説から批判されている判旨にも，当該事実関係の下では十分な理由があることを知ったり，逆に，判旨が当たり前のように依拠している専門用語が，実際には曖昧な意味しか有していないことに気づいたりするかもしれない。

　各講の末尾には *Directions* という項目を設け，これだけは読者に理解してもらいたいというエッセンスをまとめた。*民法改正との関係*という箇所では，債権法の改正法案や家族法の改正の動きにも必要に応じて触れている。

　ときとして無味乾燥に思える判旨。これを様々な角度から読み解き，判例の豊かな内実を知り，あるいは判例がなぜ理解困難なのかを理解する。このような営みを通じて，民法を解釈することの面白さや民法という世界の奥行きを，少しでも読者に味わっていただけたら幸いである。

　最後に，有斐閣雑誌編集部の鈴木淳也さんには，法学教室連載の企画当初から本書の刊行に至るまで，さまざまなご協力やご助言をいただいた。心より御礼申し上げる。

　　2017 年 4 月

執筆者一同

目　次

第 1 講　民法 94 条 2 項および 110 条の類推適用 ── 1
　　　　　最判平成 18・2・23 民集 60 巻 2 号 546 頁
- Ⅰ　はじめに …………………………………………………… 1
- Ⅱ　従来の判例の流れ ………………………………………… 2
  - 1　外形自己作出型（2）／　2　外形他人作出型（4）／
  - 3　小括（6）
- Ⅲ　本判決の検討 ……………………………………………… 6
  - 1　事実の概要（6）／　2　Ｘの著しい不注意は，Ｘが自ら外観の作出に関与した場合と同視できるか（8）
- Ⅳ　結びに代えて──本判決が「放置」事例に言及したインパクト … 11
  - 1　「放置」事例と意思的関与の有無（11）／　2　禁反言の原則（13）

第 2 講　詐欺による取消しと第三者
　　　　　──「権利保護資格要件としての登記」への疑問 ── 17
　　　　　最判昭和 49・9・26 民集 28 巻 6 号 1213 頁
- Ⅰ　はじめに …………………………………………………… 17
- Ⅱ　判例の事案における対抗要件不要の意味 ……………… 18
- Ⅲ　96 条 3 項と 177 条との関係 …………………………… 21
  - 1　登記不要説に対する疑問（21）／　2　登記必要説に対する疑問（25）／　3　原所有者への権利帰属の法的構成（27）
- Ⅳ　おわりに──解除と第三者 ……………………………… 28

第 3 講　親権者による子の代理と利益相反・代理権濫用 ── 33
　　　　　最判平成 4・12・10 民集 46 巻 9 号 2727 頁

Ⅰ　はじめに …………………………………………………… 33
Ⅱ　〈判旨〉の親権観と代理権濫用の成立要件 …………… 35
　　1　事案（35）　／　2　代理行為の効力を否定するための法律構成（36）　／　3　「広範な裁量」の根拠と「子の利益」の捉え方（39）
Ⅲ　親権者の代理権濫用と利益相反行為 …………………… 41
　　1　民法826条の利益相反行為（41）　／　2　〈判旨〉の意義と射程（43）
Ⅳ　親権者の不適切な代理権行使への対策 ………………… 45
　　1　民法（債権関係）改正法案の考え方（45）　／　2　親権観の転換と代理権濫用の要件（47）

第4講　白紙委任状と代理権授与表示 ─────── 49
最判昭和39・5・23民集18巻4号621頁

Ⅰ　はじめに …………………………………………………… 49
Ⅱ　白紙委任状と代理権授与表示 …………………………… 50
　　1　109条の表見代理成立要件（50）　／　2　「直接型」と「間接型」の区別？（51）
Ⅲ　その後の裁判例との関係 ………………………………… 55
　　1　「交付の趣旨」との関係（55）　／　2　「直接型」と「間接型」の区別？（57）
Ⅳ　意思表示法との関連 ……………………………………… 60
　　1　代理権授与表示の存否──「直接型」「間接型」と交付の趣旨（60）　／　2　109条の成立範囲を限定する手法（62）

第5講　時効の援用権者の範囲
──後順位抵当権者の位置づけ ─────── 67
最判平成11・10・21民集53巻7号1190頁

Ⅰ　はじめに──〈判旨〉に潜む問題 ……………………… 68
Ⅱ　事案の特徴 ………………………………………………… 69

1　どんな事案だったか（69）／　2　結論の妥当性と理由づけの問題（70）

　Ⅲ　援用権者の拡大に伴う問題 ……………………………… 71
　　　1　大審院判例の考え方の妥当性（71）／　2　物上保証人・第三取得者と後順位抵当権者との異同（73）

　Ⅳ　債務者の意思決定の自由の限界 ………………………… 74
　　　1　債務者の意思決定の自由を制限する判例（74）／　2　一般債権者は後順位抵当権者より保護に値するのか？（76）

　Ⅴ　おわりに——直接性・可分性の理論について ……… 78

第6講　建物の登記名義人に対する土地所有者の建物収去土地明渡請求
——建物の所有名義と敷地占有との特別な（？）関係 ——— 81
　　最判平成6・2・8民集48巻2号373頁

　Ⅰ　はじめに ………………………………………………… 81
　　　1　〈判旨〉の射程を考える（81）／　2　権利外観法理か？それとも対抗法理か？（82）

　Ⅱ　最判平成6・2・8が定立した準則の意義と射程 ……… 83
　　　1　建物収去土地明渡請求訴訟の訴訟物（83）／　2　本判決の事案（84）／　3　実質的所有者責任説（85）／　4　登記名義人を被告としうる場合（86）

　Ⅲ　判例の類型論を支える視点 ……………………………… 88
　　　1　対抗関係との類比——(i)類型と(iii)類型との関係（88）／　2　信義・公平との関係——(ii)類型と(iii)類型との関係（91）

　Ⅳ　判例の内在的理解のさらに一歩先 ……………………… 93
　　　1　民法177条の対抗法理における信義・公平の浸透（93）／　2　登記・登録名義と目的物に対する支配（94）

第7講　背信的悪意者からの転得者
　　──「背信的悪意」の認定方法と判決の射程 ──────── 97
　　　　最判平成 8・10・29 民集 50 巻 9 号 2506 頁
Ⅰ　はじめに ……………………………………………………… 97
Ⅱ　第三者制限説と背信的悪意者排除論 ………………………… 98
　　1　「登記欠缺を主張する正当の利益」という基準（98）／
　　2　前提条件としての登記不具備に対する非難可能性（99）／
　　3　背信的悪意者排除論の要素としての悪意と信義則違反（101）
Ⅲ　転得者の背信性認定基準 ……………………………………… 103
　　1　〈判旨〉の事案と第二譲受人の背信性認定（103）／
　　2　転得者の背信性認定（104）
Ⅳ　背信性の認められない第二譲受人からの転得者問題 ……… 108
　　1　〈判旨〉の射程（108）／　2　対抗要件主義の趣旨と相対
　　的構成の可能性（109）
Ⅴ　不登法 5 条に該当する者からの転得者 ……………………… 110
　　1　不登法 5 条の趣旨（110）／　2　信義則違反と競争秩序
　　（公序）違反という 2 つのアプローチ（111）

第8講　即時取得に必要な占有の態様
　　──「一般外観上従来の占有状態に変更を生ずるがごとき
　　　　占有」とは？ ───────────────── 113
　　　　最判昭和 35・2・11 民集 14 巻 2 号 168 頁
Ⅰ　はじめに ……………………………………………………… 113
Ⅱ　占有改定と即時取得に関する最高裁判例 ………………… 115
　　1　〈判旨〉の事案（115）／　2　第 1 審・原審の判断と大審
　　院の先例（116）／　3　判例理論と学説の評価（118）
Ⅲ　指図による占有移転と即時取得に関する最高裁判例 ……… 119
　　1　最上級審の先例（119）／　2　最高裁判例の事案（121）
　　／　3　第 1 審・原審の判断（122）／　4　最高裁判例（123）
Ⅳ　判例法理を通底する観点と類型論の意義 ………………… 124

1　占有改定による即時取得と類型論（124）／　2　占有改定と指図による占有移転とを架橋する視点と類型論の有用性（127）

第9講　留置権の成立要件としての牽連性　————　131
　　　最判昭和 43・11・21 民集 22 巻 12 号 2765 頁
Ⅰ　今や眼中にない〈判旨〉………………………………………　131
Ⅱ　「物自体を目的とする債権」の事例 …………………………　133
　　　1　賃借権の対抗不能のケース（133）／　2　本判決のケース（134）
Ⅲ　判例理論の転換とその背景 ……………………………………　135
　　　1　他人物売買における留置権の主張のケース（135）／
　　　2　我妻説の影響（137）
Ⅳ　その後の議論状況と問題点 ……………………………………　138
　　　1　履行の間接的強制を強調することの問題点（138）／
　　　2　留置権の効力の人的範囲の問題とする見解（140）／
　　　3　物との関連性（141）
Ⅴ　留置権を物権とすることの妥当性 ……………………………　143

第10講　抵当権の物上代位と差押え　————　147
　　　最判平成 10・1・30 民集 52 巻 1 号 1 頁
Ⅰ　はじめに——従前の判例との関係 ……………………………　148
Ⅱ　第三債務者保護説の限界 ………………………………………　149
　　　1　平成 14 年判決の登場（149）／　2　事案の比較（151）
Ⅲ　賃料債権に対する物上代位に関する一連の判例 ……………　153
　　　1　相殺との関係（153）／　2　敷金充当との関係（156）／
　　　3　まとめ（158）
Ⅳ　おわりに——賃料に対する効力は物上代位なのか？ ………　159

第 11 講　抵当不動産から分離搬出された動産への抵当権の追及効 ——— 163
最判昭和 57・3・12 民集 36 巻 3 号 349 頁

I　はじめに ………………………………………………… 163
II　抵当不動産の付加一体物と工場抵当不動産の供用物 ……… 164
　1　「工場抵当」の意義？（164）／　2　工場抵当と一般抵当（166）／　3　〈判旨〉の事案・意義・射程（168）
III　従来の学説 …………………………………………… 169
　1　抵当権の追及力の遮断（169）／　2　見解の対立点（171）
IV　物権総則における一般法理との関係 ………………… 173
　1　公示機能の事後的喪失と対抗力の消長（173）／　2　動産物権変動法理と不動産物権変動法理との交錯（175）／　3　考察（176）

第 12 講　不動産譲渡担保における受戻権の限界 ——— 179
最判平成 18・10・20 民集 60 巻 8 号 3098 頁

I　抽象論としての〈判旨〉 ……………………………… 179
II　弁済期後の譲渡・差押え …………………………… 182
　1　本判決の事案（182）／　2　最高裁の結論（183）／　3　未解明の問題（184）
III　弁済期前の譲渡・差押え …………………………… 186
　1　〈判旨〉の合理性（186）／　2　〈判旨〉の射程（188）
IV　おわりに——譲渡担保の法的構成について ……… 192

第 13 講　安全配慮義務の意義・法的性質 ——— 195
最判昭和 50・2・25 民集 29 巻 2 号 143 頁

I　はじめに ………………………………………………… 196
II　保護義務違反，不法行為責任との類似性 …………… 197
III　安全配慮義務の存在意義に対する疑念 ……………… 199

1　義務内容の特定, 義務違反の立証責任（199）／　2　車両の運転における注意義務違反の問題（201）
　Ⅳ　安全配慮義務の独自性の基礎 ……………………………………… 203
　　　1　第三者による不法行為の事案（203）／　2　安全配慮義務の存在意義（205）
　Ⅴ　おわりに——履行請求の問題 ……………………………………… 208

第14講　説明義務違反・契約締結上の過失の位置づけ —— 211
　　　　最判平成23・4・22民集65巻3号1405頁
　Ⅰ　はじめに ……………………………………………………………… 211
　Ⅱ　本判決の事案と理由 ………………………………………………… 212
　Ⅲ　本判決の射程——従前の判例との関係 …………………………… 214
　　　1　契約の締結に向けられたケース——自己決定権の侵害のケース（214）／　2　契約の履行に向けられたケース（216）／　3　契約締結拒絶のケース（217）／　4　原始的不能による無効の場合（220）
　Ⅳ　本判決の妥当性 ……………………………………………………… 221
　Ⅴ　おわりに——今後の展望 …………………………………………… 223

第15講　共同抵当の目的不動産の売却が詐害行為に当たる場合 —— 227
　　　　最判平成4・2・27民集46巻2号112頁
　Ⅰ　はじめに ……………………………………………………………… 227
　Ⅱ　抵当不動産の売却が詐害行為に当たる場合 ……………………… 229
　　　1　相当価格での不動産の売却（229）／　2　現物返還か価格賠償か（230）
　Ⅲ　共同抵当の場合①——目的不動産がすべて債務者所有である場合 ……………………………………………………………………… 232
　　　1　〈判旨〉の事案（232）／　2　効果——現物返還か価格賠償か（233）／　3　「詐害性」要件充足に関する残された問題点（235）

Ⅳ 共同抵当の場合②——債務者所有不動産と物上保証人所有不
動産からなる場合 ……………………………………… 236
 1 適用肯定説（237）／ 2 適用否定説（238）／ 3 物
上保証における責任の（限定的）補充性（240）
Ⅴ 検討 …………………………………………………………… 241

第 16 講　保証債務と原状回復義務 ——————— 245
　　　　　最大判昭和 40・6・30 民集 19 巻 4 号 1143 頁
Ⅰ はじめに——従来の判例を変更した本判決 ………………… 245
Ⅱ 大審院のロジック …………………………………………… 247
 1 大審院の判例（247）／ 2 保証債務と主たる債務との内
容同一性（248）／ 3 不当利得返還義務としての原状回復
義務（249）／ 4 大審院のデフォルトルール（250）
Ⅲ 本判決と大審院のロジックとの関係 ……………………… 250
 1 契約の解釈を重視する本判決（250）／ 2 契約の解釈を
重視する立場と内容同一性説との関係（251）／ 3 3 つの
デフォルトルール（252）
Ⅳ 法解釈におけるデフォルトルールの設定 ………………… 253
 1 デフォルトルールへの固着性（254）／ 2 本件の検討
（255）
Ⅴ 残された問題——解除の法的性質と本判決の射程 ………… 256
 1 契約の遡及的消滅という法律構成について（256）／
 2 本判決の射程距離（259）

第 17 講　将来債権譲渡の対抗要件と譲受人の法的地位
——————————————————————— 263
　　　　　最判平成 19・2・15 民集 61 巻 1 号 243 頁
Ⅰ はじめに ……………………………………………………… 263
Ⅱ 〈判旨〉の意義・射程 ………………………………………… 264
 1 事案——国税徴収法 24 条 8 項（旧 6 項）の解釈（264）／

　　　　2　債権譲渡の効果発生を留保する「特段の付款」該当性
　　　（266）　／　3　処分と債権移転の分離可能性（268）
　Ⅲ　〈判旨〉を支える理論 ………………………………………… 270
　　　　1　債権譲渡の対抗要件（270）　／　2　財産権と処分権との関
　　　係（272）　／　3　第三者対抗要件制度の意義を再考する試み
　　　（275）
　Ⅳ　将来債権譲渡後に締結された譲渡制限特約 ………………… 277
　　　　1　契約自由の妥当領域外にある譲渡性？（277）　／　2　債務
　　　者対抗要件の具備時点との先後（278）

第 18 講　弁済による代位の趣旨
―― 民法と倒産法との交錯 ―――――――――― 281
最判平成 23・11・22 民集 65 巻 8 号 3165 頁

　Ⅰ　はじめに ………………………………………………………… 281
　Ⅱ　求償権と給料債権の破産法上の地位 ………………………… 283
　　　　1　求償権（283）　／　2　給与債権（283）
　Ⅲ　給料債権の代位行使について ………………………………… 285
　　　　1　弁済による代位の構造（285）　／　2　給料債権の代位行使
　　　の可否（286）　／　3　給料債権の代位行使を否定する見解に
　　　対する反論（287）
　Ⅳ　「一種の担保」理論について ………………………………… 288
　　　　1　本判決のいう「一種の担保」理論（288）　／　2　「一種の
　　　担保」理論の問題点（289）　／　3　「一種の担保」というマ
　　　ジック・ワード（291）
　Ⅴ　関係当事者の利害状況の検討 ………………………………… 291
　　　　1　「インセンティブ」論（291）　／　2　「棚ぼた」論（293）

第19講 「相殺の担保的機能」の問題 ——————— 297
最大判昭和45・6・24民集24巻6号587頁

- I 制限説から無制限説へ ……………………………… 297
- II 制限説・無制限説の論理 …………………………… 298
  - 1 制限説（298） ／ 2 無制限説（299）
- III 判例で認められた相殺の内容 …………………… 301
  - 1 相殺予約の差押えに対する優先的効力（301） ／ 2 相殺と債権譲渡（303） ／ 3 逆相殺による相殺の制限（304）
- IV 公平の観念による正当化 …………………………… 306
  - 1 公平の原理に基づく抗弁（306） ／ 2 逆相殺の有効性について（308）
- V おわりに——担保権構成の是非について ……… 309

第20講 不動産売買における売主が土壌汚染の原因者であるときの買主に対する責任 ——————— 313
最判平成22・6・1民集64巻4号953頁

- I 本判決の意義と問題の所在 ………………………… 313
- II 本件における瑕疵担保責任の成否 ……………… 317
  - 1 本件売買契約の前後の事情（317） ／ 2 本件判旨②の(c)および(a)の妥当性について（320）
- III 土壌汚染の原因者の責任について ……………… 322
  - 1 東京都の環境確保条例（322） ／ 2 土地の所有者の原因者に対する請求の可否（323）

第21講 他人名義の登記と借地権の対抗力 ——————— 329
最大判昭和41・4・27民集20巻4号870頁

- I はじめに ……………………………………………… 329
- II 借地権の対抗力強化の歩み ………………………… 331
  - 1 民法605条（331） ／ 2 建物保護法1条（332） ／

3　建物保護法から借地借家法へ（333）／　4　借地借家法の
　　「社会的」性格？（334）
　Ⅲ　〈判旨〉の事案と訴訟経過 ………………………………… 335
　　　1　事案と第1審・原審の判断（335）／　2　最高裁の判断
　　（336）
　Ⅳ　隣接する問題 ………………………………………………… 339
　　　1　登記事項との物理的な不一致（339）／　2　表示の登記
　　（339）／　3　その後の展開（341）
　Ⅴ　考察 …………………………………………………………… 342
　　　1　立法論と解釈論との違い（342）／　2　「家族」の居住利
　　益を例外的に保護する枠組み（343）

第22講　賃貸不動産の譲渡と敷金契約関係の帰趨 ── 347
　　　　　最判昭和48・2・2民集27巻1号80頁
　Ⅰ　〈判旨〉の背後にある論点 ………………………………… 347
　Ⅱ　〈判旨〉の持つ具体的意味 ………………………………… 348
　　　1　事実の概要（348）／　2　最高裁の判断（350）
　Ⅲ　賃貸借契約終了前との異同 ………………………………… 352
　　　1　従前の判例法理とその背後にある思想（352）／　2　当然
　　の承継に内在する問題（356）／　3　賃貸借契約終了後の法
　　律関係（357）
　Ⅳ　立法論としての敷金分離措置 ……………………………… 358

第23講　敷引特約の性質と消費者契約法10条の解釈 ── 363
　　　　　最判平成23・3・24民集65巻2号903頁
　Ⅰ　はじめに──敷引特約とは何か …………………………… 364
　　　1　敷引という慣行（364）／　2　通常損耗等の補修費用
　　（365）／　3　グレードアップのための費用など（367）
　Ⅱ　問題の所在 …………………………………………………… 367
　　　1　敷引特約と消費者契約法10条（367）／　2　本件事案の

概要（368）

Ⅲ 消費者契約法10条前段について ················· 369
　1 任意法規との比較（369）／2 補修費用の「括り出し」という見解（370）

Ⅳ 消費者契約法10条後段について ················· 371
　1 信義則要件（371）／2 補修費用の「括り出し」と賃借人の二重負担論（372）／3 信義則に反する場合——本判決の立場（375）

Ⅴ おわりに ·· 376
　1 敷引特約の性質論の重要性（376）／2 敷引特約の性質を明らかにしない7月判決（377）／3 7月判決と本判決との比較（377）

第24講　建物建築工事請負契約が中途解除された場合の出来形部分の所有権の帰属 ── 381

最判平成5・10・19民集47巻8号5061頁

Ⅰ はじめに ·· 381
Ⅱ 従来の判例法 ··· 383
　1 完成建物の所有権（383）／2 出来形部分の所有権帰属（385）

Ⅲ 〈判旨〉の意義 ·· 388
　1 事案と裁判の経過（388）／2 最高裁の判断（390）／3 最高裁判例の整合的理解（393）

Ⅳ 残された課題 ··· 394
　1 契約当事者の合理的意思？（394）／2 下請負人の利益保護（395）

第25講　欠陥建物の設計・施工による不法行為責任 ── 399

最判平成19・7・6民集61巻5号1769頁

Ⅰ どんな損害の賠償なのか？ ····························· 400

Ⅱ　平成19年判決までの経過とその反響 ……………………… 401
　　　　1　事実の概要（401）／　2　下級審の判断（402）／
　　　　3　平成19年判決と学説の反応（403）
　　Ⅲ　再度の破棄判決と事件の顛末 ………………………………… 405
　　　　1　差戻審の判断とその問題点（405）／　2　平成23年判決
　　　　と事件の終結（406）
　　Ⅳ　修補費用の賠償の正当化のあり方 …………………………… 408
　　　　1　判例のいう注意義務と修補費用の賠償との不一致（408）
　　　　／　2　基本的安全性を具備した建物の完成義務（410）／
　　　　3　判例の位置づけ（411）
　　Ⅴ　おわりに——純粋経済損失という視点 ……………………… 413

第26講　訴訟上の因果関係の立証
——ルンバール・ショック事件判決の位置付け—— 415
最判昭和50・10・24民集29巻9号1417頁

　　Ⅰ　はじめに ………………………………………………………… 415
　　Ⅱ　本件判旨の1つの理解 ………………………………………… 416
　　　　1　本件判旨を抽象的にとらえるとどうなるか（416）／
　　　　2　「高度の蓋然性」の証明は歴史的証明である（416）／
　　　　3　抽象化された本件判旨は判例の流れとも整合的である（417）
　　　　／　4　本件判旨のうち重要なのは「真実性の確信」ではなく
　　　　「高度の蓋然性」である（418）
　　Ⅲ　本件判旨のもう1つの理解 …………………………………… 418
　　　　1　本件判旨はより具体的にとらえるのが自然ではないのか
　　　　（418）／　2　判例は本件判旨を訴訟上の立証一般に及ぼして
　　　　いない（419）／　3　自然科学的証明と歴史的証明とは対置
　　　　できない（420）／　4　因果関係の立証の場面では「通常人」
　　　　という判断基準が重要である（421）
　　Ⅳ　因果関係の立証に関する最高裁の立場 ……………………… 422
　　　　1　ルンバール事件の特徴——医師の作為事例で他原因が主張
　　　　された事例（422）／　2　ルンバール事件の判断枠組み——
　　　　最高裁が重視した事情（422）／　3　医師の不作為事例——

因果関係の終点をどうとらえるか (424)
　V　おわりに——「高度の蓋然性」理論の行方 ……………………… 426
　　　1　原則・例外型の可能性——蓋然性説 (426)　／　2　原則を変更しようとする試み——優越的蓋然性説 (427)　／　3　「高度の蓋然性」理論の課題と今後の見通し (428)

第27講　「相当程度の可能性」と期待権 ──── 431
最判平成 12・9・22 民集 54 巻 7 号 2574 頁

　I　はじめに ………………………………………………………… 431
　II　「相当程度の可能性」について ……………………………… 433
　　　1　最高裁は「相当程度の可能性」を保護法益として捉えている (433)　／　2　因果関係の存在に代わる要件 (?) としての「相当程度の可能性」(434)　／　3　「相当程度の可能性」との間の因果関係の判断 (434)　／　4　因果関係の終点は「相当程度の可能性」の侵害か患者の死亡か (436)　／　5　「相当程度の可能性」をめぐる下級審裁判例の動向 (437)
　III　期待権の侵害について ……………………………………… 438
　　　1　期待権侵害をめぐる本判決の前後の問題状況 (438)　／　2　「相当程度の可能性」を否定する裁判例は少ない (439)　／　3　期待権侵害による慰謝料を認めた裁判例 (440)　／　4　期待権侵害の帰責根拠 (441)　／　5　期待権侵害による慰謝料を認めた裁判例・再論 (442)
　IV　おわりに——「相当程度の可能性」理論と期待権侵害理論の射程 ……………………………………………………………… 443
　　　1　生命侵害や重大な後遺症事例以外にも及ぶか (443)　／　2　医療過誤訴訟以外にも及ぶか (443)

第28講　パブリシティ権の法的性質
──ピンク・レディー事件──————————— 447
最判平成24・2・2民集66巻2号89頁

Ⅰ　はじめに──ピンク・レディー事件とは何だったのか ……… 448
　1　人気を博したピンク・レディー──その特徴と影響力（448）／ 2　本件記事の内容（450）

Ⅱ　問題の所在──本講の2つの検討課題 ………………… 451
　1　最高裁のとらえる「パブリシティ権」（451）／ 2　パブリシティ権の独自性はどこにあるか──第1の検討課題（452）／ 3　パブリシティ権の要保護性と「専ら」基準（453）／ 4　「情報の自由な流通」市場を尊重する立場（454）／ 5　「専ら」基準をどのように適用するか──第2の検討課題（455）

Ⅲ　パブリシティ権の侵害類型・その1──財産的損害が生じる場合 ……………………………………………… 455
　1　肖像等の利用許諾をめぐる自己決定権の侵害（455）／ 2　パブリシティ権侵害による財産的損害の額の算定（456）／ 3　「専ら」基準の適用（457）／ 4　被告の表現の自由 v.s. 原告の自己イメージの呈示（458）

Ⅳ　パブリシティ権の侵害類型・その2──精神的損害も生じうる場合 ……………………………………………… 459
　1　精神的損害の賠償が認められる場合──名誉毀損・プライバシー侵害との連続性（459）／ 2　本件で精神的損害の賠償は認められるか（460）

第29講　サッカーボール訴訟
──親の監督義務の内容──————————— 463
最判平成27・4・9民集69巻3号455頁

Ⅰ　はじめに ……………………………………………… 464
　1　社会の耳目を集めた本判決（464）／ 2　本件に付随する問題（465）／ 3　ゴールを外した小学生に過失はあったか（466）

II　監督義務をめぐる原判決と本判決との判断の分かれ目 …… 468
　　　1　原判決と本判決がそれぞれ注目する事情（468）／
　　　2　「家族関係の特殊性」を強調する立場（469）／　3　危険
　　　責任原理に依拠する立場（470）
　III　従来の裁判例との比較 ……………………………………… 472
　　　1　親の免責を認める裁判例（472）／　2　親の免責を認めない裁判例・その 1——その一般的な傾向（473）／　3　親の免責を認めない裁判例・その 2——親自身に結果の具体的な予見可能性がない場合（475）／　4　本判決の位置づけ（476）
　IV　おわりに ………………………………………………………… 477
　　　1　本判決の意義（477）／　2　高齢者による事故発生のリスク（478）

第 30 講　共同相続開始後の賃料債権の帰属
——民事訴訟と家事審判との交錯———————— 481
　　　最判平成 17・9・8 民集 59 巻 7 号 1931 頁
　I　はじめに ………………………………………………………… 481
　　　1　本判決の問題点（481）／　2　前提知識の確認（483）
　II　本件の事案の特徴 ……………………………………………… 484
　　　1　遺産分割協議が不調に終わりやすい事例（484）／　2　従来の審判例との違い（485）
　III　本判決の検討 …………………………………………………… 489
　　　1　原判決の理論構成との比較（489）／　2　賃料債権の帰属（490）／　3　事案の望ましい解決のあり方（492）

判例索引　497
事項索引　505

凡　例

1　法令名の略語

　民法については，原則として条文番号のみを引用する。第189回国会で提出された「民法の一部を改正する法律案」（議案番号第63号）については「改正法案」と略す。その他の，法令名の略語は，小社刊行の法令集の巻末に掲載されている「法令名略語」に従う。

2　判例集の略語

民録	大審院民事判決録
民(刑)集	大審院・最高裁判所民(刑)事判例集
集民	最高裁判所裁判集民事
高民集	高等裁判所民事判例集
下民集	下級裁判所民事裁判例集
家月	家庭裁判月報
新聞	法律新聞

3　法律雑誌・判例評釈書誌等の略語

金判	金融・商事判例
金法	旬刊金融法務事情
銀法	銀行法務21
最判解民事篇	
平成(昭和)〇年度	最高裁判所判例解説民事篇平成(昭和)〇年度
ジュリ	ジュリスト
セレクト〇	判例セレクト〇（法学教室別冊付録）
曹時	法曹時報
速判解	速報判例解説
判時	判例時報
判タ	判例タイムズ
平成(昭和)〇年度	
重判解（ジュリ△号）	平成(昭和)〇年度重要判例解説（ジュリスト△号）

法協	法学協会雑誌
法教	法学教室
法時	法律時報
法セ	法学セミナー
民商	民商法雑誌
リマークス	私法判例リマークス
論ジュリ	論究ジュリスト
論叢	法学論叢

4 主要な書籍の略語

生熊・物権法	生熊長幸『物権法』(三省堂,2013年)
生熊・担保物権法	生熊長幸『担保物権法』(三省堂,2013年)
内田Ⅰ	内田貴『民法Ⅰ総則・物権総論〔第4版〕』(東京大学出版会,2008年)
内田Ⅱ	内田貴『民法Ⅱ債権各論〔第3版〕』(東京大学出版会,2011年)
内田Ⅲ	内田貴『民法Ⅲ債権総論・担保物権〔第3版〕』(東京大学出版会,2005年)
加藤・民法大系Ⅱ	加藤雅信『新民法大系Ⅱ物権法〔第2版〕』(有斐閣,2005年)
鎌田・物権法①	鎌田薫『民法ノート物権法①〔第3版〕』(日本評論社,2007年)
川井・民法(1)	川井健『民法概論1民法総則〔第4版〕』(有斐閣,2008年)
川井・民法(2)	川井健『民法概論2物権〔第2版〕』(有斐閣,2005年)
窪田・不法行為	窪田充見『不法行為法』(有斐閣,2007年)
窪田・家族法	窪田充見『家族法〔第3版〕』(有斐閣,2017年)
佐久間・基礎1	佐久間毅『民法の基礎1総則〔第3版〕』(有斐閣,2008年)
佐久間・基礎2	佐久間毅『民法の基礎2物権』(有斐閣,2006年)
潮見・債権総論Ⅰ	潮見佳男『債権総論Ⅰ〔第2版〕』(信山社,2003年)

潮見・債権総論Ⅱ	潮見佳男『債権総論Ⅱ〔第3版〕』（信山社，2005年）
潮見・不法行為Ⅰ	潮見佳男『不法行為法Ⅰ〔第2版〕』（信山社，2009年）
四宮・民法総則〔第4版〕	四宮和夫『民法総則〔第4版〕』（弘文堂，1986年）
四宮・民法総則〔第4版補訂版〕	四宮和夫『民法総則〔第4版補正版〕』（弘文堂，1996年）
鈴木・物権法	鈴木禄弥『物権法講義〔5訂版〕』（創文社，2007年）
高木・担保物権法	高木多喜男『担保物権法〔第4版〕』（有斐閣，2005年）
髙橋・担保物権法	髙橋眞『担保物権法〔第2版〕』（成文堂，2010年）
道垣内・担保物権法	道垣内弘人『担保物権法〔第3版〕』（有斐閣，2008年）
中田・債権総論	中田裕康『債権総論〔第3版〕』（岩波書店，2013年）
平井・債権総論	平井宜雄『債権総論〔第2版〕』（弘文堂，1994年）
平井・債権各論Ⅱ	平井宜雄『債権各論Ⅱ不法行為』（弘文堂，1992年）
広中・物権法	広中俊雄『物権法〔第2版増補〕』（青林書院，1987年）
松尾＝古積・物権・担保物権法	松尾弘＝古積健三郎『物権・担保物権法〔第2版〕』（弘文堂，2008年）
安永・講義	安永正昭『講義物権・担保物権法〔第2版〕』（有斐閣，2014年）
山野目・物権法	山野目章夫『物権法〔第5版〕』（日本評論社，2012年）
山本・講義Ⅰ	山本敬三『民法講義Ⅰ総則〔第3版〕』（有斐閣，2011年）
山本・講義Ⅳ-1	山本敬三『民法講義Ⅳ-1契約』（有斐閣，2005年）

我妻・講義Ⅰ	我妻栄『新訂民法総則〔民法講義Ⅰ〕』（岩波書店，1965年）
我妻＝有泉・講義Ⅱ	我妻栄（有泉亨補訂）『新訂物権法〔民法講義Ⅱ〕』（岩波書店，1983年）
我妻・講義Ⅲ	我妻栄『新訂担保物権法〔民法講義Ⅲ〕』（岩波書店，1968年）
我妻・講義Ⅳ	我妻栄『新訂債権総論〔民法講義Ⅳ〕』（岩波書店，1964年）
我妻・講義V_1	我妻栄『債権各論上巻〔民法講義V_1〕』（岩波書店，1954年）
我妻・講義V_2	我妻栄『債権各論中巻一〔民法講義V_2〕』（岩波書店，1957年）
注釈民法	『注釈民法』（有斐閣，1964年～1987年）
新版注釈民法	『新版注釈民法』（有斐閣，1988年～2015年）

執筆者紹介

水 野　　謙（みずの・けん）
学習院大学教授
〔執筆担当〕
第1講，第16講，第18講，第20講，第23講，
第26講，第27講，第28講，第29講，第30講

古積健三郎（こづみ・けんざぶろう）
中央大学教授
〔執筆担当〕
第2講，第5講，第9講，第10講，第12講，
第13講，第14講，第19講，第22講，第25講

石 田　　剛（いしだ・たけし）
一橋大学教授
〔執筆担当〕
第3講，第4講，第6講，第7講，第8講，
第11講，第15講，第17講，第21講，第24講

本書のコピー、スキャン、デジタル化等の無断複製は著作権法上での例外を除き禁じられています。本書を代行業者等の第三者に依頼してスキャンやデジタル化することは、たとえ個人や家庭内での利用でも著作権法違反です。

第1講
民法94条2項および110条の類推適用

最判平成18・2・23民集60巻2号546頁
民法判例百選Ⅰ〔第7版〕22事件

▶判旨

そうすると，Aが本件不動産の登記済証，X〔原告・控訴人・上告人〕の印鑑登録証明書及びXを申請者とする登記申請書を用いて本件登記手続をすることができたのは，上記のようなXの余りにも不注意な行為によるものであり，Aによって虚偽の外観（不実の登記）が作出されたことについてのXの帰責性の程度は，自ら外観の作出に積極的に関与した場合やこれを知りながらあえて放置した場合と同視し得るほど重いものというべきである。そして，前記確定事実によれば，Y〔被告・被控訴人・被上告人〕は，Aが所有者であるとの外観を信じ，また，そのように信ずることについて過失がなかったというのであるから，民法94条2項，110条の類推適用により，Xは，Aが本件不動産の所有権を取得していないことをYに対し主張することができないものと解するのが相当である。

Ⅰ はじめに

　上記の〈判旨〉（以下，「本件判旨」という）は，Xの不動産について，Aへの移転登記という虚偽の外観が作出されたところ，Aがこの外観を無過失で信じたYに対して当該不動産を売却し登記も移転したという事案に関するも

のである。このとき，Xが所有権に基づく妨害排除請求として，Yに対して移転登記の抹消を求めたのに対して，最高裁は，民法94条2項および110条の類推適用という法律構成をとることによって，Xの上告を棄却している。本件は，この解釈手法自体が新しいばかりでなく，後に再論するように（Ⅲ1），虚偽の外観の作出に対するXの関与のあり方――「Xの余りにも不注意な行為」――にも特徴がある。そしてこのような関与をしたXの帰責性の程度が「自ら外観の作出に積極的に関与した場合やこれを知りながらあえて放置した場合と同視し得るほど重い」という本件判旨については，さまざまな解釈が可能である（Ⅲ2，Ⅳ）。以下ではまず，虚偽の外観に対する本件のXの関与の特徴を読者に理解してもらうために，94条2項を類推適用した従来の判例の流れを簡単に振り返ることにしよう（Ⅱ）。

Ⅱ　従来の判例の流れ

1　外形自己作出型

〔正誤問題1〕　Aは，建物甲を新築して，その所有権を取得したが，甲の新築にあたって，友人Bの名義を借りて，住宅金融公庫から建築費用の融資をうけた関係で，Bの承諾を得た上，甲についてB名義の所有権保存登記を経由した。Cは，甲をBから買い受けた善意の第三者である。この場合，民法94条2項が適用される結果，Aは，Bが甲の所有権を取得していないことをもって，Cに対抗することができない。

いきなり正誤問題で恐縮だが，判例の準則に照らすと，上記の下線部は○か×か。筆者が以前，講義を担当した某法科大学院（特に名は秘す）でこの質問をしたところ，○と答える学生が少なくなかった。しかし，このような基本的な問題を間違えてはいけない。正解は×である。本件（最判昭和41・3・18民集20巻3号451頁の事案をアレンジした）では，AがB名義の所有権保存登記という虚偽の外観を作出することについてBが承諾しているが，AとBが通

謀してAからBへ虚偽の所有権移転行為をしているわけではない（そのような行為をするためには，まず，A名義の所有権保存登記を経由する必要がある）。したがって，民法94条2項は直接には適用できない。判例が94条2項を類推適用した最初の類型は，まさに，このような**外形自己作出型**であった。もっとも，この正誤問題で○と答えた学生の気持ちも理解できなくはない。昭和41年の最高裁判決も，上記と同様の事案で「実質において，右建物の所有者が，一旦自己名義の所有権保存登記を経由した後，所有権移転の意思がないのに，右他人と通謀して所有権を移転したかのような虚偽仮装の行為をし，これに基づいて虚偽仮装の所有権移転登記を経由した場合となんら異ならない」ことを94条2項の類推適用の理由に挙げている[1]。ある学説の言葉を借りれば，本件は「94条の本来予定する事案とは紙一重にすぎない」[2]。それでは，次の事案はどうだろうか。

〔正誤問題2〕　Aは，山林甲を所有していたが，他人Bに甲の所有権を移転する意思がないのに，甲について，AからBへの売買を原因とする所有権移転の登記を経由させた。Aは，その際に，Bから承諾を得ていなかった。その後，Bが善意の第三者Cに甲を売却した。この場合，Aは，Bに甲の所有権が移転していないことをもって，善意の第三者Cに対抗することができる。

この事案でも民法94条2項が類推適用されるならば，上記の下線部は×になる。そして今日の判例（最判昭和45・7・24民集24巻7号1116頁）の準則によれば×が正解である。本件では〔正誤問題1〕と異なり，Aが虚偽の外観を作出するにあたりBの承諾を得ていないので，「通謀」虚偽表示の規定は類推できないように見えるかもしれない。実際，かつては，このような場合，94条2項の類推適用では解決できず，禁反言の法理（Ⅳで再論する）または信義則等を適用せざるを得ないという見解[3]もあった。しかし，昭和45年の最高

---

1) 外形自己作出型において94条2項を類推適用したリーディング・ケースである最判昭和29・8・20民集8巻8号1505頁も，昭和41年の最高裁判決と同様の理由付けをする。
2) 星野英一・法協89巻6号（1972年）726頁以下〔730頁〕。
3) 豊水道祐・最判解民事篇昭和41年度107頁以下〔111頁〕。

裁判決は，このような場合でも94条2項を類推適用し，その理由として「登記名義人の承諾の有無により，真実の所有者の意思に基づいて表示された所有権帰属の外形に信頼した第三者の保護の程度に差等を設けるべき理由はないからである」と述べている。このような方向性は，すでに前掲・最判昭和41・3・18を評釈した有力な学説[4]によって唱えられていたが，その後の学説において，ほぼ異論なく承認されている。94条2項の基礎には，①権利に関する虚偽の外観があり，②外観の作出（または存続）について真の権利者の帰責性が認められ，③第三者が外観を信頼していたとき，そのような第三者を保護する**権利外観法理**（表見法理）[5]があると考えられるが，**この法理は，Bの承諾のいかんにかかわらず妥当する**からである。本件でも，Aには自ら虚偽の外観を作出した帰責性があり（①②），Cは当該外観を信頼している（③）。それでは，以下の事案はどうだろうか。

2　外形他人作出型

〔正誤問題3〕　Bが，土地甲について，所有者Aの知らない間に，AからBへの売買を原因とする所有権移転の登記を経由した。Aは，やがてBと婚姻したこともあって登記の回復を見送っていたところ，その後，AB間の婚姻関係が事実上破綻したことを契機に，Bが善意の第三者Cに甲を売却した。この場合，Aは，Bに甲の所有権が移転していないことをもって，Cに対抗することができる。

(1)　本件では，これまでの事案とは異なり，所有者AではなくBが虚偽の外観を作出している。いわゆる**外形他人作出型**であり，**不実の外形の作出（ま**

---

4) 於保不二雄・民商55巻4号（1967年）659頁以下〔665-666頁〕。
5) 権利外観法理と表見法理について，山本・講義Ⅰ153頁は，どちらかというと前者は後者より取引の安全が念頭に置かれていると指摘する。しかし，本稿では，本文に述べた①から③を内容とする法理として，2つのタームを同じ意味に捉えた上で，以下では，便宜上，権利外観法理という言葉を用いる。本稿の文脈との関係で重要なことは，②の真の権利者の帰責性をどう捉えるかである。

たは存続）への真の権利者の関与の度合いは，外形自己作出型よりも低いことが多い。この事案も私の講義で取り上げたところ，ある学生は，判例の準則に照らすと本件は民法94条2項が類推されるので下線部は×であると即答した。しかし，この問題は，より慎重な検討が必要であろう。たしかに本件に近い事案を扱う最判昭和45・9・22民集24巻10号1424頁は，不実の移転登記が所有者不知の間に他人の専断によって経由された場合でも，「所有者が右不実の登記のされていることを知りながら，これを存続せしめることを明示または黙示に承認していたときは」94条2項が類推適用されると述べている。しかし，そこでは〔正誤問題3〕の事実に加えて，Bとの関係が破綻する以前，Aが念願の小料理屋経営のため建物の改築資金をD銀行から借りる際に，甲についてB名義のままでDのために根抵当権の設定登記をしたという事情があった。この事情は，A自ら，不実の登記を前提に自己に有利な新たな権利関係を生じさせたことを意味しており，Aの「承認」ありという判決の結論に大きな影響を与えた[6]と考えられる。したがって，かかる事情がない〔正誤問題3〕のようなケース——Aは不実の登記を放置していただけである——では，黙示的にせよ，判例のいう「承認」があったとは直ちにはいえないだろう（これについてはIVで再論する）。

(2) なお，夫婦間で登記名義の回復を求めることが期待しにくいことを考えると，昭和45年判決の事案を前提としても「承認」ありといえるのかは微妙であり，当該判決は限界事例だと指摘する学説[7]もある。あるいは，このような夫婦間で名義が移転している場合には，民法94条2項に関する判例の考え方とは異なり，第三者の保護要件として善意に加え無過失を要求する余地もあるだろう[8]。いずれにしても，外形他人作出型ではデリケートな判断が迫られる事例が少なくない。例えば，職権で誤った固定資産課税台帳への登録がなされ，真の権利者Aが夫B名義のまま固定資産税を支払っていた場合，Aは不

---

6) 横山長・最判解民事篇昭和45年度(下)664頁以下〔671頁〕参照。
7) 磯村保・民法判例百選I〔第6版〕(2009年) 44頁以下〔45頁〕。
8) 星野・前掲注2)733頁は，94条2項が類推適用される事例一般で第三者の保護要件として善意・無過失を要求するが，特に夫婦・親子間で名義が移転した場合には，第三者は，名義人の権利の由来についてまで，ある程度調査する必要があると説く。

実名義から生じた租税債務を負担していたにすぎず[9]，不実名義に基づいて自己に有利な新たな権利関係を生じさせていたわけではない。最判昭和48・6・28民集27巻6号724頁は，ここでも94条2項を類推するが，Aの承認があったといえるのか判断が分かれうる事案であった。

3　小括

以上のように，判例が民法94条2項を類推適用した事例には，直接適用事例と紙一重の事案から，真の権利者の「承認」があったのかが問題となるケースまでさまざまなものがある。しかしこれらに共通しているのは，外形自己作出型の場合はもちろん，外形他人作出型の場合でも，真の権利者Aは，BC間の取引が行われたときに，**虚偽の外観の存在を知っていた**という点である（従来の裁判例で，真の権利者が虚偽の外観の作出・存続を知らなかった場合に，94条2項を類推して第三者を保護したものは見当たらない）。これに対して，本講の冒頭に掲げた平成18年判決（以下，「本判決」という）は，**真の権利者が虚偽の外観について不知のまま第三者が現れたケース**で，94条2項および110条を類推適用して第三者を保護している。本件はどのような事案だったのだろうか。まず，事実の概要からみることにしよう。

III　本判決の検討

1　事実の概要

(1)　Xは，A（旧・日本道路公団の職員。Xが公団に土地を売却した平成7年3月以来の付き合い）に対して，自己所有の甲不動産の賃貸および乙不動産の合筆に関する代理権を授与していたところ，Xは，平成11年9月から12年2月にかけて，①甲の登記済証（Aから甲の管理委託費の返還に必要と言われた）と②Xの印鑑登録証明書および実印（Aから乙の登記に必要と言われた）をA

---

[9]　米倉明・法協92巻2号（1975年）171頁以下〔182頁〕。

に交付し、また、③Aが甲の登記申請書にXの実印を押印するのを漫然と見ていた。④Aは、甲の登記済証・印鑑登録証明書・登記申請書を用いて、売買を原因とする所有権の移転登記をした。このほか、⑤Xは、Aから言われるままに、甲をAに売り渡す旨の契約書（Aは甲を担保に金融を得る際にこれを銀行に提出した）に署名押印している。⑥平成12年3月23日、Aは、Aが甲の所有者だと無過失で信じたYに甲を売却し、翌月5日、Yに登記を移転した。以上が、XがYに移転登記の抹消を請求するまでの主な経緯であるが、読者の中には、これを読んで次のような疑問を持つ人がいるかもしれない。

(2) まず、本件は、本当に真の権利者が虚偽の外観について不知のまま、第三者が現れたケースなのだろうか。原審では、甲がA名義に変更されていることについてXが認識していたとは認定されていないが、①～⑤の事実に照らすと、この点はやや微妙かもしれない。しかし、本件では、**Xが4年以上の付き合いのあるAを相当に信頼していた**ことがうかがわれるほか、甲の売買契約書（⑤）は登記の申請には使われていないことに注意すべきである（もしこれが登記原因証書として使用されていれば、外形自己作出型〔Ⅱ1〕または本人の承認がある外形他人作出型〔Ⅱ2〕として処理された可能性がある[10]）。次に、Xは、不動産に関する代理権をAに授与しているので、本件は民法110条の表見代理の問題ではないかという疑問が生じるかもしれない。しかしAは、甲について、**代理人としてではなく自己名義でYと取引を行い**、YもA名義の不実の登記を信頼している。本件は、110条が直接に適用される事案ではない。なお、本判決が110条を類推適用したことに関連して、真正権利者Aが承認した不実の外形 a をもとに他人Bが第2の外形 β を作り出し、第三者Cが β を無過失で信じた事例で、「94条2項、110条の法意に照らし」Cを保護した判例（最判昭和43・10・17民集22巻10号2188頁など）を想起する読者がいるかもしれない。しかし、この判例は、Aが a を明示的に承認し（この限りで94

---

10) 増森珠美・最判解民事篇平成18年度(上)298頁以下〔308頁注5〕参照。なお、Aは、不動産登記法が平成17年3月に全面改正される前に認められていた（現在の不登法61条は、権利に関する登記を申請する際に登記原因証明情報の提供を要求する）、登記原因証書（旧不登35条1項2号）に代わる申請書副本の添付という方法（同40条）により、XからAへの所有権移転登記の申請をしている。

条2項が類推される外形他人作出型に似ている），また，Aからαを委ねられたBがαを発展させてβを作出し，それをCが無過失で信頼している（Aには110条におけるのと類似の帰責性がある）点で，いずれも，本判決とは異なる論点を扱っている[11]。以上を前提に，本件判旨の具体的な検討に移ろう。

2　Xの著しい不注意は，Xが自ら外観の作出に関与した場合と同視できるか

(1)　本件判旨は，民法94条2項と110条を類推適用するにあたり，上記のような「Xの余りにも不注意な行為」によって不実の登記手続が可能になった本件では，虚偽の外観作出についてのXの帰責性の程度は，「自ら外観の作出に積極的に関与した場合」や，「これを知りながらあえて放置した場合」と「同視し得るほど重い」としている。このうち，前者の積極的な関与というのは，これまで判例が94条2項を類推適用してきた外形自己作出型（Ⅱ1）や，外形他人作出型で真の権利者の承認がある場合（Ⅱ2）を念頭に置いた判示だと考えられる。判例の流れの中に本判決を位置付けた場合，本件のXの帰責性の程度が，これらの「関与」事例と「同視し得る」のかが，まず大きな問題となる（後者の「放置」事例はⅣで取り上げる）。

(2)　これについて学説は分かれているが，本件のXには外観作出に関する意思的な関与がなかったという点では一致している。その上で，まず，①Xに意思的関与が認められない以上，本件判旨のように民法110条を併用したとしても，94条2項を類推適用することは規定の趣旨を超えるとして（したがって「関与」事例と「同視し得る」とは考えない），本判決を批判する見解がある[12]。これに対して，②Xに意思的関与は認められないとしても，Xが権利を喪失してもやむを得ないといえるほどの帰責性があったかという実質的な観

---

11)　佐久間・基礎1 137-138頁も参照。
12)　中舎寛樹・リマークス34号（2007年）6頁以下〔9頁〕，同・不動産取引判例百選〔第3版〕（2008年）104頁以下〔105頁〕，松井宏興「民法94条2項類推適用の類型について」法と政治62巻1号(上) (2011年) 87頁以下〔97-98頁〕など。中舎説の問題意識を知るには，本判決以前の文献であるが，中舎寛樹「無権利者からの不動産の取得」広中俊雄＝星野英一編『民法典の百年Ⅰ』（有斐閣，1998年）397頁以下も有用である。

点を重視して，94条2項を類推することに積極的な見解がある[13]。①説と②説の対立は，つまるところ，**ある条文を類推適用することの限界**をめぐる争いだともいえる。ここで類推適用とは，「事態Aに対して規定Xが用意されているときに，事態Aそのものではない——したがって，直接には規定Xの要件に該当しない——が本質的な点では事態Aと同一であると考えられる事態Bについて，規定Xを適用して事態Aと同じように扱うことである」[14]が，問題は，この定義にいう「**本質的な点**」をどう把握するかである。94条2項の背後には権利外観法理があり，この法理が妥当するためには，外観の作出（または存続）について真の権利者に帰責性が認められる必要がある（Ⅱ1）が，帰責性ありといえるためには——「通謀」要件は不要だとしても——94条2項を類推適用した従来の判例が当然に予定していたXの意思的な関与が必要なのか（①），それともYとの比較で「Xが権利を喪失してもやむを得ない」というように，Xの帰責性をより抽象的または機能的に捉えることまで許されるのか（②）ということが，ここでの問題である。しかし，仮に後者のように捉えるならば，94条2項はいわば一般条項化し[15]，「裸の価値判断」[16]がなされる危険がある。

(3) そこで，③主観的な意思的関与がなくても，Xの客観的な行為態様に基づいて帰責事由を判断しうるとして，本件判旨のいう「同視し得る」というタームとの整合性を確保しつつ（この点で①説から離れる），その際は，Xが「不実の登記は自己の意思に基づいて作出されたものではない」と主張することが許されない程度の非難可能性があることを厳格に要求し（この点で②説と異なる），この観点から本判決に理解を示す説[17]が注目を集めている。さらに，④「不注意による行為と意思に基づく行為は（帰責根拠として）質的に異な

---

13) 近藤昌昭＝影山智彦・判タ1276号（2008年）27頁以下〔32-33頁〕。
14) 佐久間・基礎Ⅰ132頁。
15) 近藤＝影山・前掲注13)の公刊以前に，武川幸嗣・民商135巻2号（2006年）407頁以下〔416頁〕が，すでにこの危険性を指摘する。
16) 近藤＝影山・前掲注13)33頁注12は，このような批判がありうることを踏まえた上で，Xに「公示制度に対する信頼をゆるがす程度の不注意な行為が認められるかどうか」という基準を打ち出すが，これで「裸の価値判断」に歯止めがかかるのかは微妙である。
17) 武川・前掲注15)412頁。

り，両者は簡単に『同視し得る』ものではない」[18]という前提から出発した上で，本件のAが仮にXの代理人としてYと契約したのならば，**民法110条により甲不動産の所有権を失っても仕方がない状況をX自身が作り出した点で**，Xは，94条2項の場合と同質の帰責性があるという評価を否定できない[19]とする見解もある。④説は，③説と結論において近いが，④説のほうが94条2項の類推適用の基礎として，Xの主体的な意思に着目する度合いがより強いと考えられる。また④説は，**AがXから広範な代理権を授与されていたという本件の特別な事情を**，本件判旨の「同視し得る」という文言を正当化する上で決定的に重視している点でも，③説とは異なる[20]。このような事情がない場合，④説では本判決の射程は及ばず[21]，Xの抹消登記請求は認められることになりそうである[22]。筆者は，③説の慎重な態度（Xが「不実の登記は自己の意思に基づいて作出されたものではない」と主張することが許されない程度の非難可能性があることを厳格に要求する）に共感を覚えつつも，本件の事実関係の下で94条2項と110条を類推適用した本判決をよりよく理解する試みとして，④説にさらなる魅力を感じる[23]が，読者の皆さんはいかがだろうか。

---

18) 佐久間毅・NBL 834号（2006年）18頁以下〔21頁〕。
19) 佐久間・基礎1 139頁，同・前掲注18)23頁。なお，同・民法判例百選I〔第6版〕（2009年）46頁以下〔47頁〕も参照。
20) 武川・前掲注15)413頁も，本判決が110条を併用した点に関連して，XのAに対する広範な代理権の授与という事情に着目するが，これをXの帰責性を「加重する要素」と見ている点で，④説とは異なる。
21) 道垣内弘人「いくつかの最高裁判決に見る『○○条の類推』と『○○条の法意に照らす』の区別」田原睦夫先生古稀・最高裁判事退官記念論文集『現代民事法の実務と理論(上)』（きんざい，2013年）104頁以下〔118頁〕も，本判決の射程について同様の理解を示す。
22) なお，XがAに騙され土地甲の登記済証・白紙委任状・印鑑登録証明書等を交付したところ，Aが不実の移転登記をして善意無過失のYに甲を売却した事例で，最判平成15・6・13判時1831号99頁はXのYに対する抹消登記請求を認めている。本判決と結論を分けた1つの大きな違いは，XがAに代理権を付与していない点にあると考えられる（吉田克己・判タ1234号〔2007年〕49頁以下〔53頁〕も参照）。
23) ④説のような理解に対しては，判決の説示からはAが代理人だったという事情がどの程度考慮されたのか明らかではないという批判がなされている（磯村保・平成18年度重判解〔ジュリ1332号〕66頁以下〔67頁〕，山本・講義I 177頁）。この批判は，ある意味でもっともであるが，しかし，およそ判例の解釈作業が，想像されるところの裁判官の主観的意図の枠内に収まらなければならない理由は，特にないと思われる（よりよい判例法理の構築は，判決を下す者と解釈者との共同作業であるとする道垣内・前掲注21)126頁も参照）。

なお、③説や④説に立って本判決を正当化するとしても、Xの意思的関与が認められない本件で、Xの外観作出に対する帰責性の度合いが低いことは否定できないので、Yが保護されるためには善意に加え**無過失**まで必要となる。110条の類推適用という法律構成は、この局面においても意味を持つことになる。

Ⅳ 結びに代えて
――本判決が「放置」事例に言及したインパクト

1 「放置」事例と意思的関与の有無

以上、本件判旨が「関与」事例と「同視し得る」とした意義について検討してきたが、本件判旨は、真の権利者の帰責性の程度が本件のXのそれと同視しうるほど重いものとして、「関与」事例のほか他人が外観を作出したことを権利者が「知りながらあえて放置した場合」にも言及している。最高裁が権利者の請求を退ける理由付けとして、「放置」事例に言及したのは本件が初めてであるが、このことは、民法94条2項の類推適用をめぐって、いかなる意味を持つだろうか。すでに、外形他人作出型に関する〔正誤問題3〕で簡単に検討したように、真の権利者が不実の登記を放置していただけでは、判例のいう「承認」があった（外形他人作出型における権利者の意思的な関与があった）とは直ちにはいえないはずである（Ⅱ2(1)）。もっとも、外形他人作出型において、どのような事情があれば権利者の「承認」ありといえるのかは微妙な問題であった。判例によれば、不実の登記を前提に自己に有利な新たな権利関係を生じさせた場合のほか、不実名義から生じた租税債務を負担していたにすぎない場合も「承認」ありとされている（Ⅱ2(2)）。それでは、次のケースはどうだろうか。

〔設例〕 XがAから土地甲を購入したにもかかわらず登記手続をしなかった（Xは不動産の取引に長けており登記手続をすることに支障はなかった）ところ、甲についてBがAB間の虚偽の移転登記手続を行った（BはXと婚姻関係

や親子関係になく，Xが登記を回復することについて家族関係に伴う困難はなかった）が，Xはそのことを知りながら5年以上の長期にわたって不実の登記を放置していたところ，Bが事情を知らないYに甲を売却し，登記を移転した[24]。

　この〔設例〕では，そもそもXがなぜ，長期間不実の登記をあえて放置していたのかが問われなければならない（登記を経由するには登録免許税を支払う必要があるが，その負担を考慮しても，本件におけるXの登記手続の懈怠は，やや不自然に映る）。そして，①「あえて」放置した理由が虚偽の外観の作出・存続についてのXの何らかの意思的な関与と関連付けて説明しうる場合は，虚偽の外観についてXの「承認」があったとされることがあるだろう（XがAから甲を購入する際にXB間で何らかの合意がなされていたことがうかがわれるケース[25]など。もっともその場合は，外形自己作出型〔Ⅱ1〕に分類される可能性が出てくる）。しかし，②そのような事情がなく，やや不自然ではあるが，不実の登記について認識のある真の権利者が登記名義を容易に回復することができたのに回復しなかったという事実しか認められない場合は（このときも真の権利者が不実の登記を「あえて」放置したと表現しうるだろう），**権利者には虚偽の外観作出に関する意思的な関与に基礎付けられた帰責事由があるとはいいにくい**。にもかかわらず，虚偽の外観を「知りながらあえて放置した場合」に言及する本判決は，抽象的判示ながら，上記①のほか②も含めて，広く94条2項の類推適用を肯定するかのように読める。このような立場は，本判決についてXの意思的関与に注目して正当化を試みる学説（Ⅲ2(3)④）からは支持されていない[26]。

───────────────────

[24]　大阪高判昭和59・11・20高民集37巻3号225頁をモデルにした事例。もっとも，この判決の事案では，Xが不動産の取引に長けていたかどうかは，（Yの側はそのように主張しているが）必ずしもはっきりとしない（次注も参照）。

[25]　前掲注24)大阪高判昭和59・11・20の上告理由（第1審が簡易裁判所だったため高等裁判所が最終審だった）で，Yは，Xによる長期間にわたる不実登記の放置という「常識では考えられない行為」の背後には，AX間の売買において，不動産業を共にしていたと思われるXとBとの「共同歩調的な買付行為」があったと主張している（もっとも，裁判所はそのような主張を容れてはいない）。

2 禁反言の原則

　もっとも，上記の〔設例〕で，不動産取引に長けているXは，長期間不実の登記を放置する中で，Bが事情を知らないYに甲を売却することについて，**その一般的な危険性は，これを予測しえた**と思われる。にもかかわらず，民法94条2項の類推適用が否定されると，Xが善意のYに対してBが甲の所有権を有していなかったことを対抗できることになってしまう。虚偽の外観に対するXの意思的関与が認定できないのなら，これで構わないと割り切るべきなのかもしれない。しかし，これで本当に「座りのいい」事案の解決といえるだろうか（特に裁判所が，不実の登記の長期間にわたる放置について，その合理的な理由を弁論主義の制約から適切に認定できなかった場合はなおさらである）。〔設例〕のモデルとなった裁判例は，このとき，「真実の権利者が，不実の登記の存在を知りながら，相当の期間これを放置したときは，**その登記を信頼して利害関係を持つに至る第三者の出現が予測できる**はずのものであるから，真実の権利者において当該不実の登記を是正する手段を講ずべきものであり，これを怠った者が，登記を信頼して取引関係に立った第三者よりも厚く保護されるべき理由はない」とした上で，94条2項の類推適用ではなく，「**禁反言もしくは権利外観法理により**」Xが善意のYに対してBが甲の所有権を有していなかったことを主張できないとしている。この判決は，場合によっては，裁判所が禁反言のような一般条項に依拠してでも，登記を信頼して取引をした第三者を保護したいと考えることがあることを示している。英米法上の禁反言（エストッペル）の原則は，歴史的にも法域によっても多彩な内容を持つが，わが国では

---

26) 佐久間・前掲注18)24頁，同・基礎Ⅰ135-136頁。なお，吉田・前掲注22)54頁も参照。これに対して，山本・講義Ⅰ160頁，176-177頁は，94条2項の基礎には「故意責任原理」（「表意者が権利を失ってもやむをえないのは，みずから意図して虚偽の表示をしたからである」という考え方）があるという立場から，「これを知りながらあえて」放置した場合の判例理論を正当化しようとする。しかし，「故意責任原理」も「みずから意図し」たという，真の権利者の意思的な関与を前提としているはずであり，佐久間説（山本は佐久間説が「故意責任原理」と異なる「意思責任原理」に基づいていると位置付ける）との違いは必ずしも明確ではないように思われる。

「信義則の分身」として,「自己の行為に矛盾した態度をとることは許されない」[27]と紹介されている。これは,英米法にいわゆる「行為による禁反言」に近いと考えられる。例えば,今日のオーストラリアの連邦最高裁は,(コモン・ローとエクイティとが融合した)「行為(不作為も含みうる)による禁反言」の中に,Aが一定の表示をする際に他人Bを**信頼させる**「**意図**」を有していた(Bがそれを信頼したところAが信頼を裏切りBに不利益を与えた)場合のほか,AがBの**信頼を**「**認識すべきであった**」場合も含めている[28]。

　以上を前提に〔設例〕を振り返るならば,不動産取引について一定の経験がある者ならば,不実の登記を信頼する第三者が出現するという危険を(〔設例〕のモデルとなった裁判例が判示するように)「予測」しえた(またはオーストラリアの判例のいうように「認識すべきであった」)にもかかわらず不実の登記を放置していた——しかも登記名義の回復は,不実の登記を作出した者との人間関係においても,また放置期間の長さに鑑みても困難ではなかった——という特別な状況下における不作為を「自己の行為」の中に含めた上で,その「予測」しえた危険が現実化して,長く放置された不実の登記を信頼した第三者が出現したときに,「自己の行為に矛盾した態度」すなわち,第三者に不利なことを主張するのは許されるべきではないということになるだろう(このような発想は,結局のところ,権利外観法理とも通底する)。たしかに,94条2項の一般条項化を避けるという視点(Ⅲ2(2)(3))に立つ以上,〔設例〕のように権利者の意思的関与が積極的に認められないケースでは,94条2項は類推適用されるべきではない。しかし,権利者の意思や意図よりもレベルが低いものの,権利者が一定の結果を「予測」しえたという主観的な要素(**意思的な契機**)があったことに着目し,これを上記のような特別な状況がある場合にかぎって,**禁反言**(ないし権利外観法理)の名の下で考慮することは——94条2項の類推適用の枠外ではあるが,それにきわめて密接する場合の,ごく例外的な処理として——許されるべきではないだろうか(このとき第三者が保護されるためには善意に加え無過失まで必要と解すべきだろう)[29]。いずれにしても,最高裁が抽象

---

27) 四宮・民法総則〔第4版補正版〕32頁。
28) Commonwealth v Verwayen (1990) 170 CLR 394 at 445 per Deane J.

的判示ながら「放置」事例に言及したことは，94条2項の類推適用の範囲を超えて，いかなる限度で例外的に第三者を救済したらよいのかという今後に開かれた問題にまでインパクトを持ちうると考える。

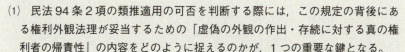

Directions

(1) 民法94条2項の類推適用の可否を判断する際には，この規定の背後にある権利外観法理が妥当するための「虚偽の外観の作出・存続に対する真の権利者の帰責性」の内容をどのように捉えるのかが，1つの重要な鍵となる。
(2) 民法94条2項が一般条項化することを避けるためには，権利者の何らかの意思的な関与がある場合に初めて，権利外観法理を支える「真の権利者の帰責性」があると解すべきである。
(3) 権利者が虚偽の外観を単に放置していた場合には，本判決の抽象的な判示とは異なり，民法94条2項の類推適用はできないと考えるべきである。しかし，権利者が一定の結果を「予測」しえたという主観的な要素のほか，権利者の取引経験や虚偽の外観を是正することの容易さなど，ごく例外的な事情がある場合には，禁反言や権利外観法理に照らして，真の権利者よりも第三者を保護することがあってもよい。

● *民法改正との関係*

本講のテーマについては，法改正による影響は特にない。なお，改正前の民法の110条の冒頭部分が「前条本文の規定は」となっているのに対して，改正法案110条の冒頭部分は「前条第1項本文の規定は」となっている。これは，代理権授与の表示による表見代理を規定する109条が，改正後は1項と2項に分かれ，1項で改正前の109条を維持することに由来する字句の修正にすぎない。

---

29) 米倉・前掲注9)183頁，185-186頁が，「放置」事例について94条2項類推適用の「らち外」としつつも，「真の権利者の意思の関与がなくても，信義則上，なおこれに不利益を負担させるべき場合あり」として類型化を試みるのも，かかる文脈で理解可能である。

第2講

詐欺による取消しと第三者
── 「権利保護資格要件としての登記」への疑問

最判昭和 49・9・26 民集 28 巻 6 号 1213 頁
民法判例百選 I〔第 7 版〕23 事件

▶ 判旨

民法 96 条第 1 項，3 項は，詐欺による意思表示をした者に対し，その意思表示の取消権を与えることによって詐欺被害者の救済をはかるとともに，他方その取消の効果を「善意の第三者」との関係において制限することにより，当該意思表示の有効なことを信頼して新たに利害関係を有するに至った者の地位を保護しようとする趣旨の規定であるから，右の第三者の範囲は，同条のかような立法趣旨に照らして合理的に画定されるべきであって，必ずしも，所有権その他の物権の転得者で，かつ，これにつき対抗要件を備えた者に限定しなければならない理由は，見出し難い。

I　はじめに

　不動産の売買契約が詐欺を理由として取り消された場合に，すでに詐取した者から目的不動産を譲り受けていた善意者が保護されるためには，登記を要するか。この問題に関する標記の判例については学説の理解が分かれている。すなわち，一方では，たとえ譲受人は物権変動の対抗要件を具備していなくても，原所有者に対して所有権の取得を対抗しうるとしたものと理解する学説があり[1]，他方では，この判例は当該事案では確かに譲受人には対抗要件は要求

されないとしているが，一般論としては，なお対抗要件が必要であることを否定したわけではないと考える立場がある[2]。

単に〈判旨〉を読んだだけでは，前者が正しいように思われるが，後述のように，後者は当該事案の特殊性を根拠とした立論でもあり，判例は事案を切り離しては理解しえないという観点からは共感も覚える。最近の教科書では，原所有者と善意の譲受人は対抗関係に立たないが，善意の譲受人は特別に保護される要件として，すなわち「権利保護資格要件」として登記を要求されるとする説が有力になっている[3]。そのせいか，試験等で学生にこの論点を問うと，これは対抗問題ではないが，第三者には「権利保護資格要件」として登記が必要だと答える学生も少なくない。しかし，筆者としては，最終的に第三者が原所有者に優先する要件として登記が必要になるとしても，これを177条の対抗要件とは異なるものと捉え，96条3項の「第三者」として保護される特別の要件と位置づけることにはかなり疑問がある。

そこで，本講は，177条の射程が96条3項の適用における原所有者と第三者との関係には及ばないのかを検討してみたい。また，同様の問題は，虚偽表示における原所有者と善意の第三者との関係，契約解除における原所有者と第三者との関係においても生じるから，これらに関する判例の意義についても言及したい。

II　判例の事案における対抗要件不要の意味

まずは，判例の事案を見てみよう。

株式会社Aは，Xよりその所有する農地甲を含む6筆の土地を，建売住宅の敷地とする目的で買い受け，甲につき農地法5条の許可を条件とする所有権移転仮登記が，残余の土地につき所有権移転登記がなされた。Aは上記の各

---

1)　下森定・判タ322号（1975年）90頁以下，93頁，金山正信・法時47巻3号（1975年）108頁以下，112頁，四宮・民法総則〔第4版〕188頁（注4）。
2)　川井健＝岡孝・判評196号（判時774号）（1975年）27頁以下，29頁，須永醇・昭和49年度重判解（ジュリ590号）56頁以下，鎌田薫・民法判例百選I〔第6版〕（2009年）48頁以下。
3)　川井・民法(1)190頁，内田I 85頁，鎌田・前掲注2)49頁。

土地を株式会社Yに対する債務についての売渡担保としてYに譲渡し、Yのため、甲については仮登記移転の付記登記が、残余の土地については所有権移転登記がなされた。ところが、XとAとの売買契約は、Aの代表者の詐欺に基づくものであったため（Aが代金を払わない意思を秘しながらXに契約を締結させていた），Xは、Aに対し売買契約の意思表示を取り消したが、Yは上記の売渡担保契約に際し詐欺の事実を知らなかった。

XはYに対し、Yになされた仮登記移転の付記登記および所有権移転登記の抹消登記手続を請求したところ、原審は、「詐欺をした者から目的物を善意で転得した者がその所有権取得について対抗要件を備えているときは、この者に対して詐欺による取消の結果を対抗しえないが、目的物の所有権を取得せずにその物についての債権を有するだけの場合およびその所有権を取得した場合でも対抗要件を備えないときは、右転得者はいまだ排他的な権利を取得したものではないから、この者に対しては詐欺による取消の結果を対抗しうる」と解して、甲についての仮登記移転の付記登記の抹消登記手続請求のみを認容した[4]。

これに対して、最高裁は、冒頭の〈判旨〉に加えて、本件のYの地位について以下のように説明しつつ、Yは、XA間の「売買契約から発生した法律関係について新たに利害関係を有するに至った者というべきであって、民法96条3項の第三者にあたる」として、Xの請求を棄却した。

> 本件農地については、知事の許可がないかぎり所有権移転の効力を生じないが、さりとて本件売買契約はなんらの効力を有しないものではなく、特段の事情のないかぎり、売主であるXは、買主であるAのため、知事に対し所定の許可申請書手続をなすべき義務を負い、もしその許可があったときには所有権移転登記手続をなすべき義務を負うに至るのであり、これに対応して、買主は売主に対し、かような条件付の権利を取得し、かつ、この権利を所有権移転請求権保全の仮登記によって保全できると解すべきことは、当裁判所の判例の趣旨とする

---

4) 東京高判昭和45・1・29判タ247号274頁。

ところである……。そうして，本件売渡担保契約により，Yは，Aが本件農地について取得した右の権利を譲り受け，仮登記移転の附記登記を経由したというのであり，これにつきXが承諾を与えた事実が確定されていない以上は，YがXに対し，直接，本件農地の買主としての権利主張をすることは許されないとしても……，本件売渡担保契約は当事者間においては有効と解しうるのであって，これにより，Yは，もし本件売買契約について農地法5条の許可がありAが本件農地の所有権を取得した場合には，その所有権を正当に転得することのできる地位を得たものということができる。〔当事者は記号に修正している〕

　要するに，本件でのAは条件付きで所有権の移転を受けているにすぎず，Yも所有権そのものを取得していることにはならないが，しかし，条件が成就すればこれを取得しうる以上，取消しの遡及効から保護されるべき地位を有しているというのが最高裁の考え方である。そのうえで，確かに対抗要件を具備していない者も96条3項の第三者に該当しうるとしている。しかし，本判決はあくまでXのYに対する抹消登記手続請求に関するものだから，これが認められるにはXがYに対して優先的に所有権を主張しうる関係に立たなければならないが，逆にYがXに対して優先的に所有権を主張しうる関係に立っていなくても，Xの請求が否定される余地は十分にあるのである（つまり，相互に優先しえない関係にあれば，Xの請求は否定される）。これとの関係で注目すべきは，Yが権利保全のための仮登記を具備していた点であり，Xに本登記が残っている本件でも，かかる仮登記を根拠としてXのYに対する優先的権利主張が否定されていると考えることも十分に可能であろう。とすると，本件ではYに仮登記があったからこそ保護されたともいえ，このことを超えて，判例が一般論として，目的物件を取得する契約をした者はそれだけで原所有者に優先するとまで考えているとは断定しえない。むしろ，原所有者を排するためには第三者には登記が要求されると解する余地は残っている。

　このように，判例は確かに，対抗要件を備えていない者も96条3項の第三者として保護されうるとしているが，そのことは，直ちに，当該第三者に原所

有者を排する優先的地位まで認めることにはならない点に留意しなければならない。

III 96条3項と177条との関係

1 登記不要説に対する疑問

　ところが，第三者として保護されるために登記は不要とする見解は，対抗要件なしに第三者の原所有者に対する優先的・排他的地位を容認するが，その背景には両者の関係は対抗問題にはならないという理解がある。

　たとえば，下森博士は，原所有者が取消しを第三者に対抗しえないということは，第三者との関係で原所有者は無権利者として扱われることを意味するものとし，両者は対抗関係には立たないという[5]。さらに，原所有者と善意の転得者が対抗関係に立たないという点をより分析的に説明するのが，両者の関係を順次譲渡の関係と位置づける見解である[6]。すなわち，Xがその所有する不動産をAの詐欺によってAに譲渡する契約を結び，Aへの所有権移転登記がなされ，さらにAが同不動産を詐欺について善意のYに譲渡する契約を結んだ後に，XがXA間の契約を取り消しても，その取消し自体をYに対しては主張しえない以上，XAYの関係は，XからA，AからYへと不動産が順次に譲渡された場合と変わらない。そうなると，Yは不動産の所有権の取得について登記がなくてもXに対抗することができる。というのは，順次譲渡においては，原所有者は最終的譲受人の権利取得につき登記の欠缺を主張する正当な利益を有しないとされているからである[7]。

　このように原所有者と善意の第三者との関係が順次譲渡の関係に相当するという説は，早くから，舟橋博士が虚偽表示における原所有者と善意の第三者との関係について主張していたものであり[8]，同博士はこれを詐欺による取消し

---

　5) 下森・前掲注1)92頁。
　6) 高森八四郎・法時42巻6号 (1970年) 123頁以下，125頁，四宮・民法総則〔第4版〕188頁参照。
　7) 大判昭和3・7・2新聞2898号14頁，最判昭和39・2・13判タ160号71頁参照。

のケースにも推し進めていた[9]。確かに，判例は，虚偽表示における善意の第三者が，対抗要件を具備しなくても虚偽表示をなした原所有者に対して所有権の取得を主張しうるという立場をとっている[10]。しかし，かかる判例が虚偽表示における法律関係を順次譲渡のそれと完全に同視しているわけではない。そのことは当該判例の理由づけからわかる。すなわち，

「民法94条が，その1項において相手方と通じてした虚偽の意思表示を無効としながら，その2項において右無効をもって善意の第三者に対抗することができない旨規定しているゆえんは，外形を信頼した者の権利を保護し，もって，取引の安全をはかることにあるから，この目的のためにかような外形を作り出した仮装行為者自身が，<u>一般の取引における当事者に比して不利益を被ることのあるのは，当然の結果といわなければならない</u>。したがって，いやしくも，自ら仮装行為をした者が，かような外形を除去しない間に，善意の第三者がその外形を信頼して取引関係に入った場合においては，<u>その取引から生ずる物権変動について，登記が第三者に対する対抗要件とされているときでも，右仮装行為者としては，右第三者の登記の欠缺を主張して，該物権変動の効果を否定することはできないものと解すべきである。</u>」〔下線は筆者による〕

下線部の説明からは，判例は，善意の第三者による権利取得も一般論としては177条の物権変動に該当することを前提にしながら，ただ虚偽の外形を作出した者は，その帰責性のゆえに登記の欠缺を主張しうる資格を持たないという見解をとるものと思われる。つまり，自ら虚偽の外形を作出した者自身の属性を問題として，177条の「第三者」たる資格を否定したにとどまると見るのが穏当であろう。そうすると，本来，虚偽表示をした原所有者は，虚偽表示の相手方との関係では譲渡契約の無効を主張しうるはずであるから，善意の第三者

---

8) 舟橋諄一・民商3巻1号（1936年）139頁以下，143-145頁。
9) 舟橋諄一・民商17巻4号（1943年）343頁以下，351頁。
10) 最判昭和44・5・27民集23巻6号998頁。

との関係ではその権利取得を否定しえないとしても，なお，相手方との関係では自己に権利が留保されているという地位に立つといえるだろう。この場合，虚偽表示をした原権利者と善意の第三者との関係は，単純に順次譲渡における原所有者と最終譲受人との関係と同じことにはならない。なぜなら，順次譲渡においては，原所有者はその譲渡の相手方との関係でも自己には権利が留保されていないからである。だからこそ，その相手方から目的不動産を譲り受けた最終譲受人は，相手方自身が原所有者に対して登記なくして所有権の取得を対抗しえた以上，これと同様に登記なくして所有権の取得を対抗することができる。しかし，この論理は虚偽表示のケースには当てはまらない。それにもかかわらず，判例が善意の第三者は登記なくして権利取得を原所有者に対抗しうるとするのは，原権利者が不実の外形を意図的に作出したという帰責性にかんがみ，登記の欠缺を主張させるに値しない者と考えるからであろう[11]。

　このように理解してこそ，判例が虚偽表示をした原所有者から目的不動産を譲り受けた者と善意の第三者は対抗関係に立つとしていることも[12]，整合的に理解することができる。つまり，虚偽表示をした原所有者は，善意の第三者との関係では，その帰責性のゆえに177条の「第三者」たる地位を主張しえないが，なお無権利者ではなく，だからこそ所有権を別途に譲渡しうる余地が生ずる。そして，かかる所有権を譲り受けた者自身には，虚偽表示をした原所有者のような帰責性がない以上，善意の第三者による所有権の取得についてはその登記の欠缺を主張する正当な利益が存在するといえる。このため，善意の第三者との優劣は，最終的にいずれが先に登記を具備したかによって決せられるのである。類似の関係は，二重譲渡におけるいわゆる背信的悪意者が177条の「第三者」から排除されるとしても，背信的悪意者は全くの無権利者ではなく，

---

11) かつて，川井博士は，虚偽表示をした原所有者と善意の第三者は二重譲渡に類する関係に立つと見て，先に対抗要件を具備したほうが優先するという立場をとっていた（川井健・判評102号〔判時480号〕〔1967年〕13頁以下，14頁参照）。本文のような意味で，川井説は，二重譲渡に類する関係として捉えていた点では正当であるが，虚偽表示をした者が善意の第三者の登記の欠缺を主張する正当な利益を有するかを十分検討していなかった点に，問題を残していたといえよう。もっとも，川井博士はその後の教科書ではこれとは異なる立場をとるに至っている（川井・民法(1) 165頁参照）。

12) 最判昭和42・10・31民集21巻8号2232頁。

その権利を承継取得した者は、第一譲受人との関係で177条の「第三者」に該当しうるという判例[13]にも見られる。

このように、虚偽表示のケースにおいてすら、原所有者が純粋な無権利者とは考えられないのであれば、詐欺の被害者という点で原所有者の帰責性が小さい96条3項のケースでは、いっそう、取消権を行使した原所有者を単なる無権利者と位置づけることは疑問となる。登記不要説は、善意の第三者に取消しを対抗しえないことを、詐欺による法律行為が完全に有効なものとなることと同視しているけれども、96条3項の趣旨が、取消しの遡及効（121条）によって権利取得が覆される不利益から第三者を保護する点にあるならば[14]、要は、善意の第三者との間では、いったんは詐欺者に所有権が移転したという効果が維持されれば足り、詐欺による譲渡契約を絶対的に有効とする必要はなく、むしろ譲渡契約の当事者間では、取消権を行使した者に所有権が留保ないしは復帰することを否定する理由はない。取消しによる遡及的無効のみ制限すれば、善意の第三者の権利取得も有効となりうるからである。このことは、たとえば第三者が目的不動産を譲り受けたのではなく、抵当権の設定を受けた者である場合を想起すれば明らかである。この場合、96条3項の適用によって抵当権が有効になるとしても、抵当権の負担のついた所有権はなお取消しをした原所有者に属すると考えざるをえない。それはつまり、詐欺の当事者間においては、目的不動産の所有権は原所有者に帰すべきということが前提とされているからである。

そして、このような所有権の復帰に対する利益は、詐欺による被害者という原所有者の地位を考慮すれば、善意の第三者との関係でも一切無視しうるものではない。その意味で、善意の第三者による所有権取得、すなわち物権変動との関係で、原所有者はその登記の欠缺を主張する正当な利益を有するといえる。すなわち、ここでは177条の適用を認めても問題はない。

---

13) 最判平成8・10・29民集50巻9号2506頁。
14) 周知のように、判例は、このような理解の下に96条3項の「第三者」を取消しの前に出現した者に限定するわけである（大判昭和17・9・30民集21巻911頁）。

2　登記必要説に対する疑問

　以上のように登記不要説には大きな疑問があるが，他方で，近時主張されている登記必要説にも問題がある。以前は，ごく簡単に96条3項の第三者として保護されるには対抗要件が必要だと主張されていたが[15]，近時の多数説は，善意の第三者と原所有者との関係は本来の意味での対抗問題ではないという前提をとりつつ，詐欺による被害を受けた者との関係で第三者が保護されるには，相応の利害を目的不動産に対して有すべきという認識の下に，96条3項の第三者に該当する要件として登記の具備を問題とする。すなわち，ここでの登記を177条の対抗要件ではなく，「権利保護資格要件」と見る[16]。

　確かに，本講の判例は96条3項の第三者の要件として対抗要件を要しないとしたが，目的不動産の所有権の移転につき知事の許可が条件とされていたため，転得者は本登記をなしえない事情があり，可能なのは仮登記移転の付記登記であった。だから，判例は当該事案では本登記を不要としたが，単に転得の契約を締結すれば96条3項の第三者に該当すると見ているわけではなく，転得者が自己のとりうる措置をとっている点を重視して，これが96条3項の第三者に該当するとしたとも考えられる。それゆえ，本登記の障碍がない場合には，むしろ登記を怠っている転得者は96条3項の第三者には当たらない，という解釈もなお十分可能であろう。

　しかし，96条3項の第三者に該当するためにそもそも登記が必要となると，目的不動産の登記が詐取した者の名義のままであれば，詐欺の事実について善意で転得する契約を結んだ者はなお「第三者」に該当しないので，この段階では，原所有者が取消しの遡及効を転得者に対し主張することができる。すなわち，原所有者が一方的に自己に所有権があると主張しうることになるが，はた

---

15)　我妻・講義 I 312頁。
16)　このような発想は，星野英一・法協93巻5号（1976年）813頁以下，821-823頁によって明確に示されるようになった。最近のポピュラーな教科書も，この説に賛同するか否かはともかく，「権利保護資格要件」という命題を前提にするようになっている（川井・民法(1) 190頁，内田 I 85頁のほか，佐久間・基礎 1 176頁，山本・講義 I 245頁）。

してそれは適切だろうか。登記名義が中間の詐欺者にある場合，はたして原所有者を全面的に保護すべき利害状況にあると言い切れるだろうか。むしろ，原所有者も善意の転得者も，互いに相手方を排除しうるほど優位に立つものでないとすれば，双方がそれぞれ目的物の所有権を取得しうる状況にあり，その優劣は最終的にいずれが先に登記を具備したかによって決定すべきではないか。つまるところ，それは両者の関係を対抗関係と見ることにならないだろうか[17]。

　前述のように，96条3項はあくまで取消しの遡及効を制限するにすぎず，詐取した者に対しては，原所有者が所有権の復帰を主張しうる関係に立つと解すれば，原所有者と善意の転得者はまさに対抗関係に立つ。判例が「対抗要件」を不要としているのは，あくまで96条3項の第三者に該当するか否かのレベルにおいてであることに留意しなければならない。96条3項の第三者に当たるには善意で目的不動産を転得する契約を結べば足りるが，その結果として認められる物権変動についてはなお177条の射程が及んでくる。判例はこのことまで否定しているわけではない。それにもかかわらず，従来の登記必要説がここでは対抗問題が生じないと考えるのは，96条3項が適用されると，原

---

17)　取消しの効果を一種の権利変動と見ながら，なお，原所有者と善意の第三者との関係を対抗関係とは異なるものと見て，原所有者は基本的に所有権の復帰について第三者に対し優位に立ち，むしろ，第三者が所有者として保護されるには，権利取得の原因である契約の履行行為（代金の支払い，所有権移転登記等）が「権利保護資格要件」として要求されるという見解がある（松尾弘「物権変動における『対抗の法理』と『無権利の法理』の間——第三者保護法理の体系化と『権利保護資格法理』の位置づけ(1)～(4・完)」慶應法学6号371頁以下，7号507頁以下，10号385頁以下，13号187頁以下〔2006年～2009年〕）。

　この見解は，特別の規定による制限がない限り取消しの遡及効を維持する私見とは異なる前提をとっているため，その立論全体への批評は控えることにしたい。ただ，96条3項が適用される場面において原所有者が善意の第三者に対し優位に立つとする点には疑問がある。確かに，善意の第三者が所有権取得の対価を支払っていない状況では，不動産を騙し取られた原所有者より，所有権を確保できないことによって失う利益は少なく，その点で原所有者が保護に値するという価値判断は成り立つだろう。しかし，典型的対抗問題とされる二重譲渡においても，たとえ第一譲受人がすでに代金を完済したのに対し第二譲受人が代金を支払っていなくとも，第二譲受人が背信的悪意者に当たるなど，177条の「第三者」から排除される特別の事情がない限り，両者の優劣は登記の具備によって決定されるのである。したがって，詐欺の被害者と善意の第三者との関係を殊更に対抗関係から排除する理由はない。すなわち，物権変動の優劣は，基本的には契約当事者間の実質的利益状況から離れて登記という形式基準によって決する，というのが177条の趣旨であるならば，それは96条3項のケースにも当てはまる。

所有者は確定的に権利を失い善意の転得者は確定的に権利を取得する，という登記不要説と同じ前提をとるからであるが[18]，そのような理解自体が問題なのである。登記名義が詐取した者にある場合に善意の転得者を優遇しえないという判断の背景には，原所有者にも目的物に対する正当な利益があるという認識があるのだろう。それならば，善意の転得者を96条3項の第三者として保護したうえで，原所有者との優劣関係を177条によって決するのが自然ではないか。

「権利保護資格要件」という表現は，対抗問題ではない事案にも一種の利益考量から第三者に登記を要求するという思想の表明であろうが，いったん177条の問題でないとしながら登記を要するという議論自体が，迂遠に思えてならない。むしろ端的に，この問題も177条の射程にあるというべきではないか。

3 原所有者への権利帰属の法的構成

以上のように，虚偽表示の場合であれ，詐欺による取消しの場合であれ，原所有者は，相手方ないし詐欺者との関係では，自己に所有権が帰属することを主張しうる。したがって，客観的には，双方のケースで原所有者と善意の第三者は対抗関係に立つのであり，ただ，虚偽表示をした者については，その属性のゆえに，善意の第三者への物権変動について登記の欠缺を主張する正当な利益が否定されるにすぎない。

この場合，原所有者にも所有権が帰属しうることをどのように説明するのかが問題となるが，第三者との関係では無効，取消しが制限される以上，一応，原所有者から相手方ないし詐欺者への所有権移転を認めつつ，そのうえで原所有者への所有権移転を観念するのが素直であろう。すなわち，94条2項，96条3項の規定によって，無効ないし取消しが復帰的物権変動として構成されることになる[19]。判例は，この構成を取消しの後に現れた第三者との関係で採

---

18) 山本・講義Ⅰ245頁の説明を参照。
19) 類似の構成を主張するものとして，加賀山茂「対抗不能の一般理論について——対抗要件の一般理論のために」判タ618号（1986年）6頁以下，14-16頁。ただし，96条3項の射程や177条の位置づけについて，筆者とは根本的に異なる前提をとっている。

用しているが[20]，むしろ，法律の規定によって取消しの効果が制限されるケースにおいてこそ，この構成を採用すべきではないか。そして，法律の特別の規定がない場合には，原則どおり，取消しによる遡及的無効という効果は維持されるべきであり，近時の多数説[21]のように，登記を信頼して取引に入った第三者は別の法的構成，すなわち，94条2項等の類推適用によって保護するのが筋である。

IV おわりに
―――解除と第三者

最後に，解除と第三者との関係，すなわち，545条1項但書が適用される場面での判例の立場に言及したい。Y_1がY_2にその所有する不動産を売り渡し，さらにY_2がXにこれを転売したが（登記名義はY_1のままであった），その後Y_1Y_2間で売買契約が合意によって解除されたところ，XがY_2のY_1に対する移転登記請求権の代位行使，また，Y_2に対する移転登記請求権を主張したケースについて，最高裁は以下のような理由からこれを否定的に判断した[22]。

> 「思うに，いわゆる遡及効を有する契約の解除が第三者の権利を害することを得ないものであることは民法545条1項但書の明定するところである。合意解約は右にいう契約の解除ではないが，それが契約の時に遡って効力を有する趣旨であるときは右契約解除の場合と別異に考うべき何らの理由もないから，右合意解約についても第三者の権利を害することを得ないものと解するを相当とする。しかしながら，右いずれの場合においてもその第三者が本件のように不動産の所有権を取得した場合はその所有権について不動産登記の経由されていることを必要とするものであって，もし右登記を経由していないときは第三者として保護するを得ないものと解すべきである。けだし右第三者を

---

20) 前掲注14)大判昭和17・9・30参照。
21) 四宮・民法総則〔第4版〕172-173頁，川井・民法(1)194-195頁，内田Ⅰ83-84頁。
22) 最判昭和33・6・14民集12巻9号1449頁。

民法177条にいわゆる第三者の範囲から除外しこれを特に別異に遇すべき何らの理由もないからである。してみれば，Xの主張自体本件不動産の所有権の取得について登記を経ていないXは原判示の合意解約について右にいわゆる権利を害されない第三者として待遇するを得ないものといわざるを得ない（右合意解約の結果 Y_2 は本件物件の所有権をXに移転しながら，他方 Y_1 にこれを二重に譲渡しその登記を経由したると同様の関係を生ずべきが故に，Y_1 はXに対し右所有権をXに対抗し得べきは当然であり，従って原判示の如くXは Y_1 に対し自己の登記の欠缺を主張するについて正当の利益を有しないものとは論ずるを得ないものである）。」

結論として，判例が転得者たるXが保護されるには登記を要するとしていることは明らかであるが，この判決文からは，判例がそこでの登記の意義をどのように理解しているのかは分かりにくい。一方では，登記がなければ「権利を害されない第三者」として待遇しえないとしている点からは，ここでの登記は545条1項但書の第三者の要件とされているようであり，177条の対抗要件とは異なるようにも思われる。しかし，他方で，XY_1 間の関係を二重譲渡の関係と同視している点からは，ここでの登記はまさに177条の対抗要件として捉えられている。つまり，解除のケースでは，判例の要求する登記は，権利保護資格要件と対抗要件との間で揺れているようである[23]。

ただ，判例の立論は Y_1Y_2 間の契約解除に遡及効があることを前提にしている以上，登記を具備しない転得者が545条1項但書の第三者に当たらないとするならば，このケースではそもそも XY_1 間に二重譲渡類似の関係が成立する余地などなくなる。だとすると，たとえ転得者が登記を具備していない状況でも解除の遡及効が制限される，すなわち転得者は一応545条1項但書の第三者

---

23) その後，法定解除における目的不動産の転得者との関係が問題になった事案で，最高裁は，解除権を行使した原所有者が転売を了承していた点にかんがみ，原所有者が転得者の登記の欠缺を主張するのは信義則上許されないとした原審の判断を維持する立場をとったが（最判昭和45・3・26判時591号57頁），この判例も本文に述べた点をどのように理解しているのかははっきりしない。

に当たると解さなければ，二重譲渡の関係という最終的立論にはつながらない。それゆえ，解除に関する判例の見解は，詐欺による取消しについて展開した私見とほぼ同様の立場にあると見ることも十分可能である。すなわち，解除の遡及効は転得者に対抗しえないものの，原所有者には目的物の所有権が復帰する関係が成立し，かつ，転得者の登記の欠缺を主張する正当な利益が認められるため，原所有者は，自己に登記名義が保留されている場面では，転得者に対して優先的に権利を主張することができる。

Directions ➡

(1) 判例は，96条3項所定の第三者の要件としては，登記ないし対抗要件の具備を要求していないが，同条同項の適用によって認められる物権変動に対し177条が適用されうることまでは否定していない。
(2) その結果，取消権を行使した原所有者には，177条の第三者として善意の転得者の登記の欠缺を主張し，自己への所有権の帰属を主張しうる余地は残されている。
(3) 虚偽表示における善意の第三者が登記を具備せずとも原所有者に所有権を主張しうるのは，原所有者が虚偽表示をなしたという点において登記の欠缺を主張する正当な利益を有しないと評価されるからである。

● *民法改正との関係*

　改正法案96条3項は，第三者が保護されるための主観的要件を，単なる善意から善意無過失に切り替え，従前より第三者として保護されるための要件を厳格化した。これは，表意者ないし原所有者が意図的に不実の外形を作出していない詐欺の場合には，第三者が保護されるためには取引通念上必要とされる注意を尽くしていることが必要である，という学説上の有力な見解（幾代通『民法総則〔第2版〕』〔青林書院，1984年〕284頁，四宮・民法総則〔第4版〕185頁，川井・民法(1) 189頁，内田I 81頁）に従ったものといえる。
　これに対して，従来の判例は，第三者が保護されるためには善意のみなら

ず無過失も要するとしてきたわけではない。それゆえ，たとえ，判例は第三者が原所有者に対して所有権の取得を主張するには登記を要するという立場を否定するものではないと理解しえたとしても，新たな立法措置として第三者としての保護要件が高められたならば，それとのバランスで，第三者は対抗要件なくして所有権の取得を原所有者に対して主張しうることになるのではないか，という疑問も出てくるであろう。しかし，たとえ第三者に過失がない場合であっても，詐欺による被害者たる原所有者が，登記名義が詐欺者に残っている段階でも確定的に所有権を取り戻しえなくなるという結論は，双方の利益のバランスという観点からは必ずしも適切といえないように思われる。それゆえ，一般論としては，第三者が目的不動産の権利取得を原権利者に対抗するためには登記を要するという見解は，改正法の下でも合理的なものと考えている。

第3講

親権者による子の代理と利益相反・代理権濫用

最判平成4・12・10民集46巻9号2727頁
民法判例百選Ⅲ 48事件

▶ 判旨

しかし，親権者が子を代理してする法律行為は，親権者と子との利益相反行為に当たらない限り，それをするか否かは子のために親権を行使する親権者が子をめぐる諸般の事情を考慮してする広範な裁量にゆだねられているものとみるべきである。そして，親権者が子を代理して子の所有する不動産を第三者の債務の担保に供する行為は，利益相反行為に当たらないものであるから，それが子の利益を無視して自己又は第三者の利益を図ることのみを目的としてされるなど，親権者に子を代理する権限を授与した法の趣旨に著しく反すると認められる特段の事情が存しない限り，親権者による代理権の濫用に当たると解することはできないものというべきである。

Ⅰ　はじめに

　親子は，親権・扶養義務・相続権等の特別な権利・義務で結びつけられた濃密な関係であり，一般私人間の関係にはない特殊性を帯びている。そして，親は，子に愛情を注ぎ，子の利益を最優先してその財産管理を行うことを期待してよい立場にある存在である。そのため，親権者には未成年の子の財産管理に関して包括的な代理権が与えられている（民824条）。

もっとも，親権者が子の不利益において自己または第三者の利益を図る場合がないとも限らない。そうした事態に備えて，親権者の広範囲に及ぶ代理権の行使を制約するための仕組みを用意する必要がある。そこで，民法は，親権者の利益と子の利益とが相反する場合に，請求により家庭裁判所が特別代理人を選任すべきものとし，中立的な立場にある私人の判断を通して子の利益が守られるように配慮している（民826条）。このように，利益相反性が認められる代理行為については，裁判所が間接的に事前介入することにより，子の財産の適切な管理処分を担保するための仕組みが一応は存在しているといえる[1]。

それでも，親子間の利益が相反するとまではいえないが，経済的に見て子の不利益に作用することが明らかな行為にどう対処するのか，という問題は残る。第三者の債務を担保するために子が所有する不動産を物上保証に供する場合等がその典型例である。物上保証は，物上保証人に重い負担（不利益）を課す一方，被担保債権の債務者に利益を与えるものである。すると，親権者が子を代理して行う第三者のための物上保証は，例えば「第三者」と「親権者」との間に密接な関係がある場合に，①利益相反行為に当たりうるか，②仮に当たらない場合，別の法理（例えば代理権濫用法理）により本人を例外的に保護する余地があるか，が問題となる。同様の問題は，後見監督人が存在しない場合の未成年後見人（民859条）にも生じうる。

〈判旨〉は，「第三者」と「親権者」との間に密接な関係があるとはいえない本件事案において，①の問いを否定的に解したうえで，②の問題に対する解釈の一般的な指針を示すとともに，代理権濫用を肯定した原判決を破棄し，事件を原審に差し戻した。すなわち，親権者の代理行為は，利益相反行為に当たらない限り，原則として有効であるが，例外的に親権者に代理権を授与した「法の趣旨に著しく反すると認められる特段の事情」がある場合に限り代理権の濫用と評価され，代理権濫用の事実につき相手方が悪意または有過失の場合に代理行為が無効となるとした点において，本判決は重要な意義をもつ。親権者の代理権濫用を認めるために〈判旨〉の設定したハードルは相当高いように見受

---

1) 民法826条の沿革および裁判例の分析に関しては，星野英一＝広中俊雄編『民法典の百年Ⅳ』（有斐閣，1998年）103頁以下［沖野眞已］に負うところが大きい。

けられる。

　さて，2つの文からなる上記〈判旨〉を通読する際，ふと立ち止まってしまう読者も少なくないのではないか。第1に，代理権の行使にあたって**親権者に「諸般の事情を考慮してする広範な裁量」が認められている**と見るべき根拠はいったい何に求められるのか。第2に，利益相反行為に当たらない限り，**代理権濫用に当たるのは「法の趣旨に著しく反すると認められる特段の事情」が存する場合に限られる**という要件がどうして導かれるのか。いずれも〈判旨〉の肝というべき部分であるにもかかわらず，その趣旨はあまり明確ではない。このことは〈判旨〉の射程理解にも影響する。たとえば，〈判旨〉の射程が未成年後見人にも及ぶのかどうか，判決文を読む限り，判然としない。

　従来，親権者による不適切な財産管理行為をどう規制すべきかをめぐっては，特に民法826条と一般法理である代理権濫用との役割分担に関して見解が対立している[2]。解釈論による対処の限界も指摘されている。そこで，この問題を考察する手掛かりとして，まず〈判旨〉の事案と訴訟経過の詳細をふまえ，その行間に潜む親権観を析出する（⇒Ⅱ）。次に，「利益相反」・「代理権濫用」法理相互の関係をふまえつつ，〈判旨〉の意義と射程を考察する（⇒Ⅲ）。さいごに親権者の代理権濫用に関連する立法論にもふれる（⇒Ⅳ）。

Ⅱ　〈判旨〉の親権観と代理権濫用の成立要件

1　事案

　未成年者XがXが相続により取得した甲土地につき，Xの親権者（母親）AがXを代理して，YがB会社（Xの亡父の弟Cが代表者として経営する会社）に対して保証委託取引に基づき取得する債権を担保するために，極度額を3000万円とする根抵当権を設定する契約をYと結んだ。その後，Aは極度額を4500万円に変更する契約を結び，Yを権利者とする根抵当権設定登記および極度額変更の付記登記が行われた。

2）　窪田・家族法292頁，二宮周平『家族法〔第4版〕』（新世社，2013年）218頁。

甲土地等はもともとXの祖父が所有していたが、Xの祖父、父および祖母が相次いで死亡したため、Cを中心としてXの祖父らの遺産分割協議が行われ、甲土地およびXの祖父の住居であった建物および敷地などをAの長男であるXが取得し、賃貸中の集合住宅およびその敷地などをAが取得することを内容とする協議が成立した。Cは、その後もAの依頼に基づきAが取得した集合住宅の管理など、諸事にわたりAとXとの面倒を見ていた。

B会社は、D銀行から事業資金としてまず2500万円を、続いて1500万円を借り受けたが、その際、Yとの間で信用保証委託契約を結び、YはD銀行に対して、B会社の各借受金債務を保証する旨約した。Yは、本件契約の締結に際し、右各借受金の使途がB会社の事業資金であって、Xの生活資金等Xのために使用されるものではないこと、XとB会社との間に各別の利害関係のないことを知っていた。

Xは、成年に達した後、Aの上記代理行為の効力を争い、根抵当権設定登記の抹消登記手続を求めて提訴した。

2 代理行為の効力を否定するための法律構成

(1) 第1審

Xは、親権者は未成年者の財産を保護すべき責任があり、法定代理権を未成年者の利益のために行使する義務を負うところ、X所有の唯一の財産である甲土地をXと無関係のB会社の債務の物上保証に供する行為は右義務に違反して代理権を濫用するものであり、当然に無効である、と主張した。

大審院の判決には、傍論ではあるが、未成年者の後見人が、被後見人所有の不動産に第三者の債務を担保するため抵当権を設定する行為を当然に無効としたものがある[3]。未成年後見人にも民法826条が準用され（民860条）、「利益

---

3) 大判明治30・10・7民録3輯9巻21頁。同判決は、後見人が被後見人の名義で金員を借り入れることは他に特別の理由のない限り当然無効とならないことを判示する際に「本件ノ如キ金員借入レノ行為タルキ時ニ被後見人ノ為メニ必要缺クベカラザルコトアリ又場合ノ如何ヲ問ハズ必然被後見人ノ不利益タルベキモノニ非ズ。之ニ反シテ他人ノ為メニ被後見人ノ財産ヲ担保ニ供スルノ行為タルヤ決シテ被後見人ノ為メニ必要缺クベカラザルモノニアラズ又其行為ノ性質トシテ必ズ被後見人ノ不利益タルベキモノナレバナリ」と述べた。

相反」該当性を判断する枠組みも親権者と共通と考えられているので⁴⁾，同判決が本件においても意味を持つと考える余地はある。しかし，第1審は，「単に本人たる未成年者に不利益となるとのことのみをもって，親権者が未成年者を代理してなした法律行為が法定代理権の濫用となり無効であるとは解しえない」として，Xの請求を棄却した。

(2) 控訴審

そこで，Xは控訴審で次のような主張を付け加えた。BがD銀行から借り入れることを予定した金員は，Xの生活資金や営業資金ではなく，むしろBの営業資金として使用されるものであることをYは知っていた。つまりYは，法定代理権を濫用するAの意図を知りながら敢えて抵当権設定契約の締結に及んだのであるから，右契約は無効である，と。

控訴審は，民法824条がいう「親権者が代理（代表）しうる子の財産に関する法律行為とは，原則として，子の財産上の地位に変動を及ぼす一切の行為を指す……。しかしながら，同時に，親権者がなす財産に関する法律行為については，その制度，目的からして，当然に，その子自身の利益のためなされるべきことを要し，親権者自身又は第三者の利益のためになすが如きは，親権の濫用に該当し，許されない……」として，Xの主張を容れた。

控訴審は，いわば「子のための親権」の理念に基づき，第三者の利益を図る代理行為は親権の濫用に当たり，第三者の債務を担保するために未成年者の不動産を物上保証に供する行為は原則として，代理権の濫用に当たるとしたものとみられる。物上保証がそれにも関わらず有効であると主張したければ，相手方の側で，濫用に当たらないと解すべき特段の事情（当該物上保証に係る借受金の実際の使途が子の生活費であること等）を立証しなければならない，という考え方である⁵⁾。

また，控訴審判決は，親権者の代理権濫用の場面でも，法人の代表機関の濫用事例において確立された民法93条ただし書の類推適用⁶⁾によるべきことを明らかにした点でも画期的であった。すなわち，代理取引の相手方において，

---

4) 前田陽一ほか『民法Ⅵ 親族・相続〔第4版〕』（有斐閣，2017年）197頁。
5) 田中豊・最判解民事篇平成4年度518頁。
6) 最判昭和38・9・5民集17巻8号909頁，最判昭和42・4・20民集21巻3号697頁。

親権者の目的が自己または第三者の利益を図ることにあることを知りまたは知りうべかりし場合に限り，右代理行為は無効である。第1審が親権者の義務違反⇒代理権濫用⇒当然無効という法律構成に立っていたのに対して，控訴審では，相手方の認識可能性を要件とする法律行為の無効という構成が採用されたのである。

(3) 最高裁判決

そこでYが上告した。上告理由は多岐にわたるが，概要は次のとおりである[7]。親権者が未成年者の不動産を第三者のために担保に供した，という事実さえ貸付側が知っていれば無効になるというのでは，そのようなことは貸付側も通常は了知していることを考えると，結局，未成年者の不動産を第三者の債務の担保目的物とはできなくなるに等しい。しかし，このことは，親権者と未成年者との間に利益相反関係がある場合でも特別代理人の選任によって未成年者の財産を処分できることとバランスを失している，と。

これに対して，最高裁は，本人と相手方の利益を調整する法理として民法93条ただし書類推適用に依拠する原審の判断を支持する一方で，代理権濫用の判断基準に関しては，控訴審と異なる判断を示した。すなわち，たとえ第三者の利益になる行為でも，利益相反行為に該当しない以上，原則として有効であり，代理権濫用の推定は働かない。濫用という評価を基礎づけるには，例えば「子の利益を無視して自己又は第三者の利益を図ることのみを目的」としたという程度の顕著な事情が必要だとする。これは，上告理由が説く上記のバランス論を汲むものとみられるが，より重要なのは，現行法が「**子をめぐる諸般の事情を考慮してする広範な裁量**」を認めていることを〈判旨〉が出発点に据えたことである。控訴審と最高裁の判断を分けたものは何か。その問いを解く鍵がまさにこの出発点に存在する。

---

7) 道垣内弘人・民商108巻6号（1993年）913頁の簡潔明瞭な「まとめ」に負う。

3 「広範な裁量」の根拠と「子の利益」の捉え方

(1) 親権者に広範な裁量が認められるべき根拠

〈判旨〉は，もっぱら親権者の代理権行使の文脈において規範を提示している。親権者と子との間には相互に相続権があり，扶養義務を負担するという特別に濃密な法律上の関係性があること[8]，親は子に対して特別な愛情をもつ者であり，近親者の中から選任されることが多いとはいえ，所詮はピンチヒッターに過ぎない後見人と同等に見られないこと[9]，から〈判旨〉の射程は親権者に限られるとみるのが，最も単純明快な理解の仕方であろう。

これに対して，子の健全な成長を人格面も含めて支援する特別の役割を担う保護機関に法が包括的で継続的な代理権を付与したことが広範な裁量の根拠だとすれば，〈判旨〉の射程は，同じ法定代理でも，成年後見には及ばないが，未成年後見（民857条）には及ぶという射程の理解の仕方がありうる。

(2) ふくらみのある概念としての「子の利益」

〈判旨〉の意義と射程を厳密に測るには，「子の利益」というもう1つのキーワードに着眼することが有益である。冒頭引用の〈判旨〉に続く次の一節をみてみよう（波線筆者）。

> したがって，親権者が子を代理して子の所有する不動産を第三者の債務の担保に供する行為について，<u>それが子自身に経済的利益をもたらすものでないことから直ちに第三者の利益のみを図るものとして親権者による代理権の濫用に当たると解するのは相当でない</u>。

代理行為が誰の利益を図るものかを問う際には，問題となる当該代理行為のみに焦点を当て，その行為の客観的性質からそれが本人に経済的利益をもたらすかどうかを抽象的に判断するのが一般的である。単発取引の任意代理を想定

---

8) 田中・前掲注5)518頁。
9) 石田喜久夫・法時66巻3号（1994年）117頁。

する限り，このことは自明である。ところが，**同一人が包括的代理権を長期間にわたり行使し，その間多種多様な取引に携わる場合，代理人の行う取引が本人に利益となるか，不利益となるかを，個々の行為ごとに分断して杓子定規に振り分けてよいか**，という点は別途問題となる。

控訴審は，包括的代理権に特有の上記問題に一切言及せず，一般的基準をそのまま適用し，経済的に未成年者の不利益となる行為を原則として代理権濫用に当たると評価した。他方，最高裁は，親権者の代理権が備える特質を指摘し，濫用という評価を基礎付ける特段の事情を未成年者側が立証しない限り，代理行為は有効であるという立場を採用した。

しかも，最高裁は，**未成年者の利益が単純に当該の代理行為がもたらす経済的利害得失に還元しきれないとも考えている**。たとえ経済的には損な取引でも，それが子の福祉の観点から望ましいと判断されるならば，財産権の適切な行使だというのである[10]。当該代理行為を単体として抽象的に見る場合に，第三者の利益に作用しても，親権者や相手方の過去の行為や将来の関係性などを総合的に考慮し，広い意味で子の利益になると評価できる場合がある。同様の状況は未成年後見の場合にもあてはまる。そうだとすれば，〈判旨〉の射程は未成年後見人にも及ぶと解する方向にも傾きそうである[11]。しかし，はたしてそう考えてよいか。本問のように，経済的に見て子の不利益となる行為については民法826条の「利益相反」行為と代理権濫用法理との関連性も併せて問題となる。この観点も含めて，次項（Ⅲ）で〈判旨〉の意義と射程を検討することにしたい。

---

10) 道垣内・前掲注7)924頁。
11) 米倉明・法協111巻3号（1994年）409頁は未成年後見人への波及可能性を示唆する。

Ⅲ　親権者の代理権濫用と利益相反行為

1　民法826条の利益相反行為

(1)　子（本人）の利益保護という視点

　民法826条の利益相反行為として，立法者が本来念頭においていたのは民法108条が定める自己取引・双方代理の事例であり，親権者自身が子を代理して第三者と取引行為を行う場合は想定されていなかった。そして，同条の利益相反概念は，特別代理人の選任を要するか否かを振り分ける基準であり，実際に行われるべき代理行為が子の利益に適うかどうかの実質的な判断は特別代理人に委ねられている。利益相反行為の禁止に違反して親権者が行った代理行為の効果を同条が明定していないのは，そのためである。

　もっとも，判例は，比較的早くから，上記の立法者の意図から離れた解釈を同条に施してきた。すなわち，一方において，自己取引であっても，本人（子）の利益となる行為には同条の禁止の趣旨が妥当しないと解されてきた[12]。同条の趣旨が子の利益保護にある以上，子の利益となる代理行為はたとえ自己取引であっても制約する必要がないからである。他方において，親権者が第三者を相手方として子を代理して行為した場合でも利益相反行為に当たる場合があるとされている[13]。その結果，同条の利益相反行為とは，親権者の利益になる反面，未成年者にとって不利益になる法律行為を広く含むものとして運用されてきたのである。

　また，利益相反行為の禁止に違反して親権者が行った代理行為は無権代理として扱われ，本人に効果が帰属しない[14]。こうして，同条の「利益相反」概念は，親権者の代理権行使に対する事前介入の是非を判断する要件であると同時に，既に行われた代理行為の効果を本人に帰属させるべきかどうかを事後評

---

12)　親権者から未成年者への贈与は利益相反行為に当たらないとされている（大判昭和6・11・24民集10巻1103頁，大判昭和14・3・18民集18巻183頁）。
13)　大判大正3・9・28民録20輯690頁，大判大正10・8・10民録27輯1476頁。
14)　最判昭和46・4・20集民102号519頁，最判昭和47・4・4民集26巻3号373頁。

価するための要件にもなっている[15]。

(2) **形式的判断説と実質的判断説**

　判例によれば，親権者が子を代理してした行為自体を外形的客観的に考察し，行為の客観的性質上，利害の対立を生ずるおそれがある場合に利益相反行為に当たると判断される[16]（形式的判断説）。その行為の結果現実に利害の対立を生ずるかどうかは問われない[17]。形式的判断説は，代理行為の相手方が容易に知ることができない内部事情や親権者の動機等によって代理行為の効力が左右されるべきでない，という取引安全の考慮に基づいている。もっとも，形式的判断説によると，たとえば親権者が実際は自己使用目的で借金をする場合でも，子の名義で金銭消費貸借契約を締結し，担保として子の不動産に抵当権を設定する場合，子が主債務者である以上，外形的客観的に利益相反は認められず[18]，親が形式さえ整えれば容易に同条の趣旨を潜脱することができてしまう，という問題も指摘されてきた[19]。

　これに対して，ある行為が，一方において親権者に利益をもたらし，他方において未成年者の子に不利益をもたらす場合には，それが「行為の外形」から認識されうるか否かを問わず，利益相反行為に該当し，特別代理人の選任を要すると解すべきであるという考え方も有力である（実質的判断説）[20]。

　判例の評価に関しては，「行為自体」「行為の外形」だけでなく，子に実質的に不利益になるかどうか，当該行為に第三者が利害関係を有しているか否かという紛争類型の違いにも配慮して利益相反該当性を判断しており[21]，形式的判断説を一貫していないという分析や，より端的に，民法826条を民法108条が定める狭義の利益相反行為の枠を超えて，親権者の財産管理権に対する一般的制約として機能させ，そのような形で子のための親権の構築を図ってきたと

---

15) 有地亨「親子の利益相反行為の成否の判断基準」島津一郎教授古稀記念『講座・現代家族法(4)』（日本評論社，1992年）46頁，辻正美・リマークス8号（1994年）17頁，角紀代恵・家族法判例百選〔第4版〕（1988年）115頁。
16) 田中・前掲注5)513頁。
17) 最判昭和49・7・22家月27巻2号69頁。
18) 最判昭和37・10・2民集16巻10号2059頁。
19) 阿部徹「親子間の利益相反行為(1)」民商57巻1号（1967年）49頁。
20) 磯村保・金法1364号（1993年）51頁。
21) 有地・前掲注15)54頁，道垣内・前掲注7)917頁。

いう評価も示されている[22]。

2 〈判旨〉の意義と射程

(1) 意義

　本件では，第三者YおよびB会社の利益と子Xの不利益とは外形上結合しているが，形式的判断説による限り，親権者Aの利益とXの不利益とは外形上結合していないから，利益相反行為に当たらない[23]。他方，実質判断説に立っても，本件で利益相反性が肯定されるとは限らない[24]。つまり形式的判断説・実質的判断説の対立は，本件の結論に重要な差をもたらさない。仮にYがAの配偶者または内縁の夫であるなど，利益の共通性が認められる密接な関係性がある場合ならば，利益相反をめぐる判断は微妙なものになったかもしれない。

　こうして，〈判旨〉は，民法826条の問題に関する従来の判例準則を踏襲したうえで，代理権濫用の問題に関して代理類型のいかんを問わず統一法理を適用する一方，親権者の代理権濫用に固有の問題性に着眼して，その要件を厳しく絞った。穿った見方をすれば，最高裁は，民法826条に対して代理権濫用法理が有する固有の存在意義を認めつつも，その適用範囲を厳格に解することで，実質的には民法826条の枠内で子の利益保護を図るほうが有望であることを示唆するようにさえ見える[25]。

(2) 射程

　Ⅱで示唆したとおり，保護機関が包括的代理権を行使する際に，自らの行為がその客観的性質に照らし，経済的にみて子に利益となるか不利益となるか

---

[22]　沖野・前掲注1)152頁。
[23]　田中・前掲注5)513頁。
[24]　米倉・前掲注11)410頁，磯村・前掲注20)49頁，福永礼治・家族法判例百選〔第7版〕(2008年)95頁は，本件代理行為によって親権者に何らの経済的利益も帰属せず，実質判断説でも同じ結論になるという。反対，前田陽一ほか『民法Ⅵ親族・相続〔第2版〕』(有斐閣，2012年)173頁。
[25]　道垣内・前掲注7)919頁，佐久間毅・民事研修526号(2001年)21頁は，形式的判断説に立ちつつ，利益相反を緩やかに解し，行為の外形からみて「子に不当な不利益を課し，親権者が背後で利得する恐れのある行為」を利益相反と捉えることを提言する。

逐一評価され,後者に該当する行為は代理権濫用として無効と評価されることを常に念頭に置かなければならないとすれば,臨機応変に子の財産管理を行いにくくなる。それは結局子の利益にもならない。経済的利益という狭い観点だけから親の行為を近視眼的に評価すべきでなく,子の福祉に対して責任を負うべき親の総合的な判断を信頼して,親がする個々の行為の適切性を判断すべきだという考え方が〈判旨〉の根底にある。そうした意味で親権者の包括的代理権が特殊であるのならば,同様のことは未成年後見にも妥当しそうである。

しかし,現行法の解釈論としては,代理権行使に際しての裁量の自由度という観点から未成年後見人を親権者とまったく同様に解することは妥当でない。まず,未成年後見人は,親権者と異なり,未成年後見監督人の監督下に置かれる可能性がある(民848条)。具体的にみれば,未成年後見人は,子の監護・教育,居所の指定,懲戒,職業の許可等に関して親権者と同一の権利義務を有するが,親権者が定めた監護・教育の方法を変更・制限するには,未成年後見監督人の同意を得なければならず,監護教育をめぐる後見人の権限に対する制約は大きい(民857条)。

財産管理に視野を限定しても,後見人は,後見開始時に,被後見人の財産の調査および目録作成を義務付けられるなど(民853条),「利益相反行為」による規制以外に代理権行使に制約がない親権者ほど裁量の幅が広くない。さらに,後見人は一般の代理人と同様に善管注意義務を負い(民869条),子の財産管理において自己のためにするのと同一の注意義務しか負わない親権者(民827条)よりも厳格な制約の下で代理権を行使すべき立場にある。加えて,後見人には親権者のように相続権や扶養義務という関係が当然に認められるわけでもない[26]。以上の点を考慮すると,現行法の解釈論として,親権者に特に広い裁量を認め,代理権濫用の成立場面を狭く限定しようとした〈判旨〉の志向性そのものは理解できなくもない。そして法が,親権者のみに特に認めている「子をめぐる諸般の事情を考慮してする広範な裁量」を未成年後見人にも同様に認めているとまでは考え難く,未成年者後見人に〈判旨〉の射程は及ばないと見るべきである。

---

[26] 田中・前掲注5)518頁,熊谷士郎・法学(東北大学)61巻1号(1997年)167頁。

Ⅳ 親権者の不適切な代理権行使への対策

1 民法（債権関係）改正法案の考え方

さいごに，Ⅲでみた〈判旨〉の意義をふまえ，親権者による不適切な代理権行使を事前に抑制し，あるいは既に行われた代理行為に対する事後的救済を与えるために，どのような立法的手当てが考えられるか，比較的最近の議論を概観しておくことにしよう。

まず，民法（債権関係）改正作業の動向である。改正法案 107 条は，代理権濫用に関して，民法総則規定として次のような明文化を提案している[27]。

> 代理人が自己又は第三者の利益を図る目的で代理権の範囲内の行為をした場合において，相手方が当該目的を知り，又は知ることができたときは，その行為は，代理権を有しない者がした行為とみなす。

要件面では，代理人の濫用意図について相手方の善意無過失を保護要件とする点で，確立された判例準則を実質的には承継していると見られる。効果面では，「無効」ではなく，無権代理行為と「みなされる」ことにより，本人による追認と無権代理人に対する責任追及の可能性に道を開いている。この点では現民法下における判例準則が実質的に微修正されている。

民法 93 条ただし書類推適用という法律構成には，要件論・効果論の両面から問題が指摘されてきた。すなわち，代理権濫用の場合は，意思表示自体には何ら問題はない以上，民法 93 条ただし書を類推適用する基礎がない。また，無権代理と同様の扱いをしたほうが，本人による追認や代理人に対する責任の追及などをすることが可能となり，より柔軟な解決を図ることができると批判されてきた[28]。

---

27) 法制審議会民法（債権関係）部会資料「要綱案のたたき台(1)」22 頁。
28) 法制審議会民法（債権関係）部会資料・前掲注 26) 23 頁。

行為の外形上は明確に現れないものの，代理権濫用は利益相反行為と同様，代理制度の趣旨に反した行為であることに変わりない。そのような制度趣旨に反した代理行為の効果としては，行為自体を無効とするのではなく，本人への効果帰属を否定すれば必要にして十分である。よって，悪意有過失の相手方との関係で代理権濫用の効果を「無権代理とみなす」改正法案の提案は支持することができる。

　他方，代理権濫用の相手方保護要件を善意無過失とすることには異論も聞かれた[29]。代理権濫用は自己または第三者の利益を図る代理人の内心の意思や動機を理由に代理行為の効果帰属を否定する法理である。代理人の内心の意思や動機を相手方が探索することは容易ではない。だからこそ，中間試案においては，代理権濫用の場合は要件面では悪意・重過失の相手方との関係においてのみ，効力を否定できるとしていた[30]。ところが，中間試案の提案は要綱仮案の段階で覆され，判例準則との連続性が優先された。そうすると，〈判旨〉の要件に従う限り，代理権濫用を理由に効果帰属が否定される場合はきわめて稀なままであり，子の利益保護にほとんど役立たないと思われる[31]。

　また，代理権濫用に関する法律構成に関しては，本人による代理人の制御可能性の有無に着眼して，信義則・権利濫用といった一般法理を適用して，類型ごとの処理の必要性を説く見解も有力であった[32]。しかし，Ⅲでみたように，〈判旨〉の検討からも，成年後見・未成年後見・親権間にみられる微妙な違いより，法定代理を十把一絡げに論じるべきでないことが明らかになった。法定代理・任意代理という括りだけで精密な類型論を展開することは困難である。親権者の代理権濫用に特有の問題性については，親権法領域における根本的な立法論を前向きに進めるほうがより生産的だろう。

---

29)　佐久間毅「利益相反行為・代理権の濫用」法時86巻1号（2014年）39頁。
30)　商事法務編『民法（債権関係）の改正に関する中間試案の補足説明』（商事法務，2013年）40頁。
31)　佐久間・前掲注25)21頁。
32)　四宮・民法総則〔第4版〕240頁，松本恒雄「代理権濫用と表見代理」判タ435号（1981年）22頁。

2 親権観の転換と代理権濫用の要件

民法826条の沿革を遡ると，もともと未成年者の子の財産的所有は名義的なものに留まり，実際は家産の一部であり，父親の事実上の所有に属するという観念があったとされる[33]。親権者の注意義務が例外的に軽減されているのも，こうした古い家族観念の残滓ともいえよう。しかし，子の人格と財産の独立性を標榜する現行法が，このような支配権的な親権観を前提として，親権者の包括的代理権に多くの権限を盛り込んだままでよいだろうか。

以前から，親権は，子の福祉または一家の合理的な統括という観点から，子の監護・教育にとって必要な限度でしか認められず，合理的な範囲・態様を逸脱した事実的支配は，もはや親権の行使ではないという見方も示されてきた[34]。こうした先進的な学説の指摘にもかかわらず，〈判旨〉が依拠する親権観はなお維持されているといえよう。

親権者のロボット的な存在が特別代理人に選任されることが多いという問題も以前から指摘されている[35]。特別代理人が適切に機能するように制度を整備したうえで，「利益相反」概念を拡張的に捉える対処も考えられる。しかし，個人主義の理念を徹底する観点からは，そのような対処療法にとどまらず，親権者の財産管理の枠組み自体の見直しも視野に入れるべきである。具体的には，①子の財産管理につき善管注意義務を要求すること，②監督機関の設置可能性，③信託と同様に財産管理により親権者が利益を受けることはできないなどの仕組みを設けること[36]，④子の重要な財産の処分には家庭裁判所の許可を必要とするルールの設置の是非を検討すべきであろう[37]。

---

33) 沖野・前掲注1)107頁。
34) 幾代通「『権利濫用』について」名古屋大学法政論集1巻2号（1953年）158頁，米倉明「親権概念の転換の必要性」加藤一郎先生古稀記念『現代社会と民法学の動向(下)』（有斐閣，1992年）379頁。
35) 糟谷忠男「民法第八二六条について」『司法研修所創立十周年記念論文集(上)』（1957年）371頁以下。
36) 沖野・前掲注1)160頁。
37) 我妻栄『親族法』（有斐閣，1961年）341頁，米倉・前掲注11)415頁。

仮に，①の改正提案が肯定されたとしよう。子の福祉のために一定の裁量が親権者に認められることに変わりはないが，代理権濫用が認められる特段の事情を，〈判旨〉のように過度に限定的に捉えるべき必然性はなくなる。法の趣旨に反していれば，違反の程度の著しさを問うことなく，端的に濫用と認めてもよい。つまり，親権者に認められる裁量の範囲を未成年後見人に近付ける方向で縮減し[38]，法が子の保護機関に包括的代理権を付与した趣旨に反する行為については，特段の事情を認める方向で運用することも可能になるだろう。

Directions

(1) 〈判旨〉は，親権者に特別に広範な裁量の余地を認める現行法の親権観を前提としており，未成年後見人にその射程は及ばない。もっとも，立法論としては親権観を未成年後見人に近付ける方向で転換し，両者に共通の代理権濫用法理を構想することも考えられる。

(2) 子の財産管理と身上監護を合わせた広範な事務を担当する保護機関の包括的代理権に関しては，当該代理行為が本人に及ぼす利益・不利益の評価につき総合的考慮が必要な場合もあり，そうした特性に照らした代理権濫用の成立要件を構築する必要がある。

(3) 代理権濫用の相手方保護要件を善意無過失とすることにつき，信義則説による批判もあったが，改正法案は代理類型による区別論を採用することなく，無過失要求説を採用した。

● *民法改正との関係*

本文中で触れた。

---

38) 於保不二雄『親子：近代家族法の基礎理論』（日本評論社，1950年）6頁以下，久貴忠彦「親権後見統一論」前掲注15)講座・現代家族法(4)3頁。

第4講

白紙委任状と代理権授与表示

最判昭和39・5・23民集18巻4号621頁
民法判例百選Ⅰ〔第7版〕27事件

▶ **判旨**

不動産所有者がその所有不動産の所有権移転，抵当権設定等の登記手続に必要な権利証，白紙委任状，印鑑証明書を特定人に交付した場合においても，右の者が右書類を利用し，自ら不動産所有者の代理人として任意の第三者とその不動産処分に関する契約を締結したときと異り，本件の場合のように，右登記書類の交付を受けた者がさらにこれを第三者に交付し，その第三者において右登記書類を利用し，不動産所有者の代理人として他の第三者と不動産処分に関する契約を締結したときに，必ずしも民法109条の所論要件事実が具備するとはいえない。

Ⅰ はじめに

委任状とは，代理取引を行うにあたり，代理行為者が当該代理行為につき代理権を有していることを相手方に対して証明するために本人が発行する文書である。そのため，委任状には，①本人の署名（または記名捺印）および住所，②代理人の氏名，③委任事項，④契約の相手方の氏名が記載されるのが通常である。ところが，委任状発行の時点において内容の細部に未決の事項がある場合，あるいは契約交渉過程で内容につき微細な変更が生じた場合に訂正等の手

続をとらないですむようにしておくことを目的として，便宜上，②〜④の全部または一部を未記入のまま（白地）にした委任状が交付されることがある[1]。このような委任状を白紙委任状という。

　何らかの代理権を有する者が委任状を濫用して代理行為を行った場合は越権代理（110条）の問題となる。したがって，代理権授与表示に基づく表見代理（109条）の成立可能性が主要な争点となるのは，無権代理人が白紙委任状を権限なく補充して相手方に呈示する場合である。

　〈判旨〉は，不動産取引において白紙委任状を登記手続に必要なその他の重要書類とともに直接交付された者から転得した第三者が委任状等の書類を濫用した場合について，表見代理の成立を否定している。もっとも，どのような事情を考慮して「民法109条の所論要件事実が具備するとはいえない」としているのか，なぜ109条の要件事実が満たされていないのか，その理論的根拠は，〈判旨〉の文面だけからは判然としない。

　そこで，本講は，〈判旨〉の事案の特徴を明らかにしたうえで，白紙委任状に基づく109条責任の成否が問題となった他の関連事例との整合性を考慮しながら，〈判旨〉の内在的理解を試みる。そうした内在的理解を踏まえたうえで，学説によって指摘されてきた〈判旨〉の問題点にどう対処すべきか，その大体の方向性を示してみたい。

II　白紙委任状と代理権授与表示

1　109条の表見代理成立要件

　109条は，本人による代理権授与表示の存在と代理人が表示されたとおりの代理権を有しなかったことにつき「第三者」が善意無過失であったことを表見代理成立の要件として定めている。代理権授与表示が代理権授与の意思表示と区別される観念の通知（準法律行為）であり，有権代理の一形態ではないという理解について今日異論はみられない[2]。

1）　丹野達・曹時49巻3号（1997年）621頁。

ところで、平成16年の民法現代語化以前の109条の文言は、代理権授与表示に基づく表見代理責任について、「第三者ニ対シテ他人ニ代理権ヲ与ヘタル旨ヲ表示シタル者ハ其代理権ノ範囲内ニ於テ其他人ト第三者トノ間ニ為シタル行為ニ付キ其責ニ任ス」というものであり、「第三者」の無過失も、善意さえも条文上明示されていなかった。この点につき、起草者は、「第三者」の善意悪意を問題とすることなく、「代理権授与表示」の有無一本で責任の成否を決する趣旨で、意図的に善意を要件としなかったと説明している[3]。

つまり、〈判旨〉が出された昭和39年の時点においては、条文上の「要件事実」は代理権授与表示の存在のみであった。「第三者」保護の要件としての「無過失」が当時は要件事実として必ずしも最高裁レベルでは確立していたとはいえなかったため、表見代理責任を否定するには条文適用上、代理権授与表示の存在を否定するほかないという状況にあったのである。

ところが、その後、昭和41年に登場した最高裁判決（⇒Ⅲ2(1)）によって、109条も110条・112条と同様に表見法理に基づくものであるとの理解から、書かれざる保護要件として、「第三者」（以後、代理行為の相手方という意味で、同条の「第三者」は「相手方」と呼ぶ）の「無過失」を読み込み、本人は相手方の悪意または過失を立証できれば責任を免れることができるとする解釈準則が確立された[4]。かかる判例準則が平成16年の民法現代語化において明文化されたのである。その結果、現行法上、109条の表見代理の成立範囲を絞り込むにあたっては、本人側の帰責要件としての「表示」と相手方保護要件としての「無過失」という2つの軸が存在し、そのいずれにウエイトを置くかをめぐり立場が分かれうることになった。

2 「直接型」と「間接型」の区別？

(1) 直接の被交付者による濫用事例

さて、本判決の先例的意義を明らかにするには、何よりも〈判旨〉に続く以

---

2) 佐久間毅『代理取引の保護法理』（有斐閣、2001年）102頁。
3) 梅謙次郎『民法要義巻之一総則篇』（有斐閣、1911年）278頁。
4) 最判昭和41・4・22民集20巻4号752頁。

下の一節に目を向ける必要がある。

「けだし，不動産登記手続に要する前記の書類は，これを交付した者よりさらに第三者に交付され，転輾流通することを常態とするものではないから，不動産所有者は，<u>前記の書類を直接交付を受けた者において濫用した場合</u>(ア)や，<u>とくに前記の書類を何人において行使しても差し支えない趣旨で交付した場合</u>(イ)は格別，右書類中の委任状の受任者名義が白地であるからといって当然にその者よりさらに交付を受けた第三者がこれを濫用した場合にまで民法109条に該当するものとして，濫用者による契約の効果を甘受しなければならないものではないからである。」

ここでは，白紙委任状を登記関連書類とともに交付したからといって，当然に白紙委任状が内包するリスクをすべて本人が引き受けるわけではないとする〈判旨〉の原則論が妥当しない2つの場合があげられている。1つは，波線部分(ア)であり，白紙委任状の直接の被交付者が濫用した場合には，つねに代理権授与表示を認めるべきことが含意されている。すなわち波線部分(ア)は，109条責任のリーディングケースである**大判昭和6・11・24裁判例5巻民249頁**を受けたものである5)。直接の被交付者が白紙委任状を濫用した場合，それは本人がもともと想定すべきリスクの発現にほかならず，本人はその表示を全面的に自己の表示として帰責されても仕方ないというのである。

もう1つは，波線部分(イ)であり，本人が白紙委任状を「何人において行使し

---

5) 事案は次のとおりである。不動産甲の買主Aが，売買残代金の支払原資を得るため親族から融資を受けるにあたり，当該不動産の売渡証書等を見せる必要があるから一時貸してほしいと虚偽の説明をしたので，売主Xは，Aの代理人BにXの印章のみを押した売渡証書と白紙委任状を交付した。その後，XA間の売買契約が解除されたのに，AはCに甲を転売し，BはXの代理人として転売を承認した。そしてBは売渡証書に買主としてCの氏名その他の事項を補充して，AからCへの所有権移転登記を了し，さらにCが甲にYのために抵当権を設定した。そこでXが抵当権設定登記の抹消登記手続を求めた。大審院は，「特ニ反対ノ事情ノ観ルヘキモノナクンハ前叙ノ書面ニ依リ結局前示ノ承認ト登記手続トニ関シBヲ代理人ト為ス旨買主タルCニ表示シタルコトニ帰着スヘシ」として，109条の責任を認め，Xの請求を破棄差し戻した。

ても差し支えない」趣旨で交付した場合は，白紙委任状が転々としたとしても，最終的に誰がその委任状を補充して相手方に提示したかを問わず，代理権授与表示が認められるという[6]。

そして，(ア)(イ)いずれも，不動産取引において登記関連書類等の重要書類とともに白紙委任状が用いられた場面に関する解釈準則を説く文脈において原則―例外論を展開していることに注意すべきである。

(2) 直接の被交付者からの転得者による濫用事例

〈判旨〉の事案は次のとおりである。Xは，Aから12万円を借りるための担保として，自己所有の不動産甲乙にAのための抵当権を設定することを約し，その登記手続をAに委嘱した。その際，Xは，Aに甲乙の権利証，(少なくとも受任者名と取引の相手方名が白地の) 白紙委任状，印鑑証明書を交付した。ところがAは，受任した抵当権設定登記手続を行うことなく，自ら金融を得るために，Xに無断で，右書類を知り合いの電気器具販売業者Bに交付した。Bは，継続的な取引関係にある卸売業者Yに対して右書類を示し，自己がXの代理人であると偽り，Yに対する自己の債務を担保するため，Yとの間で債権極度額を100万円とする根抵当権設定契約および停止条件付代物弁済契約を締結し，右書類をYに交付した。Yは右書類を用いて，甲乙にYを権利者とする債権極度額100万円の根抵当権設定登記および停止条件付代物弁済契約を原因とする所有権移転請求権保全仮登記手続をした。そこで，XがYに対して根抵当権および代物弁済契約の権利の不存在確認と上記2件の登記抹消手続を求めた。

第1審は，Xの行為は，「右A又はAより更にこれを交付を受くべき者，本件におけるBに，一切の代理権を与えた旨をYの如く同人らと取引をしようとする相手方に対し表示したもの」と解して，代理権授与表示の成立を認めた。

他方，控訴審は，AやBが白紙委任状等の書類を使用することにつき，Xが承諾した事実は認められず，たとえBが前記各書類を所持していても，X

---

6) 転々予定型に関しては，本人の意思解釈として，有権代理と構成されるべき場合（大判大正7・10・30民録24輯2087頁）もあるだろう。

がBその他の者に本件各契約締結の代理権を与えた旨を第三者に表示したものとはいえない，とした。

(3) 〈判旨〉の意義

最高裁は，代理権授与表示を広く認める第1審の立場を否定して，控訴審の判断を支持した。調査官解説によれば，「民法109条は110条と異り，第三者の善意の保護を主眼としたものではなく，特定の者に代理権を与えた旨を表示した本人の表示行為上の責任を問うことを主眼として」おり，本人に当該内容の表示行為をすべき意思が認められる限度内でのみ第三者が保護されるという[7]。

このように，〈判旨〉は，109条責任の成立を否定するにあたって，条文の体裁と起草者の趣旨に忠実に表示責任としての性質を重視している。代理権授与表示の存否を判断する際の基準として，白紙委任状を濫用した者が直接の被交付者であるか，あるいはその者から転得した第三者であるかに応じて，いわゆる「直接型」と「間接型」で区別されるべきだというのである[8]。この区別を導入した点に〈判旨〉の最大の意義が認められ，この枠組みは以後も最高裁判例において踏襲されている[9]。もっとも，直接の被交付者が白紙委任状を濫用した場合に，常に本人の表示と解すべき根拠に関しては，十分に明らかにされていない。この点は後で（⇒Ⅳ1(1)）詳しく述べることにしよう。

第二の意義は，波線部分(イ)が指摘するとおり，間接型においては，さらに本人の交付の趣旨をも考慮すべきであるとした点にある。たとえば，自家用車の売主が代金全額の支払を受け，自動車の登録名義変更に必要な書類の1つとして，自己の氏名，住所および委任事項欄のみを記載し，代理人・相手方欄を空白にしたまま交付したとしよう。このとき，本人は，その後当該自家用車につき転々譲渡がされた場合，その自家用車の正当な譲受人であれば，その者への登録名義の移転に必要な書類として誰が使用してもよいという趣旨で白紙委任状を交付したとみることができる。

ところが，不動産取引において白紙委任状が転々流通する事態は異例のこと

---

7) 坂井芳雄・最判解民事篇昭和39年度143頁。
8) この用語法は，四宮和夫・法協91巻7号（1974年）1116頁による。
9) 最判昭和50・11・14金法779号27頁。

である[10]。不動産の登記手続に備えて白紙委任状を交付するという行為には，白紙委任状がどのような形で使用されようとも，その表示を自己自身の表示として甘受する趣旨を通常含意するものとはいえない。このように不動産取引において交付の趣旨につき原則として非転々予定型であるとの推定が働くことを明示した点にも〈判旨〉の重要な意義が認められる。

Ⅲ　その後の裁判例との関係

次に〈判旨〉との関係が議論されている3つの最高裁判例につき，各事案の特徴を指摘し，〈判旨〉との関係を考察することにしよう。

1　「交付の趣旨」との関係

(1)　「転々予定型」と「非転々予定型」という区分

まず，**最判昭和42・11・10民集21巻9号2417頁**との関係が問題とされている。最判昭和42年の事案は次のとおりである。AがBを通じて融資を受ける際に，Aの連帯保証人になることを承諾したXがBに白紙委任状，印鑑証明書，農地の登記済証等を交付したところ，Bを通じての融資が奏功しなかったため，BはAに上記書類を「返還」した。Aはこれらの書類を流用して自らがYから融資を受ける際に，Xの代理人としてXを連帯保証人とする契約を締結したというものである。最高裁は，「右事実関係によれば，XはYに対し，Aに右代理権を与えた旨を表示したものと解するのが相当」として，「Aは，Xから保証を打ち切られたにかかわらず，Bを欺罔してXの委任状などの交付を受けたものである旨述べて原判決を非難する」主張を退けた。

最判昭和42年の事案は，前記〈判旨〉波線部分(イ)の事情に該当するとみる整理の仕方が考えられる。たしかに，直接の被交付者Bからの転得者Aが白紙委任状を濫用した事例であるが，本人が白紙委任状を「何人において行使しても差し支えない趣旨」で交付した場合に当たる（少なくとも近い）とみるわ

---

10)　丹野・前掲注1)622頁。

けである[11]。X は A の債務を連帯保証する趣旨で委任状を交付したのであり，A に融資する相手方（債権者）が誰であっても構わないというのが X の趣旨であるならば，転々予定型と同様に扱ってよさそうである。

(2) 委任事項欄濫用型と委任事項欄非濫用型の区別

もっとも，認定事実によると，委任状は「B または B の委任する第三者」による使用を想定して交付されたものであり，誰が行使しても差し支えないというほど無限定なものではない。この点を厳密に解すると，〈判旨〉の事案との相違を別の点に求めなければならない。そこで，学説では，代理権授与表示に基づく責任が認められる場合に本人に生じる不利益の大きさに着眼し，委任事項の濫用がある場合とない場合で区別すべきだ（いわゆる「委任事項欄濫用型」「委任事項欄非濫用型」）という理解も示された[12]。最判昭和 42 年においては，どのみち X は A の債務を連帯保証する意思を有していたから，想定に反して A が代理人として行動したことや，融資先の決定につき X の想定外の対応がされたことは，表示に対する帰責という観点からは，無視してよい範囲の濫用にとどまる[13]。他方，〈判旨〉の事案においては，自己の債務（12 万円）の担保のために抵当権を設定するつもりだったのが，他人の債務を物上保証する根抵当権設定と停止条件付代物弁済契約がなされ，責任の内容が変質・拡大している。委任事項欄が濫用された結果，本人に不測の不利益が及ぶため，責任を認めるのは適当でないという考慮があるという。

---

11) 杉田洋一・曹時 20 巻 3 号（1968 年）679 頁，北居功・民法判例百選 I〔第 5 版新法対応補正版〕(2005 年) 58 頁，池田清治「白紙委任状の濫用と一〇九条責任」藤岡康宏先生古稀記念論文集『民法学における古典と革新』(成文堂, 2011 年) 41 頁。
12) 野村豊弘・法協 86 巻 1 号（1969 年）114 頁，四宮・前掲注8)1122 頁，佐久間・基礎 1 271 頁。
13) もっとも，最判昭和 42 年では X が予期すべき保証額がいくらか，認定事実からは判然としないため，厳密にいえば，予期せぬ不利益が生じる余地がなかったと断定する十分な判断材料に欠けるという指摘もある（池田・前掲注 11）46 頁）。

2 「直接型」と「間接型」の区別？

次に，形式的には「間接型」に当たるにもかかわらず，代理権授与表示の存在を認めた最高裁判例として次の2件との関係が問題になる。

(1) 最判昭和41・4・22民集20巻4号752頁

最判昭和41年の事案は次のとおりである。Aは継続的取引に基づくYに対する売掛債務につき増担保の必要を生じ，金融業者Bに，金融の資金を提供するから，自己のために不動産を提供して物上保証人になってくれる人物を探してほしいと依頼した。BはX$_1$X$_2$（Xら）からそれぞれが所有する不動産を担保に融資の申込みを受けていたのを奇貨として，Xらを欺いて，同人らの所有する不動産をAのYに対する債務の担保物件に流用しようと企てた。実際にはBがAから無利子で融資を受け，これをXらに貸与するものであるにもかかわらず，X$_1$に対し，本件不動産を担保としてAから60万円を利息月3分で借り受けるものと誤信させ，抵当権設定のために必要であると称して，不動産の権利証とXらの印鑑証明書・実印の交付を受け，同実印を使用してXら名義の白紙委任状を作成するとともに，Aから預かっていたAY間の石油類販売契約書およびこれに付随する根抵当権設定代物弁済予約賃貸借契約書も，あたかもXらとAとの間の消費貸借契約および抵当権設定に必要な書類であるかのように装い，その連帯保証人欄と担保提供者欄にXらの氏名を記入し，その実印を押捺してBに交付した。BはYにこれらの書類を示したうえ，BをXらの代理人として，YA間の石油類販売契約について，連帯保証人兼担保提供者をXらとする極度額170万円の根抵当権設定契約を締結し，その旨の登記をした。Xらは，根抵当権設定契約およびその登記は，Xらの関与なく書類を偽造して行われたものであると主張して，根抵当権設定登記の抹消登記手続を求めた。

最高裁は，XらがBにYA間の石油類販売契約について連帯保証人兼担保提供者をXらとする極度額170万円の根抵当権設定契約の締結に代理権を授与した旨を表示したと認定しつつ，Yの過失を理由に表見代理の成立を否定した。そのため，本判決は，相手方の「善意無過失」が保護要件であることを

明言した先例として注目されているが，ここではその前提として，代理権授与表示を認定した点にスポットをあててみたい。

Xらから白紙委任状を直接交付されたのはBであり，Aはその転得者に当たる。「間接型」に分類され，かつ交付の趣旨が転々流通を予定したものでもないことから，代理権授与表示を肯定することは〈判旨〉の原則と両立しなさそうである。そのため，同判決により，表示の存否は白地部分の補充および呈示の存否によって客観的に判断し，善意無過失の要件で責任成立の範囲を絞り込む方向に舵が切られたとする見方も示されている[14]。もっとも，XらはBに白紙委任状を詐取されたも同然の事案であり，〈判旨〉との整合性という観点からは，代理権授与表示が否定されるべきであったとも考えられる。

これに対して，〈判旨〉と最判昭和41年とが両立可能であるという分析もみられる[15]。〈判旨〉の事案では，BがYのために極度額100万円の根抵当権を設定するにあたり，BはXの承諾を得ておらず，Aに相談した形跡も見当たらない。白紙委任状の直接の被交付者と転得者との間に代理行為に関して何らの意思連関も見られない。これに対して，最判昭和41年の事案では，白紙委任状の直接の被交付者と転得者であるAB間には白紙委任状等の使用について共通了解があり，その意味でABは一体的な存在とみることもできる。転得者による濫用事例でも，それが直接の被交付者の指示ないし了解のもとで行われた場合，たまたま実際の代理行為者が転得者であったとしても，本人の帰責という観点からは，直接の被交付者の濫用事例と同視することが許される，という見方も可能である。このようにみれば，「直接型」の妥当範囲を実質的に緩和することで，〈判旨〉の原則論をぎりぎりのところで維持しているとみることも可能である。

(2) **最判昭和 45・7・28 民集 24 巻 7 号 1203 頁**

もう1つは，109条と110条とを重畳適用した事例として著名な最判昭和45年である。事案は次のとおりである。Yは自己およびその子が所有する山林をAの代理人であるBを介して，Aに代金205万円で売り渡し，手付金20万円

---

14) 丹野・前掲注1)625頁。佐久間・基礎1 271頁も，相手方の悪意・有過失を認定できる場合はこれを理由に表見代理の成立を否定すると判例の立場を整理している。
15) 池田・前掲注11)43頁。

を受け取って，Aに対する所有権移転登記手続に必要な書類として，権利証，印鑑証明書，売渡証書と白紙委任状を交付した。AはBを代理人として，BにX₁X₂の代理人Cとの間で本件山林とX₁X₂が共有する山林との交換契約の締結に当たらせたが，BはCに対して，Yから何ら代理権を授与されていないにもかかわらず，上記書類を示して，Yの代理人のように装い，Cは契約の相手方をYと誤信し，交換契約を締結し，上記各書類の交付を受けた。X₁X₂が所有権移転登記を求めた。

第1審・控訴審は白紙委任状の直接の被交付者がBでありBからの転得者Aによる呈示は代理権授与表示に当たらないとした。最高裁は白紙委任状等が，Y→B→A→Bと順次交付され，BはYから直接交付され，AはBから各書類の交付を受けることを予定されていたもので，いずれもYから信頼を受けた特定他人であり，たとい右各書類がAからさらにBに交付されても，右書類の授受は，Yにとって特定他人である同人らの間で前記のような経緯のもとになされたものにすぎないとして，YはCに対して，本件山林売渡しの代理権を与えた旨を表示したものと解した。

この事案においては，端的にBを直接の被交付者と捉える見解もあるが[16]，BがAの代理人であり，Aの指示に基づいてXらと取引をしており，ABが一体的に理解されることから[17]，直接の被交付者と転得者が同一視される（直接型に近い）という特徴がみられる[18]。いずれにせよ，最判昭和45年も直接の被交付者と転得者との関係性についての個別事情を斟酌することで「直接型」の適用範囲を実質的に拡張するものといえる。

---

16) 川村フク子・民商64巻4号（1971年）728頁。
17) 川井健・法協89巻3号（1972年）353頁。
18) 後藤巻則・民法判例百選I〔第7版〕(2015年)57頁。下級審判決にも目を向けると，〈判旨〉を敷衍し，「登記関係書類をなんびとにおいて行使しても差支えない趣旨で交付した場合，あるいは直接の被交付者から右登記関係書類の交付を受けた第三者を直接の被交付者と同視しうるような特別な事情がある場合は格別」という形で，さらに拡張するものもある（東京高判昭和51・7・20判タ345号197頁）。

IV　意思表示法との関連

1　代理権授与表示の存否
―――「直接型」「間接型」と交付の趣旨

(1)　帰責根拠としての本人の意思

IIでみたように,〈判旨〉は直接型と間接型を区別し,前者においては無条件に代理権授与表示の成立を認める。後者においては交付の趣旨を考慮し,非転々予定型では原則として代理権授与表示を認めない。かかる判例の基本的なスタンスは,代理権授与表示が意思表示と同等(本人への代理行為の効果を帰属させる)の機能を果たしうる一方で,観念の通知にすぎないものであることから,意思表示と完全に同一視はしないという考え方によるものとみられる。

意思表示に関しては,成立要件と有効要件とが分離され,成立要件段階では(表示意識の要否に関して争いはあるにせよ)表示行為の存在により,意思表示の成立自体は客観的に認定される。そして,意思表示に使者を用いる場合,使者による誤伝・逸脱行為等のリスクが生じるが,意思表示の存否レベルでは,これを相手方保護の見地から一律に本人の表示行為と評価し,本人の意思との齟齬は有効要件で(錯誤等の効力否定事由として)で斟酌する[19]。本人が自己の意思に基づき指定した特定使者による表示は常に本人の表示として帰責されることが前提である。意思表示が表意者の意欲したとおりの法律関係の形成のための手段であることから,意思に沿わない表示への拘束から解放するという観点から例外的な効力否定事由を定めるのが適当だと考えられるからである。

白紙委任状を用いた代理権授与表示についても,白紙委任状の直接の被交付者は本人がいわば表示「使者」として特別に信任をした者である。交付の趣旨につき転々流通を予定する場合については,本人自身が白紙委任状の所持者を自己の「使者」として用いる意思をもって交付しているから,帰責の観点からは,自己の意思に基づき選任した「使者」と評価することができる。〈判旨〉

---

[19]　大判昭和9・5・4民集13巻633頁。

の考え方は，本人の「使者」が行った表示を自己自身のものとして帰責されるという意思表示の一般理論の延長線上にある。自己の意思に基づいて選任されたわけではない転得者の行為はいかなる意味においても自己の行為と評価されるべきではない。もっとも，意思表示と異なり，109条責任は本人の意思実現手段ではないから，「表示」の存否は本人に意思に反した責任を負わせるべきかという規範的評価を入れて実質的に判定する余地がある。間接型の場合でも白紙委任状を交付したこと自体の帰責性を問題視する考え方もありうる。

　本人の帰責要件として意思を重視する〈判旨〉の基本的考え方は，不動産取引における静的安全への配慮という観点からも十分理解できる。判例は周知のとおり，不実登記に対する信頼保護（94条2項類推適用）の場面においても，基本的には権利外観への意思的関与またはそれと同等の評価が可能な場合に限り権利者の帰責性を肯定している[20]。不動産取引における権利外観に対する信頼保護の局面では，110条の適用場面と異なり，自称代理人がまったく無権限で代理行為を行う場合においても，本人あるいは権利者の意思に基づく帰責という基本的な考え方が強固に存在しているとみることができる。

　この点をふまえると，〈判旨〉の射程はそれほど広くなく，不動産取引と無関係な最判昭和42年とはそもそも事案類型を異にし，相互関係を問題にする必要もないともいえる。また，直接型と間接型の区別を曖昧にする最判昭和41年および最判昭和45年は，直接の被交付者と転得者との意思の連関に着眼した実質的一体性という解釈技法を用いることで，ぎりぎりのところで先例としての意義を保持していると分析することも可能といえよう。

(2) **学説による批判**

　もっとも，〈判旨〉の枠組みに対しては学説の強い批判もある。「直接型」か「間接型」か，本人の交付の趣旨いかん，いずれも相手方が容易に知り得ない事情により，代理権授与表示の存否判断が左右されるのは代理取引の安全を害するおそれがある。そもそも白紙委任状とは，委任者の個人情報が記載された文書である。本人は代理人欄を空白にした委任状を交付することで，直接の被交付者以外の名前が補充される可能性を自ら作り出した以上，白紙委任状が内

20）94条2項・110条類推適用についての最判平成18・2・23民集60巻2号546頁。

包する濫用リスクを負担すべきである[21]。一般論としては委任状を白地で交付したことだけで本人の帰責根拠として十分であり，代理権授与表示の存在を一応認めたうえで，善意無過失の判断において，利益調整を図れば足りるというのである。これは，白紙委任状の交付行為をあたかも110条の基本権限の付与と同等に評価する考え方とみてよい。そしてこの考え方は基本権限を私法上の代理権に限定せず重要な意味を持つ事実行為にも広く認めてゆこうとする発想とも親和する。判例も，110条の基本権限を私法上の代理権に限定する立場を守りつつも[22]，最判昭和45年のように代理権授与表示という観念の通知を基本権限と扱う解釈論を展開しており，表見代理の成立範囲限定機能を相手方の信頼の「正当性」すなわち無過失要件に担わせる方向へとシフトしつつあるようにもみえる。

2　109条の成立範囲を限定する手法

(1)　代理権授与表示への意思表示規定の類推適用

仮に，有力説の指摘するように，代理権授与表示の認定は客観的に広く行うべきことを是とする場合，責任成立範囲を限定するための重責を相手方の「無過失」要件に担わせるしか方法はないのであろうか。この点に関しても学説では以前から議論がある。

すなわち代理権授与表示は観念の通知ではあるが，意思表示規定の準用（ないし類推適用）が可能とされる。たとえば，効力発生時期に関して，意思表示の到達主義に関する97条が催告等に準用されている[23]。表見代理責任という効果の重大さに鑑み，能力や錯誤無効などの意思表示に関する規定を代理権授与表示にも類推適用できると解するのが通説である[24]。たとえば，委任状に

---

[21]　河上元康・神戸法学雑誌15巻2号（1965年）434頁，幾代通『民法総則〔第2版〕』（青林書院，1984年）373頁，四宮・前掲注8)1126頁，安永正昭・リマークス13号（1996年）10頁，河上正二『民法総則講義』（日本評論社，2007年）479頁．磯村保・民法判例百選Ⅰ〔第6版〕（2009年）67頁．佐久間・基礎1 272頁．

[22]　事実行為および公法上の行為を代行する権限の基本権限該当性を否定した，最判昭和35・2・19民集14巻2号250頁，最判昭和39・4・2民集18巻4号497頁．

[23]　最判昭和36・4・20民集15巻4号774頁．

誤記がある場合や，特定の相手方を想定した委任状が別人に対して提示された場合など，代理権授与表示にも錯誤等が適用される。

問題は，Ⅲ1(2)で見た委任事項濫用型のように，本人が想定した内容（委任事項）と異なる内容で白紙委任状が補充されて相手方に提示された場合，上記の学説の批判をふまえ，表示を広く認定しつつ，責任成立範囲が不当に拡大しないように，錯誤（95条）等の効力規範の類推適用という手法をとることが適当といえるか，ということである。

(2) 95条類推適用説

95条類推適用を肯定する論者は，代理権授与表示が表示された内容にしたがった効果を本人に帰属させるという点において意思表示と同等の機能を果たすことを重視する[24]。白紙委任状が濫用された場合には，使者（自称代理人）による誤伝と評価することができ，95条の類推によって代理権授与表示が無効になるという法律構成が考えられる，という。

109条の成立範囲を「無過失」要件の運用を通じて限定しようとする有力説に対しては，次のような批判がただちに想起される。117条1項は相手方に過失がある場合に無権代理人の無過失責任の追及を許さない。もし表見代理責任の成否において，相手方に注意義務違反があったかなかったかという考慮要素以外に，例えば本人の帰責根拠に関わる考慮要素が「無過失」の判断において総合的に考慮されるとすれば，相手方は自分にはいかんともし難い事由によって，有過失の評価を受け，表見代理責任も無権代理人の責任の追及も同時に許されないことになりかねない。本人側の帰責性に関わる事情を斟酌すべきだとしても，過失判断においてそれをすべきでないという批判である。

もっとも，この点に関して，改正法案117条は，無権代理行為として契約が締結された場合に，無権代理人が責任を負わない場合として，2項1号で「他人の代理人として契約をした者が代理権を有しないことを相手方が知っていたとき。」とし，かつ2号で「他人の代理人として契約をした者が代理権を有し

---

24) 我妻・講義Ⅰ365頁。
25) 三宅正男・不動産取引判例百選（1966年）21頁。佐久間・基礎1272頁。なお，幾代・前掲注21)373頁，河上・前掲注21)478頁，は重過失の認定がされ，無効を主張できる場合は少なくなる可能性も指摘する。

ないことを相手方が過失によって知らなかったとき。ただし，他人の代理人として契約をした者が自己に代理権がないことを知っていたときは，この限りでない。」としている。無権代理人が悪意の場合には，相手方はたとえ過失があっても善意である限り，責任追及が可能になる。これにより，95条類推適用説の優位性を支えてきた1つの論拠は失われたように思われる。

さらにいえば，より根本的には，そもそも本人が効果意思を確定した後に，使者がそれを誤伝する場面を想定した処理枠組みがこの場面にそのまま適合するのか，慎重な検討を要する[26]。委託内容が詳細に至るまで確定している場合は，白紙委任状ではなく，必要事項をすべて補充済みの委任状が交付されるのが普通である。白紙委任状，特に委任事項や代理人が白地の場合は，その補充につき一定の裁量を被交付者に認めるのが前提となっている。表意者が意思表示の内容を完全に確定しきっていた場合における使者の誤伝が錯誤として処理されるべきだとしても，白紙委任状のように，補充者に何らかの裁量の余地を認める「白地補充権」のようなものがあると見られる場合，本人の意に反する補充という問題は何らかの基本権限の濫用として位置付けるほうが素直である[27]。その意味では調整ルールの範型として，95条よりも110条との類比可能性を検討するのが望ましいのではなかろうか。

Directions

(1) 「直接型」「間接型」の区別は，代理権授与表示の機能面における意思表示との類似性に着眼し，本人の意思に基づく帰責という観点から成立要件を限定するものである。もっとも，〈判旨〉は，観念の通知にとどまる代理権授与表示を意思表示とまったく同じように扱う考え方とは一線を画している。

---

26) 四宮・前掲注8)1121頁，北居・前掲注11)59頁，内田貴ほか『民法判例集 総則・物権〔第2版〕』（有斐閣，2014年）140頁。

27) 池田・前掲注11)39頁は，白紙委任状の転得者が補充をした間接型は，本人の許諾のない復代理と類比することができ，基本的な補充権が否定される結果，転得者による補充は本人の表示とは評価されないとする。

(2) 〈判旨〉の先例的意義は,「直接型」「間接型」の区別を多少緩和した形でその後の裁判例においても一応維持されている。もっとも,「直接型」「間接型」の区別は不動産取引における信頼保護の領域に限定した代理権授与表示の認定に関する特別の準則を提示したものにすぎない。

(3) 代理権授与表示の認定一般に関しては,白紙委任状の交付者は原則としてそれが内包するリスクを引き受けたものとみて,相手方が受領した内容に相応する代理権授与表示を認定し,相手方の無過失要件において責任成立範囲を絞り込むことも十分に考えられる。

● *民法改正との関係*

本文中で触れた。

第5講

時効の援用権者の範囲
——後順位抵当権者の位置づけ

最判平成 11・10・21 民集 53 巻 7 号 1190 頁
民法判例百選Ⅰ〔第 7 版〕41 事件

▶ 判旨

先順位抵当権の被担保債権が消滅すると，後順位抵当権者の抵当権の順位が上昇し，これによって被担保債権に対する配当額が増加することがあり得るが，この配当額の増加に対する期待は，抵当権の順位の上昇によってもたらされる反射的な利益にすぎないというべきである。そうすると，後順位抵当権者は，先順位抵当権の被担保債権の消滅により直接利益を受ける者に該当するものではなく，先順位抵当権の被担保債権の消滅時効を援用することができないものと解するのが相当である。……第三取得者は，右被担保債権が消滅すれば抵当権が消滅し，これにより所有権を全うすることができる関係にあり，右消滅時効を援用することができないとすると，抵当権が実行されることによって不動産の所有権を失うという不利益を受けることがあり得るのに対し，後順位抵当権者が先順位抵当権の被担保債権の消滅時効を援用することができるとした場合に受け得る利益は，右に説示したとおりのものにすぎず，また，右の消滅時効を援用することができないとしても，目的不動産の価格から抵当権の従前の順位に応じて弁済を受けるという後順位抵当権者の地位が害されることはないのであって，後順位抵当権者と第三取得者とは，その置かれた地位が異なるものであるというべきである。

I　はじめに
——〈判旨〉に潜む問題

　周知のように，判例は，大審院の時代から一貫して，時効の援用権者とされる民法 145 条の「当事者」は時効によって直接利益を受ける者であるとの命題を維持している。大審院判例はこの命題を厳格に理解し，抵当権の被担保債権の消滅時効について，物上保証人や目的不動産の第三取得者の援用権を否定していたのに対し[1]，最高裁判所は，「直接利益を受ける者」を緩やかに解して，物上保証人や第三取得者の援用権を容認し[2]，援用権者の範囲を拡大していった[3]。ところが，本判例は，後順位抵当権者が先順位抵当権の被担保債権に関する消滅時効の援用権者には当たらないとして，援用権者拡大の傾向に歯止めをかけた点で，注目すべきものである。

　筆者が，法科大学院の授業で，後順位抵当権者は先順位抵当権の被担保債権に関する消滅時効の援用権者に当たるか，と問うと，多くの学生は，この判例を援用して，第三取得者を時効の援用権者として認めながら，後順位抵当権者は第三取得者のように権利を失うことはなく，時効によって得る利益は反射的利益にすぎない，と述べて否定説を展開する。なるほどこれは民集登載の判例であり，その判決理由には重みがある。しかし，一般的に後順位抵当権者の受ける利益を反射的なものと断じ，第三取得者と後順位抵当権者をこうも差別化することが適切なのだろうか。

　確かに，第三取得者と後順位抵当権者が抵当不動産に有する権利内容には違

---

1)　大判明治 43・1・25 民録 16 輯 22 頁。
2)　最判昭和 43・9・26 民集 22 巻 9 号 2002 頁（物上保証人），最判昭和 48・12・14 民集 27 巻 11 号 1586 頁（第三取得者）。
3)　判例は，仮登記担保権が設定された不動産の第三取得者に仮登記担保権の被担保債権の消滅時効の援用権を（最判昭和 60・11・26 民集 39 巻 7 号 1701 頁），売買予約に基づく所有権移転登記請求権保全の仮登記に後れる抵当権者に予約完結権の消滅時効の援用権を（最判平成 2・6・5 民集 44 巻 4 号 599 頁），売買予約に基づく所有権移転登記請求権保全の仮登記がなされた不動産の第三取得者に予約完結権の消滅時効の援用権を（最判平成 4・3・19 民集 46 巻 3 号 222 頁），詐害行為の受益者に詐害行為取消権の基礎となる債権の消滅時効の援用権を（最判平成 10・6・22 民集 52 巻 4 号 1195 頁），それぞれ認めた。

いがある。しかし、被担保債権の消滅時効による利益は、双方において等しく抵当権の負担からの解放にある。一方は完全なる所有権の獲得という形になり、他方が順位上昇による優先弁済権の強化という形にはなるが、時効援用権を左右するほどの違いがあるとは考えられない[4]。また、後順位抵当権者が時効を援用しえなくても、「目的不動産の価格から抵当権の従前の順位に応じて弁済を受ける」というその地位に変わりがないというのなら、第三取得者が時効を援用しえなくても、抵当権の実行によって所有権を喪失するというその地位にも変わりがない[5]。このことは、抵当権に基づいて目的不動産が競売された場合の両者の地位を比較すればより明確となる。すなわち、抵当権の実行における目的不動産の売却代金は被担保債権の弁済に充てられることになるが、後順位抵当権者も第三取得者も、その余剰金にしか権利を行使しえない点では共通するからである。

このように一般論としては、抵当権の消滅によって生ずる利益は、後順位抵当権者と第三取得者との間であまり変わりがないといえよう。では、判例はなぜ上記のような理由をつけて、後順位抵当権者の時効援用権を否定したのだろうか。

II 事案の特徴

1 どんな事案だったか

そもそも裁判所の任務は具体的な紛争を解決する点にある。それゆえ、本講の判例も、どのような事実関係において後順位抵当権者の時効援用権を否定し

---

4) 学説の中には、消滅時効の援用権は時効によって義務・責任を免れる者にだけ認め、これによって自己の利益が増進する者までには認めるべきではないとして、第三取得者の援用権を容認しつつ後順位抵当権者の援用権を否定する見解があるが（遠藤浩「時効の援用権者の範囲と債権者代位権による時効の援用」手形研究319号〔1981年〕61頁以下、松久三四彦「時効援用権者の範囲——最近の判例を契機として」金法1266号〔1990年〕6頁以下、11-12頁）、時効による利益の実体はいずれにおいても抵当権の負担からの解放である。

5) 学説の多くは、このような疑問を呈している（平田健治・金法1588号〔2000年〕27頁、金山直樹・平成11年度重判解〔ジュリ1179号〕64頁、森田・後掲注16)7号1826-1827頁参照）。

たのかには注意しなければならない。

　本件の事案はこうだった。商工信用組合Yは，A会社に対する貸付けによる債権を担保するためにA所有の複数の不動産に根抵当権を有していた。Aは貸金債務の履行遅滞に陥ったが，その頃から，Yの根抵当権の各目的物について，X_1会社のために後順位の抵当権・根抵当権の設定登記等が相次いでなされ，また，X_2に目的物のいくつかが譲渡された旨の登記も相次いでなされた。その後，Yが根抵当権の実行として各目的物の競売を申し立てたところ，Xらは，Yの被担保債権は時効により消滅したと主張して，Yに対し根抵当権設定登記の抹消登記手続を訴求した。これに対し，Yは，①Aによる債務の承認があった，②後順位抵当権者は被担保債権の消滅時効の援用権を有しない，③Xらの消滅時効の援用は権利の濫用として許されない，と反論した。Yの主張によれば，Aが貸金債務の履行遅滞に陥った頃に，その実質的経営がX_2の夫であり暴力団組長であるBに掌握され，BはYに債務の弁済の猶予を求めるなどしたが，これは，暴力団の威力を背景にYが時効中断の法的手続をとるのを逡巡させるものであるから，Bの関係者であるXらが前記各登記を取得して消滅時効を援用することは権利濫用に当たるという。

　このような事案において，原審は，まずX_2へは真に所有権が移転されたとはいえず，その登記は実体を欠くものとしてX_2の時効援用権を否定し，さらに，X_1の抵当権等は一応有効であることを前提にしながら，後順位抵当権者の時効援用権は認められないとして，その主張も退けた。最高裁判所は，かかる結論を〈判旨〉の理由をもって維持した。

2　結論の妥当性と理由づけの問題

　おそらく，裁判所の結論自体に異論を唱える者はほとんどいないであろう。本件の事実関係にはなお不明な部分もあるが，ここでのXらは，根抵当権の実行を妨害するために目的不動産について所有者と名目的に取引を行い，さらに，根抵当権者の権利行使に圧力をかけて，最終的に被担保債権の消滅時効を主張していた疑いが極めて強い。原審が，所有権移転登記がなされていたにもかかわらず，X_2の第三取得者たる地位を否定したのはその現われと思われる。

すなわち，仮に X_2 が目的不動産の所有権を取得していたとするならば，先例によるかぎり，原則としてその時効援用権を容認せざるをえないが，それでもなおこれを否定しようとするならば，Y が主張していた権利濫用あるいは信義則といった一般条項によらざるをえない。原審は，それよりはむしろ端的に所有権移転の実体を否定するのを妥当とみたと思われる。これに対して，後順位抵当権者の時効援用権については判例はまだ確立しておらず，これを端的に否定する解釈も十分に可能であった点から，原審は，ここでは後順位抵当権そのものの有効性を否定する手法まではとらなかったのではないか。

しかし，結論の点はともかく，最高裁がとる理由づけには，この紛争の実態を直視すればするほど違和感がある。債務不履行になった以降に現れた第三取得者や後順位抵当権者には，抵当権の実行を妨害する意図を有する者が少なくなく，そのように目的不動産に対する合理的な期待を持たない者には，時効の援用権も認めるべきではあるまい。しかし，逆に，本件とは異なり目的不動産に正当な利益がある場合には，両者とも等しく時効の利益を享受させるべきではないのか。

前述のように，大審院は第三取得者の時効援用権を否定していたのに対し，最高裁判所は肯定説に転じている。したがって，第三取得者と後順位抵当権者との差別化の是非を考えるに当たっては，なぜ第三取得者については当初否定されていた援用権が認められるに至ったのかを検討する必要もある。その理由が後順位抵当権者には当てはまらないというのであれば，後順位抵当権者の時効援用権を一般的に否定するという判例の立場にも一理あるからである。

III 援用権者の拡大に伴う問題

1 大審院判例の考え方の妥当性

まず，大判明治 43・1・25 民録 16 輯 22 頁は，次のような理由から第三取得者の時効援用権を否定していた。

「所謂当事者トハ時効ニ因リ直接ニ利益ヲ受クヘキ者即取得時効ニ因

リ権利ヲ取得シ又ハ消滅時効ニ因リテ権利ノ制限若クハ義務ヲ免ルル者ヲ指称ス故ニ時効ニ因リ間接ニ利益ヲ受クル者ハ所謂当事者ニ非ス若シ此ノ如キ者モ独立シテ時効ヲ援用スルヲ得トセンカ直接ニ利益ヲ受クル者例ヘハ債務者ハ時効ノ利益ヲ受クルヲ欲セスシテ時効ヲ援用セス若クハ之ヲ放棄シタルカ為メ債務ノ弁済ヲ命セラレタルニ拘ラス間接ニ利益ヲ受クル者例ヘハ抵当権ヲ設定シタル第三者ハ時効ヲ援用シテ抵当権ノ行使ヲ免ルルヲ得ヘク債権者ハ主タル債権ヲ有シナカラ従タル抵当権ヲ失フカ如キ不合理ナル結果ヲ見ルニ至ルヘシ是豈ニ法律ノ望ム所ナランヤ」

　すなわち，債務者が時効を援用しないのに，物上保証人が時効を援用しうることになれば，被担保債権が存続しながら抵当権が消滅してしまうが，それはよろしくない，というのがその根拠である。このことは第三取得者にも等しく当てはまる。かかる理由は，援用権者が多数になると，本来的な援用権者である債務者の意思決定に矛盾する効果が惹起されることへの懸念も示していたように思われる。すなわち，債務者が時効を援用しなければ被担保債権が存続する以上，抵当権も存続すべきであるが，第三取得者に援用権を認めてしまうと，これに相反する効果が生じてしまうという認識である[6]。

　実際に，そのような観点から援用権者の範囲を論ずる判例があった。大判昭和9・5・2民集13巻670頁がそれである。当該事案では，不動産の売買予約に基づく所有権移転請求権保全の仮登記に後れて目的不動産を譲り受け，あるいは抵当権の設定を受けた者が，当該予約完結権の消滅時効を主張していたが，大審院は，次のような理由から，抵当権者等は時効によって直接に利益を受ける者に当たらないとした。

「仮登記存スル場合ニ於テハ爾後目的物ニ付物権ヲ取得シタル第三者ハ右予約上ノ権利消滅時効完成ニ因リ仮登記ニ因ル本登記ノ順位保

---

[6]　当時の学説では，このような発想から時効援用権者の拡大を否定する見解が主張されていた（中島玉吉『民法釈義巻之一総則編〔訂正14版〕』〔金刺芳流堂，1920年〕806頁）。

存ノ効力ヲ妨ケ自己ノ権利ヲ全フシ得ヘシト雖這ハ単ニ予約権利者カ予約義務者ニ対シテ有スル権利ヲ喪失スル結果ニシテ時効ニ因リ直接ニ受クヘキ利益ナリト謂フヲ得サルヘク若シ右ノ如キ第三者カ時効ヲ援用シテ仮登記ニ因ル本登記ノ順位保存ノ効力ヲ妨ケ得ヘシトセハ予約義務者ハ仮登記ヲシテ其ノ効果ヲ全フセシムル為時効ノ援用ヲ欲セサルニ拘ラス其ノ第三者ニ対スル関係ニ於テハ時効ヲ援用シタルト同一ノ結果ト為リ時効ノ援用ヲ当事者ノ意思ニ一任シタル立法ノ精神ニ背馳スルニ至ルヘケレハナリ」

　しかし，物上保証人による時効の援用の場合にはこれとは事情が異なる。そもそも，被担保債権から独立して抵当権が消滅することは，抵当権の付従性に反しない。付従性とは，被担保債権の存在なくして抵当権はありえないという原理にすぎず，それゆえに，たとえば抵当権者は被担保債権をそのままにして抵当権を放棄することもできるからである。したがって，物上保証人が被担保債権の時効を援用して抵当権の消滅を主張しうることになっても，その効果が債務者には及ばずなお債務者は債務を負担すると解すれば（いわゆる相対効），債務者の意思決定の自由は侵害されない[7]。もともと，抵当権の帰趨は債務者の自由な意思決定にゆだねられたものではないからである。まして，抵当不動産の所有権が第三者にある場合には，その管理処分権は第三者に属する以上，抵当権の帰趨を債務者の意思決定にゆだねるのは不当であろう[8]。

2　物上保証人・第三取得者と後順位抵当権者との異同

　このように判例の理屈がもともと説得的ではなかったとすれば，その結論はおのずから変更せざるをえなかったものといえる。実際に，最高裁判所は，他

---

7)　通説は，意思決定の自由を確保するために援用の相対効を強調している（我妻・講義Ⅰ 453頁参照）。

8)　以上のことは，主たる債務の消滅時効における保証人の地位にも全く同様にあてはまり，判例も早くから保証人の時効援用権は認めていた（大判大正5・12・25民録22輯2494頁）。それゆえ，学説は，判例には矛盾があると批判していたのである（我妻栄「抵当不動産の第三取得者の時効援用権」『民法研究Ⅱ』〔有斐閣，1966年〕199頁以下，206頁）。

人の債務のために自己の不動産に譲渡担保権を設定した者について，被担保債権の消滅時効の援用権の存否が問題となったケースで，物上保証人にも被担保債権の時効の援用権が認められるとし，上記の大審院判例を変更したが，その変更の理由については特に何も語らず，単に「他人の債務のために自己の所有物件につき質権または抵当権を設定したいわゆる物上保証人も被担保債権の消滅によって直接利益を受ける者というを妨げない」と述べるにとどまる9)。これは，もともと大審院の判断に合理性がなかったことを示すものであろう。そして，当然の流れとして，判例は，第三取得者にも時効援用権を認めたが，その理由については，第三取得者が「抵当権の被担保債権が消滅すれば抵当権の消滅を主張しうる関係にある」と述べるにすぎない10)。

それでは，後順位抵当権者に時効援用権を認める場合，債務者の時効援用に関する意思決定との間に矛盾は生じるだろうか。ここに至っては，その可能性を否定することはできない。というのは，抵当不動産の所有者である債務者が被担保債権の時効を援用しないにもかかわらず，後順位抵当権者が時効を援用しうるとなると，後順位抵当権者は被担保債権および先順位抵当権の消滅を主張して，順位の上昇を前提にした自らの抵当権の行使による配当を抵当不動産から受けることができるようになるが，時効を援用しない債務者＝所有者の立場からは，自己の不動産からはなお本来の先順位抵当権者が第一に配当を受けるべきことになるからである。

IV　債務者の意思決定の自由の限界

1　債務者の意思決定の自由を制限する判例

しかし，これまでの判例がすべて，債務者・第一次的援用権者の意思決定の自由をそのまま尊重してきたわけではない。

まず，最高裁の判例は，大審院判例を変更して，売買予約に基づく所有権移

---

9)　最判昭和42・10・27民集21巻8号2110頁参照。
10)　前掲注2)最判昭和48・12・14参照。

転請求権保全の仮登記に後れる抵当権者、さらには仮登記に後れて目的不動産を譲り受けた者に、予約完結権の消滅時効の援用権を容認した[11]。本来、売買予約において予約完結の義務を負うのは予約当事者であり、これが第一次的な時効援用権者である。したがって、これに加えて抵当権者らを援用権者として認める場合、その援用による予約義務者への影響を考慮する必要があるが、抵当権者らが時効を援用して優先的権利を取得しうることを認めるならば、必然的に予約義務者との関係でも予約の効力が制限されることになる。つまり、ここでは、判例は第一次的な援用権者の意思決定の自由をその限りで制限しているのである。

さらに、判例は、「金銭債権の債権者は、その債務者が、他の債権者に対して負担する債務、または……他人の債務のために物上保証人となっている場合にその被担保債権について、その消滅時効を援用しうる地位にあるのにこれを援用しないときは、債務者の資力が自己の債権の弁済を受けるについて十分でない事情にある限り、その債権を保全するに必要な限度で、民法423条1項本文の規定により、債務者に代位して他の債権者に対する債務の消滅時効を援用することが許される」としている[12]。これはあくまで一般債権者に固有の援用権を認めるものではないが、第一次的援用権者である債務者の意思決定の自由という観点では、債権者代位権の要件を具備する限りにおいてであるとはいえ、これを制限しうることを認めたものにほかならない。はたして、この判例では、かの有名な松田二郎裁判官が債務者の意思の尊重の観点から反対意見を述べていたのである。曰く、

> 「消滅時効の制度は、債権不行使という事実状態が継続したとき、その長い間の事実状態を尊重して、権利の上に眠る者を保護しない制度であるが、債務者が債務を履行すべきことは、道義上当然のことであり、いわば自然法上の要請ともいうべきであるばかりでなく、もし、私法上において一定期間の経過により当然に消滅時効の完成による債

---

11) 前掲注3)最判平成2・6・5および最判平成4・3・19参照。
12) 前掲注2)最判昭和43・9・26参照。

務消滅の効果が債務者に及ぶものとするときは、その利益を享受することを欲しないで誠実に債務を履行しようとする者の意思を無視することとなろう。そこでわが民法は、時効の利益の享受をば当事者の援用によるものとし」、「その援用を専ら当事者の意思に繋らしめているのである。しかるに、債権者代位権の制度は、債権者において債務者の意思にかかわりなく債務者の有する権利をば行使し得ることを認めるものである以上、権利を行使するか否かが専ら債務者の意思に委ねられている権利については、この代位行使が認められないのである」[13]。

2 一般債権者は後順位抵当権者より保護に値するのか？

上記の反対意見は、債権者代位権を持ち出すとしても、他の債権者の時効援用を容認する限り、債務者の意思決定の自由は制限されることを指摘したものである。それにもかかわらず、最高裁が一般の債権者による時効援用を認めたということは、債務者以外の第三者の時効援用の可否が、究極的には、債務者の意思決定の自由を制限してまで第三者の利益を優先させるべきか、という対立する利益の比較考量によって決定されることを暗示している。そうであれば、筆者は、後順位抵当権者は一般債権者以上に保護に値し、その固有の援用権を認めるべきと考える。本来、一般の債権者は債務者の財産に対して直接の権利を有さず、債務者の財産管理の自由に干渉しえないところ、債権者代位権の制度は、債務者の無資力の場合に債権保全の必要性から例外的に債務者の財産管理に干渉しうることとし、かつ、それはすべての債権者の利益のためであることを前提としている以上、代位権を行使した債権者がこれによって直接的に利益を得ることができるとはかぎらない。これに対し、後順位抵当権者はもともと債務者の不動産に直接的な権利を有する以上、被担保債権の消滅によって生ずる順位上昇はまさに直接的な利益である。決してそれは、「反射的な利

---

[13] この反対意見については、松田二郎『私の少数意見——商事法を中心として』（商事法務研究会、1971年）208-211頁参照。

益」として一蹴されるべき筋合いのものではない。

　このように言うと，次のような反論があるかもしれない。すなわち，債務者は一般の債権者に対してその債務額の弁済の義務を負っているから，無資力によってその弁済に支障が生ずる場合には，財産管理の自由（時効援用の自由）を制限されても仕方がないのに対し，抵当権設定者は，後順位抵当権者に対する関係では先順位抵当権の負担を控除した部分しか責任を負わないので，それ以上の利益を与えるべく時効援用の自由を制限されるいわれはないと。

　しかし，そのように一律に断定しうるかが問題である。後順位抵当権の設定では，確かに先順位抵当権の負担を考慮して貸付けと抵当権の設定がなされるのが通例かもしれないが，先順位抵当権が弁済等によって消滅することを見越した上での貸付け・抵当権設定がなされる可能性も完全には否定しえない。また，上記の事情を理由にして後順位抵当権者の時効に対する直接的な利益を否定するのであれば，同じことは第三取得者にも全く同様に当てはまることとなろう。つまり，第三取得者も抵当権をその設定登記によって知りうる立場にあるから，これを買い受ける際にはその負担を考慮した上で代価を決定する可能性が高い。そんな第三取得者には時効による利益を付与するいわれはないということになりかねない。

　つまるところ，後順位抵当権者も抵当不動産については第三取得者に匹敵する利益を有するのであり，他方で，一般債権者にも債務者の時効援用の自由に対する干渉を容認するのであれば，一般論としては，後順位抵当権者にも時効援用権を認めるべきであり，債務者がこれに拘束されるのもやむをえない，というのが筆者の見解なのである。そして，第三取得者であれ，後順位抵当権者であれ，もともと目的物に対して正当な利益を有しているとは考えにくい場合には，その援用権を否定すべきであり，本講で取り上げた判例はそれが表面化した事案というべきではないか[14]。それにもかかわらず，第三取得者と後順位抵当権者を一刀両断的に区別したその論理には承服しがたいものがある。

---

14)　前掲注2)最判昭和48・12・14の事案も，債務不履行となった後に抵当不動産を代物弁済によって譲り受けた者が被担保債権の消滅時効を援用したというケースであり，時効の中断等が問題になった結果，最高裁は，第三取得者も援用権者になりうると判断しながら事件を原審に差し戻すにとどまった。

V おわりに
──直接性・可分性の理論について

　ところで，判例が時効の援用権者の範囲について直接の利益の有無という基準を維持しながら，実質的にその範囲を拡大してきたことにかんがみ，学説では，判例の基準は事実上機能せず，時効の援用権者の範囲は，事案類型ごとの利益考量によって決定せざるをえなくなっているとの見方が強まっている[15]。しかし，これに対しては，森田宏樹教授が，時効の援用権者の範囲に関する判例の一連の結論は，判例が明示していない別個の画定基準をもって整合的に説明することができると主張している[16]。その基準とは，時効によって生ずる利益ないし直接的な法律関係の存在と，複数の援用権者を認めるとしても，それぞれの援用による法律関係を別個・独立に位置づけることができるか，という可分性であり，この2つをクリアしたケースで判例は時効の援用権を容認してきたが，後順位抵当権者による時効の援用のケースでは，後者の可分性の基準を満たさないためにその援用権が否定されているのだという。すなわち，第2順位と第3順位の抵当権が存在し，第3順位の抵当権者が時効を援用するものの，第2順位の抵当権者が時効を援用しない場合には，それぞれの間での第1順位の抵当権の位置づけに矛盾が生じ，各法律関係を独立化させることができないから，後順位抵当権者には時効の援用権を認めることができない[17]。

　この森田説は，援用権者の拡大に際して，それぞれの法律関係の矛盾が援用権の制限の要因となっていることを指摘する点で，援用権者の範囲の基準をより明確化したものと評価しうるし，債務者の意思決定の自由との衝突に着目する私見にも通じる側面がある。しかし，すでに述べたように，これまでの判例には，第一次的援用権者の意思決定の自由を制限してしまう場合でも，最終的

---

[15] 星野英一「時効に関する覚書──その存在理由を中心として」同『民法論集(4)』（有斐閣，1978年）167頁以下，305-306頁，松久三四彦「時効の援用権者」『時効制度の構造と解釈』（有斐閣，2011年）181頁以下，193頁参照。

[16] 森田宏樹「時効援用権者の画定基準について(1)(2・完)」曹時54巻6号1579頁以下，7号1813頁以下（2002年）参照。

[17] 森田・前掲注16)7号1829-1831頁。

には他の利害関係人による援用を容認しているものもある。たとえば，売買予約に基づく所有権移転請求権保全の仮登記に後れる抵当権者の援用権である。森田説は，この場面では，時効を援用した抵当権者との関係では予約完結に基づく本登記承諾請求権を否定しつつ，予約義務者との関係では予約完結に基づく移転登記請求権を容認することによって，2つの法律関係を別個・独立に扱うことができると見るようである[18]。しかしながら，予約完結権の消滅時効の援用を欲しない予約義務者の意思とは，仮登記で保全した当初の予約を完結させること，すなわち，それは抵当権の制限を受けない所有権を予約権利者に移転しようというものであり，森田説の取扱いでは，抵当権者の時効援用によって予約権利者は抵当権負担付の所有権しか取得しえず，予約義務者の意思に反してしまうだろう。

　民法145条の趣旨が，最終的には時効の利益の享受をその当事者の意思にゆだねるという点にあるとすれば[19]，援用権者の拡大において留意すべきは，単にそれぞれの法律関係を形式的に分割しうるか否かではなく，本来的な当事者の意思決定の自由に反するか否かである[20]。そのような事情がない場合には，時効の効果につき直接的利益を有する者には広く援用権を認めてよい。もっとも，債務者の意思決定の自由が制限される状況でも，時効の援用権者を拡大している判例が存在することにかんがみれば，最終的には，本来の当事者の意思決定の自由と他の利害関係人の地位を比較考量しなければならない限界事例があることも否定しえない[21]。

---

18) 森田・前掲注16)6号1610頁（注36），同・法協108巻8号（1991年）1369-1370頁参照。
19) このことは，時効の実体法的効果が当事者の援用によって生ずるとする見解において特に強調される（我妻・講義Ⅰ443-445頁）。
20) それゆえ，2人の後順位抵当権者が存在する場合に第3順位の抵当権者の時効援用の可否を検討するさいにも，考慮しなければならないのは債務者の意思決定の自由であり，第2順位の抵当権者の意思決定の自由ではない。
21) 佐久間・基礎Ⅰ424-426頁も，関係者の利害の程度や意思決定の自由を判断要素として，時効援用者の範囲を確定すべきという見解を展開している。ただ，後順位抵当権者の利益の実質によってその援用権の有無を論ずるのは，事実状態の継続のみによって権利変動を認めるという時効の制度趣旨に適合しないから，その援用権は認められない，という説明（同書425頁）には違和感を拭えない。このような説明は，時効の利益の享受を当事者の意思決定にゆだねるという民法145条自体に相応しないのではなかろうか。

Directions

(1) 時効によって受ける利益の観点からは、第三取得者と後順位抵当権者を〈判旨〉のように区別することは難しいが、事案との関係では判例の結論は穏当である。
(2) 本来的当事者のほかに時効によって直接的利益を受ける者が存在する場合、その援用が本来的当事者の意思決定の自由を制限することにならなければ、援用権を認めてよい。
(3) 逆にその援用が本来的当事者の意思決定の自由を制限することになると、援用権を認めるべきか否かが問題となるが、最終的にはその可否は関係者の利益の比較考量によるしかない。

● *民法改正との関係*

改正法案 145 条は、時効を援用しうる当事者について、括弧書で、「消滅時効にあっては、保証人、物上保証人、第三取得者その他権利の消滅について正当な利益を有する者を含む」と明記し、そこには判例上援用権者とされた者が列挙され、後順位抵当権者は挙げられていない。ただ、これらの列挙はあくまで例示と考えられるから、後順位抵当権者を援用権者から一般的に排除する見解については、なお疑問が残る。

第6講
建物の登記名義人に対する土地所有者の建物収去土地明渡請求
―― 建物の所有名義と敷地占有との特別な（？）関係

最判平成 6・2・8 民集 48 巻 2 号 373 頁
民法判例百選 I〔第 7 版〕49 事件

▶ 判旨

もっとも，他人の土地上の建物の所有権を取得した者が自らの意思に基づいて所有権取得の登記を経由した場合には，たとい建物を他に譲渡したとしても，引き続き右登記名義を保有する限り，土地所有者に対し，右譲渡による建物所有権の喪失を主張して建物収去・土地明渡しの義務を免れることはできないものと解するのが相当である。

I　はじめに

1 〈判旨〉の射程を考える

　〈判旨〉は著名な最高裁判例の一節を抜き出したものである。「確かに見覚えがある」という人も少なくないであろう。この〈判旨〉だけを見て，当該判決の事案・争点がどのようなものであったかを思い出すことは，ある程度真面目に民法を勉強してきた人にとっては，それほど難しいことではないかもしれない。ところが，この判決の射程について判断を求められると，なかなか一筋縄ではゆかない，理論的に複雑な判決の 1 つであることに思い至るであろう。射程理解の手がかりとして，次の仮想事例を見てもらうことにしよう。

【Case1】　Aは，税金対策のため，所有する甲建物を姪の法科大学院生Yに仮装譲渡し，AからYへの所有権移転登記をした。敷地である乙土地の賃貸借契約が賃料不払いを理由に既に有効に解除されていたため，甲建物は乙土地を不法占拠する状態にあった。乙土地の所有者Xは登記記録から甲建物の所有名義人を突き止め，Yに対して甲建物の収去と乙土地の明渡しを求めた。Yは，AY間の譲渡は形だけで無効であり，甲建物の所有者はずっとAのままであるから，所有者でない自分が甲建物を収去するわけにはいかないと拒否した。

【Case2】　Yは，自動車販売店から自動車丙を購入し，代金を完済して自ら登録名義を備えた。Yは息子の法科大学院生Aに丙を譲渡したが，税金は自分が支払うため，登録名義を自分のままにしていた。Aが丙をX所有の丁土地上に無断で放置した。Xはナンバープレートから登録名義人を突き止めて，Yに対して丙の撤去を求めた。Yは，丙はAの所有物であって，所有者でない自分が撤去するわけにはいかないと拒否した。

　【Case1】【Case2】は，いずれも土地所有者Xが地上に存在する物の登記・登録名義人であるYに対して物権的請求権を行使する場面である。これらの事例において，上記の〈判旨〉は何らかの意味を持つのか。Yの反論は正当なものといえるか。この問いに答えるには，最判平成6・2・8の意義と射程について，十分に理解を深めておく必要がある。

2　権利外観法理か？　それとも対抗法理か？

　〈判旨〉は，一見する限り，他人の土地所有権を侵害する妨害物の所有権を有していなくても，妨害物の権利者であるかのような外観を自己の意思により作出して保持する者は，妨害物の収去責任を負うべきこと（権利外観法理に基づく責任）を示したもののようにも見える。この理解からは，【Case1】にも〈判旨〉の射程が及び，自己の意思で登記名義を作出して保持する以上，YはXに対して収去責任を負うという解釈ができそうである。
　他方で，〈判旨〉は，他人の土地所有権を侵害する妨害物の所有権を譲渡し

ても，その対抗要件を具備しない限り，妨害物の所有権喪失を第三者（土地所有者）に対抗することができない結果，引き続き妨害物の所有者として収去責任を負うべきこと（対抗法理による処理）を示したものと読むこともできそうである。この理解を前提にすると，登録を対抗要件とする登録自動車（道路運送車両法5条）に関する【Case2】にも〈判旨〉の射程が及び，Yは登録名義を保持する限り，Xに対して丙の撤去責任を負うと考えられなくもなさそうである。

上に述べた二様の射程理解のどちらが適切なのか，あるいはどちらも不適切なのか。この点を明らかにするには，〈判旨〉を判決文全体のコンテクストの中に正確に位置付ける必要がある。実は，〈判旨〉は，大別すると4つの節（[1] [2] [3] [4]）からなる長文の判旨の第2節（[2]）に当たる部分である。そこで，以下では，[1]～[4]全体の論理的構造を順序立てて分析し，その射程を解明することにしよう。

Ⅱ 最判平成6・2・8が定立した準則の意義と射程

1 建物収去土地明渡請求訴訟の訴訟物

〈判旨〉は，土地所有者が，土地を不法占拠する建物の登記名義人を相手取り，建物収去土地明渡請求訴訟を提起した事案に関するものである。

所有権に基づく物権的請求権には，その侵害の態様に応じて，物権的返還請求権，物権的妨害排除請求権，物権的妨害予防請求権の3種があるとされる（いわゆる「物権的請求権の3分類」）。〈判旨〉の事案においては，被告が土地を占有することによって土地所有権を侵害しているから，物権的返還請求権の行使が問題とされている。もっとも，建物所有による土地の不法占拠事例における建物収去土地明渡請求の訴訟物については，見解の対立がある[1]。

すなわち妨害排除請求権としての建物収去請求権と返還請求権としての土地

---

1) 新堂幸司監修，高橋宏志＝加藤新太郎編集『実務民事訴訟講座（第3期）第5巻』（日本評論社，2012年）71頁［秋吉仁美］，大島眞一『〈完全講義〉民事裁判実務の基礎(上)〔第2版〕』（民事法研究会，2013年）290頁。

明渡請求権の2個の訴訟物が併存するという見方もある（2個説）。しかし、通説的な見解は、建物所有によって土地の占有が侵害されているのであり、土地明渡請求権1個のみが発生すると考える（旧1個説）。土地所有者は、本来土地の明渡しのみを求めれば足りるところ、請求の趣旨・判決主文に「建物収去」を加えるのは、「土地明渡」の債務名義だけでは別個の不動産である地上建物を収去することができないという執行法上の制約ゆえ、執行方法を明示するものにすぎないという理解に立つ。さらに最近は物権的請求権の3分類を固定的に捉えるのではなく、侵害の態様に応じて柔軟に考え、土地の所有権に基づく「建物収去土地明渡請求権」が1個発生すると見る説（新1個説）も主張されている。

新1個説・旧1個説いずれにせよ、1個説によると、たとえば、X所有の甲土地をY所有の乙建物が不法占拠している場合、Xは、Yに対して建物収去土地明渡しを求めるために、請求原因において、①Xが甲土地を所有していること、②Yが甲土地上に乙建物を所有して、甲土地を占有していること、を主張立証する必要がある。

要するに、本問題における紛争の主題は土地の占有回復に尽きる。**被告が土地（敷地）を占有している**と主張する前提として、土地所有者は、**建物の所有権（収去権限）を誰が有しているのか**を確知することつき、利害関係を有しているのである。

2　本判決の事案

以上の前置きをふまえて、本題の検討に入る。最判平成6・2・8の事案は次のとおりである。Xは平成2年11月5日に甲乙二筆の土地（地目は田畑、現況は宅地）を競売により取得したが、両土地上には丙建物（木造亜鉛メッキ鋼板葺二階建教習所）が存在した。丙建物はYの夫Aが所有していたが、昭和58年5月4日にAが死亡し、Yが相続によりこれを取得し、同年12月2日にその旨の登記をした。Yは、その登記以前に、同年5月17日に丙建物をBに代金250万円で売り渡したものの、Bへの所有権移転登記をしていない。Xは、丙建物の登記名義人であるYが甲乙土地を占有していると主張し、Yを被告と

して，建物収去による土地明渡しを求めた。Yは占有正権原を主張しなかった。

3 実質的所有者責任説

この問題に関して，先例は，従前から建物の実質的所有者を被告とすべきであるとしてきた[2]。原審は，この一般命題を適用して，Xの請求を棄却した。〈判旨〉も，冒頭で，次のように，上記の一般命題を踏襲している。

> [1]「土地所有権に基づく物上請求権を行使して建物収去・土地明渡しを請求するには，現実に建物を所有することによってその土地を占拠し，土地所有権を侵害している者を相手方とすべきである。したがって，〔(i) – 筆者注〕**未登記建物の所有者が未登記のままこれを第三者に譲渡した場合には，これにより確定的に所有権を失うことになるから，その後，その意思に基づかずに譲渡人名義に所有権取得の登記がされても，右譲渡人は，土地所有者による建物収去・土地明渡しの請求につき，建物の所有権の喪失により土地を占有していないことを主張することができるものというべきであり**……，また，〔(ii) – 筆者注〕**建物の所有名義人が実際には建物を所有したことがなく，単に自己名義の所有権取得の登記を有するにすぎない場合も，土地所有者に対し，建物収去・土地明渡しの義務を負わないものというべきである**……。」

つまり被告は建物の収去権限を有している必要がある。ところが，上記(i)(ii)類型いずれの事案においても，登記名義人の登記はいわば「抜け殻」であって，土地所有者は建物の実質的所有者を探索して訴えを提起しなければならない，というのである。

---

2) 大判大正9・2・25民録26輯152頁，最判昭和35・6・17民集14巻8号1396頁，最判昭和47・12・7民集26巻10号1829頁。登記名義人を被告とすることを認めるものもないではなかった（大判昭和16・12・20法学11巻719頁）。

もっとも，〈判旨〉はそれに続けて，

> [2]「〔(iii)—筆者注〕他人の土地上の**建物の所有権を取得した者が自らの意思に基づいて所有権取得の登記を経由した場合には**，たとい建物を他に譲渡したとしても，**引き続き右登記名義を保有する限り**，土地所有者に対し，右譲渡による建物所有権の喪失を主張して建物収去・土地明渡しの義務を免れることはできない」

と述べ，原審判決を破棄自判し，Yを被告とするXの請求を認容した。このように〈判旨〉は，①登記名義人が一度も建物の所有権を取得したことがない無権利者の場合と，②建物の所有者が譲渡により所有権を喪失した後，移転登記をしていない場合とを明確に区別している。これは全くの無権利者と取引した者と真の権利者との関係を規律する「無権利の法理」と，権利者と取引した者がその権利承継の効力を第三者に主張する関係を規律する「対抗法理」とを区別する一般的な考え方に沿うものである。[2]を[1]と併せ読むことにより，【Case1】に対する〈判旨〉の考え方が一応明らかになったといえる。つまり[2]は，実体権を欠いた登記名義を保有すること自体から権利外観に基づく収去責任が生じるといっているわけではない。【Case1】は，(ii)類型の事案に該当し，一度も実質的所有者であったことがないYは建物の収去責任を負わないことになりそうである。

4 登記名義人を被告としうる場合

実質的所有者責任説を原則として維持しつつ，(iii)類型に限り登記名義人を被告としてよいとする結論はどのように正当化されているのか。その論拠は次のとおりである。

> [3]「けだし，建物は土地を離れては存立し得ず，建物の所有は必然的に土地の占有を伴うものであるから，土地所有者としては，地上建物の所有権の帰属につき重大な利害関係を有するのであって，土地所

> 有者が建物譲渡人に対して所有権に基づき建物収去・土地明渡しを請求する場合の両者の関係は，**土地所有者が地上建物の譲渡による所有権の喪失を否定してその帰属を争う点で，あたかも建物についての物権変動における対抗関係にも似た関係**というべく，建物所有者は，自らの意思に基づいて自己所有の登記を経由し，これを保有する以上，右土地所有者との関係においては，建物所有権の喪失を主張できないというべきであるからである。」

　〈判旨〉は，建物の譲渡人と土地所有者とが「あたかも……対抗関係にも似た関係」にあると捉え，土地所有者は，登記欠缺を主張して，建物の所有権喪失の効力を否定して，登記名義を保有する譲渡人を所有者とみなして被告とすることができる，と述べている。つまり主たる論拠は民法 177 条の趣旨に求められている。もっとも，「対抗関係にも似た関係」という慎重な表現が示唆するとおり，対抗問題そのものではないが，本問題と対抗問題との接点を見い出すことができる，というニュアンスをにじませている点が重要である。つまり意思主義がもたらしうる様々な不都合を除去するために，それを制約する仕組みとして対抗要件制度が要請されていると見れば，本問題も意思主義がもたらす不都合が顕在化しうる場面であるという限りにおいて，対抗問題との接点を語ることができるのである。

　そして対抗関係と類比する際の鍵として，建物所有による土地占有の場面における建物と土地との特殊な関係性を指摘している点も見逃すべきでない。土地と建物とは独立別個の不動産とされているものの，建物の所有・存立は土地に完全に依存する一方で，同時に建物の所有を通じて土地を支配する，という支配・依存の表裏一体的な関係が土地と建物の間にはある。このことから，土地所有者は，建物に「権利」を有しないにせよ，建物の所有権の帰趨に対して，法律上保護されるべき重大な利害関係を有する，というのである。

　この論拠は，普通に読めば，建物と土地との関係に限って妥当する理由付けである。【Case2】のように土地所有者が妨害排除請求権の行使として，放置自動車の撤去を求める場面とは，問題の位相が異なっている。少なくとも［2］の射程は【Case2】に当然には及ばないと見るべきである。しかし，このこと

から，必然的に【Case2】において Y を被告とする余地がないという結論が導かれるわけでもない。ある判旨の射程が及ばないことの意味は，その判旨が別の異なる事案に対する判断に直接影響を及ぼさないことに尽きる。建物収去土地明渡しの場合と対比しながら，自動車取引において登録が持つ法的意義を吟味し，【Case2】の処理を各自で考えてみてほしい。

Ⅲ 判例の類型論を支える視点

1 対抗関係との類比
―― (ⅰ)類型と(ⅲ)類型との関係

Ⅱで見たように，〈判旨〉は，[2]において，対抗関係との類比を判断の中核に据えながらも，(ⅰ)(ⅲ)類型を区分し，(ⅰ)では実質的所有者責任説，(ⅲ)では登記名義人責任説を採用している。そこで，次に，この区別がどのように正当化されるのか，が問題となる。

もし〈判旨〉が，仮に民法 177 条の適用問題として本件を処理したとすれば，(ⅰ)(ⅲ)類型の区別的取扱いは一貫性に欠けるようにも思われる。(ⅰ)類型について，〈判旨〉が，未登記建物の所有者が未登記のままこれを第三者に譲渡した場合は，「確定的に所有権を失う」ことを指摘して，(ⅲ)類型との区別を図る点は，特に理解が容易ではない。少なくとも判例は，177 条の適用場面において，未登記建物が未登記のまま譲渡された場合と既登記不動産が譲渡されて移転登記未了の場合をこれまでも区別してこなかったし[3]，二重譲渡の可能性は未登記建物譲渡の場合にも残っている。(ⅲ)類型において対抗関係との類比可能性に依拠して登記名義人責任説を採用する以上，(ⅰ)類型も同様に扱わないと一貫しないという批判的な見方や[4]，逆に本判決の類型論を維持するのであれば，対抗関係との類比を持ち出すべきでなかったという論評が出てくるのも十分に理解できる[5]。判例法の立場がなお流動的・不安定と評される[6]所以であ

---

3) 最判昭和 31・5・25 民集 10 巻 5 号 554 頁。
4) 山本豊・NBL 560 号（1995 年）57 頁，宇都宮充夫・中央学院大学法学論叢 12 巻 2 号（1999 年）160 頁。

る。

　登記名義人責任説は，先例の中においても，(i)類型の事案を扱った最判昭和35・6・17の小谷勝重裁判官，河村大助裁判官の少数意見[7]に既にその萌芽が見られた。もっともこれらの少数意見は端的に民法177条の適用問題と位置付けていた[8]。本判決は，177条適用説の存在を承知しつつも，あえてやや異なる立場を採る姿勢を明らかにしたのである。

　つまり〈判旨〉は，対抗関係と類比しつつも，「似ている」が「同じではない」という含意をも強調しているように見える。こうすることにより，物権的請求権を行使する権利者と相手方との関係が対抗関係であるはずがない，という常識的な見方から離れることなく，かつ(i)(iii)類型の区別を正当化するのは困難であるという批判を回避することもできる。内在的理解としては，[2]は，建物所有による土地の占有者認定という特殊場面に土俵を限定し，その場面に特有の考慮要素を組み込んだ独自の対抗関係類似の処理枠組みを新たに提示したものと位置付けられるべきだろう[9]。対抗関係そのものではないからこそ，両類型を区別することも背理ではないのである。〈判旨〉はさらに次のように述べている。

　　[4]「もし，これを，〔(あ)－筆者注〕登記に関わりなく建物の『実質的所有者』をもって建物収去・土地明渡しの義務者を決すべきものとするならば，土地所有者は，その探求の困難を強いられることになり，また，相手方において，たやすく建物の所有権の移転を主張して明渡しの義務を免れることが可能になるという不合理を生ずるおそれがあ

5）　鎌田薫・平成6年度重判解（ジュリ1068号）（1995年）70頁，横山美夏・民法判例百選 I〔第7版〕（2015年）101頁。
6）　松岡久和・法教168号（1994年）148頁。
7）　前掲注2)民集14巻8号1398頁。本件と異なり，建物が未登記のまま譲渡され，土地所有者の申請に基づき，建物処分禁止の仮処分のために，嘱託により建物譲渡人名義の所有権保存登記がされた事案であった。
8）　「移転登記未了の譲渡人は物権変動（所有権喪失）を以て第三者に対抗できず，完全無権利者とならないものと考えるし，かつ，建物所有権の変動について，その敷地の所有者は民法177条の第三者に該当するものと解するから多数意見には賛同できない」とする。
9）　西謙二・最判解民事篇平成6年度177頁。

> る。〔(い) - 筆者注〕他方，建物所有者が真実その所有権を他に譲渡したのであれば，その旨の登記を行うことは通常はさほど困難なこととはいえず，不動産取引に関する社会の慣行にも合致するから，**登記を自己名義にしておきながら自らの所有権の喪失を主張し，その建物の収去義務を否定することは，信義にもとり，公平の見地に照らして許されないものといわなければならない。**」

　(あ)で示された事情は，建物が未登記・既登記いずれの場合も，さらには【Case2】の登録自動車の事例にさえあてはまる。物権変動につき意思主義を採用している以上，実質的所有者の探求を強いられるという状態（意思主義がもたらしうる不都合）は，上記いずれの場合にも存在するからである。この点，本来の対抗関係は同一不動産上に競合する権利取得を争う者同士の関係であると一般的には理解されてきたとはいえ[10]，周知のとおり，賃貸不動産の賃借人が賃料支払の相手方である所有者を確知したいという利益も「登記欠缺を主張する正当な利益」に含まれると見るのが判例法理である[11]。つまり，同一不動産上の競合・併存する権利の獲得を争う者同士でない関係でも（広い意味での）対抗問題として捉えられている。建物の所有者を確知することに土地所有者が重大な利益を有している以上，本問題を対抗関係と類比することも許されてよい。しかし実質的所有者の探求が困難であること，登記名義人に不当な言い逃れの口実を与えるのは不合理であること，を指摘するだけでは，(i)(iii)類型の違いを正当化したことにはならない。

　この点，調査官解説は，両類型の違いを次のように指摘する[12]。建物の登記名義は，土地所有者に対して建物収去・土地明渡しの責任（義務）の所在を公示する意味をも有すると評価できるところ，土地所有者にとって相手方（義務者）確定のための基準として登記が意味を持ちうるのは，明渡請求の時点で既に登記名義が具備されている場合に限られる。(i)類型のように，土地所有者

---

[10] 西・前掲注9)178頁，藤原弘道・民商111巻4=5号（1995年）796頁，宇都宮・前掲注4)162頁。
[11] 最判昭和49・3・19民集28巻2号325頁。
[12] 西・前掲注9)180頁。

自身が仮処分の前提として，自ら保存登記を申請した場合には，(iii)類型のように相手方確定の基準として登記が機能する余地はない，と。確かに(i)類型において登記名義が基準として無意味であるという指摘はそのとおりである。しかし，これだけでは，やはり(iii)類型において，さらに，登記名義人が「自らの意思に基づいて」登記を経由したことを要求した積極的理由までは説明し切れていない。

2 信義・公平との関係
——(ii)類型と(iii)類型との関係

その理由を補完するのが，登記名義人（譲渡人）の行為態様に対する非難可能性を問題とする(い)のくだりである。ここでは自ら所有者であるという外観を作出・保持しながら，土地所有者の請求に対して，それと矛盾する挙動を非難するニュアンスが込められている。対抗関係に本来内在しないと考えられる要因として，信義・公平の観点を加味することで，(i)(iii)類型の区分の意義を鮮明にし，判決が本問題を対抗関係そのものとしては捉えていないというニュアンスを表現しようとしたものと推測される。本判決に対して，対抗関係との類比を持ち出すことなく，端的に信義則に基づく責任として構成すべきだという論評の存在を1で紹介した[13]。この見解は，[4]の部分にウエイトを置いた読み方をするものといえよう。

しかし，本判決の読み方として，信義則違反（禁反言）を強調することは諸刃の剣である。今度は民法94条2項との関係が問題になりうるからである。再び【Case1】に立ち戻る。Yは無権利者であるが，Aと通謀して虚偽の外観を作出・保持している。[4]に示された信義・公平に基づく評価をふまえると，【Case1】におけるYは，最初から所有権を一度も有していないのに，Aと通謀して所有者の外形を作出・保持しており，その帰責性の重さは，少なくとも本判決(iii)類型の登記名義人と同程度か，それ以上のものと見ることができる。帰責性の軽重バランスからいえば，【Case1】におけるYの収去責任も認

---

13) 鎌田・前掲注5)70頁。

めるべきことになろう。すると, (ii)(iii)類型相互の区別が曖昧化し, ひいては 94 条 2 項の「第三者」の範囲論にまで波及する可能性すらある。

　(ii)類型の先例として本判決が［1］で引用する最判昭和 47・12・7[14]の事案は次のようなものであった。X らが共有する甲土地上に, Y_1 名義の乙建物が存在し, Y_1・Y_2 らが共同使用して, 甲土地を占有していた。乙建物は Y_1・Y_2 が相談の上建築したものであり, 登記簿上の所有名義を便宜的に Y_1 としたものの, 右乙建物の実質的所有権は Y_2 に帰属していた。X は, Y らが正当の権限なく甲土地を占拠するものとして, 共有権に基づき Y_1 に対して建物収去土地明渡し, Y_2 に対して建物退去土地明渡しを求めた。最高裁は実質的所有者責任説に依拠して, Y_1 に対する請求を認容した原審判決を破棄したが, それには大隅健一郎裁判官の次のような意見が付されていた。曰く, X が Y_1 に建物の所有権が帰属していないことにつき善意である限り, Y_1 は自らが建物の所有者でないことを主張して収去義務を免れることはできない。民法 94 条 2 項およびその類推適用は, 本来, 登記に信頼して建物につき取引関係に立った第三者を保護するためのものであり, 取引関係にない X に適用される余地がないという見解もある。しかし 94 条 2 項の「第三者」をこのように限定的に解すべき必然性はなく, X も 94 条 2 項類推適用により保護される余地がある。もっとも建物の実質的所有者が Y_2 であることを X が自認している本件では, 結局同法理の適用はなく, 法廷意見に結論としては賛成する, というものである。

　民法 94 条 2 項の条文の文言・趣旨および「第三者」の範囲に関する判例準則に照らして,【Case1】において X が 94 条 2 項の「第三者」に当たらないという解釈が必然的な帰結として導かれるわけではない。判例は, 第三者を「虚偽の意思表示の当事者又は其一般承継人に非すして其表示の目的に付き法律上利害関係を有するに至りたる者」[15]と定義しており, 文言解釈として X をこの

---

14)　前掲注 2)民集 26 巻 10 号 1829 頁。
15)　大判大正 5・11・17 民録 22 輯 2089 頁, 最判昭和 45・7・24 民集 24 巻 7 号 1116 頁。もっとも, 大判昭和 20・11・26 民集 24 巻 120 頁は「虚偽ノ意思表示ヲ真実ナリト信シ之ニ信頼シテ其ノ意思表示ノ効果ニ付利害関係ノ当事者トナリタル第三者」と定義しており, 微妙にニュアンスが異なっている。四宮・民法総則〔第 4 版補正版〕163 頁, 山本・講義 I 157 頁も参照。

定義に包摂することは可能である。[4]で示された信義・公平に照らした利益衡量によれば,【Case1】においても,94条2項の類推適用によって,Yの被告適格を認めてもよさそうである。信義則に重点を置いて〈判旨〉を読むときには,無権利の法理が適用される(ⅱ)類型においても,94条2項類推適用等による例外則として登記名義人を被告とすることの可否が検討されてよいことになる16)。

Ⅳ　判例の内在的理解のさらに一歩先

1　民法177条の対抗法理における信義・公平の浸透

以上,Ⅰ～Ⅲまで,判例の内在的理解に徹してきた。ここからは,本判決をもう少し遠くから鳥瞰することにしよう。Ⅲ1において本問題を対抗関係と同様に処理する場合,(ⅰ)(ⅲ)類型の区別を正当化することは困難であると評する見解を紹介した17)。しかし本当に困難なのか,再考に値する問題である18)。判例は,周知のとおり,民法177条の適用に際して,「登記欠缺を主張する正当の利益」という基準に従い,個別具体的事情を斟酌して柔軟に第三者該当性を判断しており,信義・公平の考慮は,既に「第三者」の範囲論の中に浸透している19)。また未登記物権変動の効力を主張する者の登記懈怠に対する非難可能性が対抗不能というサンクションの実質的根拠であるという理解も,「第三者」範囲論に根付いている20)。

すなわち(ⅰ)(ⅲ)類型の区別論を最初に展開した,前掲最判昭和35・6・17の奥野健一裁判官の補足意見21)は,建物所有権の喪失に関して土地所有者が民

---

16)　宇都宮・前掲注4)160頁,武川幸嗣・不動産取引判例百選〔第3版〕(2008年)93頁。これに対して,横山美夏「請求の相手方と登記」論叢154巻4＝5＝6号(2004年)368頁,原田昌和「建物収去・土地明渡請求の相手方」立教法学68号(2005年)23頁は反対。
17)　山本・前掲注4)61頁,宇都宮・前掲注4)160頁。
18)　原田・前掲注16)19頁。
19)　背信的悪意者排除論のほか,端的に信義則を直接の根拠として,承役地譲受人が通行地役権の「登記欠缺を主張する正当の利益」を有しないと評価される場合があることを認めた最判平成10・2・13民集52巻1号65頁などを想起してもらいたい。
20)　鎌田・物権法①58頁。

法177条の「第三者」に当たるかという観点から，(i)類型では当たらず，(iii)類型では当たるとした。登記懈怠に対する非難可能性という点で，(i)(iii)類型の事案には違いがあるからである。というのは，こうである。(i)類型において，未登記の建物の譲渡人は，目的物を譲受人に引渡しさえすれば，義務の履行は完了している。未登記である以上，登記不具備を非難される筋合いはない。もはや目的物の所有権も有していないのに，仮処分のために，自己の意思に反して保存登記をされ，処分禁止により自ら移転登記をすることもできない譲渡人に収去義務を負担させるのは不公平である。他方，(iii)類型において，既登記建物の譲渡人は，自らの意思で得た登記名義の移転に協力する義務があるのに，これを履行せず，土地所有者から責任を追及されるや，所有権喪失を主張して責任の免脱を主張するのは，不公平な結果を導くことになり，登記懈怠に対する非難という観点からも収去責任を負わせてよい。〈判旨〉は，対抗関係で典型的に考慮される要因に照らして［4］を説示したのであり，決して異質な観点を外から持ち込んだわけではないともいえる。

2　登記・登録名義と目的物に対する支配

(i)(iii)類型の区別はさらに，［1］で未登記建物の譲渡人が「確定的に所有権を失う」と述べる一節を，建物譲渡人の土地占有の喪失に重点を置いて，次のように読み込むことにより正当化することもできる。未登記建物の所有による敷地の支配は建物の観念的所有権のみに基づいている。建物が未登記のまま譲渡されると，敷地占有を基礎付ける建物支配は完全に失われ，その結果土地の占有も確定的に失われる。その後土地所有者の申請により嘱託で保存登記がされても，抜け殻の登記名義が付加されただけで，譲渡人が土地占有を確定的に失った状態に何ら変化は生じない。土地占有の評価に関する限り，(i)類型は，最初から空の登記があっただけの(ii)類型と連続性を有している。すなわち「確定的に所有権を失う」という一節は，厳密には「確定的に土地の占有を喪失する。」という限りの意味を表現したものとみることができる。

---

21)　前掲注2)民集14巻8号1401頁。

これに対して，(ⅲ)類型において，自己の意思で登記名義を備えた所有者は，建物の観念的所有権とともに登記名義という物支配の外部的徴表を併有することで，いわば重層的に敷地を占有するものと見られる。既登記建物の譲渡人は，建物の観念的所有権を譲渡しても，残存する登記名義を通じた敷地の支配までも完全に失うわけではない[22]。登記懈怠に対する非難可能性というよりは，土地占有の喪失の確定性という観点から(ⅰ)(ⅲ)類型の差異を基礎付けることもできる。このように見ることで，〈判旨〉全体を整合的に理解することもできる。

判例の一言一句に密着した内在的理解とともに，より大きな視点から，判例法の全体的枠組みと照らし合わせながら，〈判旨〉を民法体系の中に位置付けてゆくことも，判例法の理解にとって有益で，時には不可欠な作業といえるだろう。

Directions

(1) 建物譲渡人と土地所有者との関係を対抗関係に類比する基礎には，建物所有と敷地占有との間の特別な関係への着眼がある。あくまでも土地「占有」の評価が主題であり，判決の射程は，物権的請求権の行使事例一般（ex.【Case2】）に当然に及ぶものではない。

(2) 本判決の類型論には批判が多いが，対抗関係と類比しながら，信義・公平の視点を複合させることで，(ⅰ)(ⅱ)(ⅲ)類型の区別を理論的に正当化することは十分可能である。

(3) 本判決が示す信義・公平の観点からは，(ⅱ)類型についても，例外的に登記名義人を訴えられるべき場合（ex.【Case1】）があるのではないか，さらに検討を要する。その際民法94条2項の適用・類推適用との関係が問題になる。本判決の波及効果は見方によっては，意外に大きい。

---

22) 藤原・前掲注10)798頁はほぼ同旨か。

● **民法改正との関係**

本講のテーマについては，特に法改正による影響はない。

第7講

背信的悪意者からの転得者
—— 「背信的悪意」の認定方法と判決の射程

最判平成 8・10・29 民集 50 巻 9 号 2506 頁
民法判例百選Ⅰ〔第 7 版〕58 事件

▶ 判旨

所有者甲から乙が不動産を買い受け，その登記が未了の間に，丙が当該不動産を甲から二重に買い受け，更に丙から転得者丁が買い受けて登記を完了した場合に，たとい丙が背信的悪意者に当たるとしても，丁は，乙に対する関係で丁自身が背信的悪意者と評価されるのでない限り，当該不動産の所有権取得をもって乙に対抗することができる。

Ⅰ はじめに

　本講では，同一の不動産が二重に譲渡され，第二譲受人からの転得者が登場した場合の法律関係を考えてみる（以下では，〈判旨〉の用語法にしたがい，譲渡人を甲，第一譲受人を乙，第二譲受人を丙，第二譲受人からの転得者を丁の符号で表現する）。〈判旨〉は，民法 177 条が乙丁間における所有権取得をめぐる争いにも適用されること，つまり転得者丁も 177 条の「第三者」に含まれることを明らかにした点において，重要な意義が認められる。177 条の対抗問題が生じる場合を同一前主からの承継人相互の関係に限定して捉えて，丁は丙の法的地位をそのまま承継するだけであり，乙丁間において乙丙間から独立した対抗関係を観念する余地はないと見る立場もありうるところ[1]，最高裁はこのような

理解を退けたのである。

〈判旨〉に対しては批判も存在するが[2]、転得者問題の処理枠組みについては一応の決着がついたと見られている[3]。もっとも、〈判旨〉の射程および規範の運用をめぐって、いまなお見解が対立している問題が残っている。本講においては、それらの残された課題について一歩踏み込んだ検討を行うことにしたい。具体的には次の3つの問題をとりあげる。

第1に、丁の背信的悪意をどのようにして認定するのか（⇒Ⅲ）。

第2に、背信的悪意者でない丙から丁がさらに譲り受けた場合に、丁の背信的悪意を別途考慮する余地（いわゆる「絶対的構成」か「相対的構成」かの問題）はあるか（⇒Ⅳ）。

第3に、背信的悪意者排除論の出発点ともいえる不動産登記法5条（旧法4・5条）により第三者から除外される丙から丁がさらに譲り受けた場合に、本判決の射程は及ぶか（⇒Ⅴ）。

上記の課題を考察するに先立って、はじめに背信的悪意者排除論の理論的位置付けを確認しておくことにしよう（⇒Ⅱ）。

Ⅱ　第三者制限説と背信的悪意者排除論

1　「登記欠缺を主張する正当の利益」という基準

民法177条の「第三者」とは、物権変動の当事者および包括承継人以外の者で、「登記欠缺を主張する正当の利益」を有する者をいう[4]。背信的悪意者とは、そのような「正当の利益」を有しないと評価され、177条の「第三者」から除外される一群の者の呼称である[5]。あくまでも177条の「第三者」の範囲

---

1) 横山美夏・法教200号（1997年）140頁。
2) 滝沢聿代『物権法』（三省堂、2013年）82頁。
3) もっとも、七戸克彦・民商117巻1号（1997年）108頁は、本件事案の特殊性を指摘し、判旨を一般化することに警鐘を鳴らすものであり、傾聴すべき多くの指摘を含む。
4) 大連判明治41・12・15民録14輯1276頁。
5) この点につき、たとえば加藤・民法大系Ⅱ121頁は端的に信義則を根拠に第三者から排除する。

論の枠内で生み出された概念である。

　それでは，「登記欠缺を主張する正当の利益」の有無はどのように判断されるのか。リーディングケースとなった大審院判決は，対抗関係を「彼此利害相反」する関係として理解し，具体的には不法行為者，無権利者を第三者に当たらない者，物権取得者，差押債権者，配当加入債権者等を第三者に当たる者として例示している6)。このことから，「正当の利益」とは，第1に，登記欠缺を主張する者の法的地位を客観的に分類し，その法的地位の抽象的一般的な属性から「第三者」該当性を判断し，第2に，客観的分類に従い「第三者」性を認められた者について，さらに主観的態様の側面から範囲を絞り込む，という2段階の判断を行う基準であると一般的に理解されている。

　加えて，その後の判例法の展開を合わせて見ると，客観的分類＋主観的態様に依拠した判例の「第三者」制限基準の根底には，未登記物権変動の効力を主張する者が登記を怠ったと評価できる事情が存在することが177条を適用するための必須条件であるという考え方が通底していることにも注意が必要である。すなわち，判例法は，上記の第三者制限基準の運用に際して，現実に登場した第三者を未登記物権変動の効力を主張する者（例えば第一譲受人）との関係で個別具体的に捉えたうえで，前者との関係において後者が登記を怠ったと非難されるべき事情が存するか，仮に存在するとして，その登記懈怠をその具体的な第三者が非難して，未登記物権変動の効力を否定する資格を有しているか，という両面から検討することにより，個別具体的に「第三者」性を判断している。突然このように言われても，少々難解かもしれないので，2，3でこの点を少し解きほぐしておくことにしたい。

2　前提条件としての登記不具備に対する非難可能性

　そもそも民法177条が未登記物権変動の対抗力を否定するのはなぜか。それは，物権変動を登記により公示し，自己の権利を保全することが容易であるにもかかわらず，そのような公示を漫然と怠ったことに対して権利変動の主張を

6）　前掲注4)民録14輯1281頁。

許さないという不利益を与えるべきだと考えられたからである。そこでは登記不具合を非難することができる状況の存在が暗黙裡に前提とされている。このように，対抗要件主義の趣旨が登記懈怠に対して不利益を与えることにより登記（公示）を促すことにある以上，未登記物権変動の効力を主張する者が登記を怠ったと評価することができない場面では，同条を適用する前提条件を欠くといわざるをえない。177条の趣旨自体から，同条の適用範囲を画するために，登記懈怠という隠れた要件が当然に内在すると考えるべきなのである。

　実際に，判例は，変動原因の側面から177条の適用範囲を限定しない一方で（変動原因無制限説）[7]，「第三者」の範囲論にいわゆる「基準時」の考え方を導入し，時効完成後，取消後，解除後，遺産分割後に目的不動産に利害関係を持った者に限定して177条の「第三者」に含める解釈論を積み重ねてきた[8]。逆に，時効完成前・取消前・解除前・遺産分割前に目的不動産に利害関係を持った者（例えば譲受人）は一律に177条の守備範囲外に置かれている。これらの者が「第三者」から除外されるのは，その者が出現する前に，自己が主張する（時効・取消・解除・遺産分割等による）物権変動につき登記を先に備えて権利を保全するよう求めることがそもそも不可能であること，つまり登記懈怠に対する不利益扱いを正当化するための前提条件が構造的に整っていない，という共通の理由があるからである[9]。

　このように，177条の適用範囲は「第三者」の範囲論一本で画されている。しかも，「正当の利益」基準の運用において，**①具体的な第三者との関係において，物権変動の効力を主張する者の未登記を構造的に登記の懈怠と評価できない場合，それだけで当該第三者は177条の「第三者」から除外される，②仮に登記の懈怠と評価できる事情がある場合でも，当該第三者が登記懈怠を非難するにふさわしい法的地位を有していなければ，やはり「第三者」から除外される**，という二段の判断が行われている。上記①②の命題は，1で述べたよう

---

[7] 大連判明治41・12・15民録14輯1301頁。
[8] 大連判大正14・7・8民集4巻412頁（時効完成後），大判昭和17・9・30民集21巻911頁（取消後），最判昭和35・11・29民集14巻13号2869頁（解除後），最判昭和46・1・26民集25巻1号90頁（遺産分割後）。
[9] 鎌田・物権法①58頁。

に，判例が「客観的分類＋主観的態様」に従った判断枠組みを採用しているという認識を前提としつつ，精緻に組み立てられた判例法の全体像を統合的に把握するため，177条を通底する根本的な観点への注意を喚起するものであると理解してもらいたい。

3 背信的悪意者排除論の要素としての悪意と信義則違反

2で確認した考え方を二重譲渡の場面で徹底したものが背信的悪意者排除論に他ならない。冒頭の事例設定に即して言えば，甲から第二譲渡を受けた丙は所有権を譲り受けたとしても，「第三者」として当然に安泰な地位を得るわけではない。①そもそも乙が丙との関係で登記を怠ったと評価できなければ，丙は「第三者」に当たらない。②仮に乙が登記を怠ったと評価できたとしても，乙の登記懈怠を非難する資格が丙にあるかを具体的に検討しなければならない。その際，丙が乙への第一譲渡を知っていた（単純悪意）事情が存在しても，それだけで登記懈怠を非難する資格がないとまでは言えない。なぜなら，乙丙のどちらかが登記名義を獲得して不動産物権に関する権利取得の競合関係が最終的に決着するまでは，乙丙間に自由競争の余地があると考えられるからである[10]。しかし，単に知っていたという以上の悪質な事情（背信性）が丙に認められる場合には，正当な競争行為の範囲を逸脱すると評価されるべき諸事情を斟酌して，丙の「第三者」該当性が否定される。

背信的悪意者という用語法は，最判昭和43・8・2が使用した「実体上物権変動があった事実を知る者において右物権変動についての登記の欠缺を主張することが信義に反するものと認められる事情がある場合には，かかる背信的悪意者は……」[11]というフレーズにより定着したと言える。以後，背信的悪意者の要件として，第三者の悪意と信義則違反（背信性）の両方が必要だと解されるようになった。最判昭和43年の事案は，山林の二重譲渡において，多数の不動産を有する乙が，山林の管理を怠っていたため，現地の所在がよくわから

---

10) 最判昭和43・11・21民集22巻12号2765頁。
11) 最判昭和43・8・2民集22巻8号1571頁。

ず，20年以上にわたって係争地を占有しておきながら，登記をしていなかった事案であった。まさしく乙が登記を長期にわたって怠ったと評価できる明白な事情が存在した。他方丙は，未登記という事情に付け込み，当該不動産を乙に高値で売り付けて多額の利益を得ようとしており，不当な利益獲得を目的として第二譲渡に及んだものとされている。すなわち，乙の登記懈怠，丙の悪意に信義則違反を重ねて考慮して丙の背信的悪意を肯定している。

ところで，背信的悪意者という用語自体は，もう少し早い時期に，最判昭和40・12・21において既に最高裁の判決文に姿を見せていた[12]。そこでは，むしろ「不動産登記法4条または5条〔現行法5条―筆者注〕のような明文に該当する事由がなくても，少なくともこれに類する程度の背信的悪意者」という表現が用いられていた。つまり背信的悪意者排除論の源泉は民法177条の原則を修正する唯一の明文規定である旧不登法4条・5条（現不登法5条）であった。同判決は，乙が負担付贈与の負担を9年以上にわたって履行しないため，負担の履行と引換えに行われる予定であった登記名義の移転がされなかったことが丙への第二譲渡を誘発しており，乙の登記懈怠に対する非難可能性が特に大きいと見られる事案にかかるものである。丙に甲⇒乙の物権変動をいったん承認したとも見られる事情が存在し，その事情だけで背信性を肯定する方向に強く作用するはずであるにもかかわらず，裁判所は結論として背信性を否定した。たとえ丙に矛盾的な挙動があっても，不登法の特則が定める事例と類比可能な事案ではなかったこと，そして現時点から回顧的に見れば，上記①②のうち，特に②の評価において，登記懈怠に対する乙の特に重い帰責性が背信性の評価障害事由として重視されたものと考えることができる。このように信義則違反の有無の判断においては丙の行為態様および目的と共に，乙側の諸事情も考慮に入れた運用がされていると言える。以上の前提知識をふまえて，Ⅲにおいて，〈判旨〉の事案を確認し，そこで背信的悪意の認定がどのように行われたのかを見てゆく。

---

12) 最判昭和40・12・21民集19巻9号2221頁。

III 転得者の背信性認定基準

1 〈判旨〉の事案と第二譲受人の背信性認定

　最判平成8・10・29の事案は次のとおりである。X市は，昭和30年3月，旧国鉄松山駅前整備事業の一環として，貨物の搬出，搬入用の道路を造るため，Aから係争地を買い受け，その代金を完済した。しかし，分筆登記手続における手違いにより係争地にかかる記録が公簿上作られず，係争地についてX市名義の所有権移転登記が長年にわたり経由されないままとなっていた。係争地は，遅くとも昭和44年7月よりX市道として一般市民の通行の用に供され，近隣住民からも市道として認識されてきた。昭和54年11月には市道金属標が設置された。昭和57年10月，Aが固定資産税を課せられているものの所在不明の土地を処分しようとしていることを聞き知ったB社の実質的経営者E（C社・D社の代表者も兼務する）は，現地を確認したうえで，当時仮に道路でなければおよそ6000万円の価値を有する係争地をAから買い受け，万一土地が実在しない場合にも代金の返還は請求しない旨の念書まで差し入れて，B社の名において係争地をAから500万円で購入する契約を締結し，所有権移転登記を行った。昭和58年1月にX市は道路法所定の区域決定・供用開始決定等を行ったが，Eはその直後の同年2月にB社からC社へ，翌年にC社からD社へ所有権移転登記をし，昭和60年にD社はYに売却して所有権移転登記を済ませ，Yはその2週間後に係争地上にプレハブ建物等を設置した。そこで，X市はYに対して，所有権に基づき登記名義の回復を請求した（道路管理権に基づく道路敷地であることの確認等も請求しているが，この点は割愛する）。

　原審は，係争地が「市道敷地として一般市民の通行の用に供されていることを知りながら」，X市が係争地の所有権移転登記を経由していないことを奇貨として，B社が不当な利益を得る目的で係争地を取得しようとしたとして，B社の背信性を肯定した。最高裁もB社の背信性にかかる原審の認定を支持している。本件では，分筆登記の手違いにより登記が具備されないまま20年以

上が経過しており，X市に対する登記懈怠の非難は可能とみられ，上記①の要件を満たしている。②の要件のうち，「悪意」に関しては係争地が「市道敷地として一般市民の通行の用に供されていること」の認識で要件充足を認めている[13]。背信性に関しては，B社がX市の未登記を奇貨として，係争地が不存在の場合のリスクを考慮して比較的安価な値段で購入していることや，その後のEの振舞い（道路指定がされた直後にEが代表者を務めるB社⇒C社⇒D社と転々譲渡を行っている事情）をも考慮して，不当な利益取得の目的を推認している[14]。加えて，X市側の利用利益の内実は，長年にわたって道路として公共の用に供されていること，つまりは公共の利益であり，Yの私的利益との衡量において相当大きな重みをもって評価された可能性も考えられる。本判決から両当事者の利益の客観的衡量を重視する学説への接近傾向を読み取る分析もある[15]。

ところで，動機が不法な契約は，相手方にその不法な目的が認識可能であることを前提として，公序良俗（民90条）違反により無効とされる場合もありうる。そこで，〈判旨〉の意義を理解するには，90条違反と背信的悪意者排除論との関係性にも留意する必要がある。

2 転得者の背信性認定

(1) 第二譲渡が無効とされる場合との対比

冒頭Ⅰの設例において，甲丙間の第二譲渡が公序良俗違反により無効であると仮定してみよう。この場合無権利者の丙と取引した丁は所有権を承継取得することができず，丁の背信性を問題にするまでもなく，乙は原則として未登記のままで丁に所有権を主張することができる。せいぜい不実登記に対する信頼保護の要件が満たされる例外的な場合に善意の丁が保護される可能性が残るだ

---

13) 原審・最高裁が，最判平成18・1・17民集60巻1号27頁が時効取得の場面で行ったのと同様の緩やかな悪意認定を二重譲渡の事案でも行っていることは注目に値する。
14) 鎌田・物権法① 112頁は，全く無駄な投資に終わるリスクを引き受けた射倖的取引の性質を帯びたものと指摘する。
15) 七戸・前掲注3) 112頁。

けである。実際に第二売買を 90 条違反とした最高裁判決がある[16]。この事案では，一方において，乙の登記具備を丙が違法に妨害するなど，乙の未登記を登記懈怠と非難することができない事情が存在し，他方において，丙が復讐の目的で第二譲渡を甲に懇請し，かつ，甲丙が横領の共犯関係にあるなど，刑罰法規（公序）違反という譲渡行為自体の顕著な悪性ゆえに，裁判所は転得者丁の利益保護よりも，乙の利益を優先して絶対的保護を付与すべきであると判断したのである。

これに対して，背信的悪意者排除論は，公序良俗違反とは異なる観点から悪質者を第三者から除外する仕組みであるとされる。〈判旨〉は，冒頭に掲げた一節に引き続き，次のように述べて，これら2つの法理の区別を確認している。

「……けだし，（一）丙が背信的悪意者……であっても，乙は，丙が登記を経由した権利を乙に対抗することができないことの反面として，登記なくして所有権取得を丙に対抗することができるというにとどまり，**甲丙間の売買自体の無効を来すものではなく，したがって，丁は無権利者から当該不動産を買い受けたことにはならない**……また，（二）背信的悪意者が正当な利益を有する第三者に当たらないとして民法 177 条の『第三者』から排除される所以は，第一譲受人の売買等に遅れて不動産を取得し登記を経由した者が登記を経ていない第一譲受人に対してその登記の欠缺を主張することがその取得の経緯等に照らし信義則に反して許されないということにあるのであって，**登記を経由した者がこの法理によって『第三者』から排除されるかどうかは，その者と第一譲受人との間で相対的に判断されるべき事柄**であるからである。」

すなわち丙が背信的悪意者とされる場合でも，第二譲渡契約自体は有効であり，丙による登記欠缺の主張が信義則上制約されているにすぎない。丁は丙か

---

[16] 最判昭和 36・4・27 民集 15 巻 4 号 901 頁。

ら所有権を有効に承継取得する結果，乙丁間には乙丙間とは別個独立の対抗関係を観念できるというのである。

(2) **丙の背信性につき丁が悪意の場合**

Ⅱで確認した背信的悪意者の定義によると，丁の悪意とは自己と対抗関係にある甲⇒乙への第一譲渡の認識を意味する。そのうえで，丙自身に背信性を基礎づける信義に反する事情の存在が必要とされる。そこで問題になるのは，前主丙の背信性を丁が知っていた場合，このことが丁の背信性評価においてどのような意味を持つのか，という点にある。本判決はこの点に関して一定の方向性を示すものではない[17]。

一つの考え方は，転得者丁が丙の背信性を知っていれば，それだけで，つまり丁自身が何かそれ以上に不当な手段を用いていなくても，また積極的に二重譲渡に関与していなくとも，その背信性を肯定できるというものである[18]。前掲最判昭和43年のように，背信的悪意者排除論を所有者の権利主張を信義則により制約する法理と見る限り，この見方は一応の説得力を持つ。なぜなら，丁は，丙から所有権を承継取得するとはいえ，丙の背信性を認識しており，丙の法的地位が乙に対して主張できないものであると知りながらそれを譲り受けているのであるから，その後，丁が，あたかも何らの制約のない法的地位を承継したかのように振る舞い，乙の登記欠缺を主張して自己の所有権を主張することは，矛盾的挙動に当たり，信義則違反という評価を受ける事情として十分であると見ることもできるからである。最判昭和40年の背信的悪意者概念の捉え方が最判昭和43年において実質的に変容しているとすれば，つまり不登法5条との類比可能性の有無を問うことなく，信義則違反という観点だけから背信性を見るならば，このように解することができよう。

しかし，こう考えると，ある不動産を取得しようとした者が，当該不動産をめぐる権利関係を詳細に調査した結果，未登記の乙と既登記の背信的悪意者たる丙の存在を突き止めたとき，事実上，その不動産の取得をあきらめなければ

---

17) 大橋弘・最判解民事篇平成8年度845頁。
18) 川井健『不動産物権変動の公示と公信』（日本評論社，1990年）59頁，鈴木重信「民法第一七七条と背信的悪意者」香川保一編『不動産登記の諸問題(上)』（帝国判例法規出版社，1974年）509頁，半田吉信・ジュリ1127号（1998年）127頁。

ならないことになる。不動産取引における流通を過度に制約しないためには，こうした結果を避ける工夫が必要である。

　そこで，前主丙の属性を丁が認識していることは背信性の評価に直接影響せず，丁の行為態様や目的等を別途検討すべきであるとする説も主張されている[19]。すなわち背信的悪意者排除論の論拠としてよく援用される自由競争論[20]を軸に据え，次のように背信性の認定基準を設定することが考えられる。考察の大前提として，背信的悪意者が不登法5条が定める第三者と類比可能な者に限られるという観点はなお存続していると見る。そして不登法5条は不動産物権取得をめぐる競争秩序に違反する行為態様の典型例として登記制度の機能不全を直接もたらす特に悪質な行為を規制したものと解される。背信的悪意者排除論も同様に，同一不動産の取得をめぐる競争関係において，競争秩序違反行為を犯した第三者に不利益を与えるものである。そうすると，丁に背信性が認められるかどうかは，紛争当事者である乙と丁との関係において，丁自らに競争秩序に違反した行為態様があるかどうかの判断に帰着する。前主の丙が競争秩序に違反したことを丁が認識していただけで，そのことに丁の背信性評価における何らかの意味を持たせるべきではない。他者の勝手な秩序違反行為により，自己の正当な競争利益追求が制約されることになれば，自由な競争に高い価値を置く現代社会の取引理念にそぐわない過剰な規制を設けることになるからである。競争秩序違反行為に対して課される不利益としては，原則として，当該違反行為者である丙と乙との間の相対的関係でのみ物権変動の効力を否定するにとどめるのが望ましい。したがって，丙の背信性について丁が悪意であることは，それが丙の背信的行為に加担し，乙を積極的に害する意図や目的等を認定する際の重要な判断因子の1つとなりうるということはできても，直ちに丙の背信性を基礎づける事情であると断言すべきではなかろう。

---

[19] 鎌田・物権法①89頁，山野目章夫・物権法52頁，石田剛「物権法の基本問題」司法研修所論集122号（2013年）182頁。

[20] 舟橋諄一『物権法』（有斐閣，1960年）183頁以下。

IV 背信性の認められない第二譲受人からの転得者問題

1 〈判旨〉の射程

 IIで見たように，判例は一貫して民法177条の「第三者」について善意悪意不問の原則を出発点とする考え方を堅持している。〈判旨〉が対抗関係における背信性を紛争当事者ごとに相対的に判断する立場を明らかにした以上，背信性のない丙からの転得者丁との関係においても，同様に「相対的」に背信性の有無を判断することになる[21]のだろうか。

 学説においては，この問題を〈判旨〉が取り扱った事案類型とは異次元に位置するものと捉えたうえで，丙に背信性が認められない以上，登記を備えた丙の乙に対する優先が絶対的に確定すると考える絶対的構成が有力である[22]。つまり丁はそうした地位を丙から承継するのであって，乙とはもはや食うか食われるかの関係に立たないと見るのである。

 仮に177条を善意者保護規定と見れば[23]，94条2項等他の善意者保護規定における転得者に関する議論との整合性を意識した議論が展開されることも十分理解できる。絶対的構成の論者からは，通常，相対的構成の問題点として，①物権の帰属関係が不安定になり，善意者の財産処分の自由が事実上制約されること，②丁が丙に追奪担保責任を追及すると，保護されるべき丙が不利益を受ける結果になること，などの不都合が指摘されている。しかし，本問においてもそうであるように，丙は自己物として不動産を丁に売却しているから，民法561条の問題は生じないとする見方が現在は有力である[24]。そうすると，②の批判は決定的とは言い難く，むしろ①の点をめぐる評価の違いが分水嶺と

[21) 大橋・前掲注17) 845頁，冨上智子・判タ978号(1998年) 37頁。
22) 瀬川信久・民法判例百選I〔第6版〕(2009年) 117頁，安永・講義77頁，松岡久和・法セ678号 (2011年) 87頁。
23) 川井・民法(2)36頁，内田I 461頁。
24) 佐久間・基礎1 130頁。

なっているといえよう。その際，本問においては，177条に特有の考慮要因が存在することを看過すべきでない。

2　対抗要件主義の趣旨と相対的構成の可能性

1で述べたとおり，少なくとも判例は177条を善意者保護規定と見ていない。そのため94条2項等における議論との整合性に配慮すべき必然性はない。むしろ対抗要件が不動産物権紛争の解決において果たすべき機能を正面から考慮に入れると，相対的構成が主張されることにも相応の理由があるようにも思われる。すなわち対抗要件の抗弁に関しては，周知のとおり，その主張立証責任をめぐって，判例・実務と学説との間に対立がある[25]。

第三者抗弁説によると，第三者は自己が「第三者」に該当する旨の事実を主張立証すれば，対抗要件の抗弁としては十分であり，登記欠缺の主張まで自ら積極的に行う必要はない。この発想を，丙が対抗要件具備による所有権喪失の抗弁を主張する場面に延長してみると，丙が登記を備えれば，実体法上それだけで確定的に丙が所有者となり，乙は所有権を喪失する。対抗要件の有無に関する主張は，訴訟における攻撃防御上の手段であり，実体法上の権利関係は登記の具備により絶対的に確定している。絶対的構成説は，このような第三者抗弁説の発想から自然に導かれうる考え方である。

他方，権利抗弁説によると，丙が対抗要件の欠缺を積極的に主張しない限り，乙は依然として未登記のまま所有者であり続ける。当事者が対抗要件の不具備を問題にしない以上，意思主義が貫徹されるからである。そうすると，丙が対抗要件を具備した場合も，乙の所有権喪失の抗弁を主張するか否かは丙の意思に委ねられており，その意味では丙が所有権を取得したという効果も同様に流動的なものである。丙がたとえ対抗要件を具備しても，所有権喪失の抗弁を自ら積極的に主張しない限り，実体法上，乙が確定的に所有権を喪失したという効果が生じているとも言い切れない。登記を備えた善意の丙は，たとえ後

---

[25]　司法研修所編『新問題研究 要件事実』(法曹会，2012年) 74頁，松尾弘「対抗要件を定める民法の規定の要件事実論的分析」大塚直ほか編著『要件事実論と民法学との対話』(商事法務，2005年) 211頁。

で事情を知ったとしても，乙の所有権喪失をあえて主張しないかもしれない。

もっとも，丙が所有権喪失の抗弁を主張しないとしても，丁は丙から所有権喪失の抗弁を主張できる地位を承継し，これを自ら行使することができると考えられる。しかし，乙との関係で背信性ありと評価されるため，自分が仮に甲から直接譲り受けていた場合には，乙に対して所有権喪失の抗弁を主張できなかったはずの丁が，前主丙から承継した所有権喪失の抗弁を主張しうる地位を援用して，乙の失権を主張するのは，信義則に反すると見ることは可能である。乙丁間の衡平という見地からこの結論が支持に値するとすれば，相対的構成[26]にも一理あるとは言えるだろう。

V 不登法5条に該当する者からの転得者

1 不登法5条の趣旨

最後に，不登法5条を根拠として「第三者」から排除される丙からの転得者丁と乙との関係に〈判旨〉の射程が及ぶか，という問題について若干の検討を試みる。

不登法5条1項は，詐欺・強迫による登記妨害に制裁を科すものである。乙の未登記は丙の登記妨害に起因するから，丙との関係で乙の未登記を登記懈怠と評価することはおよそできない。登記を妨害した者が登記懈怠を主張するのは信義則に反するという言い方もできるであろう。確かに同条1項は丙の詐欺又は強迫という違法行為の悪性に着眼しているように見えるが，Ⅱで見た①の要件，つまり対抗要件主義が機能する前提条件が欠けていることが，むしろ特則を支える中核的な根拠であると見たほうがすっきりする。

同様のことは2項にも妥当する。2項は他人のために登記義務を負う者がその地位を悪用して自己への登記を行う場合に，利益相反的な状況における義務違反行為に制裁を科すものである。ここでも，そもそも他人に登記手続の実施が委ねられている以上，本人自ら登記手続をすることはおよそ期待されていな

---

[26] 東京高判昭和57・8・31下民集33巻5〜8号968頁。

い。つまり自ら登記具備を代行すべき義務を負う者は本人が登記を怠ったと非難することは到底できない。この点に1項と2項とに共通する基盤を見出すことができる。

そうすると, 不登法の特則は, Ⅱで述べた「正当の利益」の有無を判断する2段階テストにおける①の段階で「第三者」性が否定されるべき場合を主として想定するものと理解することができる。確かに不登法5条の適用事例においても, ①の段階をパスしている場合は考えられる。しかし, 登記を怠ったとおよそ評価できない場合も想定される以上,〈判旨〉の射程が不登法5条の適用事例すべてに及ぶと解すべきではなかろう[27]。〈判旨〉の事案は, 乙に登記懈怠と評価できる事情があり, ②の総合判断の結果「第三者」から除外される場合だからこそ, 背信的悪意者排除論の相対的適用がふさわしいと言い切れたのである。

2 信義則違反と競争秩序（公序）違反という2つのアプローチ

1で述べたとおり, 不登法5条の特則から信義則違反という評価を抽出することにより, 背信的悪意者排除論との連続性を見出すことは確かに可能である。他方で, Ⅲ2(2)で見たとおり, 不登法5条を競争秩序（公序）違反の典型例と位置づけることもできる。

つまり, 違法な登記妨害は, 個人の利益・権利侵害を越えて, 公法私法にまたがる不動産登記制度の機能不全を意欲する特に悪質な行為に他ならない。法律上の義務に違反して自ら利益相反関係に立ち入り, かつ不動産登記制度の機能不全をもたらす行為も, 登記妨害と同程度に行為としての悪質性が顕著である。いずれも, きわめて強い非難に値する行為であって, 実質的には公序に違反しているという評価が根底にあるものと見られる。

登記名義獲得をめぐる乙丙間の競争において, 乙が十分な競争手段を有しているのに, その手段を適切に用いなかった場合と, そもそも競争手段を有していない場合とで分けて考える必要がある。前者であれば, 丙に何らかの競争秩

---

[27] 川井・前掲注18)54頁は,「伝統的な理論」によればこのような帰結が導かれると説く。

序違反行為が認定できる場合，競争秩序を維持するために必要なサンクションとしては，乙と丙との相対的関係においてのみ物権変動の効果を否定することで足りる。しかし，後者の場合は，そもそも競争手段を乙が用いることができない（登記懈怠の非難がおよそ不可能である）以上，丙以外の第三者との関係でも，丙が行った競争秩序違反の効果から乙が絶対的に保護される必要がある。

具体的な構成としては，①不登法の特則が実質的には公序違反を規制するものと解し，〈判旨〉の射程外と見て，丙を無権利者と扱う，②信義則違反を接点として連続性がある不登法5条の適用事例にも本件〈判旨〉の射程が及ぶと見たうえで，乙の未登記を非難できない特殊事情を重視し，丙の背信性を認識しながら譲り受けた丁は丙の登記妨害に加担するものと見て，丁の背信性を肯定する，という2つの方法が考えられる。

Directions

(1) 背信的悪意者排除論の根拠が信義則違反に求められるのだとすれば，丁の乙に対する背信性を，丙の背信性に対する丁の悪意から直接導くことも可能である。しかし，丁の競争可能性を過剰に制約すべきでないから，上記の解釈の当否につき，さらに検討する余地がある。

(2) 背信性のない丙から丁が譲り受けた場合に関しては，対抗要件が実体法上有する限定的な機能を考慮すれば，権利関係が不安定になるというデメリットはあるにせよ，相対的構成が主張されることにも理由がないわけではない。

(3) 〈判旨〉の射程が不登法5条に該当する者からの転得者との関係に当然に及ぶとは言えない。仮に及ぶと見た場合，丁の乙に対する背信性を認定する際に一工夫必要である。

● *民法改正との関係*

本講のテーマについては，特に法改正による影響はない。

第8講

即時取得に必要な占有の態様
——「一般外観上従来の占有状態に変更を生ずるがごとき占有」とは？

最判昭和35・2・11民集14巻2号168頁
民法判例百選Ⅰ〔第7版〕65事件

▶ **判旨**

無権利者から動産の譲渡を受けた場合において，譲受人が民法192条によりその所有権を取得しうるためには，一般外観上従来の占有状態に変更を生ずるがごとき占有を取得することを要し，かかる状態に一般外観上変更を来たさないいわゆる占有改定の方法による取得をもっては足らないものといわなければならない……。

Ⅰ　はじめに

　最高裁判例が示す抽象命題の中には，それだけを何回読んでも，含意を正確に捉えることが容易でないものも，ときおり見られる。そのような場合は，当該最高裁の判決文だけではなく，その第1審・第2審の判決にまで目を通し，さらにはその背景にある大審院判決や関連する問題を扱った他の最高裁判決にまで目配りすることが有益であることが多い。
　本講のテーマは，処分権限を有しない者が動産を自己の名において勝手に処分した場合に，処分の相手方がその動産の権利を得ることができるか，という問題である。現行法上，他人物売買契約も債権契約として有効であるが（民560条），買主は，権利者の追認を得ない限り，目的物の所有権を取得することができない。これが私法の大原則である（無権利の法理）。もっとも，動産物権

変動の領域においては，この原則に対する例外が定められている。それが即時取得という制度である。

　すなわち，民法192条は，取引行為によって，平穏に，かつ，公然と動産の占有を始めた者が，善意無過失である場合に，即時にその動産について行使する権利を取得することを認めている。〈判旨〉は，このうち「占有を始めた」という要件の解釈に関するものである。民法が占有移転の方法として認める，「現実の引渡し」，「簡易の引渡し」，「占有改定」，「指図による占有移転」の中で，特に「占有改定」でも192条にいう「占有を始めた」ことになるのか，が争点とされた。

　即時取得は，民法典の第2編第2章第2節「占有権の効力」の項目下に規定されている。つまり即時取得は，もともと一定の要件を満たす占有の効力として占有者に権利を取得させる制度として位置付けられている。「平穏に，かつ，公然と動産の占有を始めた」ことを要件とする点においても，自己が獲得した占有に本権取得効を認める取得時効（民162条）との関連性の残滓を垣間見ることができる。

　もっとも，今日では，「取引行為によって」という要件の存在が示すとおり，占有が徴表する権利帰属の外観を信頼して取引した者に外観どおりの権利取得を認めて取引の安全を図ること，すなわち占有の公信力に基づく保護を与えることが即時取得の制度趣旨であることについては異論がない[1]。権利取得の効果が，自ら得た占有の効力としてではなく，前主の占有に対する信頼の効力として生じるのであれば，民法が意思主義・対抗要件主義を採用し，その解釈論として占有改定の対抗要件としての適格性を認めている以上[2]，即時取得を主張する者自身の占有取得の態様は本質的な問題ではなく，対抗要件として十分な意義が認められる引渡しを受けていれば（占有改定でも）即時取得が成立するという考え方（肯定説）も十分に成り立ちうる。

　しかし，〈判旨〉は，「占有を始めた」という要件を「一般外観上従来の占有状態に変更を生ずる」ものに限定して解釈している。上記4つの引渡方法は占

---

[1]　我妻＝有泉・講義Ⅱ 211頁。
[2]　大判明治43・2・25民録16輯153頁。

有移転の効果をもたらす以上，いずれも「従来の占有状態に変更を生」じさせるものであることは疑いない。そうだとすれば，問題を解く鍵は「一般外観上」という文言が「従来の占有状態に変更」の前に付されていることの含意は何かという一点に収斂する。民法192条が民法178条と異なる固有の制度趣旨を有している以上，前者の占有開始要件が，後者の占有移転要件と異なること自体は何ら不自然ではない。問題は趣旨の違いがどのように要件の解釈における違いに結び付くのか，ということである。

　以下では，この問いに答えるために，次のような順序で検討を進める。まず，〈判旨〉の事案を確認し，原審判決・大審院先例にまで遡り，〈判旨〉が占有改定による即時取得を否定する際に一体どのような観点に依拠しているのかを明らかにするための手がかりを得る（⇒Ⅱ）。次いで，所持の変更を伴わない観念的な占有移転方法であるという点で占有改定と共通する指図による占有移転に関する判例法の現状を確認する（⇒Ⅲ）。最後に，Ⅱ，Ⅲにおける検討をふまえて，〈判旨〉の含意を具体化するとともに，判例法全体を理論的に正当化しうる観点を提示する。併せて類型論という解釈手法の意義と問題性についても考察してみたい（⇒Ⅳ）。

Ⅱ　占有改定と即時取得に関する最高裁判例

1　〈判旨〉の事案

　岡山県のある部落民の一部 Y_1 が共有する発電用水車，発電機および附属機械器具（以下，「本件物件」という）を，部落の代表者数名が保管し管理していた。代表者の1人Aは，他の代表者 $B_1B_2B_3$ らから昭和24年1月に本件物件を買い受け，昭和25年10月21日にAは本件物件をさらにXに代金27万円で売り渡し，占有改定によりXに引き渡した。XがAから本件物件を買い受けて引渡しを受けた当時，Aは上記部落の代表管理委員の委員長として，本件物件等が収納されている倉庫の鍵を所持していた。そのため，Xは買受けに際して，本件物件をAが所有するものと過失なく信じていた。

　ところが，上記 $B_1B_2B_3$ らからAへの本件物件の売買契約においては，Aが

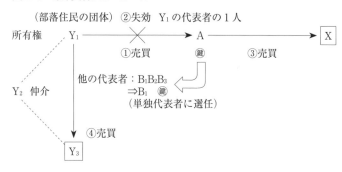

図 8-1　最判昭和 35・2・11

代金全額を支払うまで所有権はAに移転しないこと，昭和24年4月末日までに残代金31万円が完済されない場合には売買契約が当然失効する旨の特約があった。期日にAが代金を支払わなかったため，売買契約は失効し，AX間の売買契約締結時点において，Aは本件物件の所有権を有していなかった。AからXへの売却がなされた後，$B_1B_2B_3$はB_1を部落の単独の代表者とすることを決し，Aもこの決定に同意して，上記倉庫の鍵をB_1に手渡した。

昭和26年3月10日に，B_1はY_1を代表して，Y_2の仲介で，Y_3に本件物件を売却し，代金全額を受け取った。昭和26年4月にXが本件物件を保管場所から搬出しようとしたところ，Y_1らに阻止され，この間にY_3が本件物件を倉庫から搬出して大阪市まで運び去った。そこで，Xは，Yらを相手取り，本件物件の所有権確認およびその引渡しを，引渡しが不能な場合は価格相当額および損害の賠償の支払を求めて提訴した。

2　第1審・原審の判断と大審院の先例

第1審・原審とも，Xによる即時取得を認めなかった。原審の説示は，〈判旨〉がいう「一般外観上従来の占有状態に変更が生ずる」の意味を解明するうえで手がかりとなる一節を含む。すなわち原審は，「民法192条の所謂即時取得に必要な占有の取得とは，一般外観上従来の占有事実の状態に変更を生じて従前，占有を他人に一任して置いた権利者のその他人に対する追及権を顧慮しないでも，一般の取引を害する虞のないような場合をいうものであって，単に

従来の占有者と新たに占有を取得した者との間に，その旨の意思表示があったのみで，一般外観上従来の占有事実の状態に何等の変更を来さない所謂占有の改定による占有の取得は，之に該当しない……〔以下略〕」と述べている（波線筆者）。

　この原審判決は，さらに大審院の古い先例を踏襲したものである[3]。すなわち，同大審院判決は，次のように述べていた。「同条立法ノ趣旨ハ畢竟一般動産取引ノ安全ヲ維持センカ為メニ従前占有ヲ他人ニ一委シ置キタル権利者ヨリモ寧ロ其他人ヨリ正当ニ占有ヲ得テ権利ヲ取得シタリト信スルモノヲ保護セント欲シタルモノニ外ナラサレハ，其主旨ヲ貫徹センカ為メニ一般外観上従来ノ占有事実ノ状態ニ変更ヲ生シ一般取引ヲ害スルノ虞ナクシテ従前ノ権利者ノ追及権ヲ顧ミサルヲ相当トスル場合ニ於テハ固ヨリ現在占有ヲ始メタル者ヲ保護スルノ必要アリ。然レトモ斯ル状況存セサル場合ニ於テモ尚ホ他ノ利害関係人殊ニ従前占有ヲ他人ニ委ネタル権利者等ノ利害ヲ全然顧慮セサルカ如キ法意ニ非サルコトハ同条規定ノ因ヲ生シタル法制ノ沿革ニ徴シテ疑ヲ容レス」（波線，句読点筆者）。

　この大審院の先例にまで遡ることにより，ようやく，簡潔な〈判旨〉の背景に，制度の沿革に照らし，「従前の権利者の追及権」を顧みる必要がないときに，現在の占有者を保護するのが民法192条の趣旨であるという考え方の存在が明らかになる。すなわち動産の占有を他人に委託した者は，その動産が受託者の手元に存する限りにおいて，その返還を請求することができるというゲルマン古法のゲヴェーレの考え方（Hand wahre Hand の原則）である。ゲヴェーレの下では，受託者の手元から当該動産が失われると（新たな占有者の善意・悪意を問わず），もはや占有委託者はその動産を追及することはできなかった。目的物に対する現実の支配が受託者の元にある限り，すなわち原権利者の信頼が少なくとも外形上存続し，その信頼が裏切られない限りにおいて，占有委託者の追及効が認められていたのである。

3）　大判大正5・5・16民録22輯961頁。

3 判例理論と学説の評価

〈判旨〉は,本件事案としての特徴に一言も触れず,簡潔に一般論だけを述べているから,占有改定による即時取得を一律に否定する考え方(否定説)に立つものと理解される。本判決の調査官解説は,結局ここでの問題は192条による権利取得の根拠を譲渡人の占有の公信力におくか,譲受人の取得した占有の効力と見るかによって定まるとしたうえで,〈判旨〉を後者の沿革に忠実な考え方であると評している[4]。民法192条～194条は占有委託物・占有離脱物いずれについても占有者の善意無過失を共通の権利取得要件としており,明らかに取引安全の保護を基軸に据えている。それゆえ現行法をゲヴェーレ的規制の単なる発展物と把握すべきではないものの[5],〈判旨〉の根底にそうした沿革の痕跡があることも否定できない。

そして上記の大審院判例を併せ読むことにより,従前の権利者の追及権を顧慮する必要がないと評価できる支配状態が新たな占有者の下に生じているかどうかが分水嶺とされていることが判明した。すなわち占有改定で足りないとされる実質的理由は,原所有者の間接占有が存続している限りは,原権利者の追及権も存続していると見るべきであるから,新たな占有者による即時取得を認めるわけにはゆかない,というものと考えられる。

占有の公信力による法的保護の範囲は,取引安全保護の必要度と原権利者の既得権保護の必要度とを相関的に比較考量して決すべき問題である[6]。学説においては,肯定説によると,(i)処分者と取得者との間で占有改定の事実が事後的に捏造される危険があり,真の所有者の権利が害される。(ii)真の所有者が動産を所持している者に返還請求をしたところ,所持者が既に第三者が即時取得していることを理由に返還を拒むこと,あるいは,真の所有者が動産の返還を

---

4) 井口牧郎・最判解民事篇昭和35年度30頁。
5) 新版注釈民法(7)131頁[好美清光]。
6) 安永正昭「民法192条～194条(動産の善意取得)」広中俊雄=星野英一編『民法典の百年Ⅱ 個別的観察(1)総則編・物権編』(有斐閣,1998年)500頁は「利益衡量の分岐点をどこに求めるかという問題である」とする。

受け所持しているにもかかわらず，第三者から即時取得を原因として，当該動産の引渡しを請求できるなど，不都合な結果を生じる[7]，として否定説を支持する見解が根強い[8]。肯定説はこの批判を回避するため，占有改定による即時取得を認めつつも，その権利取得は確定的でなく，後で即時取得者が現実の引渡しを受けたときに確定的になる，とする考え方（折衷説）を生み出し[9]，現在も有力学説により支持されている[10]。

Ⅲ　指図による占有移転と即時取得に関する最高裁判例

1　最上級審の先例

次に，指図による占有移転により「一般外観上従来の占有状態に変更」があると評価できるか，という問題に移る。大審院の判例には，運送業者Ｘから米の保管委託を受けたＡが，その米を勝手にＢに売却し，以後Ｂのために保管していたところ，ＢもこれをＹに譲渡し，指図による占有移転の方法により引き渡した事案において，前掲大正5年判決を引用して，即時取得の成立を否定したものがある[11]。この事案では，占有改定の場合と同様に，Ａの所持を介した原権利者の間接占有が存続するため，同一動産につき間接占有が併存する（以下，「ⓐ類型」という）。新たな占有者Ｙが取得した間接占有はなお不安定なものであり，確立した支配の徴表として後続の取引関与者が権利帰属の判断基準とするに値しない。

他方で，運送業者Ｘから運送人Ａを通して鰮粕の占有を委託された荷受人Ｂが，これを自己のものとして，Ｃ倉庫に寄託したが，その後自ら貨物引換証

7）　千葉恵美子「即時（善意）取得制度の構造」鈴木禄弥先生追悼論集『民事法学への挑戦と新たな構築』（創文社，2008年）220頁。
8）　山野目・物権法84頁，松尾＝古積・物権・担保物権法122頁，生熊・物権法284頁，滝沢聿代『物権法』（三省堂，2013年）148頁。
9）　我妻＝有泉・講義Ⅱ223頁，鈴木・物権法213頁。
10）　川井・民法(2)94頁，加藤・新民法大系Ⅱ197頁，内田Ⅰ476頁，近江幸治『民法講義Ⅱ物権法〔第3版〕』（成文堂，2006年）159頁。
11）　大判昭和8・2・13新聞3250号11頁。

図 8-2　最判昭和 57・9・7（商法（総則・商行為）判例百選〔第 5 版〕56 事件）

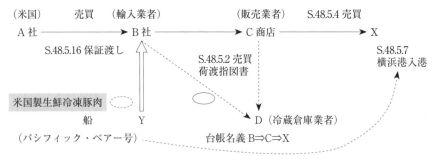

の発行，交付を受け，裏書により善意の銀行 Y に鰮粕を担保として質入れした事案において，指図による占有移転の場合に質権の即時取得を認めたものが存在する[12]。この判決の事案において，間接占有者は新たな占有者 Y のみであり，併存する間接占有はない（以下，「㋑類型」という）。まさに Y の支配は確立しており，この間接占有は権利帰属の判断基準として機能しうる。

さらに同じ㋑類型の事案を扱う最高裁判決[13]が存在する。以下に判旨を引用する（波線筆者）。

　　そして，<u>右事実関係のもとにおいて</u>，X が右寄託者台帳上の寄託者名義の変更により C 商店から本件豚肉につき占有代理人を D とする指図による占有移転を受けることによって民法 192 条にいう占有を取得したものであるとした原審の判断は，正当として是認することができる。

占有改定に関する〈判旨〉とは対照的に，この判決は事例判決の形式をとっている。いったいどのような事案であったのか，項を改めて詳しく見ることにしよう。

---

12) 大判昭和 7・2・23 民集 11 巻 148 頁。
13) 最判昭和 57・9・7 民集 36 巻 8 号 1527 頁。

2　最高裁判例の事案

　Aから生鮮冷凍豚肉（以下，「本件豚肉」という）を輸入したBは，それを積載した船が航行中にCに売り渡し，CはさらにXに売り渡した。AB間の本件豚肉の売買契約には，Bが買受代金を決済したうえで，本件豚肉につき発行された船荷証券を取得することにより本件豚肉の所有権を取得するものとされていた。しかし，Bは右代金の決済をせず船荷証券を取得できなかったので，本件豚肉の海上運送人Yに対して，船荷証券取得前の「保証渡し」[14]を懇請し，Aに無断で，本件豚肉の引渡しを受けた。Bは，本件豚肉を冷蔵倉庫業者Dのもとに搬入し，本件豚肉のCへの引渡しを依頼する旨のD宛の荷渡指図書を発行した。荷渡指図書の正本を受領したDは，依頼に従い，同日付けで本件豚肉の寄託者名義をCに変更した。同様に，本件豚肉のXへの引渡しを依頼する内容の荷渡指図書をCから交付されたXがその荷渡指図書をDに提出し，Dは，Cの意思を確認したうえ，寄託者名義をCからXに変更した。しかし，Cは，その後Bに対する代金一部未払のまま事実上倒産し，Bもその後倒産し，本件豚肉の関税を納付しなかったため，XがBに代わって関税を納付した。他方，Yは，Bに対して保証渡しをしたことの責任をAから問われ，Aに対し代金相当額の損害金を支払って本件豚肉につき発行された船荷証券を取得したうえで，Bに対して本件豚肉の引渡しを求めた。BはD宛に本件豚肉のYへの引渡しを指示した荷渡指図書を発行してDに送付したが，それ以前に，Bは，Cとの売買契約を解除したとして，Dに対して発行済みの荷渡指図書を撤回する趣旨を伝えていたために，Dは，これに対し何らの措置も講じなかった。

　Yが，本件豚肉の所有権を取得したとして，BとDを債務者とする動産仮

---

14)　海上運送契約における慣行の1つであり，船荷証券が未着であるなどの事情により船荷証券を呈示できない買主が，後日，船荷証券を入手し次第運送人に引き渡すこと，および証券と引換えでない運送品の引渡しによる一切の結果について責任を負うことを内容とする保証状を運送人に差し入れることで，証券と引換えでなくても（商776条・584条），運送品の引渡しを受けることをいう。江頭憲治郎『商取引法〔第7版〕』（弘文堂，2013年）307頁参照。

処分を申請したところ，XYDの三者の合意により，本件豚肉は換価され，本件豚肉の代替物として，その代金1713万2400円がE名義の定期預金としてF銀行に保管されることになった。そこでXは，(i)本件豚肉の所有権をAからBCを経由して承継取得した，(ii)仮にBまたはCが無権利者であってもCまたは自己が即時取得により取得したと主張し，Yを相手取り，Xが本件豚肉の換価代金につき所有権を有することの確認を求めた。

3 第1審・原審の判断

第1審（横浜地川崎支判昭和51・6・10）は，CおよびXは，「順次，本件豚肉につき寄託者たる地位を取得し，右はいずれも本件豚肉につきいわゆる指図による占有移転の効果を有するものと解するのを相当とするところ，……本件豚肉等の冷凍貨物は倉庫業者の占有管理のもとで流通におかれ，取引の対象とされることがむしろ通常の業態であったと推認されるので，右のような指図による占有移転をもって即時取得の要件を充足するものと解しても，何等取引の安全を害する虞がないばかりか，むしろ，取引の実情に即している……」と述べて（波線筆者），指図による占有移転によりCは本件豚肉を即時取得し，Xはその所有権を承継取得したとして，Xの請求を認容した。

第2審（東京高判昭和54・11・27）も第1審の結論を支持し，「Yは，Bに本件豚肉を引渡すことによって，これに対する占有を失ったものといわなければならないところ，更にBも，またCも，ともに寄託者台帳の寄託者名義変更を経ることによって，Dを占有代理人として有していた右豚肉に対する占有を失い，Xは，これによってDを占有代理人とする本件豚肉に対する占有を取得するものというべきで……かような占有移転は，占有改定の場合とは異なり，寄託者台帳上の寄託者名義の変更という一定の書面上の処理を伴い客観的に認識することが可能であって，善意の第三者の利益を犠牲にして取引の安全を害することのないものといわなければならないから，……」と述べた。

4 最高裁判例

最高裁は，原審が確定した事実を以下のように要約し，1に掲げた判旨につなげた。

> (1)……B及びCは，いずれも売買の目的物である右豚肉を引き渡す手段として，それぞれ受寄者であるD宛に右豚肉を買受人に引き渡すことを依頼する旨を記載した荷渡指図書を発行し，その正本をDに，副本を各買受人に交付し，……Dは，寄託者たる売主の意思を確認するなどして，<u>その寄託者台帳上の寄託者名義をBからCに，CからXへと変更した．(2)昭和48年当時京浜地区における冷凍食肉販売業者間，冷蔵倉庫業者間において，冷蔵倉庫業者は，寄託者である売主が発行する正副2通の荷渡指図書のうちの1通の呈示若しくは送付を受けると，寄託者の意思を確認する措置を講じたうえ，寄託者台帳上の寄託者名義を右荷渡指図書記載の被指図人に変更する手続をとり，売買当事者間においては，右名義変更によって目的物の引渡が完了したものとして処理することが広く行われていた</u>

本判決は，指図による占有移転一般につき即時取得を認めたわけではなく，荷送指図書に基づき，取引慣行に則って倉庫業者が寄託者名義を変更したことにより，指図による占有移転を認めて，192条を適用したものである[15]。つまり特定の時期，地域，業界の慣行の下でのやや特殊な指図による占有移転についての事例判決に過ぎない。同判決の調査官解説は，(i)原所有者AのBに対する信頼は形の上でも完全に裏切られていると見ることができること，(ii)CないしXの即時取得行為は寄託者台帳上の寄託者名義の変更を伴うことによって，外部から比較的認識することが容易になったといってよいこと，(iii)本件豚肉に対し原所有者Aと取得者CないしXのいずれが密接な占有関係に立

---

15) 塩崎勤・最判解民事篇昭和57年度658頁，667頁。

つかという立場からいうと，BないしCがDに対し，CないしXのために占有するよう指示した以上，Aの本件豚肉に対する占有関係は喪失し，直接占有者Dを媒介とする間接占有者CないしXだけとなるものと解される[16]ので，本件豚肉に関する占有関係の密度は原所有者より取得者のほうがはるかに濃密であることを総合的に考慮したものだと説明している。つまり最高裁判決は，指図による占有移転のうちあ類型と区別されるい類型の事例において，即時取得が成立する可能性を容認しているが，即時取得の要件を充足するに足る指図による占有移転の存在を具体的にどのような場合に認定してよいかという点については，事例判断を行ったに過ぎないことに注意する必要がある。

Ⅳ　判例法理を通底する観点と類型論の意義

1　占有改定による即時取得と類型論

(1)　類型論一般の意義と問題性

類型論とは，法文や判例準則をその形式的な文言どおりに解する場合には同等のものとして扱われることになりそうな問題を，紛争類型の違いに着眼することで，利益状況に即した異なる枠組みに従って処理することを可能にする解釈論の一手法である。従来から，占有改定による即時取得に関しては，①無権利者からの譲渡型，②権利者による二重譲渡型（特に二重譲渡担保），③無権利者による二重譲渡型という，3類型に区分して論じる学説も主張されてきた[17]。③類型は①②類型の混合類型であり，究極的には①②類型の峻別を軸としている。つまり公信力が問題になる場面（「公信問題」⇒①類型）と対抗力が問題になる場面（「対抗問題」⇒②類型）とを截然と区別する発想を出発点とし，目的動産に対する原所有者と即時取得者との立場の対等性・非対等性という観点をふまえた利益状況の違いに着目するものである。この考え方によれば，たとえば，①類型は否定説，②類型は折衷説という解決も選択肢としてあ

---

16)　塩崎・前掲注15)666頁以下。なお，好美・前掲注5)179頁も参照。
17)　好美・前掲注5)172頁。

りうることになる[18]。

　認定事実による限り，本講の〈判旨〉は，所有権を一度も取得しなかった無権利者AがXに譲渡した事案にかかるものである。上記の分類によれば，①類型の紛争に対する判断である。①類型はまさしく占有の公信力が問題になる典型的場面である一方，②類型は第一次的には引渡しの対抗力によって決せられるべき問題であり，本来異なる法原理が支配する領域であると考えられる。そうすると，〈判旨〉は，①類型の事案に限って否定説を採用しただけで，その射程は②③類型に及ばないという読み方も考えられないではない。このように，類型論は，文言を形式的に捉える場合には非常に広い範囲をカバーするように見える条文や判例準則の射程を適切な範囲に限定する際に役立つ解釈手法であるといえる。

　もっとも，本件を巨視的に見れば，代表者ないし管理権限者の変更がその間にあったものの，部落住民の一部が共有する物件をその保管庫の鍵を所持し処分権限を付与された代表者を通じて，XとY₃とに二重に譲渡した場合であるとして，実質的には②類型に近いともみられる少々特殊な事案である（本件事例から少し外れるが，Aの代金不払によりY₁が法定解除権を行使する場面を想起するとその感は一層強まる）。このように，①②類型のいずれに当たるかがあまり明確でないケースといえる。類型論には，上記のメリットがある反面，本件のような境界領域に位置する事例群の扱いをどうするかという問題性が常につきまとう。

(2) **占有改定と即時取得の場面における類型論特有の問題性**

　②類型が①類型と異なる規範によって規律されるべきであるという評価は，確かに対抗力と公信力を峻別する一般的な考え方からは素直に導かれうるものである。他方で，譲渡担保の法的構成につき，倒産手続が現実に開始していない（平時の）段階においては，当事者が選択した所有権移転の法形式を尊重しつつ[19]，占有改定に完全な対抗力を承認する判例の立場を前提とすれば，第

---

[18]　現に折衷説は，実務上紛争が多いとされる二重譲渡担保事例に特に適合的な枠組みとして形成された経緯もある（鈴木禄弥『抵当制度の研究』〔一粒社，1968年〕419頁）。

[19]　最判昭和62・11・10民集41巻8号1559頁（動産売買先取特権との優劣），最判昭和62・11・12判時1261号71頁（被担保債権弁済後の譲渡担保権者による第三者への売却）。

一譲受人が第二譲受人に優先して所有権を取得することは確定済みのことであり，後は即時取得の問題が残るに留まる。法的観点からは，①②類型間に見るべき相違はないとも考えられる[20]。判例の一律否定説の根底には類型論に対するこのような否定的評価があるものと推測される。もっとも，こうした評価は，譲渡担保権を通常の所有権と同等に扱ってよく，また占有改定に一人前の対抗力を認めても差し支えないという考え方を当然の前提としている。しかしこれら2つの前提はいずれも自明のものとはいえない。この場面における類型論の評価がとりわけ難しいのは，(1)で述べた類型論が抱える一般的な問題性に加えて，(i)「対抗問題」と「公信問題」とを一般的に峻別すべきか，(ii)動産物権変動固有の問題として，占有改定に対抗要件としての適格性をどの程度承認すべきか，(iii)譲渡担保権の法的構成につき担保権的構成をどの程度徹底するか，という次元の異なる大きな問題をめぐる評価の違いがさらに重層的に反映されうるという事情があるからであろう[21]。

筆者は，②類型のうち二重譲渡担保事例に対象を限定するのであれば，類型論の手法も捨てがたいと考えている。譲渡担保を担保権的に構成し，第一順位，第二順位の譲渡担保権の成立可能性を容認するならば，②類型の利益状況は①③類型と異なると見るほうが自然である[22]。流動動産譲渡担保の事例ではあるが，比較的最近になり，後順位譲渡担保権の成立を認めるかのような判決も出された[23]。集合動産と個別動産とで法理を異にする積極的理由に乏しいとすれば，この判決の射程を広く解し，②類型の二重譲渡担保型については，担保としての実質を勘案して，第一順位，第二順位の譲渡担保権の併存状態として扱うのが妥当であろう[24]。端的にいえば，動産非占有担保に関して制定法の欠缺が存在する。そうした制定法の欠缺を明確に意識するためにも類

---

20) 松岡久和「所有権(13)——動産所有権譲渡の対抗要件と即時取得(下)」法セ684号（2012年）84頁は類型論に対する懐疑的な態度を明示する。これに対して，田髙寛貴『クロススタディ物権法』（日本評論社，2008年）87頁は類型論の有用性を説いている。

21) 松岡・前掲注20)87頁は，占有改定の認定を厳格化することを前提に肯定説を採る。

22) 広中・物権法192頁，近江・前掲注10)158頁，米倉明『譲渡担保の研究』（有斐閣，1976年）41頁，大塚直・民法判例百選I〔第7版〕(2015年）132頁。

23) 最判平成18・7・20民集60巻6号2499頁。

24) もっとも，第二譲渡担保権者が現実の引渡しを受けた時点で，なお第一順位の譲渡担保の存在につき善意無過失である場合には目的物の完全所有権を即時取得すると考える。

型論は有用である。特に動産譲渡登記制度の改善等による動産非占有担保の公示機能が向上すれば，この方向性は現実味を帯びてこよう。

2 占有改定と指図による占有移転とを架橋する視点と類型論の有用性

次に，Ⅱ，Ⅲで確認した判例法の到達点をふまえて，冒頭（⇒Ⅰ）で提起した問いにどう答えるべきであろうか。指図による占有移転を占有改定と区別する趣旨で，前者は利害関係のない第三者を巻き込んでいるから，後者と比べて対抗要件としての適格性において優れている[25]，それゆえに「一般外観上従来の占有状態に変更」が生じたかどうかの評価においても両者を区別して取り扱うことを正当化できるという見方もありえよう。しかし，たとえば直接占有者である倉庫業者等が従属的履行補助者である場合には，第三者としての独立性に乏しく，占有改定との差別化を徹底するためには，さらに踏み込んだ類型化が必要となろう。また，対抗力の平面における違いにだけ着眼して，「占有を始めた」要件の充足を一刀両断してしまうと，指図による占有移転の場合をも含めた判例法の全体像を的確に説明することができなくなる。ここでは，むしろ後続の取引行為者の目から新たな占有者の状態を眺めることも必要である。

そもそも民法192条は即時取得者自身の個人的利益の保護のみを目的とするものではない。Ⅱ3で見たとおり，原所有者の私的利益と新たな占有者の私的利益との単純な衡量問題ではなく，あくまでも取引安全保護の必要度と原権利者の既得権保護の必要度との衡量が問題になっているのである。すなわち同条は，新たな占有者に権利を取得させることで，後続の取引を安定化させ，一般取引の安全を図るという公益保護をも目的としている。だからこそ原権利者の失権という重大な犠牲と引換えに即時取得者に権利を取得させることも許されるのである。そうすると，即時取得者が備えるべき占有開始の要件は，彼自身が取引により得た動産上の権利の取得を対外的に主張するために必要なことを

---

25) 佐久間・基礎2 147頁。

行ったうえで，さらに自らを権利者であると推認させるに足る確立された支配の外観を後続の一般的な取引関与者との関係において備えているか，という観点から設定される必要がある。「一般外観上」という言辞に込められた含意はこのような趣旨ではないかと推測される。そのような外観は，自らが直接占有者として動産を所持し現実に支配する場合（現実の引渡し・簡易の引渡し）と，他に併存する間接占有が存在しない状態で間接占有を得た場合に限られる。判例の到達点も，上記の観点から理論的に正当化することができる。すなわち，占有改定および指図による占有移転のうちあ類型においては，原所有者の間接占有が併存していると考えられ，一般外観上の占有状態の変更は見られないとして，即時取得の成立は一律に否定される。他方，指図による占有移転のうちい類型においては，原所有者の間接占有は失われているので，一般外観上従来の占有状態の変更が肯定され，即時取得の成立が認められる可能性がある。このように，原所有者の間接占有の消滅・存続に着眼する類型論は，占有改定・指図による占有移転という異なる2つの概念で表現された占有移転方法の間に占有の公信力という観点から共通する部分を抽出し，条文・判例準則に明示されていない隠れた統一的基準を浮かび上がらせる働きをもしているということができる。

Directions

(1) 「一般外観上従来の占有状態に変更が生ずる」ためには，新たな占有者が自己の権利取得行為につき対抗力を備えるだけでなく，後続の取引関与者のために一般的な取引安全を図る見地から，自ら確立した支配状態といえる直接占有または間接占有を得ている必要がある。

(2) 〈判旨〉の射程は，権利者による二重譲渡担保設定事例に及ばないと考えたい。この紛争類型には制定法の欠缺があり，第一順位，第二順位の譲渡担保権の併存を認めることは解釈論としても可能である。将来的には担保権の実質に即した立法措置を講じるのが望ましい。

(3) 指図による占有移転が占有改定より対抗要件としての適格性において優れていることのみを根拠として，一律に即時取得を前者につき否定し，後者に

つき肯定するのは，図式的ではないか。占有改定と指図による占有移転の場合とを統合的に説明する理論的な観点を析出するためにも，類型論は有用な解釈手法であるといえる。

● *民法改正との関係*

本講のテーマについては，特に法改正による影響はない。

第9講

留置権の成立要件としての牽連性

最判昭和43・11・21民集22巻12号2765頁
民法判例百選Ⅰ〔第5版新法対応補正版〕80事件

▶ **判旨**

上告人ら主張の債権はいずれもその物自体を目的とする債権がその態様を変じたものであり，このような債権はその物に関し生じた債権とはいえない旨の原審の認定判断は，原判決挙示の証拠関係に照らして首肯できる。

Ⅰ 今や眼中にない〈判旨〉

不動産の二重売買において第二譲受人が所有権移転登記を具備した場合，第二譲受人からの目的不動産の引渡請求に対して，第一譲受人は，売主に対し取得する損害賠償請求権のために留置権を行使することができるか。本判決はこれを否定し，多くの学説も後述のようにこの結論を支持している。というのは，仮にここで留置権を肯定してしまうと，177条によって第二譲受人に認められる優先的権利そのものが形骸化する恐れがあるからである[1]。

もっとも，留置権を否定する結論を導くために，〈判旨〉の論法で295条1項の要求する物と債権との関連性（以下では「牽連性」という）が欠けるとする

---

1) 鈴木禄弥「最近担保法判例雑考(5)」判タ496号（1983年）21頁以下，幾代通『民法研究ノート』（有斐閣，1986年）134頁参照。

点については疑問があるだろう。というのは，物の所有権を移転する債務の不履行によって生ずる損害賠償請求権と物との間には関連があることも否定しえないからである。とりわけ，伝統的学説は，①債権が物自体から発生した場合，または，②債権が物の返還請求権と同一の法律関係ないし生活関係から発生した場合に，牽連性の要件が充足されると説いてきたが[2]，二重売買によって損害賠償請求権が発生する場合はまさに②に該当するといえる。というのは，第一譲受人の損害賠償請求権も，第二譲受人の所有権に基づく返還請求権も，第二譲受人への譲渡行為・登記という同一の事実によって発生しているからである[3]。

それでもなお牽連性の要件が充足されないとするならば，「物自体を目的とする債権」というだけでは足りず，さらに別個の説明が必要のように思われる。はたして，後述のように，本判決とほぼ同時に〈判旨〉とは異なる論法で牽連性を否定する学説が主張され，その後の判例・学説はこれに追随するようになっている。このため，今日では〈判旨〉は実質的な意味を持たないかのように説明されることもある[4]。実際に，筆者は，学生の間でも〈判旨〉がほとんど顧慮されていない現実に接している。というのは，この論点に関する試験問題を出すと，大多数の答案は留置権を否定するものの，〈判旨〉の命題を引用している答案を見た記憶がほとんどないからである。そういう意味では，この判例に限っては〈判旨〉偏重の姿勢は微塵も感じられない。

しかし，本当に〈判旨〉は意義を持たないものであろうか。事実関係の分析の重要性を標榜する本書でこのようなことをいうのは逆説的であるが，筆者はむしろ，「物自体を目的とする債権」を強調する〈判旨〉には合理性があると考え，むしろ，その後の判例がこの命題から離れてしまったことに疑問を抱いている。そのことは，物と債権との関連性の実質的内容を検討することによっ

---

2) 我妻・講義Ⅲ 28 頁，柚木馨＝高木多喜男『担保物権法〔第 3 版〕』（有斐閣，1982 年）20 頁参照。
3) 柚木博士は，譲渡担保権者による目的不動産の不当処分において，譲渡担保設定者が取得する損害賠償請求権のために目的不動産に留置権は認められないとした判例（最判昭和 34・9・3 民集 13 巻 11 号 1357 頁）の評釈において，まさにこのような見解をとっており（柚木馨・民商 42 巻 3 号〔1960 年〕358 頁以下，364-365 頁），それは二重売買のケースにも当てはまるだろう。
4) 高木・担保物権法 27 頁参照。

て明らかにすることができると考えている。以下では，本判決に至る判例の流れを簡単に見たうえで，その後の判例が，結論の点では同様の立場をとるものの，おそらくは学説の影響の下にその理論構成を一転させた経緯を見ることにしよう。そして，そのような転換は決して必要ではなかったことを，牽連性の実質的内容を突き詰めることによって明らかにしたい。

II 「物自体を目的とする債権」の事例

1 賃借権の対抗不能のケース

当初，判例が「物自体を目的とする債権」という命題に依拠して留置権を否定したのは，第三者に対抗しえない賃借権の目的不動産が譲渡された事案においてであった。すなわち，XがA所有の宅地を買い受けて所有権取得の登記をなしたが，Yが当該宅地上に建物を所有していたため，XがYに建物収去土地明渡しを請求した。これに対し，Yは，当該宅地を以前の所有者Bから賃借する契約を締結し，かかる賃借権は当該宅地に関して生じた債権であるとして，その履行が終わるまで宅地を留置する権利を有するという抗弁を主張した。しかし，大審院は次のように述べてYの主張を退けた[5]。

> 「賃借人ハ賃借物ヲ使用収益スル債権ヲ有シ法定ノ要件ヲ履践スレハ之ヲ第三者ニ対抗スルコトヲ得レトモ其ノ債権ハ賃借物ヲ目的トシテ成立スルモノニシテ其ノ物ニ関シテ生シタル債権ニ非ス然ルニ民法第二百九十五条ノ留置権ノ発生スルニハ債権カ他人ノ物ニ関シテ生スルコトヲ必要トスルモノニシテ物自体ヲ目的トスル債権ハ留置権ノ発生原因ト為ルモノニ非ス蓋シ物自体ヲ目的トスル債権ハ其ノ権利ノ実行ニ依リテ弁済ヲ受クルコトヲ得ヘク毫モ留置権ヲ認ムル必要ナケレハナリ賃借人カ自己ノ賃借権ヲ第三者ニ対抗スルコトヲ得サル場合ト雖是レ法定ノ要件ヲ履践セサル結果ニシテ之カ為ニ留置権ヲ取得スルモ

---

5) 大判大正11・8・21民集1巻498頁。

ノニ非ス」

　この判例は，まさに賃借権が物自体を目的とするものとして牽連性を否定しており，また，賃借権を第三者に対抗しえなくてもそれは法定の要件を具備しない結果にすぎないと位置づけている。逆にいえば，これは，対抗力のない権利を根拠として留置権を認めれば，対抗力が否定される前提自体を蔑ろにしかねない点を指摘したものといえよう[6]。当時，我妻博士も，そのような問題点を指摘してこの判例の結論を支持していた[7]。

2　本判決のケース

　二重売買において対抗要件を具備していない第一譲受人の権利は，まさに物自体を目的とするものであり，かつ第三者に対抗しえないという点においては，対抗要件を具備していない賃借人の権利と同じである。それゆえ，本判決が「物自体を目的とする債権」という命題を維持して留置権を否定したのは，上記の大審院判決からの自然な流れといえるのである。しかも，その結論は以下の事案にかんがみると至極妥当なものであった。
　すなわち，Ｙは甲家屋を所有していたが，競売によって株式会社Ａがこれを競落し，Ａからその明渡しを求められたため，ＹはＡとの間で，その子Ｂを代理人として，甲家屋を代金150万円で買い戻す契約を結んだ。この買戻代金に充てるべく，Ｃ所有の乙土地のうち甲家屋の敷地を除いた部分が代金275万円でＸに売り渡され，Ｘはその代金を支払った。その後，ＢはＹおよびＣの代理人と称して，Ｘに対し，甲家屋の所有権がＹに復帰したごとく装い，甲家屋とその敷地部分の買取りを打診したため，ＸはＢとの間でこれを代金230万円で買い受ける契約を結び，代金をＢに支払った。ところが，甲家屋の所有権はなおＡにあり，買戻代金のうちＢを通じてＡに入金されたのは70

6）　すでに，大審院は，類似の事案において，賃借人は損害賠償請求権を目的不動産の譲受人に対抗することができないという理由から賃借人の留置権を否定していた（大判大正9・10・16民録26輯1530頁）。

7）　我妻栄・判例民法大正十一年度（1924年）318-319頁。

万円にすぎないことが判明した。買戻代金の残金としてXが70万円を支払うならば、Xに所有権移転登記をするとAが約したので、Xもやむなくこれを了承し、70万円の支払いと引換えに甲家屋をAから買い受け、その所有権移転登記が完了した。しかし、Yらはなお甲家屋を占有していたため、XはYらにその明渡しを請求したところ、Yらは、買戻しの不能によってAに対して取得する損害賠償請求権を根拠に、留置権の抗弁を主張した。

　この事案で、Yらの留置権を否定する結論に異論を唱える人はほとんどいないのではないだろうか[8]。Yは、Bの行為によって、事実上、甲家屋の所有権をXに移転すべき義務を負っていたといえ、これを果たしていない状況にあった。XがAとの売買に至ったのはそのせいであり、他方で、YA間の買戻契約は、Xへの売却の前提ともいえる。したがって、Yが形式的にAに対して取得する損害賠償請求権を理由に留置権を主張し、Xの所有権の行使を制限するというのは、信義に反する行為といえよう。

　ただ、本件とは異なり、単純に不動産が二重に譲渡された結果、所有権を取得しえない第一譲受人が留置権を主張する場合には、第二譲受人に対する留置権の主張自体が信義に反するとはいえないから、そのような場合には本判決の射程は及ばないという考え方もありうるだろう。しかし、上記の大審院の判例も考慮すれば、判例は、特段の事情のない限り、二重譲渡の事案については一般的に留置権を否定する立場をとっていると評してよいし、また、その結論は177条の原理との関係で穏当なものといわざるをえない。

III　判例理論の転換とその背景

1　他人物売買における留置権の主張のケース

　ところが、判例は、他人物売買のケースにおいて買主の留置権を否定する結

---

8)　本判決の評釈の中で、その結論に反対するものは見当たらない（伊藤高義・民商61巻3号〔1969年〕469頁以下、荒木新五・椿寿夫編集代表『担保法の判例II』〔有斐閣、1994年〕141頁以下、吉田邦彦・民法判例百選I〔第4版〕〔1996年〕166頁以下、清水元・民法判例百選I〔第5版新法対応補正版〕〔2005年〕170頁以下参照）。

論を下したときに,「物自体を目的とする債権」という命題から離れる立場をとるに至っている[9]。

その事案は以下のとおりであった。Xは甲土地を所有していたが,大阪市が甲土地を農地として買収する計画を立てた結果,国がこれをXから買収し,Y_1に対し売り渡した。ところが,この買収は,甲土地が本来は買収除外地であることを看過した点において違法なものであったので,Xは,買収計画取消訴訟を提起し,最終的に勝訴判決を得た。しかし,Y_2〜Y_4は,Y_1から甲土地の一部を買い受けその引渡しも受けていたので,XはYらに対し,所有権に基づき,Yらになされた所有権移転登記の抹消登記手続や甲土地の明渡しを請求する訴えを提起した。これに対し,Y_2〜Y_4は,Y_1に対する売買契約上の損害賠償請求権を根拠として,さらにY_2は,Xの訴え提起後に甲土地に投下した有益費の償還請求権を根拠として,留置権の抗弁を主張した。最高裁曰く,

> 「他人の物の売買における買主は,その所有権を移転すべき売主の債務の履行不能による損害賠償債権をもって,所有者の目的物返還請求に対し,留置権を主張することは許されないものと解するのが相当である。蓋し,他人の物の売主は,その所有権移転債務が履行不能となっても,目的物の返還を買主に請求しうる関係になく,したがって,買主が目的物の返還を拒絶することによって損害賠償債務の履行を間接に強制するという関係は生じないため,右損害賠償債権について目的物の留置権を成立させるために必要な物と債権との牽連関係が当事者間に存在するとはいえないからである。」

二重売買のケースと同様に,ここでのYらは,目的物の所有権を取得しえない結果,明渡請求から逃れる手段として留置権を主張している。さらに,このケースでも,Yらの損害賠償請求権の基礎となる権利は,まさに「物自体を目的とする債権」であった。それゆえ,先例を尊重するならば,ここでも,

---

[9] 最判昭和51・6・17民集30巻6号616頁。

Yらの債権は物自体を目的とする債権が変じたものであり，物に関して生じたものではないと判断して，留置権を否定すればよかったであろう。にもかかわらず，最高裁はこの命題を採用せず，物の返還の拒絶による履行の間接的強制という関係がないことを根拠にして，牽連性を否定している。これは一体なぜか。おそらくは，その背景には当時の学説の影響があったものと考えられる。

2 我妻説の影響

前述のように，我妻博士は，「物自体を目的とする債権」の命題を採用した大審院判例の結論に賛同する立場をとっていたが，他方では，留置権の成立要件である牽連性をⅠで述べた①②の2つに定式化する立場をとっていた[10]。しかし，冒頭に述べたように，これによると，対抗力のない賃借権の目的物が第三者に譲渡された場合や二重譲渡の場合には，②が充足されると解するのが素直であろう。このため，ここで留置権を否定するには牽連性との関係を改めて説明する必要があるが，当初の我妻説はこの点について特別の説明をしていなかった[11]。

そもそも，我妻説がなぜ上記①のみならず，②の場合にも牽連性を認めたのかといえば，これは明らかにドイツ民法における留置権の規定の影響によるといわざるをえない。ドイツ民法においては，留置権制度は，同時履行の抗弁権と同じく，同一当事者間において対峙する請求権相互間において認められる履行拒絶権として規定され，これが認められるには請求権相互間の関連性，具体的には，2つの対峙する請求権が我妻説のいうような同一の法律関係ないし生活関係から生じることが求められている（ドイツ民法273条）。ここでは，留置権の行使としての履行の拒絶は，相手方の負担する義務の履行の間接的強制の機能を有することになる。

---

10) 我妻栄『担保物権法〔民法講義Ⅲ〕』（岩波書店，1936年）24頁。
11) 我妻博士は，賃貸借のケースに関する判例の評釈において，「履行の間接的強制」という観点を提示していたものの，これと牽連性の要件との関係には言及していなかった（我妻・前掲注7)318頁）。

おそらくは，この点の影響によるものであろう．その後，我妻博士は，『民法講義Ⅲ』の新訂版において，対抗力を具備しない賃借権の目的不動産が譲渡されたケースでは，牽連性の要件②との関係で留置権の成否が問題になるとしつつ，目的物の「返還を拒絶することによって損害賠償債務の履行を間接に強制するという関係は生じない」ことから，牽連性が否定されるという立場を明確に示すに至った[12]．本判決は直前に現れたこの新訂版の内容を参酌しえなかったと思われるが，他人物売買のケースに関する判例に至ってはこれを十分に考慮していただろう[13]．判例が留置権を対峙する請求権相互間で成立するかのごとく捉えるようになったことは，本判決の後に，最高裁が，土地建物の売主が残代金債権のために目的不動産の転得者に対して留置権を行使しうるとしたときに，「残代金債権は本件土地建物の明渡請求権と同一の売買契約によって生じた債権である」ことを根拠としていた点[14]からも，裏づけられよう．

Ⅳ　その後の議論状況と問題点

1　履行の間接的強制を強調することの問題点

我妻説，さらにはその影響を受けたと思われる判例が，履行の間接的強制という視点を前面に出したため，その後現れた教科書には，二重売買における第一譲受人の留置権を否定する根拠を，引渡請求権を有しない売主との関係では買主の留置権を問題とする余地がない点に求めるものが多くなった[15]．すなわち，留置権は対峙する2つの請求権相互間において問題となり，物の引渡し

---

[12]　我妻・講義Ⅲ 33-34 頁参照．
[13]　本判決の調査官解説においては，早くも『民法講義Ⅲ』の新訂版の説明が援用されていた（鈴木重信・最判解民事篇昭和43年度(下)1310 頁以下，1318 頁参照）．伊藤昌司・法時49巻2号（1977年）98頁以下も，他人物売買のケースに関する判例は我妻博士の体系書の見解を採用したと見ている．
[14]　最判昭和47・11・16民集26巻9号1619頁．
[15]　高木多喜男ほか『民法講義(3)担保物権〔改訂版〕』（有斐閣，1980年）20-21頁［曽田厚］，高木・担保物権法24頁，内田Ⅲ 505頁，高橋・担保物権法17頁，生熊・担保物権法237-238頁，安永・講義461-462頁参照．

の拒絶によって反対給付を間接的に強制する関係が生ずる場合に限定されるという立場である。その影響なのであろう。冒頭に述べたように，筆者の経験では，二重売買における留置権の成否を学生に問うと，本判決の定式を用いる学生はほとんどなく，むしろ多くの学生はこれらの教科書の説明に依拠した解答をしている。

　しかし，この見解には2つの問題がある。1つは，もともとこの説の背景には，留置権制度を，同時履行の抗弁権と同じく，対峙する2つの請求権相互間の関連性を根拠にした履行拒絶権として捉える考え方があるが，そのことは，ドイツ民法とは異なり，日本民法においては，留置権が物権とされ，成立要件としての牽連性はあくまで物と債権との間に求められていることにそぐわない，という点である。仮にこの点を措くとしても，さらに問題であるのは，留置権の射程を2つの請求権が対峙する場面に限定することの実際上の妥当性である。

　たとえば，物の賃借人がその修理を第三者に委託した場合，受託者は，賃借人に対して有する報酬債権のために，賃貸人＝所有者からの返還請求権に対しては留置権を行使しうると見る立場が一般的であるが[16]，ここでの留置権は対峙する2つの請求権相互間で生ずるものではない。留置権を2つの対立する請求権相互間で生ずるものと位置づけつつ，なおこのケースで留置権を認めようとするならば，この場合には受託者は所有者に対して直接に費用償還請求権（196条）ないし不当利得返還請求権（703条）を取得するという構成を採用せざるをえない[17]。しかし，受託者の投下費用は，賃借人との契約による債権で回収することが予定されている以上，ここで所有者に対する直接の請求権は基本的に否定されるべきである[18]。他方で，修理によって物自体が維持・改善され所有者が利益を受ける以上，その対価の債権が所有者ではなく賃借人

---

[16]　我妻・講義Ⅲ 35頁，柚木＝高木・前掲注2）26頁，内田Ⅲ 504頁，道垣内・担保物権法 18頁，髙橋・担保物権法 14頁，山野目・物権法 233頁，生熊・担保物権法 233頁，安永・講義 457頁参照。

[17]　高木・担保物権法 27-28頁参照。

[18]　判例は，賃借人が無資力であり，かつ，賃貸人＝所有者が対価関係なしに利益を受けた場合にしか，修繕受託者の所有者に対する不当利得返還請求権を認めない（最判平成7・9・19民集49巻8号2805頁）。

に対するものであるとしても、所有者が留置権の負担を受けるというのは公平の原理に適う[19]。ここでは、留置権の行使は所有者への圧力となり、所有者の第三者弁済によって留置権者が満足しうるという点に、留置権の担保権としての意義を認めることは十分に可能である。

それゆえ、留置権を対峙する2つの請求権相互間において成立する権利として位置づけ、これによって牽連性の要件をしぼる手法には限界がある。

2 留置権の効力の人的範囲の問題とする見解

そこで注目されるのが、二重売買のケースにおいても牽連性の要件は充足されるとし、損害賠償請求権の債務者＝売主との関係では留置権が成立するとしながら、その効力を第二譲受人には主張しえないとする見解である。この見解は、牽連性の射程を明確にするため、これを債務者に対する関係での公平性によって判断すべきとし、二重譲渡によって生ずる損害賠償請求権は目的物の価値に代わるものであるから牽連性が肯定されるが、留置権の効力を第三者に主張することはできないとする[20]。なるほど、二重売買のケースにおいて、第一譲受人は売主との関係では一応所有権を取得するが、177条によってこれを第二譲受人に対抗しえないならば、これに相応する形で、留置権は成立するもののその効力を第二譲受人に対抗しえないという発想もあるかもしれない。

しかし、ここで売主との間で成立する留置権とはいかなる意味を有するのか。すでに、目的物の引渡請求権を有しない売主との間で留置権を語る意味がないという批判が、「履行の間接的強制」を強調する側から出されているが[21]、そのような間接的強制のない局面で留置権を認めるとしても、正直な

---

[19] 高木・担保物権法28頁は、所有者に対する直接の債権が成立しない場合には留置権を否定するのが妥当な結論だとするが、本文に述べた意味でそのように断定することはできないだろう。また、ドイツ法では、このような場面では所有者に対する費用償還請求権と留置権をセットとして理解する解釈が有力であることを援用する学説もあるが（関武志『留置権の研究』〔信山社、2001年〕327頁）、それは、ドイツ法が留置権を対立する請求権相互間の抗弁権として位置づける結果というべきであろう。

[20] 道垣内・担保物権法20-21頁、田井義信ほか『新物権・担保物権法〔第2版〕』（法律文化社、2005年）379-380頁〔松岡久和〕。

ところその内実が見えてこない。第一譲受人は売主に対しては所有権を主張しえた以上，その売主に対する関係で留置権を論ずる意味はやはり存在しないのではないか。もちろん，第二譲受人の登記具備によって第一譲受人は所有権を失うが，所有権が第二譲受人に帰属する以上，ここで留置権が成立するというならば，第二譲受人との関係で成立するというしかない。したがって，結局，留置権の効力を否定したいのであれば，留置権の成立そのものを否定する以外になくなる。

さらに，牽連性を債務者との関係での公平性に求める判断枠組自体にも疑問がある。留置権が物権であるということは，その効力が物の所有権の行使への制限として現れることを意味する。すなわち，本来，物の所有者は占有者に対して所有権に基づく返還請求権を行使しうるはずだが，占有者の債権と物との関連性ないしは公平性の観点から返還請求権を制限するというのが留置権である。しからば，所有権の行使を制限するのが公平と評価される債権とは何かを問うことが，結局は，牽連性の意義を問うことにもなる。そこでは，必ずしも債務者との関係での公平性が問題となるわけではない。そのことは，他人の物の修理を委託したケースを想起すれば明らかである。

3 物との関連性

以上に示した困難が生ずる原因は，元を辿れば，伝統的学説の牽連性の理解にある。つまり，民法は，物権としての留置権の成立要件として，債権と物との関連性を要求しているにもかかわらず，通説は，この制度をドイツ民法のように2つの請求権の関連性を基礎とするもののごとく位置づけ，成立要件の牽連性に請求権間の関連性も取り込んだ結果，賃借権の対抗不能や二重売買のケースも，あたかもこれを充足するかのようになってしまった。そのため，留置権を否定するための別個の論理が必要となり，各説がその説明に窮しているというのが現状だろう。

---

21) 高木・担保物権法〔第3版〕27頁，大村敦志『基本民法Ⅲ 債権総論・担保物権〔第2版〕』（有斐閣，2005年）195-196頁。

そうであれば，民法が留置権を物権として規定している原点に立ち返り，成立要件の牽連性も物と債権との関係であることを重視すべきである。前述のように，ここで問われる牽連性は所有権の行使を制限するのが公平とされる関係である。そして，このような関係が認められる債権は，当該所有権の取得・維持等と対価関係に立つ債権，あるいは目的物を原因とする損害の賠償のための債権といえよう。ここで，現行民法 295 条 1 項の基となった旧民法債権担保編 92 条 1 項の規定が参考となる。同項は，「留置権ハ財産編及ヒ財産取得編ニ於テ特別ニ之ヲ規定シタル場合ノ外債権者カ既ニ正当ノ原因ニ因リテ其債務者ノ動産又ハ不動産ヲ占有シ且其債権カ其物ノ譲渡ニ因リ或ハ其物ノ保存ノ費用ニ因リ或ハ其物ヨリ生シタル損害賠償ニ因リテ其物ニ関シ又ハ其占有ニ牽連シテ生シタルトキハ其占有シタル物ニ付キ債権者ニ属ス」と定めていた。

すなわち，譲渡による債権は所有権の取得と対価関係にあり，保存の費用による債権は所有権の維持と対価関係にある。ただ，旧民法では物の改良の場合が規定されず，債務者以外の者の所有物を保存・改良した場合も除外されているが，これらの場合も，保存・改良によって所有者はそのような目的物を保持しうる以上，牽連性を肯定すべきである。伝統的学説は，売買や修理委託のケースを牽連性の要件②に位置づけているが，それはここでの債権が契約関係を原因とするからかもしれない。しかし，たとえ契約関係が介在している場合でも，債権が所有者への利益の供与と対価関係にある以上，物と債権との関連性は十分に認められる[22]。それゆえ，伝統的学説のいう②は不要である。また，伝統的学説が掲げる①，すなわち「債権が物自体から発生した場合」という比喩的な定式も，牽連性の本質を不明瞭にしかねない点で問題であり，むしろ，所有権の取得・維持との対価関係等の有無を直截に検討すれば足りる[23]。

二重売買において第一譲受人が売主に対して取得する損害賠償請求権は，「物の取得を目的とする債権」を基礎としているから，その点では物との関連

---

[22] 現に，我妻博士は，売買や物の修理委託のケースにおいては牽連性の②によって留置権が認められるといいながら，これらのケースは物との関連性を問題にする①にも該当する可能性を指摘している（我妻・講義Ⅲ 31 頁，我妻栄〔川井健補訂〕『民法案内 5 担保物権法(上)』〔勁草書房，2007 年〕79 頁参照）。

[23] 平野裕之『民法総合 3 担保物権法〔第 2 版〕』（信山社，2009 年）358 頁（注 515）も，ほぼ同旨。

性を有する。しかし、これは第二譲受人の所有権取得と対価関係に立つものではない。だから、かような債権をもって第二譲受人の所有権の行使を制限することは決して公平とはいえない[24]。第二譲受人の所有権の行使を制限しうる債権とは、その所有権取得と対価関係にある代金債権である。同様のことは、賃借権の対抗不能のケースにも等しく当てはまる。この観点からは、「物自体を目的とする債権」という命題によって牽連性を否定することには合理性がある。というのは、所有権取得との対価関係等が牽連性にほかならないとすれば、「物自体を目的とする債権」は明らかにこれを充たさないからである[25]。

V 留置権を物権とすることの妥当性

筆者の立論は、現行民法が留置権を物権とすることを重視するものである。それゆえ、次のような疑問を抱く読者も少なくないだろう。そもそも、留置権の起源は、同時履行の抗弁権と同じくローマ法上の悪意の抗弁にあるとされているではないか[26]。悪意の抗弁とは、自己の相手方に対する義務を履行しないままに相手方の義務の履行を訴求することは信義に反するというものであるから、これは対立する請求権相互間で生ずる抗弁権にほかならない。それならば、留置権を請求権相互間における抗弁権のように位置づける解釈論のほうが妥当であろう。現に、留置権者には目的物の利用権が認められず（298条2項）、かつ、留置権は占有の喪失によって消滅するとされている（302条本文）。これはその抗弁権的性質の現れではないのか。

しかし、事はそう単純ではない。周知のように、ドイツ民法では所有権移転の要件について形式主義がとられ（ドイツ民法873条・929条）、売買契約がなされても、登記や引渡しがない限り買主に所有権が移転することがなく、その転得者からの物権的返還請求権が問題となることもない。しかし、日本法では

---

24) 道垣内・担保物権法21頁は、損害賠償請求権は物の価値に代わるという理由で牽連性を肯定するが、牽連性はあくまで所有権の行使を制限するに足る公平性が認められる場合に肯定すべきである。
25) 山野目・物権法234-235頁は、近年の教科書にしては珍しく〈判旨〉を評価しているが、本文に述べた意味において、〈判旨〉は牽連性の否定にとって意義を持つといえよう。
26) 我妻・講義Ⅲ21頁、柚木＝高木・前掲注2)11-12頁参照。

意思主義がとられているため（176条），特定物売買では特約がない限り契約成立時に所有権が買主に移転するという解釈が有力である[27]。その結果，登記や引渡しがなくても，買主から所有権を転得した第三者が売主に対して物権的返還請求権を行使する可能性が生ずる。このとき，いまだ代金を受領していない売主は，当然，代金債権の弁済まで目的物を留置しうると主張したいところだろう。しかし，留置権が買主の有する引渡請求権との間に成立する抗弁権にすぎないとなれば，これを転得者の所有権に基づく請求権に対して主張するというのは困難となろう。むしろ，留置権が物権とされるからこそ，これは買主の取得した所有権の行使を制限し，転得者との関係でも，同じようにその権利行使を制限すると解することができる[28]。

すなわち，留置権を物権とするのか，あるいは単に請求権相互間の抗弁権とすべきかは，それ自体独立して議論されうるものではなく，他の制度設計との相互関係を考慮して決定されなければならない。筆者は，意思主義を採用する現行法の下では，留置権を物権とする規律にも十分な合理性があると考えている。この際，売買契約における留置権の固有の意義は，買主の取得する所有権に基づく返還請求権を制限する点にあり，買主の契約上の引渡請求権との関係では同時履行の抗弁権が作用する[29]。伝統的な学説のように，留置権を請求権相互間の抗弁権のごとく捉えてしまうと，留置権が物権的返還請求権のみならず，契約上の引渡請求権との関係でも行使されるかのようになり，その射程が曖昧になる恐れも生ずる[30]。物権としての留置権は，あくまで所有権の行使，すなわち，物権的返還請求権に対するものと見るべきだろう。

---

27) 最判昭和33・6・20民集12巻10号1585頁参照。
28) もちろん，留置権は，占有の喪失によって消滅し，目的物の利用権能も包含しない点で，通常の物権の性質を有していない。このため，筆者は，留置権を物権といっても，厳密にはその実体を物権的請求権に対する物的な抗弁として捉えている。この点については，古積健三郎「留置権の射程および性質に関する一考察」法学新報111巻3＝4号（2004年）1頁以下参照。
29) 売買等の契約関係が存在する場合には，契約上の抗弁権しか問題にならないとする見解もあるが（鈴木禄弥『物権法講義〔4訂版〕』〔創文社，1994年〕341-342頁，清水元『留置権概念の再構成』〔一粒社，1998年〕157頁），契約の履行とは関わりなく転得者が目的物の所有権を取得しうるならば，この見解では，転得者の物権的返還請求権に対して抗弁権を主張しえないこととなる。

Directions

(1) 留置権を物権として規定する日本民法の下では，成立要件としての牽連性を対立する２つの請求権の関連性に求める解釈には問題がある。
(2) 牽連性が所有権の行使を制限するのが公平とされる関係にあるならば，「物自体を目的とする債権」には牽連性がないとする〈判旨〉には合理性がある。
(3) 物権としての留置権はあくまで物権的返還請求権に対峙すべき権利であり，契約上の引渡請求権に対して行使されるべきは同時履行の抗弁権である。

● 民法改正との関係

本講のテーマについては，特に法改正による影響はない。

---

30) 現に，高木・担保物権法 27 頁は，他人の物の修繕を委託する契約が結ばれた場合に，受託者が報酬債権をもって委託者の引渡請求を拒絶する権利を留置権と捉えているが（同旨，安永・講義 462 頁（注 6）），これはむしろ同時履行の抗弁権であろう。ここで留置権が援用されてしまうのは，留置権を請求権相互間の抗弁権として捉えているからである。

第10講

抵当権の物上代位と差押え

最判平成 10・1・30 民集 52 巻 1 号 1 頁
民法判例百選 I〔第 7 版〕85 事件

▶ 判旨

民法 372 条において準用する 304 条 1 項ただし書が抵当権者が物上代位権を行使するには払渡し又は引渡しの前に差押えをすることを要するとした趣旨目的は，主として，抵当権の効力が物上代位の目的となる債権にも及ぶことから，右債権の債務者（以下「第三債務者」という。）は，右債権の債権者である抵当不動産の所有者（以下「抵当権設定者」という。）に弁済をしても弁済による目的債権の消滅の効果を抵当権者に対抗できないという不安定な地位に置かれる可能性があるため，差押えを物上代位権行使の要件とし，第三債務者は，差押命令の送達を受ける前には抵当権設定者に弁済をすれば足り，右弁済による目的債権消滅の効果を抵当権者にも対抗することができることにして，二重弁済を強いられる危険から第三債務者を保護するという点にあると解される。……右のような民法 304 条 1 項の趣旨目的に照らすと，同項の「払渡又ハ引渡」には債権譲渡は含まれず，抵当権者は，物上代位の目的債権が譲渡され第三者に対する対抗要件が備えられた後においても，自ら目的債権を差し押さえて物上代位権を行使することができるものと解するのが相当である。

I　はじめに
——従前の判例との関係

　民法372条・304条1項但書について，大審院の判例は，抵当権者による差押えを，物上代位の目的債権の弁済や譲渡を防止して優先権を確定・保全するための要件と解し（以下ではこの見解を「優先権保全説」という），抵当権者の差押えの前に目的債権につき転付命令の効力が生じ，または譲渡の対抗要件が具備されれば，もはや抵当権者の権利行使は認められないという立場にあった[1]。また，最高裁判所の判例も，動産売買先取特権の転売代金債権に対する物上代位の事案で，先取特権者による差押えの前に目的債権が譲渡されれば，もはや権利行使は認められないという見解を抽象論で示していた[2]。

　したがって，標記の判例（以下では「平成10年判決」という）は，それまでの先例とは全く逆の見解を示したことになる（以下ではこの見解を「第三債務者保護説」という）。〈判旨〉は，物上代位が債権譲渡に優先する理由についてさらに以下のように述べている。

> けだし，（一）民法304条1項の「払渡又ハ引渡」という言葉は当然には債権譲渡を含むものとは解されないし，物上代位の目的債権が譲渡されたことから必然的に抵当権の効力が右目的債権に及ばなくなるものと解すべき理由もないところ，（二）物上代位の目的債権が譲渡された後に抵当権者が物上代位権に基づき目的債権の差押えをした場合において，第三債務者は，差押命令の送達を受ける前に債権譲受人に弁済した債権についてはその消滅を抵当権者に対抗することができ，弁済をしていない債権についてはこれを供託すれば免責されるのであるから，抵当権者に目的債権の譲渡後における物上代位権の行使を認めても第三債務者の利益が害されることとはならず，（三）抵当

1）　大連判大正12・4・7民集2巻209頁，大決昭和5・9・23民集9巻918頁。
2）　最判昭和59・2・2民集38巻3号431頁，最判昭和60・7・19民集39巻5号1326頁。

権の効力が物上代位の目的債権についても及ぶことは抵当権設定登記により公示されているとみることができ，（四）対抗要件を備えた債権譲渡が物上代位に優先するものと解するならば，抵当権設定者は，抵当権者からの差押えの前に債権譲渡をすることによって容易に物上代位権の行使を免れることができるが，このことは抵当権者の利益を不当に害するものというべきだからである。

少なくとも，（一）〜（三）の理由は，目的債権が譲渡された場合のみならず，転付命令の効力が生じた場合にも当てはまるといえよう。それゆえ，平成10年判決の射程は転付命令のケースに及ぶと考えることも十分に可能だった。

Ⅱ　第三債務者保護説の限界

1　平成14年判決の登場

ところが，その4年後に，まさに抵当権者による差押えの前に第三債務者に転付命令が送達された事案において，抵当権者はもはや物上代位権を行使することができないという判例（以下では「平成14年判決」という）[3]が現れた。その理由はこうである。

> 「けだし，転付命令は，金銭債権の実現のために差し押さえられた債権を換価するための一方法として，被転付債権を差押債権者に移転させるという法形式を採用したものであって，転付命令が第三債務者に送達された時に他の債権者が民事執行法159条3項に規定する差押等をしていないことを条件として，差押債権者に独占的満足を与えるものであり（民事執行法159条3項，160条），他方，抵当権者が物上代位により被転付債権に対し抵当権の効力を及ぼすためには，自ら被転付債権を差し押さえることを要し……，この差押えは債権執行にお

3）　最判平成14・3・12民集56巻3号555頁。

ける差押えと同様の規律に服すべきものであり（同法193条1項後段，2項，194条），同法159条3項に規定する差押えに物上代位による差押えが含まれることは文理上明らかであることに照らせば，抵当権の物上代位としての差押えについて強制執行における差押えと異なる取扱いをすべき理由はなく，これを反対に解するときは，転付命令を規定した趣旨に反することになるからである。」

　これは，平成10年判決との関係に全く言及せず，もっぱら手続法上の問題を前面に出して物上代位の効力を否定するものである。確かに，転付命令によって自己の債権の満足を実現したと考える一般の債権者にとって，その後に被転付債権に対して抵当権者が権利を行使しうるということは不測の事態ともいえ，執行手続に対する信頼は大きく揺らぐことになりかねない。しかしながら，平成10年判決が示した第三債務者保護という観点，また，債権譲渡に物上代位が優先するとした3つの理由は，転付命令にも等しく当てはまるはずであり，それにもかかわらず転付命令の場合に限って物上代位を否定するならば，何かそこには特別の説明が必要となるのではないか[4]。とりわけ，第三債務者保護説の論理は，抵当権の効力は物上代位の目的債権に当然に及ぶことを前提にしているにもかかわらず，上記の平成14年判決の理由は，抵当権者の差押えがあってはじめてその効力が目的債権に及ぶという説明をしており，両者の論理には矛盾すら感じられる。2つの判旨を比べて，頭を抱える学生も少なくないのではないか。

　結論からいえば，平成10年判決が示した第三債務者保護という命題は，物上代位全般に及ぶ判例法理ではなく，一連の判例は，それぞれ個別の事案の特徴を考慮した結論をとり，理由づけには基本的にその事案に限っての意味しか

---

[4]　判例は，質権の客体たる金銭債権について一般の債権者が転付命令の申立てをした場合，質権の目的債権であっても転付命令の妨げにはならないと判断し，後の質権の行使によって転付命令を受けた債権者が目的債権を失ったならば，事後の法律関係は不当利得によって解決されるべきとの判断を下している（最決平成12・4・7民集54巻4号1355頁）。このことは，担保権の効力が確定的に及んでいる債権の転付命令については，そのリスクはこれを申し立てた債権者に帰すべきという価値判断を意味しており，物上代位の場合にも同様の見解をとることができるはずである。

ないと判断せざるをえない。むしろ，物上代位の差押えに関する判例法理は，個別の事案に対するこれまでの結論の集積を総合的に分析することによって，はじめて十分に理解することができよう。冒頭に示したように，平成10年判決は，以前の判例の考え方を修正して物上代位の債権譲渡に対する優先的効力を容認したのだが，なぜそのような変更がなされたのかを考えてみる必要がある。

2 事案の比較

まず，優先権保全説の立場をとって，物上代位の効力が差押え前の転付命令に劣後すると結論づけた大審院判例の事案は，抵当不動産の火災・滅失によって抵当権設定者が取得した保険金債権について，一般債権者の差押え・転付命令が抵当権者による差押えに先行したものであった[5]。これに対し，平成10年判決の事案は，賃料債権に対する物上代位に関する，しかもかなりユニークなものであった。

すなわち，X会社はA会社に対する30億円の貸金債権を担保するためにB会社が所有する不動産に抵当権を有していたが，目的不動産は当初は複数の者に賃貸されていたところ，Aが事実上倒産してしまってから2週間足らずで，Bは目的不動産をY会社に一括して賃貸することとした。ところが，賃料は月額200万円とされ，従前の賃貸借の賃料総額の3分の1以下である一方で，敷金については1億円という高額な約定がなされた。さらに，抵当権等に関するXB間の交渉が決裂し，Xの抵当権の実行による競売開始決定がなされた頃に，C会社はBに7000万円を貸し付けるとともに，Bはその代物弁済としてYに対して取得する将来の3年分の賃料債権をCに譲渡するという契約を結び，これをYが確定日付ある証書によって承諾した。Bの代表取締役とYのゼネラルマネージャーは長い付き合いをしており，Cの代表取締役はYの取締役も務めていた。Xは，BC間の債権譲渡より1か月程度遅れて，物上代位

---

5) 前掲注1)大連判大正12・4・7参照。なお，前掲注1)大決昭和5・9・23は，抵当不動産を対象とする土地区画整理による補償金債権について，抵当権者の差押えの前に目的債権の譲渡の対抗要件が具備された事案で，抵当権者の優先権を否定した。

権の行使としてBがYに対して取得する将来の賃料債権を差し押さえたが，YはBC間の債権譲渡を理由にその支払いを拒絶した。

第1審は，一般論としては，物上代位権の行使としての差押えの前に債権譲渡の対抗要件が具備されれば，もはや物上代位の効力は認められないとしつつ，上記の事情にかんがみれば，BC間の債権譲渡は，Xによる物上代位権の行使を予期してその債権回収を妨害する目的でなされたものと見ることができ，Yが債権譲渡を理由に支払いを拒絶するのは権利濫用にあたるとした。これに対して，原審は，抵当権設定者は目的物の使用収益権を有し，賃料債権の処分権は抵当権者による差押えの前には抵当権設定者に留保されている点を考慮すると，上記の事情のみをもってYの主張が権利濫用になるとはいえないとして，Xの請求を棄却した。

このような事案において，平成10年判決は冒頭に掲げた規範を提示し，物上代位権の行使が債権譲渡に優先するという結論を下したのである。仮に従前の優先権保全説を推し進めれば，将来発生する賃料債権の譲渡も有効であり，その対抗要件も一括して具備される以上[6]，差押え前に債権譲渡の対抗要件が具備されているならば，もはや抵当権者の権利行使は認められないことになりかねなかった。しかし，抵当権者の差押え前にすでに発生していた賃料債権はともかく，差押え後に発生する賃料債権についてまで抵当権者の優先権を否定してしまうことには疑問がある。これでは，賃料債権に対する物上代位が包括的な債権譲渡によって骨抜きとなるであろう。とりわけ，上記の事実関係からは，問題の債権譲渡は執行妨害を目的としていた疑いがかなり濃厚である。しかし，権利濫用のような一般条項の適用は謙抑的でなければならず，実際に原審ではこれが否定されてしまった。その結果，最高裁判所は，物上代位は債権譲渡がなされてもなお揺るがない，という一般的な規範を提示せざるをえなくなったと思われる。

平成10年判決が示した上記の（四）の理由は，まさにこのような背景事情を受けたものといえる。理由づけとしては最後尾に掲げられているけれども，

---

6) 将来債権譲渡の有効性，その対抗要件が一括した譲渡通知・承諾により具備されることは，その後，最判平成11・1・29民集53巻1号151頁によってはっきりと認められている。

紛争の背景からはむしろこの理由こそ大きな意味を持っていたのである。
　以上に対して，平成14年判決の事案は，地方公共団体の土地買収に伴って発生した建物の補償金債権について，抵当権者の物上代位に基づく差押えより前に，一般債権者のための転付命令が当該地方公共団体に送達されたというケースであった。かような強制執行手続自体は，賃料債権の包括的譲渡のように端的に執行妨害としての意味を持つとは考えにくい。したがって，あえて判例を擁護するとすれば，抵当権者より先に転付命令を得て満足しえたと考えた一般債権者の地位を覆し，執行手続を不安定にしてまでも，先に差押えをしなかった抵当権者を保護すべきではなく，その限りで，第三債務者保護説の論理はこの局面では後退してもかまわないともいえよう。平成10年判決が304条1項但書の趣旨目的を第三債務者の保護に求めたのも，あくまで「主として」であり，局面によってはこれが修正されることもありうる。
　そうすると，平成10年判決の判断は，あくまで賃料債権の物上代位，とりわけ包括的債権譲渡との関係に限定され，目的物の滅失とこれに準ずるケースにおける物上代位については，以前の優先権保全説が暗にとられていると考えることもできよう[7]。ただ，このように第三債務者保護説の射程が当該事案に限定されるということになれば，同じ賃料債権に対する物上代位のケースでも，紛争の形態が異なれば，判例は必ずしもこの論理を維持するとは考えられない。実際に，後述のごとく，判例は，第三債務者による相殺や敷金契約との関係については，第三債務者保護という論理を出さないで結論を導いているのである。

III　賃料債権に対する物上代位に関する一連の判例

1　相殺との関係

　平成10年判決は，冒頭に示した〈判旨〉とそれに続く理由を述べた後に，

---

[7]　生熊長幸『物上代位と収益管理』（有斐閣，2003年）198-202頁は，平成14年判決によって平成10年判決の理論は放棄せざるをえないとしている。

「以上の理は，物上代位による差押えの時点において債権譲渡に係る目的債権の弁済期が到来しているかどうかにかかわりなく，当てはまるものというべきである」と断言していた。これは，物上代位の対象となる賃料債権が，抵当権者の差押えの前に発生していたものであれ，その後に発生するものであれ，たとえ抵当権者の差押えの前に債権譲渡があっても，その弁済がなされていない限り，抵当権者はなお権利を行使することができる，ということを意味するものと思われる。

もっとも，当該事案では，抵当権者は自らの差押えの後に発生する賃料債権のみを差し押さえるという権利主張しかしていなかったので，実際に抵当権者の優先権が認められたのは，差押え後に発生した賃料債権に限られていた。しかし，平成10年判決の理屈からは，仮に抵当権者がすでに発生している賃料債権をも差し押さえるという申立てをしていたならば，それが弁済されていない限り，抵当権者の優先権を容認するというのが筋であろう。ところが，この理屈とは異なる判断を示す判例[8]が現れている。

事案は，抵当権者の物上代位権の行使としての賃料債権の差押えに対して，第三債務者たる賃借人が，抵当権設定者に対する保証金債権を自働債権とするあらかじめの相殺の合意を主張して，その支払いを拒絶したというものであった。ここでも，抵当権者は差押えの後に発生する賃料債権についてのみ権利主張をしていたところ，最高裁判所は，以下の理由から，抵当権者の権利行使を容認した。

> 「抵当権者が物上代位権を行使して賃料債権の差押えをした後は，抵当不動産の賃借人は，抵当権設定登記の後に賃貸人に対して取得した債権を自働債権とする賃料債権との相殺をもって，抵当権者に対抗することはできないと解するのが相当である。けだし，物上代位権の行使としての差押えのされる前においては，賃借人のする相殺は何ら制限されるものではないが，上記の差押えがされた後においては，抵当権の効力が物上代位の目的となった賃料債権にも及ぶところ，物上代

---

8) 最判平成13・3・13民集55巻2号363頁。

位により抵当権の効力が賃料債権に及ぶことは抵当権設定登記により公示されているとみることができるから，抵当権設定登記の後に取得した賃貸人に対する債権と物上代位の目的となった賃料債権とを相殺することに対する賃借人の期待を物上代位権の行使により賃料債権に及んでいる抵当権の効力に優先させる理由はないというべきであるからである。」

「そして，上記に説示したところによれば，抵当不動産の賃借人が賃貸人に対して有する債権と賃料債権とを対当額で相殺する旨を上記両名があらかじめ合意していた場合においても，賃借人が上記の賃貸人に対する債権を抵当権設定登記の後に取得したものであるときは，物上代位権の行使としての差押えがされた後に発生する賃料債権については，物上代位をした抵当権者に対して相殺合意の効力を対抗することができないと解するのが相当である。」

　この相殺に関する判例も，先に平成10年判決が示した第三債務者保護説との関係に全く言及しておらず，しかも，抵当権の効力は差押えによって目的債権に及ぶという説明をしている。これは，相殺の有効性が差押えの前後によって異なるという結論を正当化するためと思われるが，そもそも，平成10年判決は，差押えによって抵当権の効力が目的債権に及ぶという前提はとっていない。さらに疑問であるのは，平成10年判決が，物上代位と債権譲渡および弁済との優劣関係について，目的債権の発生の時期を問わない立場にあったにもかかわらず，この判例は，差押えの前になされた相殺合意との関係になると，唐突に，抵当権者の差押えの後に発生する賃料債権については，その効力を抵当権者に対抗しえないとしている点である。

　仮に平成10年判決の考え方を徹底するならば，第三債務者による相殺あるいは相殺の合意を弁済に準ずるものと見ると，将来発生する賃料債権も含めて相殺合意の効力が物上代位に優先するというのが筋であろうし，これらがむしろ譲渡に準ずるものであるなら，賃料債権の発生時期を問わずに物上代位が相殺の合意に優先するというのが筋であろう。

　ただ，相殺に関するこの判例も，基本的には抵当権設定登記を根拠に物上代

位の優先的効力を容認したことから，学説では，これは先の平成10年判決と同じ方向にあるという見方が多い[9]。しかし，それぞれの〈判旨〉の論理を仔細に比較・検討すると，両者の間には大きな齟齬があるといわざるをえない[10]。2つの判例の間で共通しているのは，抵当権設定登記を根拠の1つにして，差押え後に発生する賃料債権に対する物上代位の優先的効力を容認したという結論にすぎない。

2　敷金充当との関係

さらに，その後現れた判例[11]は，抵当権者が物上代位権に基づいて，敷金の授受を伴う賃貸借契約から生ずる賃料債権を差し押さえても，賃貸借契約が終了し，目的不動産が賃貸人に明け渡されたときは，第三債務者が支払いを留保している賃料債権は，敷金の充当によりその限度で当然に消滅するとした。その理由はこうである。

> 「敷金の充当による未払賃料等の消滅は，敷金契約から発生する効果であって，相殺のように当事者の意思表示を必要とするものではないから，民法511条によって上記当然消滅の効果が妨げられないことは明らかである。」「また，抵当権者は，物上代位権を行使して賃料債権を差し押さえる前は，原則として抵当不動産の用益関係に介入できないのであるから，抵当不動産の所有者等は，賃貸借契約に付随する契約として敷金契約を締結するか否かを自由に決定することができる。したがって，敷金契約が締結された場合は，賃料債権は敷金の充当を予定した債権になり，このことを抵当権者に主張することができると

---

9)　山野目章夫「抵当権の賃料への物上代位と賃借人による相殺(上)」NBL 713号（2001年）6頁以下，占部洋之・法教254号（2001年）114-115頁，荒木新五・判タ1068号（2001年）86頁以下，田中克志「賃料債権に対する抵当権者の物上代位をめぐる判例理論の検討」法時74巻2号（2002年）78頁以下参照。
10)　この点はすでに別の機会に指摘したところである（古積健三郎「抵当権の賃料債権に対する物上代位と差押さえ——判例の整合性」みんけん559号〔2003年〕3頁以下参照）。
11)　最判平成14・3・28民集56巻3号689頁。

いうべきである。」

 しかし，先の判例で問題になった相殺の合意についても，本来は二当事者間では，受働債権となる賃料債権が発生すれば当然その効力が認められるはずであり，その効果は相殺契約に基づくものであって，あらためて相殺の意思表示をする必要はない。そして，抵当権が用益関係に干渉しえないことをもって，賃料債権の差押え前の敷金契約の締結の自由を尊重するのであれば，差押え前の相殺契約の自由も容認するのが一貫した取扱いである[12]。
 もっとも，この判例の結論については賛成する学説が多い[13]。というのは，仮に敷金充当のケースも一般の相殺と同様に扱って，抵当権者による差押え以降に発生する賃料債権については，充当の効果を抵当権者に対抗しえないとすると，敷金を交付していた賃借人は，賃料を抵当権者に支払った上で賃貸借終了時に敷金の返還を賃貸人＝抵当権設定者に請求せざるをえないが，抵当権の実行を受けた賃貸人は無資力であるのが通常であり，賃借人が敷金の返還を受けるのは著しく困難となるからである。かかるリスクの負担を，そのような賃貸人を契約の相手方として選んだ賃借人の自己責任として正当化することができるだろうか。今日では建物が大量に供給されるようになり，かつてよりは借り手側の選択の自由が広がっているとしても，なお，貸し手と借り手との力関係では貸し手が優位にあり，借り手は貸し手が契約の条件として要求する敷金の交付を容易に拒絶することができないという事情もある。そうすると，敷金の喪失を単純に賃借人の自己責任として容認することには疑問がある。これに対して，抵当権者には最終的に目的不動産を競売に付して満足するという途が残っており，この場合には，抵当権に劣後する賃貸借に伴う敷金契約の負担を受けることもない。それゆえ，賃料からの満足を選択する場合には，その基礎

---

[12] 相殺と充当との差別化に疑問を呈する見解として，松岡久和「物上代位に関する最近の判例の転換(下)」みんけん544号（2002年）3頁以下，13頁，髙橋眞「賃料債権に対する抵当権者の物上代位による差押えと当該債権への敷金の充当」金法1656号（2002年）6頁以下，12頁，清水俊彦「賃料債権への物上代位と相殺(4)(上)(下)」判タ1113号45頁以下，1114号11頁以下（2003年）参照。

[13] 松岡・前掲注12)13頁，髙橋・前掲注12)6頁以下，中山知己・判評528号（判時1803号）（2003年）16頁以下。

となる賃貸借契約およびこれに従属する敷金契約に起因する不利益が多少あっても，抵当権者にとってはそれほど大きな負担にはならないと考えることもできよう[14]。

3 まとめ

以上のように，賃料債権に対する物上代位に関する3つの判例が示している理由づけには，相互に調和しがたい側面がある。しかし，平成10年判決も，相殺に関する判例も，結論としては，物上代位権の行使としての差押えがなされた以降に発生する賃料債権について抵当権の優先的効力を容認しており，この結論自体は穏当であろう。というのは，抵当権者による差押え以降に生ずる賃料は，いわば抵当権の実行段階に生ずる収益であり，たとえ抵当権が非占有担保であっても，実行段階以降の収益に対する優先的効力はその性質に必ずしも反しないといえるからである[15]。結局，このように差押え以降の収益に対する抵当権の優先的効力を容認しつつ，敷金契約の場合のように特に賃借人を保護すべき特殊事情があれば，その例外として抵当権の優先的効力に制限を加えるというのが，判例の立場なのであろうか。

---

14) ただ，判例のような賃借人の保護の仕方には限界があり，筆者は立法論としては，賃借人の敷金喪失のリスクを防止する方法として，賃貸人の一般財産からこれを分離する措置を導入すべきと考えている（古積健三郎「敷金に関する一考察——充当と承継の問題」法学新報110巻7＝8号〔2003年〕107頁以下参照）。

15) はたして，平成10年判決が出る前には，法的構成は区々としていたものの，抵当権者の差押え以降に発生する賃料債権について物上代位が債権譲渡に優先するとする見解が，裁判例や学説において有力であった。たとえば，大阪高判平成7・12・6判時1564号31頁，東京高判平成9・2・20判時1605号49頁，槇悌次「抵当不動産の将来の賃料をめぐる譲渡と物上代位との衝突」民商117巻2号（1997年）185頁以下，古積健三郎「将来の賃料債権の包括的譲渡と抵当権における物上代位の衝突——3つの高裁判例を中心にして」筑波法政23号（1997年）127頁以下，松岡久和「物上代位権の成否と限界(3・完)」金法1506号（1998年）13頁以下。

Ⅳ おわりに
──賃料に対する効力は物上代位なのか？

　賃料債権に対する物上代位に関する判例の一連の結論を見ると，差押えが要求される趣旨を第三債務者保護という論理で割り切ることも，従前の優先権保全説の論理で割り切ることも難しい。そもそも，このように賃料のケースで問題が複雑化する原因の1つには，これを物上代位の範疇に取り込んだ立法措置の不当性があると思われる。

　現行民法の基となった旧民法では，債権担保編133条が先取特権について目的物の滅失・損傷，売却および賃貸の場合に物上代位を認めていたのに対し，抵当権については，債権担保編201条1項が目的物の滅失・損傷の場合にのみ物上代位を認めるにとどまっていた。その背景には，担保権の目的物に対する効力が消失した場合に，これを代表する新たな価値に担保権の効力が移行する，というのが物上代位だとするボワソナードの立場があった[16]。すなわち，追及効のない先取特権においては売却の場合にもこれが認められるが，抵当権についてはそうはならない。これに対して，賃貸の場合に物上代位を認めることには疑問があるが，これは旧民法で賃借権が物権として規定されたこと（財産編第一部第三章）と密接に関連していると思われる。すなわち，追及効のない先取特権の目的物に賃借権が成立すれば，それは先取特権への法的負担となる以上，その代償として賃料に対する権利行使は認められるべきことになる[17]。その上で，旧民法では，抵当権の効力は実行段階以降には果実に対しても認められる旨が規定されていた（債権担保編202条）。

　これに対して，現行民法では，賃借権が債権として規定されたにもかかわらず，先取特権の賃料に対する物上代位がそのまま存置され，しかも先取特権の規定を抵当権に準用する方式が採用された。しかし，その理由としてはもっぱら立法編成上の便宜しかあげられておらず，旧民法時の議論を十分考慮した上

---

16) ボワソナード氏起稿『再閲修正民法草案註釈第四編』296-297丁，624丁。これについては，高橋智也「抵当権の物上代位に関する一考察(1)」東京都立大学法学会雑誌38巻2号（1997年）431頁以下，441頁以下参照。

であえてこれと異なる立場を採用したような形跡は見られない[18]）。

　このような立法の経緯にかんがみると，現行法が抵当権の賃料債権に対する効力を物上代位という制度の範疇に定めたこと自体に大きな問題がある。むしろ，これは物上代位ではなく，実行段階以降における抵当権の本来的効力として規定されるべきであった[19]）。近時の教科書では，目的物の滅失における物上代位を代償的・代替的物上代位，賃料に対する物上代位を派生的・付加的物上代位として，両者を分別する見解が有力となっているが[20]），筆者は，賃料に対する効力を物上代位として捉えること自体に根本的な疑問を抱いている。かかる見地からは，目的物の滅失またはこれに準ずる場面で形成された判例理論を賃料の場合に及ぼすことは困難であったし，逆に，滅失に準ずるケースで平成14年判決が従前の判例の立場にいわば回帰したことも，不思議なことではない。

　ただし，筆者は従前の優先権保全説を支持するわけではない。もともと，ボワソナードは，目的物の滅失における物上代位に関して第三債務者保護という観点を強調していた[21]）。すなわち，物上代位とは担保権の効力が目的物の代表たる債権に移行するものであるが，その際には新たな利害関係人である第三債務者の地位を保護しなければならない，というのがその骨子であった。それ

---

[17]）　宮城浩蔵『民法正義債権担保編巻之弐』（1890年）648-649頁（『日本立法資料全集別巻61』〔信山社，1995年〕による）参照。この点について，高橋・前掲注16)448頁は，「たとえそれ自体としては消滅したわけではないにせよ，先取特権が物に関して最早現物では行使され得ない場合ごとにそれを補わなければならない」というボワソナードの説明（不動産賃貸の先取特権の目的動産が第三者に引き渡された場合に物上代位を認める債権担保編148条4項に関する注釈）から，目的物への執行の困難さが賃料への物上代位の根拠になっていたと推論しているが，むしろ，賃借人の占有権原・利用権が先取特権に優先する点にこそ，その根拠があると見るべきではないか。詳しくは，古積健三郎『換価権としての抵当権』（弘文堂，2013年）230-232頁参照。

[18]）　法務大臣官房司法法制調査部監修『法典調査会民法議事速記録二』（商事法務研究会，1984年）819頁［梅謙次郎発言］参照。

[19]）　詳しくは，古積・前掲注17)196頁以下参照。平成15年の法改正により，債務不履行の後に生ずる果実に抵当権の効力が及ぶ旨が定められ（民371条），担保不動産収益執行制度が導入されたが，そもそも，果実に対する効力に関する規定が2つ併存していること自体が問題であろう。

[20]）　高木・担保物権法138頁以下，内田III 407頁，道垣内・担保物権法143頁以下，高橋・担保物権法118頁。

[21]）　ボワソナード氏起稿・前掲注16)296-297丁参照。

ゆえ，滅失とこれに準ずるケースで優先権保全説をとった判例法理には疑問があり，筆者は，平成14年判決の事案でこそ第三債務者保護説を採用すべきであったと考えている。他方で，判例は，動産売買先取特権の物上代位では，差押えの前に対抗要件を具備した債権譲渡を優先させる判断をあらためて示しているが[22]，物上代位が本来の担保権の効力の移行にすぎない以上，追及効なき先取特権（民333条）におけるこの結論は穏当であろう。

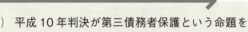

Directions

(1) 平成10年判決が第三債務者保護という命題を定立したのは，あくまで包括的な賃料債権譲渡との関係で物上代位が優先するという結論を導くためであり，また，実際に優先的効力が認められた対象は抵当権者の差押え以降に生ずる賃料債権である。
(2) 滅失とこれに準ずるケースにおける物上代位の場合には，今日の判例もかつての大審院がとっていた優先権保全説と同じ立場にあるといってよい。
(3) 賃料債権に対する物上代位は，究極的には，他の物上代位とは切り離して，抵当権の収益に対する本来的効力の範囲の問題として検討されるべきである。

● 民法改正との関係

本講のテーマについては，特に法改正による影響はない。

---

22) 最判平成17・2・22民集59巻2号314頁。

第*11*講

抵当不動産から分離搬出された動産への抵当権の追及効

最判昭和57・3・12民集36巻3号349頁
民法判例百選Ⅰ〔第7版〕87事件

▶ 判旨

工場抵当法2条の規定により工場に属する土地又は建物とともに抵当権の目的とされた動産が，抵当権者の同意を得ないで，備え付けられた工場から搬出された場合には，第三者において即時取得をしない限りは，抵当権者は搬出された目的動産をもとの備付場所である工場に戻すことを求めることができるものと解するのが相当である。けだし，抵当権者の同意を得ないで工場から搬出された右動産については，第三者が即時取得をしない限りは，抵当権の効力が及んでおり，第三者の占有する当該動産に対し抵当権を行使することができるのであり（同法5条参照），右抵当権の担保価値を保全するためには，目的動産の処分等を禁止するだけでは足りず，搬出された目的動産をもとの備付場所に戻して原状を回復すべき必要があるからである。

Ⅰ はじめに

抵当権の効力は目的不動産に「付加して一体となっている物」（以下，「付加一体物」とよぶ）に及ぶ（民370条）。そして付加一体物に関しては，次のような解釈が確立している[1]。付加一体物には抵当不動産の経済的な効用を発揮させるため常置されている独立動産（従物）も含まれる。しかも，抵当権者は，

付加一体物に抵当権の効力が及んでいることを第三者に主張するために、明認方法等の措置を別途講じる必要はなく、抵当権設定登記を付加一体物上の抵当権の公示手段として用いることができる。

このように、抵当権の効力の及ぶ範囲およびその公示に関しては、全面的支配権としての所有権には見られない、客体面における効力拡張という担保物権法に特有の問題が存在する。この点に関連して、〈判旨〉は、工場抵当法に基づき工場建物と共に抵当権の目的とされた動産が抵当権者の同意を得ることなく工場から搬出された場合に、当該動産が第三者によって即時取得されるまでは、抵当権者はその動産を追及することができ、当該動産を工場内の元の場所に戻すよう請求できることを明らかにした。工場抵当法が適用される特殊な事例を扱うものとはいえ、抵当不動産の付加一体物である独立動産が抵当権者の知らない間に譲渡され、抵当不動産から搬出された場合における抵当権の追及力に関する一般理論を考察するうえでも、重要な意味をもつ判決である。

そこで、本講においては、工場抵当と一般抵当との異同に注意を喚起し、〈判旨〉の事案的特徴を確認したうえで、その射程を明らかにする（⇒Ⅱ）。次に、抵当不動産の付加一体物を設定者が第三者に譲渡し、搬出した場合の法律関係に関する従来の学説を整理する（⇒Ⅲ）。さいごに、物権総論における一般理論との整合性という観点も交え[2]、Ⅲでみた学説の対立の根源にある真の問題性を明確にする（⇒Ⅳ）。

Ⅱ　抵当不動産の付加一体物と工場抵当不動産の供用物

1　「工場抵当」の意義？

次のような〔設例〕を念頭に置きながら、〈判旨〉の意義を考察することに

---

1) 最判昭和44・3・28民集23巻3号699頁。さらに物上代位制度（民372条⇒304条）の存在が示すとおり、担保目的物の価値代償物など一定範囲の債権にも抵当権の効力が延長し、判例は、目的不動産の賃料債権に抵当権の物上代位の効力が及ぶことまでも公示する働きを抵当権設定登記に認めている（最判平成10・1・30民集52巻1号1頁）。

2) 道垣内弘人『典型担保法の諸相』（有斐閣、2013年）7頁は、一般論としての記述において、担保物権法の各論的問題を考察する際にこうした観点の重要性を指摘する。

第11講　抵当不動産から分離搬出された動産への抵当権の追及効　165

しよう。

〔設例〕　Aは老朽化した自宅甲建物を改装して，パン屋を開業することにした。Aは金融機関Xから1000万円の融資を受ける際，甲建物にXのための抵当権を設定し，設定登記を行った。その後，Aはドイツ製の大型製パン機乙を購入し，甲建物内に設置した。パン屋の営業は結局軌道に乗らず，数年後に廃業を決意したAは，残貸付債務が500万円余り残っている状態で，Yに乙を譲渡し，引き渡した。

　甲建物は，いわば自宅兼パン製造工場である。通説および実務の扱いによれば，工場抵当法が適用される「工場」抵当といえるためには，「工場」抵当権として特別の合意により設定されている必要はないとされている[3]。そうすると，〔設例〕にも工場抵当法が適用される可能性はある[4]。甲建物にはパン製造に必要な器具が設置されており，中でも財産的価値が高い乙はXにとって重要な意味をもつ。

　Xが，甲建物と乙の売却代金から債権回収を図ろうとしているとしよう。このとき，Xは，甲建物に対する抵当権の効力が乙にも及んでいることは抵当権設定登記により公示されているとして，Yに対して，抵当権に基づく物権的請求権を行使し，乙を甲建物内に返還するよう請求することが考えられる。ここで，Aの設定した抵当権が「工場」抵当権として扱われる場合と，通常の一般的な抵当権として扱われる場合とで，Xの請求の認否につき違いが生じるか。この問いに答えるには，まず，工場抵当と一般抵当との共通点と相違点を整理しておく必要がある。

3）　大判大正9・12・3民録26輯1928頁。香川保一『特殊担保』（金融財政事情研究会，1963年）22頁。

4）　秦光昭「工場抵当法3条目録・狭義の工場抵当」米倉明ほか編『金融担保法講座(2)根抵当権・特殊抵当』（筑摩書房，1986年）191頁は，「工場」の要件を営業用の施設が備えつけられている場所一般に拡大して解釈する。

2　工場抵当と一般抵当

(1)　共通点

①不動産登記による一体的公示　　工場抵当も一般抵当も，不動産を中心的な客体とする抵当権の効力が，当該不動産の使用収益活動を行うにあたって重要な機能を担う設備，つまり担保価値支配の観点から抵当不動産と一体的に扱われるべき動産にも及ぶという考え方に立っている。不動産・動産・権利（債権）といった客体の類型的相違の枠を超えて，不動産を基礎として，その使用収益のために設置された動産等の財貨を一体的に把握し，かつ主たる客体である不動産の担保権公示手段をもって，不動産と機能的一体性をもつ動産への抵当権の効力波及をも公示するという基本構造を有する点において，両者は共通する。

②設定者による処分の自由　　次に，一般抵当における「付加一体物」を構成する従物に関しては，設定者の処分は制約されていない。少なくとも，抵当不動産の通常の利用（使用収益にあたって必要とされる新陳代謝）の範囲に収まる従物の処分に際して，逐一抵当権者の同意を得る必要はない。

　この点，工場抵当の場合，設定者は抵当権者の同意がない限り，供用物を工場土地または建物から分離することができないとされており，抵当権者の同意なしに供用物が分離搬出された場合でも，抵当権者は，即時取得が成立しない限り，分離物に対して抵当権の効力を主張することができる（工抵5条1項・2項）。これだけをみると，工場抵当においては，一般抵当に比べて抵当不動産との有機的一体性を保持するため，設定者の処分に厳格な縛りが設けられているようにも見える[5]。しかし，差押え，仮差押えまたは仮処分前に，工場の所有者が付加一体物および供用物の分離につき「正当な事由」により抵当権者に同意を求めたときは，抵当権者はこれを拒絶できないとされており（工抵6条），設定者による処分の自由という点でも一般抵当の場合と比べて，実際上

5）　さらに工場の所有者が，譲渡または質入の目的で，抵当権の目的である動産を第三者に引渡した場合は，1年以下の懲役または10万円以下の罰金に処せられ，法人の代表者が法人の財産に関して上記違反行為したときは，その法人に罰金が科せられる（工抵49条）。

大差ないと考えられる。

(2) 相違点

もっとも，両者の間には次のような相違点も存在している。

①目的物の範囲　　工場の所有者が工場に属する土地または建物に設定した抵当権の効力は，土地または建物に附加してこれと一体をなした物およびその土地または建物に備え付けた機械，器具その他工場の用に供する物（以下「供用物」という）に及ぶ（工抵2条）。つまり工場抵当法上の「供用物」は民法370条の「付加一体物」以外の物を指しており，一般抵当の場合と比べて抵当権の効力が及ぶ動産の範囲が広い。そして抵当不動産との物理的一体性は，「付加一体物」の場合ほど強く求められていない。

②設定登記による公示の徹底　　次に，供用物として工場抵当権の目的となるものは，抵当権設定登記の登記事項とされ（工抵3条1項），この登記事項を明らかにするために目録を作成することができる（同条2項）。そして不動産の付合物を除き，供用物に抵当権の効力が及んでいることは，登記簿に記載しない限り第三者に対抗することができない[6]。このように抵当権設定登記を通じて供用物への抵当権の効力波及を公示するという姿勢が付加一体物よりも徹底されている。

(3) 分析視角の設定

工場抵当法は，事業用不動産に抵当権を設定する場合に，当該事業遂行において不動産と有機的に関連する供用物を広く登記の記載事項に盛り込むことで，抵当権設定登記の公示機能を強化し，事業用財産の有機的一体性を確保する観点から，個物の分離処分を制約する一方で，即時取得により動産取引の安全を図るというスキームを提示している。〈判旨〉が上記のような工場抵当の特殊性を汲んだものであるにせよ，抵当権一般に妥当する視点を内包している可能性がないか，検討の余地がある。

不動産登記は，不動産に関する権利の公示方法であって，本来別個の動産上に担保物権の効力が及ぶことを公示する役割まで担っているわけではない。一般抵当における付加一体物に関しては，抵当不動産との物理的一体性を媒介と

---

[6]　最判平成6・7・14民集48巻5号1126頁。

して抵当権設定登記に寄り添った現場密着型の公示が簡易な便法として用いられている。他方，工場抵当では目録記載を通じた抵当権設定登記による公示が徹底されている。こうした公示方法における違いをどうみるかが，問題となる。また「工場」概念を緩やかに解すれば，〈判旨〉の射程は〔設例〕にも及ぶ可能性がある。そこで次に〈判旨〉の事案的特徴を確認しておこう。

3 〈判旨〉の事案・意義・射程

(1) 事案

A組合は，昭和45年頃設立され，Bが代表理事に就任した。A組合は，X信用保証協会とBとの間の債務保証契約に基づきXが将来取得することがあるべき求償権を担保するために，Aが所有するチップ製作工場の建物（以下，「本件建物」とよぶ）とともにそこにチップ原木計量の用に供するために備え付けられていたトラックスケール（鉄製）（以下，「本件物件」とよぶ）に工場抵当法2条による元本極度額2750万円の根抵当権を設定した。本件建物について工場抵当法2条による根抵当権設定の登記申請をするにあたり，同時に提出された同法3条目録には，本件物件もA組合所有の目的物件として記載されていた。

古物商を営むYは，Bから本件物件および解体用トラックをBの所有物として代金160万円で買い受け，その引渡しを受けた。しかし，当該工場でのチップ製作作業はBY間の売買契約締結の1年以上前から中断されており，Yは，解体用トラックについては，その登録名義からAの所有であることを確認した。

Xは，Yを相手取り，本件物件につき，売買，贈与，質権設定，賃貸その他抵当権の実行を妨げる一切の行為の禁止を求め，同時に本件建物に本件物件を搬入するよう請求した。第1審は本件物件を即時取得したとするYの主張を容れて，Xの請求を棄却した。Xが控訴。

控訴審は，工場抵当法2条の抵当権の目的たる動産の場合には，Yが即時取得をしない限り，Xは抵当権に基づき本件物件を追及できるという一般論を述べたうえで，Yの善意無過失を否定し，Xの請求を認容した。

(2) 〈判旨〉の意義と射程

　最高裁は，〈判旨〉のとおり，原審の判断を是認し，上告を棄却した。本件は無権利者Bが工場所有者Aに帰属する本件物件を処分した事例であり，〔設例〕のように，設定者（所有者）自身が自己物を処分した事例とは異なる。また，本件物件は工場抵当法3条目録に記載されており，この点でも〔設例〕と異なる。そのため，本判決は，工場抵当法5条との関連で，即時取得が成立しない限り，抵当権者の追及を認めたものにすぎず，一般抵当権における分離搬出物への追及力の問題に対して，その射程は及ばないと考えられる[7]。

　それでは，上記事案においてAが本件物件を処分したと仮定した（BがAの代表者として処分した）場合に〈判旨〉の射程は及ぶか。抵当権に基づく妨害排除請求権が認められている現状の下では，設定者による処分でも，第三者による無権限処分の場合でも，抵当権者の利益と第三者の利益保護を図る必要は同じである。したがって，工場抵当法の適用事例であれば，設定者自身による処分事例にも〈判旨〉の射程は及ぶと考えられる。

　最後に目録に記載されていない供用物が分離搬出された場合に関しては，本判決の射程外とみるもの[8]，従物とみられるものは3条目録に記載されているものと同視してよく追及力があるとするもの[9]とに分かれている。後者によると〔設例〕の乙は従物として，〈判旨〉の射程が及ぶとみることができる。

III　従来の学説

1　抵当権の追及力の遮断

　抵当不動産から分離搬出された動産への抵当権の追及力という問題は，これまで主に，抵当権の目的山林上の立木が通常の利用の範囲を超えて伐採され，山林から搬出された場合をめぐって論じられてきた。古い判例には，伐採と同

---

　7)　篠田省二・最判解民事篇昭和57年度229頁，小林資郎・昭和57年度重判解（ジュリ792号）67頁。
　8)　古舘清吾・金法1033号（1983年）14頁。
　9)　堀内仁・金法1001号（1982年）4頁。

時に樹木は不動産の性質を失って動産化することから，抵当権の効力は及ばなくなるとするものや[10]，伐採によって山林から分離されても付加一体物であることに変わりなく，搬出によってはじめて抵当権の効力が及ばなくなる，とする考え方も主張された[11]。

しかし，現在の判例・通説は，付加一体物が抵当不動産から分離されて動産になった場合でも，抵当権の実行および競売開始決定の前後を問わず，分離物に対する抵当権の効力が存続し，物権的妨害排除請求権ないしは妨害予防請求権を行使することを認めている[12]。問題はその効力を目的動産の譲受人等が引渡しを受けた場合にも主張することができるか，である。この点については，大別して次の2つの見解が主張されてきた。

(1) 対抗力喪失説（A説）

1つの見方は，抵当権の効力は分離・搬出によって当然には失われないが，動産が第三者に譲渡され譲受人に引き渡されると，抵当権の対抗力が失われ，譲受人は原則として他者の担保物権の負担のない所有権を取得できる，というものである。抵当目的物の一部または付加一体物が抵当不動産から分離されても，分離物が抵当不動産の上に存在している限り，抵当権の登記という公示の衣に包まれているとみられる。その限りで抵当権の対抗力は分離物にも及ぶと考えられるからである[13]。

(2) 対抗力存続説（B説）

もう1つの見方は，抵当目的物の一部または付加一体物が抵当不動産から搬出されても，第三者が動産を即時取得するまでは抵当権の効力が及び続けるとみる説である[14]。この説は，たとえ抵当不動産から搬出され抵当権設定登記による公示力が及ぶ範囲から移出しても，いったん及んだ公示の効力は消滅す

---

10) 大判明治36・11・13民録9輯1221頁，勝本正晃『担保物権法(上)』（有斐閣，1949年）443頁。
11) 中川善之助＝遠藤浩編『基本法コンメンタール物権〔新版〕』（日本評論社，1977年）196頁〔林良平〕。
12) 大判昭和6・10・21民集10巻913頁，大判昭和7・4・20新聞3407号15頁。
13) 我妻栄『担保物権法〔民法講義Ⅲ〕』（岩波書店，1936年）224頁，近江幸治『担保物権〔第2版補訂〕』（成文堂，2007年）139頁，髙橋・担保物権法170頁，松尾＝古積・物権・担保物権法319頁。
14) 川井・民法(2)342頁，内田Ⅲ444頁，高木・担保物権法132頁，生熊長幸・民法判例百選Ⅰ〔第6版〕（2009年）181頁等，松岡久和・法セ691号（2012年）89頁。

ることなく，第三者に譲渡され引き渡された後でも，追及力は失われないという理解に立つ。これはいわば，〈判旨〉の見方を抵当権の付加一体物の搬出ケースに広く一般化する考え方ともいえる。

(3) 第三者の出現時期に応じて区別する説（C説）

さらに AB 両説の中間的解決を模索する見解も有力である[15]。すなわち，当該分離物が譲受人に譲渡された時点で抵当不動産上に存在したか，それとも既に抵当不動産から搬出後であったかにより，区別する見解である。

具体的には，①分離物が抵当不動産上にある段階で所有者が第三者に売却等の処分をした場合は，抵当権設定登記による優先権の対抗力が第三者に及ぶため，その後に抵当不動産から搬出されても，抵当権者の優先権は存続し，第三者が即時取得しない限り，その効力を主張できる。他方，②分離物が抵当不動産から搬出された後に，第三者に処分されて引き渡された場合は，既に抵当権設定登記の対抗力が喪失した状態で，第三者が出現しているから，抵当権の効力が分離物に及ぶことを抵当権者は原則として第三者に主張できない，というものである。

この見解に対しては，抵当不動産上の分離物に対する抵当権設定登記の公示力は，もともと競合する権利帰属の終局的な決定要件である対抗要件としては不完全なものであり，この段階では分離物についての交換価値が抵当権者に帰属するか，譲受人に帰属するかは浮動的であるとし，懐疑的な見解も示されている[16]。

2 見解の対立点

(1) 単純悪意者の要保護性？

判例準則に従う限り，A 説によると，抵当権設定登記による公示機能が失

---

15) 安永・講義267頁，道垣内・担保物権法181頁，平野裕之『民法総合3担保物権法〔第2版〕』（信山社，2009年）74頁。
16) 松尾弘「抵当権の追及効と対抗問題の射程」法学研究（慶應義塾大学）84巻12号（2011年）773頁，①②における利益状況の類型的差異を，背信性認定の差異に，②よりも①の場合のほうが背信性ありと評価される可能性が高くなる，という形で考慮するに留めるべきだとする。

われた以上，背信的悪意者に類比される特別の事情でもない限り，Yは悪意でも対抗力の喪失を主張して，負担のない所有権を取得できることになる。B説は，善意無過失のYのみに負担のない所有権を取得させれば十分だとする。結局，A説とB説との実質的な差は，単純悪意のYの法的処遇という点に現れる[17]。そのため，両説の対立の根本原因は，Yの要保護性をどの程度広く捉えるかという利益衡量の違いに帰着するという指摘もある[18]。しかし，現在では，典型的な対抗問題の場面において悪意者排除論を採用する学説も相当有力であり，悪意者保護⇒A説，悪意者不保護⇒B説という論理必然的な関係があるわけではない。対立の根源はむしろ別の点にあるとみられる。

(2) **対抗力の消長に対する評価の違い**

第1に，両説の対立は，抵当不動産との物理的一体性を通じた簡易な現場密着型の公示において，抵当不動産からの分離搬出に伴い，その公示機能が実質的に失われた場合における抵当権設定登記の対抗力の捉え方の相違に基づいている。A説・C説は，対抗力が存続するには，第三者（利害関係人）が登場した時点で公示機能が現実に保たれていなければならないと考えている。他方，B説は，対抗力の存続要件として，公示機能が保持されていることを要求していない考え方に立っている。

(3) **適用法理選択にあたって重心の置きどころの違い**

第2に，本問題へのアプローチにおいて，両説の視点の置きどころも異なる。A説は，抵当権者Xの側から問題をみて，もっぱら不動産物権変動法の論理に従って，抵当権設定登記の対抗力の枠組みで第三者Yとの利益調整を試みようとする。これに対して，B説は，むしろ第三者Yの側から問題を見て，もっぱらYの利益保護を動産取引の安全保護のルールで対処しようとしている。しかし，C説が適切に指摘するとおり，本問題は，不動産物権変動法理と動産物権変動法理の交錯領域であり，双方の視点を十分にふまえた法律構成を明示することが求められている[19]。

---

17) 林良平・民商88巻1号（1983年）118頁。
18) 生熊・前掲注14)181頁。
19) 松尾・前掲注16)761頁。

Ⅳ　物権総則における一般法理との関係

Ⅲ 2(2), (3)で提示した分析の観点を以下，1，2において敷衍する。

1　公示機能の事後的喪失と対抗力の消長

一旦備えられた対抗要件の公示機能が事後的に失われた場合における対抗力の消長に関しては，判例法上，具体的には，①抵当権設定登記が抵当権者の意に反して抹消された場合，②立木等の明認方法が一旦備えられた後，利害関係人が出現した時点でそれが消滅した場合を念頭において議論されている。

(1)　不動産登記

不動産登記は国家が管理運営する制度であり，動産譲渡における引渡しや慣習法上の明認方法と異なる側面を有することは否定できない。そうはいっても，本講で取り上げているのは，まさしく抵当権設定登記の公示機能が失われた場面での対抗力の問題であるから，さしあたって不動産登記に関する議論を手掛かりにすることが考えられてよい。

判例は，一旦有効に備えられた抵当権設定登記が，登記官の過誤により不当抹消された場合や[20]第三者の偽造文書により不法に抹消された場合でも，抵当権設定登記の対抗力は消滅しないと解している[21]。このことは抹消登記に関しても公信力が認められていないことと整合する。これに対して，抹消登記手続の過程自体には何ら違法な行為や手続上の瑕疵がなく，抵当権者から甲土地上の抵当権の抹消登記手続を受任した司法書士の過誤により，本来なすべき甲土地上の抵当権抹消登記手続ではなく，別の乙土地上の抵当権抹消登記手続をしてしまった場合，抹消登記により，乙土地上の抵当権の対抗力は消滅すると解されている[22]。この場合は，抵当権設定登記の抹消が権利者の責めに帰すべき事由に基づいていると評価することができ，上の2つのケースとは区別

---

20)　大連判大正12・7・7民集2巻448頁，大判昭和10・4・4民集14巻437頁。
21)　最判昭和36・6・16民集15巻6号1592頁。
22)　最判昭和42・9・1民集21巻7号1755頁。

されている。

このように抵当権設定登記の公示機能が事後的に失われた場合，対抗力が存続するか，消滅するかという問題において，権利者の帰責性の有無が分水嶺とされているといえる。

(2) **明認方法**

他方において，周知のとおり，本来的には土地の構成部分であったものが，土地から独立した財産として評価される際に，明認方法がその権利の慣習法上の公示方法として認められている。一旦行われた明認方法が時間の経過により消失した場合，対抗力の帰趨に関して，判例は「立木に関する法律の適用を受けない立木の物権変動の公示方法として是認されているものであるから，それは，登記に代わるものとして第三者が容易に所有権を認識することができる手段で，しかも，第三者が利害関係を取得する当時にもそれだけの効果をもって存在するものでなければならない」[23]としている。

(1)でみた判例準則と明認方法に関する準則との関係をどう整合的に理解すべきかについては，複数の可能性が存在する。

明認方法は，国家が管理する不動産登記制度とは異なり，慣習法上認められる便法的な公示手段であり，歳月の経過と共に自然に消失する可能性がある。明認方法を利用した権利者には，その公示機能が維持されるよう適切に自ら管理保全に努めることが求められてよい。権利者が管理保全を怠ったため，公示機能が失われた場合，その帰責性ゆえに，対抗力が認められないという不利益を受けてもやむを得ない。こう解すると，登記抹消による不利益を権利者に負わせてよい場合の処理と統合的に捉えることが可能になる[24]。

他方において，樹木の集団は，それ自体は本来土地の一部であり，立木登記や明認方法を通じてはじめて独立の不動産として取引の対象となる。この点を重視し，公示方法が消滅すれば独立性を失って，土地の一部になるという意味において，明認方法の消滅は物権変動の対抗力の喪失以上の効果をもたらす[25]として，明認方法には単なる対抗要件に留まらない意味があり，抵当権

[23) 最判昭和36・5・4民集15巻5号1253頁。
[24) 広中・物権法72頁以下，210頁以下。伊藤栄寿・民法判例百選Ｉ〔第7版〕(2015年) 127頁は，このような考え方が多数説であると評している。

設定登記の抹消事例と同列には扱えないという評価もありうる。

2 動産物権変動法理と不動産物権変動法理との交錯

次に、ここでは、登記の対抗力か、それとも占有の公信力か、という二者択一が問題になっているわけではない、という点も強調しておきたい。

(1) 対抗力による保護を主軸とする不動産物権変動法理

不動産取引に関しては、不動産登記制度という仕組みが整備されている関係で、比較的精緻な公示が図られており、同一不動産に対して抵当権と所有権とが競合する場合においても、民法177条が定める対抗要件主義による解決が図られる。主観的態様に問題がある第三者については、背信的悪意者排除論を通じた柔軟な調整により、登記による画一的な優劣決定がもたらす不都合を回避することもできる。A説は、抵当権設定登記の対抗力が搬出により失われるとしたうえで、取引安全の保護を民法177条（あるいはそれと類似の構造をもつ178条）の解釈論によって図ろうとしている。

(2) 公信力による保護を主軸とする動産物権変動法理

動産取引においては、原則として動産譲渡については引渡しが対抗要件であり（民178条）、引渡しは占有改定でも足りると解されている[26]。そして占有改定の合意が比較的緩やかに認定されると、民法178条が機能すべき場面は事実上皆無となる。対抗問題の典型例である二重譲渡の場面ですら、結局、第二譲受人の保護は公信力の枠組みの中で実現される。

B説の論者の指摘の中には、抵当権者と設定者が抵当権設定登記をし、かつ抵当不動産上に従物が存在すれば、それだけで当該動産に関して非占有担保権の対抗要件が満たされたものとみてよいというものがある[27]。これは動産抵当制度の不存在を補完するため動産譲渡担保が実務上重要な役割を果たしていることを直視し、かつ占有改定の合意を緩やかに認定する判例の傾向に照らせば、抵当不動産上の従物に関しては、抵当権設定登記時に、当事者間の暗黙の

---

25) 松井宏興・民法判例百選I〔第6版〕(2009年) 127頁。
26) 大判明治43・2・25民録16輯153頁。
27) 秦・前掲注4)199頁。

了解として占有改定を通じた動産担保権の公示が行われていると評価してよいという趣旨を述べるものと考えられる。つまり抵当不動産上の従物について，民法178条によりXがYに優先すると理解している。もっとも，動産取引ではむしろ民法192条が重要な役割を果たしているため，Yが善意無過失で搬出された従物の占有を取得した場合は逆転が生じ，Yは抵当権の負担のない従物の所有権を取得する。

3 考察

以上の分析をふまえて，動産取引の安全と抵当権者の優先権保全との調和をどう図るべきかを考察する。

本問題を抵当権設定登記の公示力それ自体の問題としてではなく，抵当不動産との物理的一体性を活用した現場密着型の公示方法という点で類似するとみられる明認方法に引き寄せて考える場合，明認方法の存続が対抗力の要件であるのと同様，付加一体物の場所的一体性の存続を抵当権設定登記の対抗力の要件と考えることもできそうである。この発想を徹底すると，C説のように，譲受人が動産を買い受けた時点でそれが抵当不動産上であったか，搬出後であったかという区分を導入すべきことになる。

しかし，明認方法が存続を対抗力の要件とするのは，立木が原則として不動産に付合しており，例外的に独立財産化を容認する契機として明認方法が対抗要件として承認されている特殊性と不可分のものである。明認方法限りの特殊な考え方とみるのが適当である。仮に明認方法の特殊性とみない場合であっても，対抗要件一般に妥当する法理として，対抗要件の機能喪失に権利者の帰責事由が存しない限り，対抗力は失われないという統一準則を導くことができる。抵当権者の意向と無関係に設定者が処分できる従物に関して，設定者による第三者への譲渡と搬出により抵当権設定登記の公示機能が失われる場面では，公示機能の喪失に対して抵当権者に帰責性があるとは言い難い。〔設例〕において，乙の搬出後におけるXの抵当権設定登記の対抗力の存続を基礎付けることは可能である。そして，従物に対するXの確定的優先は，B説の一部が指摘するように，民法178条の効果としてではなく，抵当権設定登記の対

抗力の効果として説明されなければならない。

以上により，第一段階において，民法177条・370条の適用により，抵当権設定登記の対抗力が搬出後も存続し，対抗関係レベルではXが優先する。しかし，次の段階で，善意無過失のYが取引行為に基づき乙の占有を取得した場合は，民法192条に基づき担保物権の負担のない所有権を原始取得しうる。このように，本問題は，不動産物権変動法の適用後，動産物権変動法が適用されるという二段階構造において捉えられるべきである。

Directions

(1) 〈判旨〉の射程は〔設例〕の事例に当然には及ばない。しかし，抵当権の付加一体物が設定者により譲渡され搬出された場合も，結論的にB説のように考えてよい。
(2) B説は，一旦備えられた対抗要件の機能が権利者に帰責性が認められない事由により第三者の出現時点で消失しても，その対抗力は存続するという考え方により基礎付けられる。
(3) 本問題は，不動産物権変動法と動産物権変動法の交錯領域として，搬出後の対抗力の存続を前提とし（民177条・370条），重ねて民法192条の適用が問題となるという二段階構造で把握されるべきである。

● *民法改正との関係*

本講のテーマについては，特に法改正による影響はない。

第*12*講

不動産譲渡担保における受戻権の限界

最判平成18・10・20民集60巻8号3098頁
平成18年度重判解民法6事件

▶ **判旨**

不動産を目的とする譲渡担保において，被担保債権の弁済期後に譲渡担保権者の債権者が目的不動産を差し押さえ，その旨の登記がされたときは，設定者は，差押登記後に債務の全額を弁済しても，第三者異議の訴えにより強制執行の不許を求めることはできないと解するのが相当である。……

上記と異なり，被担保債権の弁済期前に譲渡担保権者の債権者が目的不動産を差し押さえた場合は，少なくとも，設定者が弁済期までに債務の全額を弁済して目的不動産を受け戻したときは，設定者は，第三者異議の訴えにより強制執行の不許を求めることができると解するのが相当である。なぜなら，弁済期前においては，譲渡担保権者は，債権担保の目的を達するのに必要な範囲内で目的不動産の所有権を有するにすぎず，目的不動産を処分する権能を有しないから，このような差押えによって設定者による受戻権の行使が制限されると解すべき理由はないからである。

I 抽象論としての〈判旨〉

不動産譲渡担保に関して，従前の判例は，目的不動産の所有権は一応譲渡担

保権者に移転することを前提にしながら，被担保債権の弁済期が到来しても，譲渡担保権者による目的物の換価処分が完結するまでは，譲渡担保設定者には債務の弁済によってこれを取り戻しうる権利，受戻権が認められるという立場にあった[1]。そして，譲渡担保設定者がかかる受戻権を具体的にいつまで行使しうるかについては，次のような判断を下してきた。

まず，最判昭和62・2・12民集41巻1号67頁は，譲渡担保権者の清算義務の内容およびその発生時期が問題となった事案において，所有権の確定的帰属をもって譲渡担保権者が満足するという帰属型においては，被担保債権の弁済期後に，譲渡担保権者が清算金の提供ないしそれがない旨の申出とともに権利の実行を通知した時には，設定者は受戻しの権利を喪失するとしつつ，目的不動産の売却・処分によって満足するという処分型においては，被担保債権の弁済期後に，譲渡担保権者が目的不動産を第三者に処分・譲渡をした時に，設定者は受戻しの権利を喪失するという立場をとった。ところが，同判例は，たとえ帰属型の場合であっても，被担保債権の弁済期が到来すれば譲渡担保権者は目的不動産の処分権能を有することになるとして，譲渡担保権者が目的不動産を第三者に売却するなどした時は，設定者はその時点で受戻権ひいては目的不動産の所有権を終局的に失うという見解も示していたところ，その後，このことを現実に容認する判例が現れた。

すなわち，被担保債権の弁済期から10数年が経過した後に，譲渡担保権者が目的不動産を第三者に贈与しその登記も具備されたが，設定者が弁済金を提供・供託して目的不動産の受戻しを主張したという事案に関し，最判平成6・2・22民集48巻2号414頁（以下では「平成6年判決」という）は，次のように述べて設定者の受戻権を否定した。

> 「不動産を目的とする譲渡担保契約において，債務者が弁済期に債務の弁済をしない場合には，債権者は，右譲渡担保契約がいわゆる帰属清算型であると処分清算型であるとを問わず，目的物を処分する権能を取得するから，債権者がこの権能に基づいて目的物を第三者に譲渡

---

[1] 最判昭和57・1・22民集36巻1号92頁。

したときは，原則として，譲受人は目的物の所有権を確定的に取得し，債務者は，清算金がある場合に債権者に対してその支払を求めることができるにとどまり，残債務を弁済して目的物を受け戻すことはできなくなるものと解するのが相当である……。この理は，譲渡を受けた第三者がいわゆる背信的悪意者に当たる場合であっても異なるところはない。けだし，そのように解さないと，権利関係の確定しない状態が続くばかりでなく，譲受人が背信的悪意者に当たるかどうかを確知し得る立場にあるとは限らない債権者に，不測の損害を被らせるおそれを生ずるからである」。

　譲受人が背信的悪意者に当たる場合でも設定者が受戻権を喪失するという判断は，譲受人の主観的態様にかかわりなく受戻しを否定するという趣旨と考えられる[2]。この点については学説による批判もあるが[3]，この平成6年判決によって，判例が，譲渡担保権者が弁済期後に目的不動産を第三者に譲渡すれば，原則として設定者は受戻権を主張しえないとすることにはもはや疑う余地がなくなった。しかし，逆に弁済期前に第三者への譲渡等がなされた場合には，なお受戻権が維持されるか否かについては判例の立場は不明であったが，〈判旨〉の後半部分は，少なくとも第三者の差押えとの関係ではなおこれが認められる旨の判断を下した点で，注目に値する。もっとも，本判決は一応弁済期が到来した後に差押えがなされた事案に関するものであり，その具体的結論は，むしろ，設定者は弁済によって目的不動産の受戻しを主張することができないというものであった（〈判旨〉の前半部文）。その意味で，〈判旨〉の後半部分は抽象論にすぎず，その実際的意義については慎重に検討しなければならな

---

　2)　背信的悪意者の理論は，本来，不動産の二重譲渡において第二譲受人の主観的態様を問題とするものであり，譲渡担保設定者と目的不動産の譲受人との関係を想定するものではない。しかし，原審が譲受人の主観的態様について「背信的悪意者」という概念を持ち出していたため，平成6年判決もかかる概念を引き合いに出したといえる（水上敏・最判解民事篇平成6年度208頁以下，222頁（注10）参照）。

　3)　平成6年判決がその根拠として譲渡担保権者の不測の損害を挙げる点については，もともと譲渡担保権者は清算をしたうえで目的不動産を譲渡すればよいだけのことであると批判された（道垣内弘人・法教167号〔1994年〕118頁，山野目章夫・平成6年度重判解〔ジュリ1068号〕79頁以下，80頁）。

い。

　以下では，弁済期後の譲渡や差押えの場合について，判例が設定者の受戻権をどのように取り扱っているのかをはっきりさせたうえで，弁済期前の譲渡等のケースに関する判例の立場を検討していくことにしよう。

II　弁済期後の譲渡・差押え

1　本判決の事案

　まず，本件の事案を簡単に見てみよう。

　平成12年9月12日，Xは，Aから400万円を利息を年24％，弁済期日を平成13年3月11日とする約定で借り受け，その際にX所有の甲不動産をAに譲渡担保として提供し，同日，譲渡担保を原因とするAへの所有権移転登記がなされた。信用組合BはAに対する債務名義を有していたが，Y（整理回収機構）は，Bの地位を承継した上，甲不動産につき大阪地方裁判所に強制競売を申し立てた。平成14年6月28日，大阪地方裁判所により競売開始決定がなされ，同年7月1日，その旨の差押登記が経由された。

　Xは，Aからの前記の借受金につき，借受けに際してAに利息8万円を支払った後，弁済期の経過後も幾度かAに利息を支払い，元本の支払期限の猶予を得ていたが，当初の弁済期日までに元本を弁済していなかった。ところが，Yが甲不動産の強制競売の申立てをしてその旨の差押登記が経由されたため，Xは平成14年7月25日に元本400万円をAに返済し，同年7月31日，甲不動産につき同月30日の解除を原因とするAからXへの所有権移転登記を経由した。そのうえで，Xは，Yに対して強制執行について第三者異議の訴えを提起した。

　第1審はXの請求を認容したが，原審は前記の平成6年判決を引用してXの請求を棄却した。この際，①譲渡担保権者による目的物の譲渡とその債権者による目的物の差押えは同様に位置づけうる，②譲渡担保権者が処分権能を取得する弁済期とは当初の契約における弁済期を意味する，③たとえ，設定者が弁済によって譲渡担保権者との関係では目的物の所有権を取り戻しうるとして

も，そのことはもはや差押債権者には対抗しえない，と判示していた。

2 最高裁の結論

そこで，Xが上告受理を申し立てたが，最高裁は，〈判旨〉の前半部分のとおり，Xの請求を認めなかった。その理由は，冒頭では省略したが，以下のとおりである。

> なぜなら，設定者が債務の履行を遅滞したときは，譲渡担保権者は目的不動産を処分する権能を取得するから……，被担保債権の弁済期後は，設定者としては，目的不動産が換価処分されることを受忍すべき立場にあるというべきところ，譲渡担保権者の債権者による目的不動産の強制競売による換価も，譲渡担保権者による換価処分と同様に受忍すべきものということができるのであって，目的不動産を差し押さえた譲渡担保権者の債権者との関係では，差押え後の受戻権行使による目的不動産の所有権の回復を主張することができなくてもやむを得ないというべきだからである。

少し注意しなければならないのは，裁判所も，強制競売のための差押えがなされれば直ちに設定者の受戻権が確定的に失われる，としているのではない点である。むしろ，目的不動産の換価，すなわち競売が実際になされた時に，はじめて設定者の受戻権が失われると解するのが穏当である[4]。これは，いったん差押えがなされても，それが事後的に取り下げられ，あるいは取り消された場合には，設定者の弁済による所有権の回復を否定する理由はないからである。それゆえ，原審も認めていたように，競売が完了する前に設定者が被担保債権の弁済をすれば，一応目的不動産の所有権は設定者に復帰すると考えることができる。しかし，そのことを差押債権者に主張することはできないために，設定者は強制競売の手続を阻止することができず，換価・競売が完了する

---

4) 増森珠美・最判解民事篇平成18年度(下)1098頁以下，1106頁参照。

と，その所有権は完全に否定されることになる。この点では，譲渡担保権者による譲渡とその債権者による差押えとの間には違いがある。

　若干問題となるのは，競売が完了する前には設定者が弁済によって一応所有権を回復するとしても，これを差押債権者に主張しえないという点を，法的にどのように構成するのかである。原審は，これを設定者による所有権の取戻しと差押えとの対抗関係と捉えたが，差押えの効力として認められる処分禁止効の結果として説明することも可能であり，この点に関する最高裁の立場は明らかではない[5]。しかし，いずれにしても結論を左右する問題ではなかろう。

　なお，ここで基準時となる弁済期とは当該事案では何時であるかについて，最高裁は特に明言していない。AはXに支払いの猶予を認めていたが，最高裁は，これが弁済期の変更であっても当初の弁済期を基準時としているのか，あるいは，かかる支払いの猶予は弁済期の変更には当たらないため当初の弁済期を基準時としたのかは，はっきりしていない。この問題については後で若干の検討を加えたい。

3　未解明の問題

　かくして，判例が，被担保債権の弁済期後は，目的不動産の譲渡も差押えも設定者による受戻しを限界づけるという立場をとったことには，異論の余地がなくなった。ただし，細かい部分についてではあるが，なお留意しなければならない問題が残っている。平成6年判決を読めば分かるように，判例は，被担保債権の弁済期後に譲渡担保権者が目的不動産を第三者に譲渡すれば，「原則として」，設定者はこれを受け戻すことができなくなるとしているのに対して，譲渡担保権者の債権者による差押えがなされた場合には，「原則として」という留保がつけられていない。これは何故なのだろう。

　平成6年判決の事案においては，目的不動産の譲渡についてはすでにその登記もなされていたが，仮に，譲渡担保権者が第三者に目的不動産を譲渡する契約を締結しつつも，なお，所有権移転登記がなされていない場合には，設定者

---

[5]　増森・前掲注4)1106-1107頁も，本文に示した2つの可能性を指摘するにとどまる。

は，被担保債権を弁済するとともに所有権の復帰の登記を先に具備するならば，なおその受戻しを譲受人に対して主張しうるか否かが問題となるであろう。それゆえ，判例がこれを否定しない意味を込めて「原則として」という文言を用いたものと解釈する余地が残っている。確かに，処分型の譲渡担保の場合には，被担保債権の弁済期後に譲渡担保権者が第三者に当初の予定通りに目的不動産を売却してしまえば，たとえ所有権移転登記がなされていなくても，設定者が登記の不存在を主張する正当な利益を持つとはいいがたく，その受戻権は確定的に消滅するとみて問題はない。しかし，帰属型の場合や，処分型の場合でも譲渡担保契約で許容したこととは異なる処分がなされたならば，いまだ所有権移転登記がなされていない段階では，設定者がその点を主張して目的不動産を取り戻すという利益は正当なものといえよう[6]。

つまり，判例は，被担保債権の弁済期が到来すると，譲渡担保権者には目的物の処分権能が認められるとはしているが，なお設定者による事後的な受戻しとの対抗関係が成立することまでは否定せず，「原則として」という文言はそのことを暗示するものだと筆者は考える。これに対して，差押えの場合にはこのような留保がつけられなかったのは，そもそも差押えの効力は執行裁判所の決定・送達によって発生するとともに（民執46条1項），その登記も裁判所書記官の嘱託によってなされるため（民執48条1項），ひとたび差押えの効力が生ずれば，もはや対抗要件の不存在が問題となる余地はほとんどないからだと考えている。

あるいは，読者の中には，弁済期後には譲渡担保権者が目的物の処分権能を有するとして，これによる所有権移転を正当化している点，また，譲受人の主観的態様を問わずにその権利取得を容認している点から見て，判例は，譲渡担保設定者が譲受人の対抗要件の不存在を主張する余地を一律に封ずるものではないか，と反論する人もいるかもしれない[7]。しかし，譲受人の主観的態様を問わないことが，直ちにその対抗要件を不要とする結論に直結するとはいえな

---

6) しばしば，平成6年判決によって帰属型と処分型を区別する意味はほとんど失われたといわれるが（道垣内弘人・法協112巻7号〔1995年〕983頁以下，995頁），筆者はこの点ではなお両者の差異が完全に失われたとは考えない。

7) 増森・前掲注4)1111頁（注6）はこのような見方をする。

いし（そもそも背信的悪意者の理論は，対抗要件を具備した者についてもその優先的地位を否定するためのものであり，これが不問になるからといって，物権変動の優先的主張のために対抗要件が不要となるわけではない），判例のいう「処分権能」とは，譲渡担保権者による所有権の移転の有効性を基礎づけるにすぎないならば，およそ所有権移転の対抗要件までが不要となるわけではない。つまり，判例は，仮に弁済期前に譲渡担保権者が目的不動産を処分すればその効力には問題が残るものの，弁済期後の処分の有効性には問題がないという立場を示すにすぎないのではないか。

III 弁済期前の譲渡・差押え

1 〈判旨〉の合理性

それでは，本講のメインテーマである弁済期前の譲渡・差押えについて検討したい。〈判旨〉は，この段階では譲渡担保権者には目的物の処分権能がないとして，設定者は少なくとも弁済期までに債務を弁済して所有権を回復しうるという立場をとった。この部分は確かに抽象論にすぎないが，必ずしも結論に直接影響を及ぼさない命題を殊更に立てたということは，判例は今後はそのような扱いをする旨を明らかにしたと見てよいだろう。

ただ，前述のように，譲渡担保契約の当事者が契約後に被担保債権の弁済期を変更した場合には，基準となる弁済期はどうなるのかが必ずしも明らかではない。特に問題となるのは，契約で指定された弁済期が到来した後に，当事者によって期限が変更され，新たな弁済期が到来する前に第三者による差押えがなされた場合である。この場合には，設定者はなお新たな弁済期までに弁済をすることによって所有権の回復を主張しうるという見解もありえよう。しかし，譲渡担保権者の処分の正当性を基礎づける弁済期は基本的には契約時に定められた弁済期と解するのが穏当である。そのことは，譲渡担保権者による処分の効力を弁済期の前後を基準にして分別する立場の合理性が何処にあるのかを探ることによって，明らかにすることができる。

すなわち，金銭消費貸借契約とともに譲渡担保契約を締結する設定者は，

いったん所有権を移転するとしても，金銭消費貸借で定められた期限内であれば返済をすることによってこれを取り戻しうるという計算のもとに，譲渡担保契約締結の意思決定をするものと思われる。逆に，設定者は，弁済期を徒過してしまえばもはや所有権は回復しえないというリスクも契約段階で考慮しているといえよう。とりわけ，処分型の場合には，弁済期が到来すれば直ちに目的不動産が譲渡されることは覚悟している以上，譲渡担保権者がこれを第三者に譲渡すれば，登記名義人である譲渡担保権者を所有者と見て取引に入った第三者の権利取得を否定することはできまい。これに対して，帰属型の場合には，確かに設定者は譲渡担保権者による処分を想定していないけれども，譲渡担保権者自身が直ちに譲渡担保権の実行として清算金の提供等をすれば，もはや所有権の回復は否定される立場にあった以上，第三者が譲渡担保権者の登記を基礎に取引に入った場合には，一般的には，その取引の安全を優先させて第三者の権利取得を容認せざるをえない。つまり，設定者は，弁済期後には所有権を喪失するリスクを考慮しながら譲渡の意思決定をした以上，弁済期までは弁済をすることによって事前に所有権を取り戻すことができたにもかかわらず，これを怠ったと評価しうる点に，譲渡担保権者による処分ないし第三者の権利取得を正当化する事情を見出すことができる。

　ところが，弁済期前に譲渡担保権者が処分をした場合には，設定者はその段階における所有権喪失のリスクを計算しているとはいえず，上記のような懈怠も認められないため，たとえ第三者が譲渡担保権者の登記名義を信頼して取引に入ったとしても，その権利取得を直ちに正当化することはできない。とりわけ，本件のように，譲渡担保権者への所有権移転登記の原因が「譲渡担保」と明示されている場合には，第三者も目的不動産の回復に対する設定者の利益を推認しうるから，設定者がなお所有権を回復しうるとしても，必ずしも第三者にとって不測の損害となるわけではない。それゆえ，弁済期前にはたとえ第三者が現れても設定者の受戻しを認めるべきであろう。しかしながら，契約時に約定した弁済期が到来した場合には，たとえ事後的に当事者が弁済期を変更したとしても，設定者には上記の懈怠を十分見出すことができる以上，第三者の取引の安全を優先させ，その権利取得を容認せざるをえない。

2 〈判旨〉の射程

(1) 従前の判例法理への影響

　かくして，弁済期前の差押えがあってもなお弁済期までの設定者の受戻しを容認する〈判旨〉は合理的であり，また，そこでの弁済期とは基本的に譲渡担保契約の時に定められたものと解すべきであるが，問題は，〈判旨〉の射程を具体的にどう解するかである。というのは，以前の判例は，弁済期前でも，譲渡担保権者によって目的不動産が第三者に譲渡されれば，第三者による所有権取得を容認する立場にあったと考えられるからである。

　すなわち，大審院は，売渡担保によって家屋の所有権を取得した者がこれを契約に違反して第三者に譲渡したという事案に関し，次のようにその効力を容認していた[8]。

> 「売渡抵当ナル信託行為ノ当事者間ニ存スル内部関係ニ他ナラサル特約ハ之ヲ以テ右特約ヲ知レル第三者ニ対シテモ対抗スルコトヲ得サルモノトス蓋第三者ニ対スル外部関係ニ在リテハ受託者ハ売渡抵当ノ目的物ノ所有権ヲ有スルヲ以テ受託者ヨリ右目的物ヲ譲受ケタル第三者ハ善意ナルト悪意ナルトニ拘ハラス有効ニ所有権ヲ取得スルコトヲ得ルノ筋合ナレハナリ」。

　これは設定者による受戻しに言及していないが，第三者の主観的態様にかかわりなくその権利取得を容認するという点で，受戻権を否定するものといえよう。その後，最高裁も，やはり売渡担保において債権者が目的不動産を不当に第三者に譲渡したという事案に関し，設定者は債権者に対する損害賠償請求権のために目的不動産に留置権を行使することができないという立場を示したが，その前提として，目的不動産の所有権は第三者が確定的に取得したという原審の判断をそのまま維持している[9]。〈判旨〉はこれらの先例と緊張関係に

---

8)　大判大正 9・9・25 民録 26 輯 1389 頁。

立つが，はたしてこれらは変更されたと見るべきだろうか。

　1つの考え方としては，〈判旨〉は差押えとの関係を論ずるにすぎず，譲渡との関係は先例がそのまま維持されるというものがありうる。しかし，弁済期後には譲渡担保権者が処分権能を有するという命題を基礎として，弁済期後は譲渡と差押えを基本的に同列に扱うという判例の考え方からは，弁済期前の両者の位置づけも基本的には変わりがないと見るのが穏当であろう。それゆえ，弁済期前に譲渡がなされ登記が具備されても，設定者は弁済期までに弁済をして所有権を回復しうるというのが判例の立場だといえそうである。

　このため，〈判旨〉によって上記の先例は変更されたと見る立場がある[10]。しかし，先例はあくまで売渡担保に関するものであり，狭義の譲渡担保において登記原因が「譲渡担保」とされていた事案に関する〈判旨〉は，直ちに先例を変更するとはいえないのではないか。売渡担保とは，法形式的には売買の形態をとるものであり，そこでの登記原因は「売買」とされている。この場合でも，形式的に売主となった者は約定の期限まで代金の払戻しによって所有権を回復する利益を持っているが，買戻特約が登記されない限り，第三者はそのことを認識することができない。それゆえ，筆者は，約定の弁済期より前に譲渡がなされた場合であっても，第三者の権利取得を否定することは取引の安全を特に害することになるため，〈判旨〉は，売渡担保のケースや，狭義の譲渡担保であっても登記原因が「売買」とされたケースには直ちには及ばないと考える。これに対しては，登記による公示はあくまで所有権移転自体を目的としており，登記原因はこれには直接関係しないという反論もあるだろう。しかし，そのような考えを徹底するならば，所有権移転登記という公示がなされている場合には，むしろ，第三者は，譲渡担保の被担保債権の弁済期にかかわりなく，所有権を有効に取得しうるというのが筋だろう。それにもかかわらず，かかる原則的取扱いを修正するのが穏当と思われるのは，第三者が譲渡担保設定者による受戻しの可能性を認識しうる特別の事情があるからではないだろうか。これに当たるのが登記原因が「譲渡担保」と明記された場合だ，と筆者は

---

9) 最判昭和34・9・3民集13巻11号1357頁。
10) 田髙寬貴「譲渡担保の法的構成・再論」名古屋大学法政論集254号（2014年）255頁以下，263-265頁。

考える[11]。

　つづいて，最高裁は，設定者が被担保債権を弁済したにもかかわらず目的不動産の登記名義を回復していない段階で，譲渡担保権者がこれを第三者に譲渡したという事案について，「第三者がいわゆる背信的悪意者に当たる場合は格別，そうでない限り，譲渡担保設定者は，登記がなければ，その所有権を右第三者に対抗することができない」としていた[12]。この先例も〈判旨〉によって影響を受けることになるだろうか。学説の中には，弁済期前には譲渡担保権者には処分権能がないという命題からは，この先例は譲渡担保設定者が弁済期後に弁済をした場合に関してのみ維持されると説くものがあるが[13]，はたしてそうだろうか。

　前述のように，弁済期前においては設定者の受戻しを優先させる結論の合理性は，この段階では設定者には受戻しについてなすべきことを怠ったという事情を見出しがたく，その利益は第三者の取引の安全を上回るという比較衡量にある。確かに，設定者が弁済期前に弁済をしたならば，その点自体には何の落ち度もない。しかしながら，ひとたび弁済をすればそれによって所有権は設定者に回復される以上，設定者にとって登記名義を回復することに対する障害はもはや存在しない。それにもかかわらずこれをなさなかったために，第三者が譲渡担保権者の登記名義を信頼して取引に入ったならば，第三者の取引安全を尊重してこれを177条によって処理するということは十分に考えられる。むしろ，期限前の弁済をするときには，設定者は自己の期限の利益の放棄と引換えに登記名義の回復を強く譲渡担保権者に要求することもできるだろうから，登記名義の回復に関する懈怠は，期限後の弁済のケースより大きいともいえるだろう。それゆえ，筆者は上記の先例が弁済期後の弁済のケースにのみ維持され

---

11) 増森・前掲注4)1114頁（注15）は，所有権移転の登記原因が「売買」とされている場合に，弁済期前の差押債権者やその他の第三者につき94条2項の類推適用が認められるか否かを問題としているが，そもそも，それ以前に〈判旨〉の射程がこのケースに及ぶか否かを問題にしなければならない。鳥谷部茂「不動産の譲渡担保と登記」広島法科大学院論集3号（2007年）121頁以下，129頁も，登記原因が「売買」あるいは「譲渡担保」であるかによって，譲渡担保設定者の権利の対外的効力を差別化する立場をとっている。
12) 最判昭和62・11・12判時1261号71頁。
13) 田髙・前掲注10)264-265頁。

るという見解は支持しえず，むしろ，これは〈判旨〉によって影響を受けないと考えている。

(2) **弁済期を徒過した場合の取扱い**

では，弁済期前に譲渡や差押えがなされたが，結果的には弁済期までに弁済がなされなかった場合には，譲渡・差押えの効力はどのように位置づけられるべきであろうか。一方では，弁済期の到来によって譲渡担保権者の処分権能が治癒され，譲渡・差押えの効力は容認されるべきものとする見解があり[14]，他方では，弁済期前の処分を無権利者による処分と位置づけ，これを確定的に無効と見るべき旨を主張する見解もある[15]。後者の根拠としては，処分権能の治癒を容認すると不当処分の誘発の恐れがあることが挙げられている。しかし，弁済期前の処分等の場合になお受戻しが認められる根拠が，設定者に格別の懈怠がない点にあるとすると，弁済期を徒過した者にはかかる懈怠が認められる以上，もはや譲渡や差押えの効力を否定する根拠は見出しがたい。

(3) **弁済のない段階での第三者異議の訴えの可否**

最後に，〈判旨〉は「少なくとも」弁済期までに弁済をすることによって第三者異議の訴えを提起しうるとしているため，実際に弁済による受戻しがなくても，弁済期前であれば設定者による第三者異議の訴えは認容されるべきとする見解が多数となっている[16]。確かに，弁済期前に強制競売が完了する可能性も考慮すると，設定者の期限の利益を尊重して弁済なしに第三者異議の訴えを認める必要性はあるのかもしれない[17]。

しかし，筆者はこれを否定すべきと考える。強制競売において第三者異議の訴えを認められるべき者は，目的不動産の譲渡によって自己の権利が侵害される者，すなわちその所有者である。それゆえ，譲渡担保設定者が所有権を債権者に移転し，弁済がない段階ではこれを回復していない点からは，第三者異議の訴えを認めるのは行き過ぎである[18]。むしろ，設定者は競売自体を直ちに

---

14) 道垣内弘人・法協128巻7号（2011年）1899頁以下，1912頁。
15) 田髙・前掲注10)264頁。
16) 武川幸嗣・受験新報2007年4月号16頁以下，17頁，占部洋之・判評590号（判時1993号）（2008年）19頁以下，24頁，杉本和士・金判1287号（2008年）2頁以下，4頁，道垣内・前掲注14)1911-1912頁参照。
17) 武川・前掲注16)17頁，杉本・前掲注16)4頁，道垣内・前掲注14)1912頁参照。

阻止しえなくとも，その後の弁済期までに弁済をすることによって買受人に対して所有権の回復を主張しうると考えれば，その保護としては十分である。譲渡担保権者が弁済期前に任意に第三者に目的不動産を譲渡した場合には，設定者は弁済期までの弁済によってかかる第三者に所有権の回復を主張しうるとするならば，設定者は強制競売の買受人に対しても同等の権利を主張しうるはずだからである。

確かに，〈判旨〉が弁済期前には譲渡担保権者には処分権能がないとしている点を，譲渡担保権者には所有権が帰属しないというものと理解するならば，設定者に第三者異議の訴えを認めるべきこととなろう[19]。しかし，〈判旨〉も所有権が譲渡担保権者に移転していることは否定していない以上，むしろ，ここでの「処分権能」の欠如とは，譲渡担保権者が第三者に目的不動産を譲渡しても，その効力は確定的には認められず，なお設定者の受戻しによって譲受人は所有権を喪失する可能性があることを示すにすぎないのではないか。

Ⅳ　おわりに
―― 譲渡担保の法的構成について

〈判旨〉が弁済期前の差押えに対してはなお受戻しを主張しうるとしたことは，譲渡担保権者に移転された所有権がその限りで物権的な制約を受けることを意味する。このことに注目して，〈判旨〉の出現によって，判例の立場が譲渡担保を担保権設定と捉える立場に接近したものと分析する見解がある[20]。その背後には，抵当制度が完備されている不動産に関して，譲渡担保をなお合

---

18) 占部・前掲注16)24頁は，最判昭和57・9・28判時1062号81頁が，譲渡担保設定者による目的不動産の不法占有者に対する明渡請求を容認していることを援用して，設定者は弁済期前にすでに「目的物の譲渡又は引渡しを妨げる権利」を有するという。しかし，強制競売において第三者異議の訴えを提起しうるのは，目的物の売却すなわちその譲渡を妨げる権利を有する者，つまりその所有者であり，譲渡担保設定者が目的物を占有する権原を有するとしても，それだけで第三者異議の訴えを容認しうるわけではない。

19) 実際に，〈判旨〉を担保権的構成に引きつけて捉えようとする見解は，設定者が弁済なくして第三者異議の訴えを提起しうるとする（田髙寛貴・平成18年度重判解〔ジュリ1332号〕74頁以下，75頁）。

20) 田髙・前掲注10)265-266頁。

理的担保方法として容認しようとするならば，これを私的実行の権限を伴った担保権として位置づけ，譲渡担保設定契約をそのような担保権の設定契約として解釈すべきという発想がある[21]。そのために，かかる論者は，譲渡担保設定契約において外形的になされた所有権移転の意思表示は虚偽表示に該当して無効となるが，当事者の真意は担保権の設定にあり，譲渡担保設定契約は担保権設定契約として有効に成立するという[22]。

　しかし，抵当権という制度がありながらあえて譲渡という方法を選択した当事者に，およそ所有権移転の意思がないと断定することは難しい。仮に当事者の意思が担保権の設定に当たると解釈しえたとしても，かかる担保権の設定に対応した公示方法が用意されていない以上（「譲渡担保」を原因とする所有権移転登記でも，被担保債権についての情報は何も示されない），これに物権的効力を認めることは困難ではないだろうか。〈判旨〉も，譲渡担保権者が，「債権担保の目的を達するのに必要な範囲内」とはいえ，目的不動産の所有権を有することを前提にしている以上，これは，所有権的構成をとりながら，債権担保という目的を重視して，設定者が所有権を回復しうる地位を177条による登記の原則の例外として容認したと見るのが穏当ではないだろうか。

　すなわち，176条および177条によれば，不動産の所有者から所有権を譲り受ける合意をし，かつその点について登記を具備すれば，所有権移転の効力はすべての者との関係で認められるのが原則である。したがって，譲渡担保権者が目的不動産の所有権を有する以上，本来，譲渡担保権者からこれを譲り受ける合意をし，所有権移転登記を具備すれば，その権利取得はすべての者との関係で容認されるはずである。しかし，設定者は所有権移転の際に弁済期までの受戻しを予定している以上，弁済期前の受戻しを要求するのは酷であり，他方で，所有権移転登記の原因として「譲渡担保」が明示されている場合には第三者もかかる利害状況を推認することができるため，上記の原則を修正して設定者による受戻しの効力をなお認めるのが望ましい[23]。しかし，だからといって，更に進んで，一般的に譲渡担保権者には所有権が移転されず，担保権しか

---

21) 田髙・前掲注10) 258頁。詳しくは，田髙寛貴『担保法体系の新たな展開——譲渡担保を中心として』（勁草書房，1996年) 155頁以下参照。
22) 田髙・前掲注10) 257-258頁。

設定されないという結論をとるのは、公示の原則との抵触が甚だしく、判例もそこまで踏み込んだと見るのは難しいのではないだろうか[24]。

Directions

(1) 〈判旨〉の基本的趣旨は弁済期前の譲渡にもあてはまるが、筆者は、その射程を所有権移転登記の原因が「譲渡担保」と記載されている場合に限定すべきと考える。

(2) 譲渡担保設定者による弁済の後に目的不動産が第三者に譲渡されたケースを対抗関係として位置づける従前の判例は、〈判旨〉によっても修正されないと見るべきである。

(3) 〈判旨〉の文言は弁済なくして第三者異議の訴えを容認する可能性も留保しているが、譲渡担保権者に所有権が帰属している以上、これは否定すべきである。

● *民法改正との関係*

本講のテーマについては、特に法改正による影響はない。

---

[23] これには仮登記によって保全された将来の物権変動と同じ意味合いがあり、それを道垣内教授のように設定者に留保された物権として構成すること（道垣内・担保物権法299頁）は可能であろう。

[24] 金子敬明「不動産の譲渡担保——判例の立場をどのように説明すべきか」千葉大学法学論集28巻1＝2号（2013年）185頁以下は、前掲注12)最判昭和62・11・12、平成6年判決および本判決を詳細に検討し、判例は依然として所有権的構成を維持していると分析する。

第 **13** 講

安全配慮義務の意義・法的性質

最判昭和 50・2・25 民集 29 巻 2 号 143 頁
民法判例百選Ⅱ〔第 7 版〕2 事件

▶ 判旨

　思うに，国と国家公務員（以下「公務員」という。）との間における主要な義務として，法は，公務員が職務に専念すべき義務〔条文略〕並びに法令及び上司の命令に従うべき義務〔条文略〕を負い，国がこれに対応して公務員に対し給与支払義務〔条文略〕を負うことを定めているが，国の義務は右の給付義務にとどまらず，国は，公務員に対し，国が公務遂行のために設置すべき場所，施設もしくは器具等の設置管理又は公務員が国もしくは上司の指示のもとに遂行する公務の管理にあたって，公務員の生命及び健康等を危険から保護するよう配慮すべき義務（以下「安全配慮義務」という。）を負っているものと解すべきである。もとより，右の安全配慮義務の具体的内容は，公務員の職種，地位及び安全配慮義務が問題となる当該具体的状況等によって異なるべきものであり，自衛隊員の場合にあっては，更に当該勤務が通常の作業時，訓練時，防衛出動時〔条文略〕，治安出動時〔条文略〕又は災害派遣時〔条文略〕のいずれにおけるものであるか等によっても異なりうべきものであるが，国が，不法行為規範のもとにおいて私人に対しその生命，健康等を保護すべき義務を負っているほかは，いかなる場合においても公務員に対し安全配慮義務を負うものではないと解することはできない。

I　はじめに

今日，雇用・労働契約およびこれに準ずる法律関係においては，使用者らは，被用者らの労務提供に際して，その生命・健康等の安全を配慮する義務を負うと解されている。このような安全配慮義務の違反による損害賠償責任を最高裁判所としてはじめて認めたのが，本判決（以下では「昭和50年判決」という）である。〈判旨〉からわかるように，かかる義務違反による責任は不法行為責任とは別の責任として位置づけられているが，その背景には，時効の壁という問題があった。

すなわち，当該事案は，自衛隊の車両整備工場において自衛隊員の1人が他の隊員による車両運転のミスによって死亡したため，その遺族が国を相手取ってこれによる損害の賠償を訴求したものである。ただ，当初は，遺族も労災の補償だけを期待し，損害賠償の請求は想定していなかったところ，労災補償が十分ではなく，ついには損害賠償の訴えに踏み切ったという経緯があり，その時点ではすでに事故から3年以上が経過していた（最初は自動車損害賠償保障法3条の責任が主張されていた）。それゆえ，すみやかに提訴しなかった点について必ずしも非難できなかったという事情があり，裁判所もこの点を救済すべく，ここでの損害賠償請求権の時効期間を民法167条1項によって律するために，不法行為責任とは異なる責任として強調した印象が強い。はたして，原審は，国による不法行為責任の時効の援用は権利濫用に当たらず，また，国と自衛隊員とは特別権力関係にあり通常の雇用関係にはないとして，債務不履行責任が生ずる余地はないとしていたのに対し，最高裁は，遺族による安全配慮義務違反の主張が事故から5年以上が経過した時点になされたことに関して，以下のように述べていた。

> 国が義務者であっても，被害者に損害を賠償すべき関係は，公平の理念に基づき被害者に生じた損害の公正な塡補を目的とする点において，私人相互間における損害賠償の関係とその目的性質を異にするものではないから，国に対する右損害賠償請求権の消滅時効期間は，会

計法30条所定の5年と解すべきではなく，民法167条1項により10年と解すべきである。

ここでの法律関係は単なる契約関係とは異なるため，最高裁も国の責任を債務不履行責任とは位置づけていないが，その性質は私人相互間の損害賠償責任と変わらないとして，民法167条1項の射程にあるとしたわけである。そうすると，純粋に私人間の雇用ないし労働契約が問題となれば，最高裁はそこでの安全配慮義務違反を債務不履行責任として位置づけることは想像に難くない。

しかし，このような時効期間以外について，はたして不法行為責任と別の責任を容認する積極的意義があるかといえば，当該事案は，自賠法の責任や民法上の使用者責任（715条）に相当する国家賠償法1条の責任は十分に成立しうるケースでもあったため，判然とはしない。そのため，学説の中には，不法行為責任以外に特別の安全配慮義務を観念することには異論も見られる[1]。そこで，本講では，安全配慮義務の存在意義について，その後の判例の内容を参照しながら，検討してみたい。

Ⅱ　保護義務違反，不法行為責任との類似性

安全配慮義務の保護対象は，相手方の生命，身体，健康であるが，これらは契約関係が成立する以前に相手方が保持している利益（しばしば「完全性利益（Integritätsinteresse）」と称される）であり，安全配慮義務は，かかる完全性利益を侵害しないという意味を持つ点で，不法行為責任における権利侵害に対する注意義務と共通する。もっとも，このような利益の保護を本来的な給付義務（Leistungspflicht）としない契約においても，学説によれば，信義則を根拠にそれが契約上の義務になる場合があるという。いわゆる保護義務（Schutzpflicht）である。これは，主として売買契約上の売主の義務をめぐって論じられた。すなわち，売買契約において，売主は，目的物の引渡しに際してその不

---

[1] 平野裕之「安全配慮義務の観念は，これからどの方向に進むべきか」椿寿夫編『講座・現代契約と現代債権の展望(2)』（日本評論社，1991年）33頁以下，39頁以下。

注意な行為によって買主の他の財産を毀損し，あるいは，瑕疵ある物の給付によって買主の生命，身体，財産を害した場合，債務不履行責任としてこれによる損害を賠償しなければならないとされるが，その根拠は，契約による特別の接触関係にある者同士では，信義則上，一方は履行に際して他方の生命，身体，財産を害さないように行為ないし注意すべき義務を負うという点に求められる。学説は，売主が目的物の引渡しという給付義務と並んで負うこのような契約上の行為・注意義務を，保護義務と呼ぶのである[2][3]。

昭和50年判決が安全配慮義務を認める理由づけには，保護義務に通じる部分がある。

> けだし，右のような安全配慮義務は，ある法律関係に基づいて特別な社会的接触の関係に入った当事者間において，当該法律関係の付随義務として当事者の一方又は双方が相手方に対して信義則上負う義務として一般的に認められるべきものであって，国と公務員との間においても別異に解すべき論拠はなく，公務員が前記の義務を安んじて誠実に履行するためには，国が，公務員に対し安全配慮義務を負い，これを尽くすことが必要不可欠であり……。〔下線は筆者による〕

すなわち，特別の接触関係を根拠として信義則上認められるという点では，安全配慮義務も保護義務と異ならない。さらに，保護されるべき利益も相手方の完全性利益である点で両者は共通しているから，保護義務以外に安全配慮義務という特別の義務概念を設定する意味があるのかが問われよう[4]。さらに，もともと保護義務は，不法行為法における注意義務がたまたま契約関係において問題となるにすぎないともいえ，安全配慮義務違反の問題についても，これ

---

2) 保護義務に関する議論状況については，潮見・債権総論 I 95 頁以下参照。
3) ただ，保護義務は，もともと不法行為責任の構成要件が厳格なドイツ法において，これをカバーする意味も持っていた点にかんがみ，不法行為の構成要件が弾力的な日本民法の下では，この問題は単に不法行為規範によって処理されるべきという立場もある（平野裕之「契約責任の本質と限界」法律論叢58巻4=5号〔1986年〕575頁以下）。しかし，有力学説は，ここでの利益侵害は契約の給付義務の履行に際して生ずるものであることに着目し，これを契約上の義務違反として捉えている（潮見・債権総論 I 104 頁）。

をあえて不法行為責任ではなく債務不履行責任とすることの意義が問われよう。

このため，安全配慮義務の存在意義の有無に関しては，昭和50年判決以降に安全配慮義務違反による責任を検討した判例において，内容的に見て，不法行為責任ないし保護義務違反を超える責任が容認されていたのか否かが，重要なポイントとなる。

Ⅲ 安全配慮義務の存在意義に対する疑念

1 義務内容の特定，義務違反の立証責任

不法行為責任とは異なる債務不履行責任のメリットとしては，帰責事由の存否の立証責任が賠償責任を負う側に課されている点がある。しかし，債務不履行責任を追及する場合，まずは原告がその根拠となる債務ないしその発生原因を主張・立証しなければならず，とりわけ，昭和50年判決も述べるように，安全配慮義務の内容は具体的状況によって異なるというならば，義務ないしその違反の主張・立証については，単に雇用契約ないしこれに準ずる関係の成立のみならず，具体的状況を基礎にした義務内容を主張・立証しなければならないだろう。はたして，最高裁は自衛隊の活動における事故のケースでそのような見解を明らかにした[5]。すなわち，

> 「国が国家公務員に対して負担する安全配慮義務に違反し，右公務員の生命，健康等を侵害し，同人に損害を与えたことを理由として損害賠償を請求する訴訟において，右義務の内容を特定し，かつ，義務違反に該当する事実を主張・立証する責任は，国の義務違反を主張する

---

4) 早くから，北川博士は，安全配慮義務は保護義務と異ならないとしていたが（注釈民法(10) 368-369頁［北川善太郎］)，近時でも，潮見教授は，安全配慮義務の議論は，一方では労働法その他の特別法上の救済理論に，他方では保護義務ないし不法行為責任に解消させるべきとの見解を示している（潮見・債権総論Ⅰ 126-127頁）。

5) 最判昭和56・2・16民集35巻1号56頁。

原告にある」。

　当該事案は，自衛隊がヘリコプターによる人員および物資輸送の任務に従事していたところ，ヘリコプターの部品に微小な切削痕があったために墜落事故が発生し，これによって死亡した隊員の遺族が安全配慮義務違反を理由にして国に損害賠償を求めたものである。最高裁の判断自体は，債務不履行による損害賠償請求についての主張・立証責任の一般的見解に相応するものである。しかし，問題は，原告が主張・立証責任を負うとされる義務の内容である。裁判所は，事故の原因となる瑕疵の除去自体をここでの義務の内容とは（つまりここでの義務を結果債務とは）捉えず，むしろ，そのような瑕疵を除去すべく適切な行為ないし注意をしていたかを義務内容として（つまりここでの義務を手段債務として）捉えているきらいがある。というのは，原審が，問題のヘリコプターは米軍から提供され，部品の切削痕はもともとその製造過程で生じたものであり，かつそれは微小であったために肉眼や手によっては感知できず，自衛隊は部品の定期点検も行っていたという点を考慮して，安全配慮義務違反の事実はないと判定していたところ，最高裁もこの結論をそのまま維持したからである。

　すなわち，ここでの義務は，生命，身体に対する危険を除去するという結果を求めるものではなく，結果の実現のために適切と考えられる行為ないし注意をなすべきものと位置づけられているようであり，それはつまり，瑕疵による事故ないし死亡という結果を予見し，またこれを回避するために行為するという不法行為責任上の注意義務に相当するであろう。だとすれば，そのような義務内容を特定し，義務違反の事実を主張・立証しなければならないのであれば，それは，不法行為責任の追及のために過失を立証しなければならないことと，ほとんど変わらなくなる[6]。これでは，安全配慮義務の存在意義について当然疑問が呈されることとなろう。

6）　調査官解説によれば，部品の瑕疵の存在が安全配慮義務違反に該当しつつ，その発見が困難であったことから国には帰責事由がないとするのが判例の意図であるというが（吉井直明・最判解民事篇昭和56年度60-61頁），竹下博士が指摘するように（竹下守夫・民商86巻4号〔1982年〕613頁以下，622頁以下参照），そのような理解はかなり難しいだろう。

2 車両の運転における注意義務違反の問題

さらに，自衛隊の移動中において上官の運転するトラックに同乗していた者が，上官のミスによる交通事故によって死亡したため，その遺族が安全配慮義務違反による損害賠償を求めたケースで，最高裁は，このような運転における注意義務は安全配慮義務の内容に包含されないとして，国の責任を否定した[7]。すなわち，

> 安全配慮義務は，「国が公務遂行に当たって支配管理する人的及び物的環境から生じうべき危険の防止について信義則上負担するものであるから，国は，自衛隊員を自衛隊車両に公務の遂行として乗車させる場合には，右自衛隊員に対する安全配慮義務として，車両の整備を十全ならしめて車両自体から生ずべき危険を防止し，車両の運転者としてその任に適する技能を有する者を選任し，かつ，当該車両を運転する上で特に必要な安全上の注意を与えて車両の運行から生ずる危険を防止すべき義務を負うが，運転者において道路交通法その他の法令に基づいて当然に負うべきものとされる通常の注意義務は，右安全配慮義務の内容に含まれるものではなく，また，右安全配慮義務の履行補助者が右車両にみずから運転者として乗車する場合であっても，右履行補助者に運転者としての右のような運転上の注意義務違反があったからといって，国の安全配慮義務違反があったものとすることはできないものというべきである。」

この判例は，安全配慮義務の履行について補助者が用いられている場合でも，責任の成否はまず，本人がいかなる義務を負い，その不履行があるかによって判定されるべきであり，履行補助者とされる者に独自の義務違反があっても，それは直ちに本人の責任を基礎づけることにはならない，という後藤判

---

7) 最判昭和 58・5・27 民集 37 巻 4 号 477 頁。

事の見解[8]の影響を受けたものと考えられている[9]。特に本講との関係で注目すべきは，安全配慮義務の内容は，車両の適切な整備，適切な運転者の選定および運転者への注意・指示にとどまるという点である。

　仮に私人間の雇用関係において同じ事故が発生したならば，被用者たる運転者の注意義務違反が認められる以上，使用者責任は成立することになる。使用者は，これを免れるためには，民法715条1項但書の免責事由を主張・立証しなければならない。そして，使用者責任の免責事由となる選任・監督における注意とは，結局，最高裁が問題にしている安全配慮義務の具体的内容に接近することに気づく。とすれば，最高裁が安全配慮義務違反による責任として認める内容は，不法行為責任を超えるどころか，それ以下になる可能性がある。しかも，判例の事案では国賠法による責任が問題となり，そこでは使用者責任におけるような免責事由は全く認められないから，なおさら被害者にとって安全配慮義務違反のメリットは小さくなる。

　それならば，当該事案でなぜ遺族は国賠法の責任を追及しなかったのかというと，交通事故から8年後に訴えが提起されていたからと思われる。すなわち，ここでも時効の壁があったのであるが，それにもかかわらず最高裁が安全配慮義務違反による責任を認めなかったのは，昭和50年判決の事案とは異なり，すみやかに訴えを提起しなかった遺族側にも落ち度があったからとも思われる[10]。そうすると，いよいよ，安全配慮義務のメリットは，短期の消滅時効を適用するのが酷と思える被害者を救済する点にしかないのだろうか。同じ年に，最高裁は，自衛隊機の墜落事故のケースでも同様の判断を下している[11]。

　これより先，最高裁は，雇用契約の事案において，安全配慮義務違反（最高裁はここでは「安全保証義務」と表現している）による損害賠償債権について，これは期限のない債務であるためにその遅滞は請求を受けた時点から生じ，ま

---

8) 後藤勇「安全配慮義務とその履行補助者」判タ410号（1980年）46頁以下，49-50頁。
9) 潮見佳男『契約規範の構造と展開』（有斐閣，1991年）254頁。
10) 奥田昌道「請求権競合問題について」法教159号（1993年）11頁以下，29頁も，同様の見方をしている。
11) 最判昭和58・12・9金判706号45頁。

た，使用者の責任は不法行為責任ではない以上，民法711条のような遺族固有の慰謝料請求権は認められないという判断を下していた[12]。つまり，損害賠償請求の問題に限れば，債務不履行構成が不法行為構成より被害者にとって不利になる場合もありえなくはない。かかる事情を背景にして，学説では，安全配慮義務違反を債務不履行責任と構成するとしても，不法行為責任構成との実際上の差異はないものと考えるべきとする見解[13]や，この問題はもっぱら不法行為規範によって処理されるべきものとする見解[14]が主張された。

Ⅳ 安全配慮義務の独自性の基礎

1 第三者による不法行為の事案

しかし，たとえ損害賠償請求の問題に限るとしても，安全配慮義務の存在意義は判例上なお認められていると考える。それを示すのが，第三者による不法行為の事案である。

ある会社の元従業員Aが窃盗の目的で当該会社の社屋に立ち寄り，宿直勤務をしていた従業員Bを殺害して商品を持ち去ったという事案で，最高裁は，次のように述べて，安全配慮義務違反による会社の損害賠償責任を認めた[15]。

> 「雇傭契約は，労働者の労務提供と使用者の報酬支払をその基本内容とする双務有償契約であるが，通常の場合，労働者は，使用者の指定した場所に配置され，使用者の供給する設備，器具等を用いて労務の提供を行うものであるから，使用者は，右の報酬支払義務にとどまらず，労働者が労務提供のため設置する場所，設備もしくは器具等を使用し又は使用者の指示のもとに労務を提供する過程において，労働者

---

[12] 最判昭和55・12・18民集34巻7号888頁。
[13] 新美育文「『安全配慮義務』の存在意義」ジュリ823号（1984年）99頁以下，同「『安全配慮義務の存在意義』再論」法律論叢60巻4=5号（1988年）583頁以下。
[14] 平野・前掲注1)39頁以下。
[15] 最判昭和59・4・10民集38巻6号557頁。

の生命及び身体等を危険から保護するよう配慮すべき義務(以下「安全配慮義務」という。)を負っているものと解するのが相当である。もとより,使用者の右の安全配慮義務の具体的内容は,労働者の職種,労務内容,労務提供場所等安全配慮義務が問題となる当該具体的状況等によって異なるべきものであることはいうまでもないが,これを本件の場合に即してみれば,<u>上告会社は,B 1 人に対し昭和 53 年 8 月 13 日午前 9 時から 24 時間の宿直勤務を命じ,宿直勤務の場所を本件社屋内,就寝場所を同社屋 1 階商品陳列場と指示したのであるから,</u>宿直勤務の場所である本件社屋内に,宿直勤務中に盗賊等が容易に侵入できないような物的設備を施し,かつ,万一盗賊が侵入した場合は盗賊から加えられるかも知れない危害を免れることができるような物的施設を設けるとともに,これら物的施設等を十分に整備することが困難であるときは,宿直員を増員するとか宿直員に対する安全教育を十分に行うなどし,もって右物的施設等と相まって労働者たる B の生命,身体等に危険が及ばないように配慮する義務があったものと解すべきである」(下線は筆者による)。

　昭和 50 年判決と比べると,私人間の雇用契約を前提にした表現を除けば,安全配慮義務の内容についての説明は基本的に変わらない。しかし,下線の部分には注意が必要である。これは,労働者が労務の提供においてはその活動空間を制限され,使用者の支配下に置かれることを安全配慮義務の根拠とするように読めるからである。筆者には,この点が第三者の加害行為からも労働者の生命・身体を守る義務を正当化するファクターであり,また,そのような義務は通常の不法行為責任の基礎となる注意義務を超えていると思われる。奥田博士が指摘しているように,不法行為責任は,自己の行為ないし自己の支配領域に起因する危険によって他人の権利を侵害してはならない,という消極的な注意義務を基礎とするものであるならば[16],第三者による不法行為のケースで

---

16) 奥田昌道「安全配慮義務」石田喜久夫 = 西原道雄 = 高木多喜男先生還暦記念論文集㊥『損害賠償法の課題と展望』(日本評論社,1990 年) 1 頁以下,39 頁。

は，端的にそのような消極的注意義務の違反があるとはいいがたいであろう。ここで問題となる義務は，第三者の不法行為の危険から他人を保護するというものであるが，そのような義務が正当化されるのは，他人を自己の支配領域に置いてその活動を制限するからである[17]。すなわち，個人は，その自由な活動の中では，自らに降りかかる危険を避ける責任を負担するのが原則であるが，他人を自己の支配領域に置いてその活動を制限する者は，その制限ないし支配の程度に対応して，支配領域に生ずる危険から他人を保護する義務を負うとするのが信義誠実の観念に合致する[18]。もちろん，この場合でも，各自は自分に降りかかる危険を避ける責任を免れない以上，この点について不注意であれば，それによって生じた損害のすべての賠償を活動の範囲を制限する者に請求しうるとするのも不公平である。したがって，この場合には賠償額は過失相殺によって軽減するのが妥当である。実際に，上記の判例でも，損害賠償額の算定では過失相殺の処理が行われている。

その後，判例は，自衛隊基地に侵入した過激派によって隊員が殺害された事案で，国にはそのような侵入者を防ぐ点についての安全配慮義務違反があったとし，その損害賠償責任を容認したが[19]，これも結局は，国がその支配領域に隊員を置き，その活動の自由を制限しているが故に課される責任であろう。

2 安全配慮義務の存在意義

これらの判例と比較すると，先の判例が，トラックの交通事故において安全

---

[17] 同旨，下森定「国の安全配慮義務」同編『安全配慮義務法理の形成と展開』（日本評論社，1988年）233頁以下，255頁。

[18] 國井博士，奥田博士も，第三者の不法行為における責任を通常の不法行為責任を超えるものとして位置づけている（國井和郎・判タ529号〔1984年〕196頁以下，204頁，奥田昌道「契約責任と不法行為責任との関係」司法研修所論集85号〔1991年〕1頁以下，49頁）。これに対し，森田教授は，第三者による加害行為の危険性が業務遂行の内在的危険ともいえるとして，その特殊性を強調することに疑問を呈している（森田宏樹・法協103巻12号〔1986年〕2485頁以下，2493頁）。しかし，第三者の加害行為を内在的危険と位置づける解釈も（「内在的」と言い切ることには疑問もあるが），被用者が使用者の支配下に置かれることなくしては成り立たないことに注意すべきである。

[19] 最判昭和61・12・19判時1224号13頁。

配慮義務違反を否定した点には大きな疑問が生ずる。当該事案で死亡した隊員は，上官の指示によって車両に同乗していた以上，その活動範囲を走行する車両内に制限され，その自由が国によってコントロールされていたのであり，この場合には，事故の危険から隊員を保護する義務を国は負っていたというべきであろう[20]。しかも，かかる危険は国の組織的活動に内在するものである以上，国は，そのような危険を回避するために必要な注意をする義務というより，むしろ，危険・事故そのものを除去するという結果債務を負うとするのが信義誠実の観点に合致するとさえいえる[21]。この場合，運転者が注意を尽くしていたにもかかわらず事故を回避しえなかったとしても，債務不履行自体が否定されるわけではなく，むしろそれは帰責事由の存否の問題として考慮すべきこととなろう。さらに，部品の瑕疵によるヘリコプターの事故のケースでも，かかる瑕疵は国が所有・支配する設備そのものに内在する以上，国はそのような瑕疵を除去すべき結果債務を負い，そのような瑕疵が発見しがたいものであった点は，帰責事由の存否の問題として考慮するのが適切である[22]。

　売買契約における保護義務とは異なる安全配慮義務の独自の意義は，自己の支配領域に他人を置いてその活動の自由を制限することによって基礎づけられる，他人の生命，健康等に対する高度の義務にある[23)24]。売買における保護義務の内容は，あくまで自己に起因する危険によって相手方を害してはならないという注意義務にとどまる。これに対して，安全配慮義務は，自己に起因す

---

[20] それにもかかわらず，最高裁が安全配慮義務違反による責任を容認しなかった背景には，すみやかに訴えを提起しなかった原告の落ち度があるとすれば，そのことは，不法行為責任と債務不履行責任との間で時効期間に大きな差異があることに対して疑問を提起するとともに，時効の是非は権利者の権利不行使の事情に左右されること，つまり，時効の起算時点の設定の仕方が問題の解決にとって重要であることを暗示している。

[21] その限りで，安全配慮義務を結果債務とする見解（竹下・前掲注6)624頁以下，和田肇「雇傭と安全配慮義務」下森編・前掲注17)139頁以下，150頁）に賛成するが，第三者の不法行為のケースに関しても結果債務を負うとすることは難しい。

[22] 契約責任の基礎には個人の意思決定による義務負担があり，一定の結果を実現するという債務が負担されたならば，債務不履行責任の基礎づけとして結果の不実現以外に帰責事由を問題とすべきではなく，義務違反があれば不可抗力がない限り債務不履行責任を負うべきとする見解が有力である（森田宏樹『契約責任の帰責構造』〔有斐閣，2002年〕46頁以下）。しかし，安全配慮義務については意思決定による負担という事情はない以上，これを結果債務として捉えるとしても，最終的な帰責の根拠として予見可能性等を要求するのが穏当に思われる。

る危険についてはその除去そのものを内容とする結果債務となり，さらには外部に起因する危険に対する注意義務も包含する。したがって，通常の保護義務とは異なる安全配慮義務を論ずるのであれば，それはかかる高度の義務を基礎づける指揮・従属関係の原因となる法律関係に限定すべきである。その意味で，昭和50年判決が，安全配慮義務の基礎づけとして「ある法律関係に基づく特別な社会的接触の関係」をあげるにとどめたのは十分ではない。むしろ，安全配慮義務の前提としては，そのような社会的接触の関係の中で，当事者間の指揮・従属関係が必要である。最高裁が明確に「安全配慮義務」なる概念を用いるのは自衛隊，雇用のケースにとどまっていることも，結局，このことを示すものであろう[25]。

　かかる指揮・従属関係が雇用契約によって基礎づけられれば，安全配慮義務は契約上の義務というべきである。もちろん，雇用契約を根拠とした義務の違反が，同時に不法行為責任の過失を基礎づけうるか否かという問題は残るだろうが，そのことは債務不履行責任を否定する理由にはならない[26]。また，判例上，造船会社の下請企業の労働者が，労務の提供をするに当たって，造船会社の管理する設備，工具等を用い，事実上造船会社の指揮，監督を受けて稼働していた場合に，造船会社は当該労働者に対して安全配慮義務を負うとされているのも[27]，指揮・従属の関係の観点からは妥当である。この場合の指揮・従属関係は，造船会社と労働者との直接の契約によるものではないが，下請企

---

23) かつて，高橋教授は，安全配慮義務の特徴として賃借人の目的物保管義務との共通性を指摘し，(高橋眞『安全配慮義務の研究』〔成文堂，1992年〕143頁)，奥田博士もこれに賛意を示していた（奥田・前掲注16）34-35頁）。このことも，契約等によって一方が他方の支配下に置かれ，その活動の空間が制限される点に，安全配慮義務の基礎があることを暗示していたといえよう。

24) 近時の判例では，過労による疾患ないし自殺について使用者の責任が問題となっているが（最判平成12・3・24民集54巻3号1155頁），これも，使用者が被用者を支配下に置くことによって生ずる危険である以上，安全配慮義務の範疇に入るというべきである。ただ，雇用契約において使用者は労務の提供を請求する権利を有する以上，かかる危険の除去について使用者に結果債務を負わせるというのは，その権利保障との関連で問題となる。したがって，この局面では，使用者は手段債務的な安全配慮義務を負うにとどまるとみるのが穏当であろう。

25) 最高裁は，学校内の活動における事故による損害賠償責任のケースでも「安全配慮義務」という言葉は用いていないが（最判平成18・3・13判時1929号41頁参照），学校と生徒との間には指揮・従属関係があるといえるから，この場合は基本的には雇用のケースと同じく捉えてよいと思われる。

業との請負契約および下請企業と労働者との雇用契約を原因とするものであるから，造船会社の責任は債務不履行責任に準ずるのが穏当であろう。これに対して，自衛隊のケースは，指揮・従属関係の原因が純然たる契約ではない以上，これを債務不履行責任として位置づけることは難しいが，昭和50年判決がいうように，そのような特別の関係を基礎にした独自の責任であることも否定しえない。

V おわりに
　　──履行請求の問題

　これまで，判例が認めた安全配慮義務違反による責任はことごとく損害賠償責任であり，そのことが，この問題を債務不履行責任ではなく，不法行為責任として捉える見解の追い風にもなっていた。確かに，安全配慮義務を契約上の義務として捉えるとしても，その履行の強制など現実的にありうるのかという難点はある。安全の確保のためになすべき行為はその時々の状況に応じて変化し，これを固定化することは難しく，そのために強制されるべき具体的行為自体がはっきりしないからである。

　しかし，履行強制上の問題は直ちに契約上の義務としての性質を否定する理由にはならない。このような問題は，いわゆる「なす債務」を給付義務とする契約においても起こりうることだからである。たとえば，診療契約において医師のなすべき行為，また，建築請負契約において建設業者のなすべき行為は，一律に固定化できるものではないが，観念的には，前者では，受診する患者は

---

26) 平野教授は，「理論的には，安全配慮義務は契約が無効または締結されていない場合であっても認められるのであり，このことはこの義務（そしてその違反による責任）が契約の効力に基づくものでなく，契約→労働という先行的事実そのものが義務の発生原因にすぎないことを示すものである」という（平野・前掲注1)41頁）。また，高橋教授も，使用者の支配下での危険への接触を被用者に強制するという「社会的事実」が，不法行為法上の義務違反を基礎づけるとする（高橋眞『続・安全配慮義務の研究』〔成文堂，2013年〕193頁）。しかし，雇用契約による強制力の伴った指揮・従属関係があればこそ（これは事実ではなく規範の問題である），使用者は被用者を第三者の不法行為からも保護する義務を負うのであるから，それは究極的には雇用契約に基づくものといわざるをえない。

27) 最判平成3・4・11判時1391号3頁。

医師に対して病気の治癒のために必要な処置を求める請求権を有しているはずだし，後者では，注文者は建設業者に対して仕事の完成，すなわち建物の完成を求める請求権を有している。ただ，医師，建設業者のなすべき行為が具体的状況に左右されるために，債務の履行の強制のあり方に問題が生じるが，それでもこれらは契約上の債務であることに変わりはない。したがって，安全配慮義務において同様の問題があるとしても，これを不法行為責任とする理由にはならない。

Directions

(1) 判例が安全配慮義務を認めるのは，昭和50年判決のいう「特別な社会的接触の関係」のうち，さらに指揮・従属関係が存在する場合に事実上限定されている。
(2) 通常の保護義務ないし不法行為責任とは異なる安全配慮義務の独自性は，そのような指揮・従属関係から導かれる，生命・身体・健康を危険から保護する積極的義務にある。
(3) 安全配慮義務の根拠となる指揮・従属関係が契約を原因とする限り，その違反による責任は債務不履行責任と解することができる。

● *民法改正との関係*

第14講でも述べるように，権利行使をなしうることを知りながらこれを行使しなかった債権者については，債務不履行に基づく損害賠償請求権の時効期間も短くされるようになった（改正法案166条1項1号）。他方で，不法行為に基づく損害賠償請求権の消滅時効期間は，改正法案724条の2では，生命または身体の侵害のケースにおいては，被害者が損害および加害者を知った時点から5年とされるようになり，ほとんど債務不履行による損害賠償請求権の時効期間と異ならなくなっている。その意味で，時効の壁から被害者を救済するという観点から，安全配慮義務違反を債務不履行と理解する必要は，ほとんどなくなったといえるだろう。

もっとも，時効の問題にかかわりなく，雇用やこれに準ずる法律関係にお

いて，使用者側が被用者側の生命・身体について配慮すべき義務内容が，通常の不法行為責任を上回る独自性を有する，という本文に述べた考え方は，改正法の下でもなお維持しうると考える。

第14講

説明義務違反・契約締結上の過失の位置づけ

最判平成23・4・22民集65巻3号1405頁
民法判例百選Ⅱ〔第7版〕4事件

▶ 判旨

契約の一方当事者が，当該契約の締結に先立ち，信義則上の説明義務に違反して，当該契約を締結するか否かに関する判断に影響を及ぼすべき情報を相手方に提供しなかった場合には，上記一方当事者は，相手方が当該契約を締結したことにより被った損害につき，不法行為による賠償責任を負うことがあるのは格別，当該契約上の債務の不履行による賠償責任を負うことはないというべきである。

I はじめに

　契約締結の過程における一方の当事者の言動・行為が原因となって相手方に何らかの損害が発生した場合，その賠償責任を基礎づけるために「契約締結上の過失」の法理が議論されている。もともと，この法理は，目的給付が原始的不能であるために契約が無効とされても，そのような契約の締結によって相手方に損害を及ぼした者には，債務不履行責任としてその賠償責任を負わせるべく，ドイツで提唱されたものであった。我が国でも，当初は同様の議論が展開されたが，その後，この法理は，一方当事者が契約の締結に最終的に応じなかった場合に，それによって相手方の受けた損害を賠償させるためにも論じられるようになった。さらには，契約の締結に際して重要な情報が当事者の一方

に与えられていなかったために、契約締結によってその当事者に損害が生じた場合にも、相手方の説明義務違反による責任が論じられており、「契約締結上の過失」の名の下に、様々な義務違反が議論されているのが現状である[1]。

従来の判例は、契約締結拒否や説明義務違反における責任の性質について立ち入った言及をすることはなかった。それゆえ、本判決が説明義務違反による損害賠償責任は債務不履行責任ではないとした点には大きな意義がある。かかる場合に責任を肯定するとしても、それが債務不履行責任（民415条）になるのか、あるいは不法行為責任（民709条）にすぎないのかは、実際上の効果の点に影響を及ぼす可能性があるからである。債務不履行責任であれば、損害賠償の範囲にいわゆる履行利益の賠償が包含される可能性が生ずるが、不法行為責任にすぎないとなれば、それは難しいであろう。また、損害賠償請求権の時効の点でも、両者の間では大きな違いがある。はたして、本判決の原審は、説明義務違反による責任を債務不履行責任として位置づけ、これによる損害賠償請求権の時効はなお完成していないと見ていたのに対し、本判決は、ここでの責任は不法行為責任にすぎないとしてその時効完成を容認したのである。すなわち、

> 上記のような場合の損害賠償請求権は不法行為により発生したものであるから、これには民法724条前段所定の3年の消滅時効が適用されることになるが、上記の消滅時効の制度趣旨や同条前段の起算点の定めに鑑みると、このことにより被害者の権利救済が不当に妨げられることにはならないものというべきである。

II 本判決の事案と理由

では、本判決はいかなる事案に関しいかなる理由をもって上記の結論を導いたのか。

信用協同組合Yは、平成6年に行われた監督官庁の立入検査において自己

---

[1] 「契約締結上の過失」の議論の概要については、新版注釈民法(13) 90頁以下［潮見佳男］参照。

資本比率の低下を指摘され，平成8年に行われた立入検査においては実質的な債務超過の状態にあるなどの指摘を受け，早急な改善を求められたが，その後もかかる状態を解消することができなかった。平成10年ないし平成11年頃，Yは債務超過の状態にあって監督官庁から破綻認定を受ける状態にあり，代表理事らはこのことを十分に認識しえたにもかかわらず，Yの支店長をして，Xらに対しそのことを説明しないまま，Yに出資するよう勧誘させた。その結果，Xらは，上記の勧誘に応じ，平成11年3月2日，Yに対し各500万円の出資をした。平成12年12月16日にYの経営が破綻し，Xらは出資に係る持分の払戻しを受けることができなくなった。そこで，Xらは，Yが実質的な債務超過の状態にあり経営が破綻するおそれがあることをXらに説明すべき義務に違反したとして，Yに対し，主位的に，不法行為による損害賠償または出資契約の詐欺取消しもしくは錯誤無効を理由とする不当利得返還を請求し，予備的に，出資契約上の債務不履行による損害賠償を請求した。

　第1審は，Yの説明義務違反によって不法行為が成立するとしつつ，Xらの損害賠償請求権は消滅時効によってもはや認められないとしたが，他方で，説明義務違反による債務不履行責任を容認し，これによる損害賠償請求を認めた。原審もこれとほぼ同様の立場をとったが，本判決は上記のように債務不履行責任を否定し，Xらの請求は完全に棄却された。本判決が，ここでの説明義務違反が債務不履行責任にならないとした理由はこうである。

> 一方当事者が信義則上の説明義務に違反したために，相手方が本来であれば締結しなかったはずの契約を締結するに至り，損害を被った場合には，後に締結された契約は，上記説明義務の違反によって生じた結果と位置付けられるのであって，上記説明義務をもって上記契約に基づいて生じた義務であるということは，それを契約上の本来的な債務というか付随義務というかにかかわらず，一種の背理であるといわざるを得ないからである。契約締結の準備段階においても，信義則が当事者間の法律関係を規律し，信義則上の義務が発生するからといって，その義務が当然にその後に締結された契約に基づくものであるということにならないことはいうまでもない。

要するに，ここでの説明義務は論理的に契約の成立に先行するものであり，その違反によって成立した契約上の義務とすることはできない，ということである。すなわち，かかる説明義務は契約の内容・目的を実現するためのものではなく，むしろ，そもそも契約締結の意思決定の妥当性を担保するものであることを重視している。それゆえ，契約締結に際して課される義務といっても，契約内容・目的の実現に資するためのものであるならば，その違反は契約上の義務違反，すなわち債務不履行と捉えられる余地は十分に残っている。実際に，本判決における千葉勝美裁判官の補足意見は，電気器具販売業者が顧客に使用方法の指示を誤った結果，その品物を買った顧客が損害を被ったという例を挙げ，ここで業者に課される指示義務は，「その違反がたまたま契約締結前に生じたものではあるが，本来，契約関係における当事者の義務（付随義務）といえるものである」としている。

学説ではすでに，フランス法の議論を参考にして，契約締結に際して課される情報提供義務ないし説明義務は，契約の締結に向けられたものと契約の履行に向けられたものに分別することができ，前者の違反は不法行為責任を，後者の違反は債務不履行責任を基礎づけるという見解があった[2]。上記の補足意見はこの見解に通ずるものであり，本判決は基本的に前者の違反を想定したものと考えられよう。

III 本判決の射程
——従前の判例との関係

1 契約の締結に向けられたケース
——自己決定権の侵害のケース

そうすると，説明義務違反による責任は不法行為責任にすぎないという本判

---

[2] 横山美夏「契約締結過程における情報提供義務」ジュリ1094号（1996年）128頁以下，130頁参照。

決の見解は，契約締結に際して問題となる義務全般に及ぶものではなく，あくまで，契約締結の意思決定の妥当性を担保する説明義務に限定されるというべきであろう。従来の判例では，このような説明義務違反は変額保険による損害に関する訴訟で問題となっていた。

すなわち，1990年前後のバブル経済といわれた時期に，一定の返戻金が保証される定額型の保険に加えて，返戻金が払込金の運用実績に応じて増減し，その金額が保証されないタイプの保険の取引が広く普及することになった。しかし，その後のバブル崩壊によって，多くの保険加入者が払込保険料を大きく下回る返戻金しか受け取ることができなくなり，そのような危険なタイプの保険であることを契約締結に際して業者が十分に説明していなかったことを根拠に，契約の無効・取消しや損害賠償請求の訴えが多く提起されることになった。ここでの紛争の実態は，契約者が十分に内容を理解していなかった契約からの解放の実現にあり，裁判は自己が供出した金額の回復を目的とするものであった。実際に，裁判で賠償が請求された損害とは，払込保険料と解約返戻金との差額や，保険契約のために利用した銀行との消費貸借によって負担した支出であった。そのために，請求の法的構成としては，錯誤による契約の無効，詐欺による契約の取消しと並んで，説明義務の違反による損害賠償が主張されていたのである。この説明義務は，まさに契約締結の意思決定の妥当性の前提として機能するものであり，その性質は本判決で問題となった説明義務と同じである。ただ，業者の説明義務違反による損害賠償請求を容認した従前の判例[3]は，責任の法的性質については何も語っていなかった。

また，分譲住宅を購入した者が，購入に際して，残余の物件については自己の購入価格と同等の価格による分譲の公募がなされると信じていたが，売り手側は，当時住宅の売れ行きが芳しくなく，そのような公募を直ちにする意思はなかったにもかかわらず，購入契約の際にそのことを説明していなかった事案でも，売り手の責任を認める判例がある。すなわち，最高裁は，売り手側の説明の欠如によって，分譲住宅の価格の適否について十分に検討したうえで契約を締結するか否かを決定する機会が奪われたとし，売り手側が説明をしなかっ

---

3) 最判平成8・10・28金法1469号51頁。

たことは信義誠実の原則に著しく違反するという[4]。ただ，ここでは慰謝料請求のみが認められるにとどまり，責任の性質については立ち入った判断はなされていなかった。

これらの事案は，近時の有力説によれば，説明義務違反により契約を締結するか否かについて意思決定をする権利，すなわち自己決定権が侵害されたものとして位置づけられている[5]。変額保険のケースでは，かかる自己決定権の侵害と保険金の払込みによる財産的損害との間に因果関係が認められたのに対し，分譲住宅購入のケースでは，財産的損害は容認されなかったものといえよう。それゆえ，後者では，十分な意思決定の機会が侵害されたにとどまるため，それによる賠償の対象は精神的損害にとどまった[6]。しかし，いずれのケースでも，本判決の出現によって，このような説明義務違反による損害賠償責任は不法行為責任にとどまるということは，判例上確立したといえる。

2 契約の履行に向けられたケース

これに対して，同じく説明義務違反といっても，本来的な契約上の義務の履行に関わるものである場合は，債務不履行責任として処理される可能性が高い。

まず，マンションを購入してこれに居住していた者がその火災によって死亡したところ，被害の拡大の一因として，防火戸が作動しなかった点，その防火戸の作動スイッチが分かりにくい場所にあった点，さらには，マンションの売買に際してそのスイッチについての説明がなされていなかった点があげられる事案で，最高裁は，売主には「売買契約上の付随義務」としてスイッチの位

---

4) 最判平成 16・11・18 民集 58 巻 8 号 2225 頁。
5) 錦織成史「取引的不法行為における自己決定権侵害」ジュリ 1086 号（1996 年）86 頁以下，小粥太郎「説明義務違反による不法行為と民法理論(下)」ジュリ 1088 号（1996 年）91 頁以下，同「『説明義務違反による損害賠償』に関する二,三の覚書」自由と正義 47 巻 10 号（1996 年）36 頁以下参照。
6) ちなみに，錦織・前掲注 5) 86 頁以下は，自己決定権の侵害という構成による不法行為責任をあくまで財産的損害の救済の手段として位置づけているのに対し，小粥・前掲注 5) 自由と正義 10 号 45-46 頁は，むしろ，自己決定権の侵害自体による損害も観念すべきという立場にあった。慰謝料の賠償を認めた最高裁の立場は，後者の見解に近いように思われる。

置，操作方法等について説明すべき義務があったとしている[7]。ここでの説明義務は，売買の目的物から得られる利益を補完する意味を持っており，売買本来の給付義務に付随するものと考えられる。「契約上の付随義務」という文言からも，判例はここでは債務不履行責任を容認していると思われる。

また，商品先物取引の委託契約によって損失を受けた顧客が，受託者である商品取引員に対して損害賠償を求めた事案で，最高裁は，委託の対象となる特定の商品先物取引が委託者と受託者との間で利益相反の関係に立つ可能性が高い場合，委託契約上，受託者はこのことを委託者に説明する義務を負い，これに違反した場合には債務不履行責任が成立するとしている[8]。ここでの説明義務は，特定の商品先物取引の委託契約を結ぶか否かの意思決定を十全ならしめるためのものといえ，一見すると，この判決は本判決と逆行するものと思われる。しかし，商品先物取引の委託においては，特定の取引の委託の前に，より一般的な先物取引についての委託契約が結ばれているのであり（これを基本契約という），これを受けて具体的な先物取引の委託がなされることになる。それゆえ，基本契約において，受託者は委託者の利益に配慮して先物取引についての情報を提供する義務が設定されているといってよい[9]。すなわち，ここでの説明義務は，まさに既存の委任契約の内容から導かれる義務といえよう。その意味で，契約関係にない者同士が新たに契約を締結する際に問題となる説明義務とは全く異なる。

3　契約締結拒絶のケース

それでは，契約交渉に入った当事者の一方が最終的に契約締結に応じなかった場合はどう見るべきか。

従前の判例には，歯科医院を経営するためにマンションを購入することについて交渉がなされたが，購入を打診した者の言動を信じてマンションの所有者

---

7)　最判平成 17・9・16 判時 1912 号 8 頁。
8)　最判平成 21・7・16 民集 63 巻 6 号 1280 頁。
9)　この点については，宮下修一『消費者保護と私法理論』（信山社，2006 年）231 頁以下，神吉正三「信用協同組合の出資募集と説明義務」金法 1928 号（2011 年）48 頁以下，52 頁参照。

が歯科医院の経営に相応するようにその改造工事を施したところ，その後，契約締結が拒絶されたという事案がある[10]。第1審[11]は，契約準備段階に入った者は，「信義則の支配する緊密な関係にたつのであるから，のちに契約が締結されたか否かを問わず，相互に相手方の人格，財産を害しない信義則上の義務を負うものというべきで，これに違反して相手方に損害を及ぼしたときは，契約締結に至らない場合でも契約責任としての損害賠償義務を認めるのが相当である」として，契約締結を拒否した者の損害賠償責任を認めた。控訴審もこの結論を支持したが，ただそこでの責任を「契約類似の信頼関係に基づく信義則上の責任」としたところ，最高裁は責任の性質については特に何も語らず，その結論を維持した。

さらに，ゲーム機の開発の受注をめぐって，開発する機械の買受けの契約の交渉がなされていたところ，相手方の言動から契約の成立を信じて開発のために費用を投下していたにもかかわらず，契約締結に至らなかった事案においても，最高裁は，相手方には契約準備段階における信義則上の注意義務違反があり，これにより生じた損害を賠償すべき責任があるとしたが，やはり責任の性質については言及していない[12]。

上記のケースでは，本判決の場合のように信義則上の義務違反によって契約が成立しているわけではない。しかし，ここでも，信義則上の義務と締結が期待されていた契約とは単純に併存するものではなく，むしろ双方は両立しえないというべきである。なぜなら，仮に契約締結が拒絶されなければ，そもそも信義則上の義務ないしその違反はここでは問題とならないからである。そうすると，契約に先行する信義則上の義務を契約に取り込むことを背理と位置づける本判決の考え方を推し進めれば，ここでの義務違反も契約責任とはならないとするのが自然に思われる[13]。

契約締結拒絶の際に観念される義務によって保護される利益は，交渉相手が

---

10) 最判昭和59・9・18判時1137号51頁。
11) 東京地判昭和56・12・14判タ470号145頁。
12) 最判平成19・2・27判時1964号45頁。
13) 本判決の論理が契約交渉破棄の事案にも及びうることを指摘するものとして，丸山絵美子・民事判例Ⅳ（2012年）140頁以下，143頁，早川結人・名古屋大学法政論集246号（2012年）205頁以下，217頁，溝渕将章・阪大法学62巻5号（2013年）1587頁以下，1601-1602頁。

もともと有する財産に関する利益である。それゆえにこそ，ここで賠償の対象とされるべき損害としては，契約の成立を信じて投下された費用が想定されている。つまり，あくまで契約は締結されていない以上，契約履行によって実現されるべき利益までには保護の射程は及ばない。契約締結がないにもかかわらずそのような利益についても賠償義務を課すならば，それは事実上当事者に契約締結の義務を課すに等しいことになり，契約が個人の自由な意思決定によって成立するという古典的原理に反することになる。

　要するに，古典的な契約法原理を前提にする以上，ここでの損害賠償はいわゆる信頼利益の賠償にとどまるのであり，逆にそのような損害賠償は不法行為責任によっても基礎づけることが十分可能である。というのは，日本民法の一般不法行為（709条）の構成要件に照らせば，相手方がもともと有する財産上の利益の侵害に関する注意義務ないし過失，あるいは違法性を認めることは十分に可能だからである。もちろん，賠償の範囲のほかにも，債務不履行構成と不法行為構成とで取扱いが異なる問題はある。たとえば，債務不履行責任の追及においては，故意・過失の立証が不要であり，また，他人を用いたことによる損害の発生の場合でも，履行補助者の法理によって不法行為の使用者責任（民715条）より広い責任の基礎づけが可能となるかもしれない。さらには，本判決で問題になった消滅時効期間もある。しかし，債務不履行責任を追及する場合でも信義則上の義務の特定・立証は要求される以上，立証責任の負担に関しては，不法行為責任の追及における故意・過失の立証と比べて実質的にはあまり差がない。履行補助者の法理のメリットについても，契約交渉をゆだねた代理人ないし従業員が交渉を破棄したことによって相手方に損害を発生させた場合は，単なる使用者責任を超えて，組織的な不法行為として究極的には709条の責任が問われるかもしれない。その場合，本人から一定程度独立した者を用いたために使用者責任を認めがたい場合でも，一般の不法行為責任を問うことは可能になるから，契約責任を追及した場合との差はほとんどなくなる[14]。問題は時効であるが，不法行為責任の消滅時効を是とした本判決の判

14）潮見・不法行為法 I 136頁は，この場合の責任の基礎づけのために契約責任を仮託する必要性を説いているが，究極的には，他人を介した一般不法行為の成否が検討されるべきであろう。

断には，契約の履行に関わらない義務違反の損害賠償請求については，不法行為の消滅時効期間が適切であるとの価値判断が見て取れる。

　学説の中には，売買等の最終的な合意がなされる以前の段階でも，契約交渉をしている当事者間には，中間的合意や部分的約束が成り立っているという立場もある15)。しかし，問題は具体的事案でそのような合意が成立しているか否かであり，それがなければ債務不履行責任は認められず，仮に合意があっても，その内容は売買契約の合意そのものとは異なる以上，その違反による責任内容は売買契約が成立した場合の責任とは決して一致しない。そうすると，契約締結拒絶における損害賠償についても，今後の判例は不法行為責任にとどまるという見方をしていく可能性はかなり高いといえよう。

4　原始的不能による無効の場合

　最後に，契約締結の合意が成立したが，目的給付が原始的不能であったために契約が無効とされる場合について考えてみよう。本来，「契約締結上の過失」はこの事例をめぐって議論されたが，実際にはこのようなケースに関する紛争はあまり多くないようである。

　契約が有効ではないという点では，これも契約締結拒絶のケースと変わらない。しかし，ここでは契約の拘束を受けるという意思決定が存在しており，それゆえに，近時では，原始的不能の給付を目的とする契約を無効としてきたドイツ法でも，この場合には一応契約を有効としたうえで損害賠償責任を課すという法改正が近時なされた16)。これは，当事者の意思決定に重きを置く規律であり，我が国でも国会に上程された改正法案において，これに近い条項が設けられている17)。仮にそのような立法が実現したならば，このケースは他と

---

15) 鎌田薫「売渡承諾書の交付と売買契約の成否」ジュリ857号（1986年）114頁以下，116-117頁，河上正二「『契約の成立』をめぐって(2・完)——現代契約論への一考察」判タ657号（1988年）14頁以下，26頁。
16) 2001年の債務法改正前における旧ドイツ民法306条は，不能な給付を目的とする契約を無効としていたが，改正後の311条aは，そのような場合でも契約は無効とはならず，契約締結の際に債務者がこの点について善意でありかつ帰責事由が認められない場合を除いて，債権者は給付に代わる損害賠償または費用の賠償を請求しうる旨を定めている。

は切り離して，まさに契約責任，債務不履行責任として扱うべきこととなり，当然本判決の射程はこれには及ばないことになる。

Ⅳ　本判決の妥当性

　翻って，本判決が債務不履行責任の可能性を否定し，ここでは不法行為責任しか問題にならないとして消滅時効を是認したのは，そもそも妥当であったのだろうか。

　契約の本来的な給付義務を根拠とはしない損害賠償請求において，債務不履行責任に妥当する民法 167 条 1 項の適用を容認した事案としては，雇用契約等における安全配慮義務についての一連の判例がある。第 13 講で見たように，安全配慮義務違反による損害賠償責任をはじめて認めた判例は，自衛隊の活動中に事故により死亡した隊員の遺族からの損害賠償請求に関するものであり，当該事案では不法行為責任は民法 724 条によってもはや追及することができなくなっていた[18]。ここには，被害者救済のために長期の時効期間を適用しようという実践的意図があったように思われる。それゆえ，本講の事案を判例が不法行為責任の時効規定によって処理してもよいとしたのは，これと逆行するようにも思える。

　ただ，上記の安全配慮義務の法理は，国とこれに雇われている自衛隊員との間で生じた紛争に関するものであり，被害者側は雇主である国に対しては直ちに法的手続を取りにくいという事情があった。このため，損害および加害者を知ったとしても，すみやかに訴えを提起できないままに 3 年が経過することも十分考えられるところであった。しかも，そこで侵害された利益は，生命・身体という重大な利益である。これに対して，本判決に関しては，X らは Y の破綻によって他の被害者集団の訴訟が提起されていることを知りながら，5 年以上が経過してはじめて訴えを提起したという事情があり[19]，権利不行使について非難すべき事情が認められる。また，侵害された利益も生命・身体では

---

17)　後述の「民法改正との関係」を参照。
18)　最判昭和 50・2・25 民集 29 巻 2 号 143 頁参照。

ない。そのような場合に、あえて長い時効期間を設定するのはかえって妥当性を欠くことになる。近時では、債務不履行による損害賠償請求権と不法行為による損害賠償請求権との間で、消滅時効期間について大きな差異を設けるほどの質的な差があるのかが問われている[20]。むしろ、大事なことは時効の起算時点を権利者に酷にならないようにする扱いであろう。

それゆえ、被害者救済というスローガンの下に民法167条1項を適用すべきではなく、契約上の義務に包含することが原理的に困難となる説明義務に関して、その違反の責任を不法行為責任と位置づけた本判決は穏当であろう。説明義務を、契約の締結に向けられたものと契約の履行に向けられたものとに截然と区別しうるのか、という疑問も呈されているが[21]、具体的事案において両者が競合することがあっても、規範としては2つを分別することができるはずである。また、契約を有効としながら説明義務違反をもって不法行為責任を論ずることは評価矛盾であるとの指摘もあるが[22]、さればといって、本来、当事者の意思決定を基礎とする契約責任を、そのような意思決定が疑われる局面に拡張することには、いっそう疑問がある。説明義務違反を債務不履行責任とする見解には、その効果として契約の解除を強調する立場もあるが[23]、これには説明義務違反の際には契約の有効性を否定すべきという価値判断が見て取れ、それは結局、契約上の義務を積極的に容認しようという前提と矛盾することになりかねない。さらに、一部の学説は、契約交渉における中間的合意とい

---

19) 石井教文＝桐山昌己「信用組合関西興銀訴訟事件の概要」金法1928号（2011年）29頁以下、39頁参照。なお、本判決の日と同日に、最高裁は、信用組合Yの説明義務違反による責任を不法行為責任として追及した訴えに関して、その消滅時効は遅くとも同種の集団訴訟が提起された時点から進行するという判決を下した（最判平成23・4・22判時2116号61頁）。

20) 佐久間毅「不法行為による損害賠償債権の消滅時効」金法1928号（2011年）40頁以下、44頁参照。

21) 池田清治・平成23年度重判解（ジュリ1440号）74頁、75頁、渡辺達徳・リマークス46号（2013年）6頁以下、9頁。

22) これについては、潮見佳男「規範競合の視点から見た損害論の現状と課題(2・完)」ジュリ1080号（1995年）86頁以下参照。潮見教授は、不法行為による損害賠償責任を究極的には契約の無効ないし取消しによる原状回復請求権に還元すべきという所見を示しているが（同93-94頁）、本講ではこの問題には立ち入らない。

23) 北川善太郎「契約締結上の過失」契約法大系刊行委員会編『契約法大系I』（有斐閣、1962年）221頁以下、233頁、本田純一『契約規範の成立と範囲』（一粒社、1999年）95頁以下。

う発想からヒントを得て，情報提供義務ないし説明義務も合意によって債務として基礎づけられうるという立場をとる[24]。しかし，情報量の不均衡という客観的要因から要請される説明義務を合意によって基礎づけるという議論には，疑問を拭いきれない。

　もちろん，以上の立論は，契約の効力は当事者の有効な意思決定があってはじめて認められる，という古典的原理を前提とするものであり，個人の意思決定とは異なる要因によって契約の効力を基礎づけうるという立場に与するならば[25]，おのずから説明義務違反の位置づけも変わってこよう。はたして，本判決の補足意見はそのような可能性にも言及しているが，それはもはや立法政策の問題であるという。このことは，判例が古典的な契約原理を前提にしていることを意味する。

V　おわりに
――今後の展望

　「契約締結上の過失」は，不法行為責任の要件がドイツ法では厳格であったために，これを補う意味で債務不履行責任として論じられたものであり，我が国でも，従来の通説はこれを債務不履行責任として位置づけていた[26]。しかし，日本民法の一般不法行為の構成要件の内容はドイツ法とは異なり弾力的であり，むしろ，この問題は不法行為責任によって処理されるべきとする見解もかねてから主張されていた[27]。本判決を機縁として，今後は，契約締結拒絶の事案も不法行為責任によって処理する方向性が固まる可能性がある。

　これに対して，委任契約における説明義務のように，契約の内容・性質から

---

24) 宮下・前掲注9)456-457頁。
25) この問題については，法共同体における当事者間の関係を重視して，それによる契約責任を論ずる見解（関係的契約理論）も有力である（内田貴『契約の再生』〔弘文堂，1990年〕145頁以下参照）。説明義務違反を債務不履行責任として構成する見解も，古典的契約法原理の限界を指摘している（本田・前掲注23)96-98頁）。
26) 我妻・講義V₁ 38頁以下，北川・前掲注23)231頁以下。
27) 石田喜久夫・民商89巻2号（1983年）287頁以下，291頁，平野裕之「いわゆる『契約締結上の過失』責任について」法律論叢61巻6号（1989年）61頁以下。

導かれる義務の場合には，その違反は債務不履行とすべきであるし，売買契約においても，給付利益を十全にするための目的物の性能に関する説明は債務の履行の一環として捉えるのが素直であろう（付随義務と呼ばれるケース）。これらの義務違反によって契約者がもともと有していた生命・身体・財産に関する利益が侵害された場合でも，これを無理に不法行為責任として位置づける必然性はない。

このように，これまで「契約締結上の過失」の名の下に括られていた責任問題のすべてが，一方では不法行為責任に還元され，他方では，契約上の本来的義務の一部や付随義務に取り込まれるということになれば，これらを同一の名称の下に議論すること自体が疑問となってくる。はたして，学説では，「契約締結上の過失」の名の下に雑多な責任問題が論じられていることを指摘し，かかる概念の有用性に疑問を呈する見解も有力である[28]。本判決の補足意見はこの概念に言及しているものの，法廷意見はそもそも触れていない。今後は，「契約締結上の過失」の存在意義自体が問われることになるだろう。

最後に，本判決との関係で気になるのが安全配慮義務の位置づけである。これは，雇用契約における使用者の給付義務に付随するのではなく，むしろ，被用者の労務提供に際して問題となり，他方では，直接の契約関係になくとも自己の指揮監督下にある者に対する関係では認められているからである[29]。本判決が安全配慮義務の法的性質の議論に及ぼす影響も取り沙汰されている[30]。ただ，判例では，従業員が勤務中に侵入者によって殺害されたケースで，防犯設備の不備等が安全配慮義務違反に当たるとして使用者の責任を肯定した事案があり[31]，これを不法行為法によって実現するのははたして可能だろうか。そのことは第13講において検討したとおりである。

---

28) 円谷峻『新・契約の成立と責任』（成文堂，2004年）108頁以下，大村敦志『消費者法〔第4版〕』（有斐閣，2011年）90頁。
29) 最判平成3・4・11判時1391号3頁参照。
30) 平野裕之「契約締結に際する信義則上の説明義務違反に基づく責任の法的性質」NBL955号（2011年）15頁以下。
31) 最判昭和59・4・10民集38巻6号557頁。

Directions

(1) 本判決は契約締結の意思決定に向けられた説明義務について判断したにすぎず，契約上の給付義務の履行に関連する説明義務にはその射程は及ばない。
(2) 本判決が説明義務の履行と契約成立が相容れないことを重視している点からは，契約が成立すれば問題にならない契約締結の拒絶における責任についても，今後の判例が不法行為責任にすぎないとする可能性がある。
(3) 「契約締結上の過失」の下に論じられてきた責任のすべてが，不法行為責任または債務不履行責任に解消されることになれば，この概念の有用性自体が認められなくなる。

● *民法改正との関係*

　契約において約束された給付の実現が原始的に不能である場合については，改正法案412条の2第2項が，一般の履行不能の場合と同様の損害賠償請求権を容認する旨を規定するに至った。それゆえ，本文にも述べたように，このケースを一般の債務不履行責任と区別して殊更に「契約締結上の過失」として議論する必要はなくなったと考えてよいだろう。
　他方で，「契約締結上の過失」における責任の性質について1つのポイントとなっていた時効期間の問題に関しては，改正法案166条1項1号が，一般の債権についても，債権者が権利を行使しうることを知ってから5年間権利を行使しなければ時効が完成するとしており，権利行使について懈怠が認められる債権者については，債務不履行の損害賠償請求権の消滅時効期間も従前より短縮するに至っている。その意味で，時効期間の長短との関係で責任の性質を論ずる実際上の意義は，いっそう小さくなったといえよう。

第15講
共同抵当の目的不動産の売却が詐害行為に当たる場合

最判平成 4・2・27 民集 46 巻 2 号 112 頁
民法判例百選 II〔第 5 版新法対応補正版〕18 事件

▶ 判旨

共同抵当の目的とされた数個の不動産の全部又は一部の売買契約が詐害行為に該当する場合において，当該詐害行為の後に弁済によって右抵当権が消滅したときは，売買の目的とされた不動産の価額から右不動産が負担すべき右抵当権の被担保債権の額を控除した残額の限度で右売買契約を取り消し，その価格による賠償を命ずるべきであり，一部の不動産自体の回復を認めるべきものではない（……）。
そして，この場合において，詐害行為の目的不動産の価額から控除すべき右不動産が負担すべき右抵当権の被担保債権の額は，民法 392 条の趣旨に照らし，共同抵当の目的とされた各不動産の価額に応じて抵当権の被担保債権額を案分した額（以下「割り付け額」という。）によると解するのが相当である。

I　はじめに

本講では詐害行為取消権（424 条）の要件・効果に関わる問題を取りあげてみたい。具体的には，共同抵当の目的不動産の全部または一部が売却され，その売却代金が抵当権の被担保債権の弁済にあてられた結果，抵当権が消滅し，抵当権設定登記が抹消された場合に，①行為の詐害性が認められるための要件

と，②詐害行為取消権が行使された場合の効果，という問題に焦点を当てる。かなり難しい問題であるが，責任財産の保全を目的とするルールと共同抵当の実行時における配当に関するルールという，一見すると，直接には関係がなさそうな制度が接点を持つ興味深い場面であり，民法の横断的・立体的な理解に役立つのではないかと考えた次第である。

〈判旨〉は，上記問題②について判断したものであり，2つのことを述べている。すなわち，前半では，共同抵当の目的不動産の売却が詐害行為に当たり，抵当権が消滅した場合に，詐害行為取消権を行使した債権者は，不動産自体の現物返還ではなく，一部取消し・価格賠償によるべきこと，後半では，各抵当不動産につき一部取消しの範囲を確定する際に392条の趣旨を援用し，目的不動産の価額に応じた按分計算を行うべきこと，を明らかにした。こうした判断の前提となる問題①に関して，〈判旨〉は判断基準を示していない。この点につき，原審の判断および当事者の主張に目を向けると，問題①について一定の立場が前提とされているが，そのこと自体の当否も検討の余地がある。さらに，比較的最近，問題①との関係で共同抵当の法律関係の理解について立場を異にする下級審判決[1]が相次いで現れ，最高裁による判断の統一が望まれている。そこで，本講では，問題①にも踏み込むことにする。

まず，抵当不動産の売却が詐害行為に当たるための要件と，詐害行為に当たる場合の効果について判例準則の内容を確認する（⇒Ⅱ）。次に，共同抵当の事例のうち，目的不動産がすべて債務者の所有物である場合に424条の効果論の文脈において392条の趣旨を援用した最高裁判決である，本講の〈判旨〉の意義を考察し，残された問題①を検討する手がかりを得る（⇒Ⅲ）。最後に，債務者と物上保証人の所有不動産が混在する場合における問題①の処理について検討する（⇒Ⅳ，Ⅴ）。以下，説明の便宜のため，簡単な設例を用いて話を進めることにしよう。

---

[1] 大阪地判平成22・6・30判時2092号122頁，東京地判平成25・6・6判タ1395号351頁，大阪地判平成26・12・4判時2279号60頁。

Ⅱ 抵当不動産の売却が詐害行為に当たる場合

〔設例1〕　AはBに対する貸金債務α（1200万円）を担保するため，自己所有の不動産甲（2000万円）に抵当権を設定し，抵当権設定登記をした。AはCに対しても貸金債務β（3600万円）を負っていた。弁済期が到来したにもかかわらず，Aは，債務α・債務βいずれも弁済していない。
〔1-1〕　Aは甲を妻Dに贈与し，所有権移転登記を行った。
〔1-2〕　Aは，Bの了承を得て，甲を第三者Eに2000万円で売却し，その売却代金のうち1200万円を債務αの弁済にあて，抵当権設定登記を抹消した。

1　相当価格での不動産の売却

　詐害行為取消権とは，債権者代位権とならんで，債権回収の拠り所となる債務者の責任財産を保全するための制度である。詐害行為の典型例は，贈与や過大な代物弁済のように責任財産を減少させる債務者の行為である。そうすると，たとえば，不動産を相当価格で売却する行為は，財産の形態が不動産から金銭に変わるだけであり，金額に換算された責任財産の総量に変化がないため，およそ詐害性を認められないようにも思われる。ところが，現行法の解釈論上，相当価格での不動産の売却も，原則として詐害行為に当たるものと解されている[2]。不動産を費消・散逸・隠匿しやすい金銭に変えることは，それ自体が責任財産を減少させる行為に準じて捉えられるというのが，その理由である。
　もっとも，抵当不動産の被担保債権の弁済原資を調達する目的で不動産を相当価格で売却する場合には，売却目的の正当性に鑑み，例外的に詐害性が否定される[3]。抵当権者はもともと目的不動産上に一般債権者に対する優先権を有

2）　大判明治39・2・5民録12輯136頁。

しているから，その抵当権の被担保債権を満足させるための換価行為を債務者が適切に行った場合，一般債権者がそれを非難しうる立場にはないからである。

したがって，〔1-1〕においては，上の原則論が妥当し，Aの贈与により，甲の売却価格から抵当権者Bの被担保債権額を控除した800万円について，一般債権者Cは自己のAに対する債権の引き当てとなる責任財産を減少させられたことになるから，Aの行為は詐害行為に当たる。

これに対して，〔1-2〕においては，設定者，抵当権者，第三取得者間の合意の下，抵当目的不動産を相当価格で任意売却して得た代金を抵当権者の被担保債権の満足に優先的にあてることで，競売手続の利用を回避しているだけであり，Aの行為は詐害行為に当たらない。

2　現物返還か価格賠償か

次に効果論に目を転じてみよう。まず，〔1-1〕における贈与が詐害行為に当たるとして，Cは受益者Dに対して何を請求することができるだろうか。責任財産の保全という趣旨に照らすと，詐害行為取消権の行使の結果，目的物を現物で回復し，そこから債権者が平等弁済を受けることが望ましい。抵当権の被担保債権が弁済されておらず，抵当権および抵当権設定登記が残存している場合は，贈与全体を取り消して，甲の登記名義がAに復帰すれば，詐害行為が行われる前の状態を完全に回復することができる。

目的物が一棟の建物や一筆の土地であるなど不可分の物である場合は，たとえ目的物の価額が被保全債権額を上回る場合であっても，譲渡行為を全部取り消し，現物返還を求めることができると解されている[4]。もっとも，一般債権者が抵当不動産に関して債権回収の拠り所として期待してよいのは，抵当不動産の価値全体ではなく，抵当権者の優先権が及ぶ被担保債権額を除外した残額に過ぎない。そうすると，一般債権者は自己の被保全債権の範囲内で一部を取

3）　最判昭和41・5・27民集20巻5号1004頁。
4）　最判昭和30・10・11民集9巻11号1626頁。

り消すべきことになりそうであるが，行為の目的物が不可分であり，かつ抵当権設定登記が抹消されておらず，詐害行為前の状態を回復することが可能である限り，譲渡行為の全部を取り消し，現物返還を認めるべきだとされている5)。

よって，〔1-1〕において，Ｃは贈与を全部取り消し，所有権移転登記の抹消登記ないしは移転登記手続を求めることになる。

1で述べたとおり，〔1-2〕における抵当不動産の売却に詐害性は認められない。それでは，〔1-3〕のような事例であれば，どうだろうか。

〔1-3〕 Ａは甲を第三者Ｅに1200万円（廉価）で売却し，売却代金の全額を貸金債務 a の返済にあてた結果，抵当権設定登記が抹消された。

この場合，Ａは相当価格より安い値段で甲を売却しており，過大な代物弁済と同様，債務者の責任財産を減少させている。したがって，たとえ売却の目的が，抵当権の被担保債権を弁済する原資を調達する目的に出たものとはいえ，行為の詐害性は認められる。このときの効果として，現物返還は可能か，それとも一部取消し・価格賠償によらねばならないか。

抵当不動産を設定者が抵当権者以外の者に売却し，その代金の一部で被担保債権を弁済して，抵当権設定登記が抹消された場合，詐害行為取消権行使の効果として無担保の不動産として現物返還を求めることは，元来共同担保の目的でなかった部分の回復まで求めることになる。そこで，判例は，「債務者が目的物をその価格以下の債務の代物弁済として提供し，その結果債権者の共同担保に不足を生じせしめた場合は，……取消は債務者の詐害行為により減少された財産の範囲にとどまるべきものと解すべきである。したがって，……その取消は，前記家屋の価格から前記抵当債権額を控除した残額の部分に限って許されるものと解するを相当とする。そして，詐害行為の一部取消の場合において，その目的物が本件の如く一棟の家屋の代物弁済であって不可分のものと認められる場合にあっては，債権者は一部取消の限度において，その価格の賠償

---

5) 最判昭和54・1・25民集33巻1号12頁。

を請求」するほかない[6]としている。

よって，〔1-3〕において，Cは甲の売買を，抵当権の被担保債権額を控除した800万円の限度で取り消して，Eに対して価格賠償を求めるべきことになる。そして，金銭に関しては，債権者が受益者に対して直接金員の支払いおよび動産の引渡しを求めることができると解されているため[7]，結果的に他の債権者に優先して自己の債権を回収することができる。

やや前置きが長くなったが，以上の前提知識を踏まえて，項目をあらためて，本題である〈判旨〉の検討に進むことにしよう。

Ⅲ　共同抵当の場合①
―――目的不動産がすべて債務者所有である場合

〔設例2〕　AはBに対する貸金債務γ（2400万円）を担保するため，自己所有の不動産甲（2000万円）および不動産乙（2000万円）に抵当権を設定し，抵当権設定登記をした。AはCに対しても貸金債務δ（3600万円）を負っていた。弁済期到来後もAは債務γ・債務δを弁済していない。
〔2-1〕　Aは甲乙を妻Dに贈与し，所有権移転登記を行った。
〔2-2〕　AはBの了承を得て，第三者Eに甲乙を廉価（合計2000万円）で売却し，その代金を債権γの返済にあてて，抵当権設定登記を抹消した。

1　〈判旨〉の事案

〈判旨〉の事案は，〔2-2〕に比較的近い。約3億円余りの負債を抱えて倒産した有限会社の代表取締役Aは，個人名義で，右会社の改装費用等の債務として，Xに対して約2000万円の立替金支払債務を，B（信用金庫）に対して約3800万円の貸金債務などを負担していた。AはBに対する債務を担保するた

---
6)　最判昭和36・7・19民集15巻7号1875頁。
7)　大判大正10・6・18民録27輯1168頁，最判昭和39・1・23民集18巻1号76頁。

め，自己所有の宅地甲・居住用家屋乙・農地に極度額3000万円の共同根抵当権を設定し，設定登記をした。その後，AはBに対する債務につき不履行に陥り，Bが任意競売を申し立てた。Aは，甲乙の競売が実行されると，老母Cがそこに居住し続けることができなくなることから，知り合いの司法書士に対策を相談し，Xを含む債権者を害することを知りながらあえて，Y₁に甲乙を一括して3500万円で売り渡し，Y₂に農地を一括して代金1000万円で売り渡した。Aは，これらBの共同根抵当の目的不動産の売却代金をBに対する債務の弁済にあて，共同根抵当権設定登記は抹消された。そこで，XがAによるY₁・Y₂への上記不動産等の売却行為について，主位的には虚偽表示に基づく無効を主張し，予備的に，詐害行為として取り消したうえで，所有権移転登記の抹消登記手続（現物返還）を求めた。

原審は主位的請求を棄却し，予備的請求を認容した。上告審では，本件売却が詐害行為に当たるかどうかは争点にならず，後始末の方法だけが問題とされた。すなわち，原審が，各物件の時価を確定せずに，Y₁が買い受けた甲乙の限度で現物返還を認めたことを不当として，Y₁が価格賠償請求しか許されないと主張したことに対する判断として示されたのが，本件〈判旨〉である。

2 効果
―――現物返還か価格賠償か

抵当権の被担保債権が弁済により消滅し，抵当権設定登記が抹消されている場合に，詐害行為取消権を行使した債権者は一部取消し・価格賠償を求めるべきだという判断は，共同抵当の目的不動産が建物とその敷地である（両者が不可分一体である）ケースにおいて踏襲されている[8]。もっとも，学説においては，共同抵当の法律関係の特質に着眼し，一定の場合には例外的に現物返還の余地を残すべきことを主張する見解があった。すなわち，共同抵当の目的不動産の総額から被担保債権額を控除した差額が一部の目的不動産の価格を超えるときは，その額に相当する不動産の現物返還を請求しうるというものであ

---

8) 最判昭和63・7・19判時1299号70頁。

る[9]。共同抵当の被担保債権が弁済されることにより，一般財産に属する価値が一部の不動産に集中したものとみる立場であり，共同抵当権者の目的不動産に対する支配の流動性・可変性を強調したユニークな解釈論といえる。

しかし，最高裁はあくまでも一部取消し・価格賠償によるべきであり，一部の不動産自体の返還を認めるべきでないとした。その実質的な理由は，まず，現物返還が原則であるというときの「現物」とは「逸出した財産自体」を意味し，抵当不動産の場合は，抵当権が付いたままの状態での現状を指すとみるべきこと，次に，現物返還が可能か否かを実質的な観点から判断すべきであるにしても，抵当権が消滅し，真の意味での現状を回復することができなくなったのに，なお「一般財産に属する価値が一部の不動産に集中して現実化した」というのは比喩的に過ぎること，加えて，実際問題として，共同抵当の場合，全物件の総額から被担保債権額を控除した残額を下回る時価の不動産があるという事例は少ないように思われ，一部の不動産自体の返還を認める実益がどれほどあるかは疑問であるし，仮にそれが存在したとしても，不足分は価格賠償で補う必要があり，そこまでして現物返還に固執するメリットに乏しいといったことが挙げられている[10]。

その上で，詐害行為の目的不動産の価額から控除すべき右不動産が負担すべき右抵当権の被担保債権の額は，392条の趣旨に照らし，共同抵当の目的とされた各不動産の価額に応じて抵当権の被担保債権額を案分した額によるべきものとした[11]。

このように，〈判旨〉は，共同抵当の目的不動産がいずれも債務者の所有に属し，抵当権設定登記が既に抹消された事例にかかる判断である。〈判旨〉は，その文面上，抵当不動産の所有者が誰であるかを問題にしておらず，以下，Ⅳで検討する場面にもその射程が及びうる含みを一応残している。すなわち債務者所有不動産と物上保証人所有不動産が混在する場合にも同様に考えてよいか，問題となりうる[12]。

また，逸出した財産の価額が取消債権者の債権額を超えるため，一部不動産

---

9) 我妻・講義Ⅳ 196 頁。
10) 倉吉敬・最判解民事篇平成 4 年度 74 頁。
11) 佐藤岩昭・判評 405 号（判時 1430 号）（1992 年）28 頁。

の返還しか許されないときに、一般債権者の共同担保の額の算定に当たって、当該不動産価額から控除されるのは、被担保債権額総額か、割付額なのか、という問題に対して一定の態度を示したものでもない[13]。とはいうものの、〈判旨〉は424条の効果論のみならず、「詐害性」の要件論においても、392条1項が基準として機能しうる余地を示唆するものといえないだろうか。これら残された2つの課題を以下で順次（後者を3で、前者をⅣ、Ⅴで）検討する。

3　「詐害性」要件充足に関する残された問題点

　まず、冒頭に掲げた問題①を考えてみよう。共同抵当権の実行に当たって、抵当権者は同時競売・異時競売、いずれの方法を用いてもよい。共同抵当権者は各不動産の全体を被担保債権額（総額）の範囲内で支配しており、競売方法における選択の自由を保障されている。

　こうした出発点からすると、〔1-3〕や〈判旨〉の事案のように、共同抵当の目的不動産が廉価売却された場合、一般債権者の共同担保部分を算出する際に、売却された各不動産の価額と共同抵当権の被担保債権の額を比較して、前者より後者が大きい限りは、一般債権者の引当てとなる責任財産の減少は考えられず、詐害行為たりえないという考え方が導かれうる。本判決の上告理由も、詐害行為の目的不動産の価額から控除すべき額（不動産が負担すべき被担保債権の額）は割付額ではなく、被担保債権総額（本件では極度額）であると主張していた[14]。

　ただ、そう考えると、たとえば〔2-1〕において、Ａが被担保債権の全額（2400万円）において甲乙の価値（各2000万円）をともに把握するとみられるため、一般債権者Ｃにとって共同担保となる部分は甲乙いずれにも存在せず、詐害性が肯定される余地がないことになる。しかし、このような解釈は著しく一般債権者の利益を害する結果となり、共同担保の有効利用という点において

---

12) もっとも、森永淑子・法学（東北大学）60巻2号（1996年）182頁は〈判旨〉の射程はこの場合に及ばないとする。
13) 角紀代恵・法教144号（1992年）105頁。最判昭和62・4・7金法1185号27頁も参照。
14) 民集46巻2号119頁。原審も同様の考え方を前提にしているようである。

疑問である[15]。そもそも既に抵当権が消滅し，その登記が抹消されているような場合は，抵当権者の選択の自由に配慮する必要はまったくない[16]。また，抵当権設定登記が残っており，抵当権者の選択の自由に引き続き配慮する必要があるとしても，詐害行為取消の可否が問題となるような無資力状態においては，一般債権者の利益との調整上，選択の自由が多少制限されることもやむをえない。そうすると，392条1項の割付けを基準に共同担保の範囲を算出することが考えられてよい。

この立場によると，〔2-1〕〔2-2〕いずれの場合でも，一般債権者Cは甲乙それぞれに対して 2000万円－2400×1/2＝800万円の共同担保を有しており，これを贈与し，あるいは廉価で売却するAの行為は詐害行為に当たるとみるべきことになる。

IV 共同抵当の場合②
――債務者所有不動産と物上保証人所有不動産からなる場合

〔2-3〕 〔設例2〕において，乙がAではなく，その妻Dの所有物であり，かつAが甲を第三者Eに，乙を第三者Fに売却した場合はどうか。行為の詐害性判断および一部取消しの可否および範囲を定めるにあたって，〔2-2〕と同様に，392条1項は基準となりうるか。

最後に，債務者所有不動産と物上保証人所有不動産に共同抵当が設定され，抵当目的不動産がともに売却された場合の詐害性要件充足を判断するに際して，一般債権者の債権の引当てとなる共同担保をどのように算出すべきかを考察する。この問題は，結局同時配当がなされる場合の処理の問題に収斂する。この場合も392条1項が適用されるか。この点につき，判例の立場は明らかでなく[17]，執行実務上も肯定説と否定説に分かれている[18]。肯定説によれば，

---

15) 安永正昭・リマークス6号（1993年）30頁。
16) 倉吉・前掲注10)78頁。

〔2-2〕と同じ結論になる。他方，否定説による場合，まず債務者所有の甲に優先的に被担保債権を割り付け，残余を物上保証人所有の乙に割り付けることになりそうである。

1 適用肯定説

392条は文言上，抵当不動産の所有者が誰であるかを問題にしていない[19]。抵当権設定契約は設定者の物的有限責任を基礎づけるものである。物的担保をとる債権者が関心を寄せるのは，担保目的物の有する換価価値のみであり，それが誰に帰属しているかは重要でない。何よりも設定者・担保権者の双方にそのような担保力を違える合意は何もない[20]。物的有限責任の併存状態という点において，すべてが債務者所有不動産の場合と本質的な差がないから，Ⅲと同様，同時配当の場合に392条1項を適用するという考え方も成り立ちうる。

ところが，周知のとおり，物上保証人所有不動産が先に競売され，その後債務者所有不動産が競売される場合（異時配当），392条2項は適用されないと解されている[21]。物上保証人は債務者に対して事後求償権を有し（372条・351条），事後求償権の履行を確保するために，債権者の原債権および担保権に代位できる（500条・501条）ところ，このような物上保証人の法定代位に対する利益が優先的に保障されるべきだからである。もし同時配当の場合に392条1

---

17) 最判昭和61・4・18集民147号575頁は，確かに同時競売の事案ではあるものの，同時配当がされたかどうか不明だとされており，異時配当において物上保証人の代位が優先し，392条2項が適用されないという考え方が同時競売の場合にも妥当する旨を述べるものに過ぎず，その先例的意義は不安定である（中川正充「共同抵当と配当」山崎恒＝山田俊雄編『新・裁判実務大系⑿民事執行法』〔青林書院，2001年〕210頁）。
18) 裁判所書記官研修所編『不動産執行における配当に関する研究』（法曹会，1985年）515頁。
19) もっとも旧民法では，現行民法392条の元となる規定について，共同抵当の目的たる不動産がすべて債務者に属する場合を想定していた（寺田正春「共同抵当における物上保証人の代位と後順位抵当権者の代位について」同志社法学31巻5＝6号〔1980年〕314頁，Boissonade, Projet de Code Civil, t.4〔1891〕n.488)。
20) 池田真朗ほか『マルチラテラル民法』（有斐閣，2002年）226頁［池田］。さらに，高木・担保物権法104頁は，検索の抗弁権は，抵当権の実行を不当に遅延せしめるおそれがあり，かつ，物上保証人の責任は保証人と異なり抵当物件に限定されているから，物上保証人に保証人と同程度の保護は必要ないとする。
21) 大判昭和4・1・30新聞2945号12頁，最判昭和44・7・3民集23巻8号1297頁。

項を適用すれば，同時配当か異時配当かによって，配当の結果が異なりうることとなる。そもそも適用条文が別々である以上，両者の均衡を保持しえないこともやむをえないと割り切るのも1つである[22]。

はたして肯定説に立つ裁判例が現れた[23]。すなわち，平成25年東京地判は「同項は共同抵当の目的となる不動産の所有関係について何ら定めていないのであって，このような規定の仕方からすれば，共同抵当の目的となる不動産が債務者所有不動産と物上保証人所有不動産とになる場合であっても同時配当が実施されるときは同項の適用があることについて，物上保証人としてもあらかじめ予期し得るのであるから」，物上保証人の期待を不当に害するとはいえない，とした。

事案は，債務者B所有の甲土地と物上保証人X所有の乙建物に設定された共同根抵当権を抵当権者Zが実行し，競売の結果，甲乙が一括売却され，作成された同時配当による配当表に対する配当異議事件である。Zの共同根抵当権の被担保債権の債務者としてAとBの2人が存在したため，Bはいわば債務者兼物上保証人の立場にある。つまり純粋な債務者所有不動産と物上保証人所有不動産との併存事例ではない。共同抵当不動産が異なる物上保証人所有である場合の同時配当に関して392条1項が適用されることを前提とした最高裁判例があるが[24]，本件はこの最高裁の事案とも類似する部分を含む。要するに，本件は，肯定説に立つほうが事案を簡便に処理できるメリットがあった点に事案としての特徴がある。それゆえ，その射程の理解については慎重な評価が求められることになろう。

2 適用否定説

他方，冒頭（Ⅰ）でも触れたとおり，424条の成立要件論の文脈で，同時配当の場合においても債務者所有不動産から割付けを行うべきことを前提とする

---

[22] 富越和厚「共同抵当をめぐる判例上の問題点」加藤一郎ほか編『担保法大系(1)』（金融財政事情研究会，1984年）686頁，加藤就一「共同抵当の配当関係」判タ1239号（2007年）53頁。
[23] 前掲注1）東京地判平成25・6・6。
[24] 最判平成14・10・22判時1804号34頁。

裁判例も存在している[25]。

　平成22年大阪地判の事案の概略は次のとおりである。Aおよびその妻Yが共有する甲土地上にAの子Bが所有する乙建物が存在した。甲土地および乙建物を共同抵当の目的として，C銀行を根抵当権者，Aを債務者，極度額3億7750万円とする第一順位根抵当権が設定された。その後，AはYとの間でAの甲土地の共有持分権をYに売却する旨の売買契約を締結し，同日持分権移転登記をした。この持分の売却代金でAはCに対する残債務を弁済し，抵当権は消滅し，抵当権設定登記も抹消された。それに代わり売却代金相当額の融資をYがCから受けて，Cのためにその貸金債務を担保するために根抵当権を新たに設定した。そこでAに対して約1億4355万円の損害賠償請求権を有するXが，AのYに対する甲土地の共有持分権の売却が詐害行為に当たるとして，Yに対してこの売買契約の取消しと価格賠償を求めた。

　平成22年大阪地判は，500条・501条の趣旨を根拠として，まず債務者所有不動産から配当を行うべきとし，昭和61年最判（前掲注17））を参照指示している。平成22年大阪地判の事案において，詐害行為の成立を主張する一般債権者（X）は，同時配当の際，物上保証人所有の不動産の所有権は，代金納付の日に買受人に移転することにより（民執79条），債務者所有の不動産上の共同抵当権は消滅し（民執59条1項），物上保証人による代位弁済が生じるのは配当期日であるので，配当期日において代位弁済が生じた時点では，代位すべき共同抵当権は消滅しているから，民法501条に基づく代位が生じる余地はないと主張していた。しかし，裁判所はこの主張を一蹴して，「物上保証人及び乙不動産の後順位抵当権者の代位に対する期待が存することは，権利関係上明らかであるから，上記〔まず債務者所有不動産から―筆者注〕の配当を行うに当たり，物上保証人又は乙不動産の後順位抵当権者から代位権行使等の意思表示を待つまでもない」としている[26]。

　平成22年大阪地判において，詐害性が問われている譲渡の目的は抵当権の被担保債権の弁済にあてる資金の捻出である。売却目的・売却額がいずれも相

---

25) 前掲注1)大阪地判平成22・6・30。
26) 判時2092号127頁。

当である場合には詐害性が認められないとする判例に沿うもので，結論自体は穏当である。譲受人である Y は，代金額に相当する金銭を新たに C 銀行から借り入れており，ちょうどその借入金で債務者（A）の銀行に対する債務を第三者弁済した状況に近く，受益者（Y）の債務者（A）に対する事後求償権を確保する必要性があるという説明が比較的しやすい事案であった。そのような意味において，平成 22 年大阪地判の射程も当該事案の個性との関係で捉えられる必要がある。

さらに，最近，「同時配当が行われるか異時配当が行われるかは，抵当権者の意向などの偶然の事情によって決せられるものであるところ，このような偶然の事情によって物上保証人に不利益な結果を生じさせることは，民法 500 条及び 501 条の趣旨に照らし，相当ではない」と述べて，異時配当の場合と同等の結果を同時配当の場合にも保障すべきことを強調して，適用否定説を正当化する裁判例も現れた[27]。

3　物上保証における責任の（限定的）補充性

学説においては適用否定説が圧倒的に多数である[28]。同時配当の場合でも観念的にはいずれか一方の配当が先行すると解することは論理的に可能である。異時配当の場合に求償権の行使を期待しえた物上保証人およびその後順位抵当権者を保護する（売却前の第三者弁済と同視する）という発想を同時配当の場合にも及ぼすべきだというバランス論自体は常識に合致する。しかし，392条はもともと同時配当と異時配当の結果を常に同じにすることまでその趣旨に含むものとは当然にはいえず，異時配当の場合に同時配当の場合と比べて後順位抵当権者等の利害関係人により不利な結果を生じさせない限りの意味をもつ。そこで，異時配当とのバランスを指摘して，392 条 1 項を適用しないとい

---

[27]　前掲注 1) 大阪地判平成 26・12・4。同判決の評釈として，松本恒雄・民事判例 XII（2015 年）94 頁，下村信江・リマークス 53 号（2016 年）10 頁などを参照。

[28]　内田 III 466 頁，道垣内・担保物権法 207 頁，平野裕之『民法総合 3 担保物権法〔第 2 版〕』（信山社，2009 年）164 頁，安永・講義 352 頁，松井宏興『担保物権法〔第 2 版補訂〕』（成文堂，2011 年）111 頁，髙橋・担保物権法 110 頁，清水元『プログレッシブ民法（担保物権法）〔第 2 版〕』（成文堂，2013 年）104 頁，生熊・担保物権法 112 頁。

う消極的判断に加えて，債務者所有不動産から被担保債権額の割付けを行うための積極的な論拠として，500条・501条[29]や460条の類推を援用してきた[30]。

しかし，500条・501条は既に債権者に満足を与えた物上保証人の事後求償権を確保するためのルールであり，物的有限責任を負う所有者を異にする不動産が複数ある場合に同時配当の割付けをどのように行うべきかという問題は，理論上500条・501条の問題とは次元を異にする。460条類推適用説も物上保証人の事前求償権が認められていない[31]ことと整合しにくい。

そこで，原則として，392条1項を適用すべきであるが，物上保証人または物上保証人の後順位抵当権者から配当期日までに代位権行使の意思表示がなされた場合には，同項を適用せず，債務者所有不動産の代価から共同抵当権者に配当する説もある[32]。この説に対しては，500条・501条による権利の移転は法律上当然に生じるのであり，実体法上代位権行使の「意思表示」を必要としないし，配当期日までの一定の意思表示というのは，一般債権者が配当加入する場合の債務名義および配当要求と同様の執行手続上の要件に過ぎない，という批判がある[33]。もっとも，この考え方は，392条1項が適用される場合と適用されない場合の両方が事案ごとにありうる，という見方を示唆している。

V 検討

それでは，どう考えればよいか。原則として392条1項の適用を排除し，債務者所有不動産から割り付けるという結論はおそらく穏当なものである。〔2-3〕の処理としては，Bの被担保債権（2400万円）はまず甲（2000万円）に

---

29) 佐久間弘道『共同抵当の理論と実務』（金融財政事情研究会，1995年）382頁。
30) 佐久間弘道「共同抵当の代価の配当に関する問題点の検討」金法1100号（1985年）71頁，同「共同抵当における代価の配当についての考察(6)」金法1107号（1985年）49頁。
31) 最判平成2・12・18民集44巻9号1686頁。
32) 井上稔「配当手続」ジュリ876号（1987年）77頁，上田正俊「同時配当」判タ682号（1989年）42頁，上田正俊「同時配当(1)」東京地裁配当等手続研究会編著『不動産配当の諸問題』（判例タイムズ社，1990年）216頁，吉田徹「共同抵当における後順位抵当権者と物上保証人の関係」中野哲弘編『現代裁判法大系(4)担保・保証』（新日本法規出版，1998年）115頁。
33) 中川・前掲注17)216頁，加藤・前掲注22)52頁。

優先的に割り付けられ，Cが引当てとしうる共同担保は存在せず，Eへの譲渡は詐害行為たりえない。他方で，乙（2000万円）に関しては被担保残額400万円を控除した1600万円が共同担保としてカウントされるため，CはFに対して1600万円の価格賠償を求めるべきことになる。

しかし，肯定説が援用する上記の論拠（500条・501条および460条）はいずれも説得力に乏しい[34]。ここでの問題の本質は，要するに物上保証人の責任の補充性を認めるべきか否かという点にある。人的担保である保証と同様の意味で，物上保証人の責任の補充性を一般的に認めることには，物的有限責任としての特質ゆえに，異論が強いであろう。しかし，保証責任であっても，連帯の特約により，合意内容次第で補充性のない保証責任が認められる（454条）。そうだとすれば，物的有限責任に関しても，補充性が認められる場合とそうでない場合とが，合意内容に応じて両方存在しうると考えてもよさそうである。そこで，共同抵当という形態で，債務者所有不動産と物上保証人所有不動産が負う物的有限責任が併存する特殊なケースにおいては，そのような共同抵当関係を設定した当事者の合理的意思に従い，原則として合意による責任の補充性が認められると考えたい。453条に具体化された責任の補充性を直接の根拠として，上記の結論を正当化すべきである[35]。もちろん当事者の意思解釈として連帯責任としての物的有限責任が認められる場合はあると考えられる。本稿の最後に扱った問題は，冒頭で触れた問題①②に加えて，さらに責任の補充性という切り口から人的保証と物上保証の共通点と相違点を明らかにする課題が解決されていないことを示唆するものといえる。

このように424条の効果論の解釈において392条1項が影響を及ぼす一方で（⇒Ⅱ），同項の解釈が424条の要件論の解釈にも影響を及ぼしている（⇒Ⅲ，Ⅳ）。共同抵当の実行時における抵当権者の選択の自由という利益と一般債権

---

34) 富越・前掲注22)674頁，685頁，加藤・前掲注22)45頁，池田真朗ほか『基礎演習民法（財産法）』（有斐閣，1993年）120頁［安永正昭］，加賀山茂『現代民法担保法』（信山社，2009年）499頁。

35) 山下博章「物上保證と補充性」法律学研究（日本大学）27巻1号（1930年）148頁，椿寿夫＝新見育文編『解説・関連で見る民法』（日本評論社，2007年）82頁［椿久美子］。石田剛「共同抵当における物上保証人の法的地位」淡路剛久先生古稀祝賀『社会の発展と権利の創造』（有斐閣，2012年）90頁，七戸克彦『物権法Ⅱ』（新世社，2014年）161頁。

者や後順位抵当権者等の利害関係人の利益との調和をどう図るかという問題を軸として，異質な規定が双方向に出会うところが興味深い。

Directions

(1) 共同抵当権者は被担保債権全額の範囲で各目的不動産を物的に支配してはいるが，その支配は流動的・可変的であることを特徴としており，固定的・確定的なものではない。

(2) 392条は共同抵当権が実行され競売された場合の配当額を決する基準としての意味のみならず，任意売却等の処分行為の詐害性を判断する際に，一般債権者の引当てとなる目的不動産上の価値を算定する際の基準としても機能しうる。

(3) 共同抵当の目的不動産が債務者所有のものと物上保証人所有のものとからなる特殊な局面においては，設定契約の合理的解釈により，一般の保証責任の場合と同様，物上保証人の責任に原則として補充性を認めるべきである。

● *民法改正との関係*

改正法案424条の2は，相当価格での財産処分の詐害性につき，破産法161条1項とほぼ同じ要件の下でのみこれを肯定しており，本文中で述べた，原則として詐害性を肯定するという枠組みは放棄された。実質的な内容変更を含む改正であるが，不相当な価格での処分の問題を扱う本講の考察にとって直接の影響はないと考えられる。

第*16*講

保証債務と原状回復義務

最大判昭和 40・6・30 民集 19 巻 4 号 1143 頁
民法判例百選Ⅱ〔第 7 版〕24 事件

▶ 判旨

特定物の売買における売主のための保証においては，通常，その契約から直接に生ずる売主の債務につき保証人が自ら履行の責に任ずるというよりも，むしろ，売主の債務不履行に基因して売主が買主に対し負担することあるべき債務につき責に任ずる趣旨でなされるものと解するのが相当であるから，保証人は，債務不履行により売主が買主に対し負担する損害賠償義務についてはもちろん，特に反対の意思表示のないかぎり，売主の債務不履行により契約が解除された場合における原状回復義務についても保証の責に任ずるものと認めるのを相当とする。したがって，前示判例は，右の趣旨においてこれを変更すべきものと認める。

Ⅰ　はじめに
——従来の判例を変更した本判決

　上の〈判旨〉は，売主 A と買主 X との間で特定物（ある住宅内に存在する畳，建具，諸道具全部。以下，「甲」という）の売買契約が締結された事案で，売主のための保証人 Y の責任の内容について述べたものである。本件では甲の引渡しを請求しうる買主 X が債権者として，保証人 Y との間で保証契約を締

結しているが、このとき、売主Aが甲の引渡債務を履行しない場合に、保証人Yは、通常、Aに代わって甲をXに引き渡す義務は負わない。なぜなら、本件の甲には代替性がないので（特定物の多くは不代替物であり本件もそうである）、AX間で売買契約が締結された後、YがAから甲を譲り受けるなどした場合は格別（この場合、大決大正13・1・30民集3巻53頁は、Yは甲をXに給付する義務を負うと解している）、そうでなければ、Yが甲をXに引き渡すことは、そもそもできないからである。

このように考えると、〈判旨〉のいうように、本件保証契約の趣旨は、「通常、その契約から直接に生ずる売主の債務につき保証人が自ら履行の責に任ずるというよりも、むしろ、売主の債務不履行に基因して売主が買主に対し負担することあるべき債務につき責に任ずる趣旨でなされる」と解釈するのが妥当である。では、債務不履行に基因して売主が買主に対し負担する債務とは何か。本判決は、①損害賠償債務（415条）のほかに、②特段の意思表示のないかぎり、契約の解除による原状回復義務（545条1項本文）が含まれると判示する。Xとしては、これらについてYが履行することを当然期待するだろうし、Yとしても、不代替物の給付と異なり、これらの金銭債務（①はもちろん、②も、XがAに支払った売買代金をXに返還することを内容とするので金銭債務である）を履行することに特段の支障はないはずである。したがって、この判示も、また、XY間の保証契約の解釈として穏当であるように思われる。そして本判決は、XがAに交付した甲の代金を原状回復として返還する義務について、Yが保証しない旨の特約があったかどうかについて原審が考慮しなかったことなど[1]を理由に、原判決を破棄差し戻している。

しかしながら、このように契約の解釈として無理が少ない判示をしているかに見える本判決は、冒頭に掲げたように大法廷判決であり、大審院時代からの判例を変更した点に1つの大きな意義が認められている。そこで以下では、まず、大審院のロジックを振り返ることにしよう（⇒Ⅱ）。大審院の考え方は、

---

[1] このほか、本判決は、Aの返還債務が和解契約（事実審におけるYの主張によれば、Aが物件を引き渡さなかったことをめぐりXがAを告訴した際に、売買契約に関する紛争について今後何らの権利義務がないとする示談がAX間で成立した）により消滅したので、消滅における付従性によりYの保証債務も消滅したというYの抗弁についても審理不尽だとする。

結論から述べると、保証契約の冒頭規定である民法446条1項の文言に（ある意味で）忠実であり、また契約の解除に関する直接効果説と整合的である。このような大審院判決と本判決の理論構成の分かれ目は、どこにあったのだろうか（⇒Ⅲ）。この点を検討すると、法の解釈におけるデフォルトルールの設定のあり方という論点が浮かび上がると同時に（⇒Ⅳ）、解除の法的性質をめぐる従来から続いてきた議論についても一定の示唆が得られるように思われる（⇒Ⅴ）。

Ⅱ　大審院のロジック

1　大審院の判例

　本判決によって変更された大審院の判例は、冒頭に掲げた〈判旨〉の直前部分で、次のようにまとめられている。

> 〔判旨・その2〕売買契約の解除のように遡及効を生ずる場合には、その契約の解除による原状回復義務は本来の債務が契約解除によって消滅した結果生ずる別個独立の債務であって、本来の債務に従たるものでもないから、右契約当事者のための保証人は、特約のないかぎり、これが履行の責に任ずべきではないとする判例（大審院大正6年（オ）第789号、同年10月27日判決、民録23輯1867頁、なお、同明治36年（オ）第170号、同年4月23日判決、民録9輯484頁等参照）があることは、原判決の引用する第一審判決の示すとおりである。

　上の判例のロジックを、敷衍しつつ整理するならば、次のとおりである。保証人の負う債務には、①〔判旨・その2〕の言葉を借りれば「本来の債務」——〔判旨・その2〕が引用する大判大正6・10・27の言葉を借りれば「主たる債務」——のほか、②主たる債務に「従たるもの」も含まれる。③このとき、契約の解除による原状回復義務は、主たる債務とは「別個独立の債務」であり、①②には該当しないので、原則として保証債務の内容とはならない。④

ただし、債権者と保証人との間で③と異なる「特約」が結ばれていれば別である。

2 保証債務と主たる債務との内容同一性

このうち、まず1①は、446条1項の文言と整合的である。すなわち、同項は「保証人は、主たる債務者がその債務を履行しないときに、その履行をする責任を負う」と規定するが、「その」履行をするとは、主たる債務者が履行しない「その債務」、すなわち**主たる債務**を履行するという意味である。このように解釈した上で、債務は債務者自身が履行するものであることに着目する学説は、保証人は主たる債務と「同一内容の債務」を履行する責任を負う、と446条1項をさらに読み込む。これが「**内容同一性説**」などと呼ばれる考え方である[2]。次に、②は、「保証債務は、主たる債務に関する……損害賠償その他その債務に**従たるすべてのもの**を包含する」と規定する447条1項から導かれる。しかし売主のための保証でしばしば問題となり、本判決の〈判旨〉でも言及されている損害賠償債務は、なぜ保証債務に包含されるのだろうか。本判決が引用する大審院判決は、条文（447条1項）のみを根拠に挙げるが（前掲大判大正6・10・27〔工事の請負人のための保証〕）、「保証債務は……主たる債務と通常其範囲を同ふすべきものたり。而して主たる債務の不履行に因り相手方に生ぜしめたる損害に付ては主債務者は其不履行に基き契約の既に解除せられたると否とに論なく一切の損害を賠償するの責に任すべきものなるが故に」[3]保証債務は、特別の事情のない限り損害賠償債務を包含すると述べる判例もある（大判明治43・4・15民録16輯325頁[4]）。この判例は、次のようにその理由付けを補うと、より理解しやすいだろう[5]。すなわち、主たる債務の不履行による**損害賠償債務は、主たる債務の内容が転化（延長・拡大）したものである**。

---

2) 注釈民法(11) 200頁〔椿寿夫〕参照。
3) 原文の片仮名を平仮名に直し、句点と濁点を付した。
4) 賃貸借契約の賃借人の保証人は、延滞賃料その他の損害金等の支払義務を負うとした判決。売買契約が解除された場合に、売主の保証人の損害賠償義務について、結論において同旨を述べるものに前掲大判明治36・4・23がある。
5) 注釈民法(11) 225頁〔中井美雄〕も参照。

よって，契約解除の有無にかかわりなく，主たる債務者は債務不履行による損害を賠償する責任を負う。このとき，ロジック①（保証債務と主たる債務との内容同一性）によれば，異なる合意がない限り，主たる債務の内容が転化した損害賠償債務も保証債務に含まれる。

3 不当利得返還義務としての原状回復義務

それでは，1③はどうか。大審院の初期の判例は，原状回復義務は売買契約の履行に関する債務とは**発生原因を異にする別個独立の債務**であるとするにとどまっており（前掲大判明治36・4・23〔山林の売買における売主のための保証〕)，大判明治41・6・4民録14輯663頁（立木の売買における売主のための保証）に受け継がれている。もっとも，明治41年判決の上告理由は，債務不履行による損害賠償の責任も，契約の解除による原状回復義務も，いずれも義務の不履行に基づくので，前者だけが保証債務に含まれ後者は含まれないと解することには合理的な理由がないと主張していた。これは，その後の学説が主張する考え方，すなわち，保証契約が主たる「債務の履行の担保」[6]の役割を果たしている以上，「買主の利益の防衛手段」[7]として損害賠償と原状回復を区別する理由はないとする考え方とも通底するものであった。しかし，明治41年判決は，債務不履行による賠償請求は契約を原因とするのに対し，契約の解除による原状回復の請求は契約を原因としないという形式的な理由を述べて，上告を退けたのである。これに対して，原状回復義務が本来の債務と別個独立の債務であることを，より理論的に基礎付けようとしたのが前掲大判大正6・10・27である。請負人のための保証が問題となった大正6年判決は，契約解除の法的性質について**直接効果説**をとり，原状回復義務は，既履行給付が原因たる債務関係が遡及的に消滅したことから生じる**不当利得返還義務**であり，**原契約上の債務関係が形を変じたものと解することはできない**としたのであった。

---

[6] 奥田昌道『債権総論〔増補版〕』（悠々社，1992年）387頁。
[7] 中井美雄・法時37巻10号（1965年）119頁以下〔121頁〕。

4 大審院のデフォルトルール

このように売主のための保証や，請負人のための保証が問題となる事例で，大審院の論理は，446条1項の文言解釈から帰結される保証債務と主たる債務との内容同一性（ロジック①）から出発して，原契約の債務関係が転化・変形したものか（損害賠償債務），そうではないか（契約の解除による**原状回復義務**）によって，**保証人の責任範囲を区別する**（ロジック②③）。③と異なる特約は妨げない[8]（ロジック④）が，デフォルトルールとしては，①を出発点とする上記の「区別」論が妥当する。なお，賃貸借契約が解除された場合に，賃借人のための保証人が，賃借人の賃借物返還義務の不履行による損害賠償義務を負うかどうかが争われた事案で，大判昭和13・1・31民集17巻27頁は，この場合の解除は将来に向かってのみ効力を生じるので（620条），賃借物の返還は（上告理由のいうように別個独立の新たな債務としての）原状回復義務[9]ではなく，賃貸借契約に基づく（本来の）義務の履行であるとして，保証人の責任を肯定している。この判決も，また，保証債務と主たる債務との内容同一性という観点から説明することが可能である。

Ⅲ 本判決と大審院のロジックとの関係

1 契約の解釈を重視する本判決

これに対して本判決は，特定物売買で売主のための保証がなされた場合に，

---

8) 大判昭和6・3・25新聞3261号8頁は，木材の売買事例で，売主のための保証人が売主の帰責事由により契約が解除された場合の代金返還義務についても保証をする趣旨で保証をなすこととはいささかも違法ではないとしている。

9) 賃貸借契約が解除された場合の「原状回復義務」は多義的な概念である（目的物を原状に修復する義務なのか，目的物返還義務も意味するのか，両者はどのような関係に立つのかなど）。しかし昭和13年判決の主眼は，遡及効がない賃貸借契約が解除された場合の目的物の返還義務は，請負契約や売買契約の解除がなされた場合とは同列に論じられないという点にあったものと思われる。

当該保証契約を解釈することを先行させる。そして，保証人は「売主の債務不履行に基因して」売主が買主に負担すべき債務について責任を負う趣旨であると**契約を解釈**することによって，**債務不履行による損害賠償債務も，債務不履行による契約の解除による原状回復義務も**，反対の意思表示がないかぎり，いずれも保証人の責任の範囲に含まれると判断する。このような解釈は，保証契約の趣旨を「債務の履行の担保」あるいは債権者たる「買主の利益の防衛手段」と理解する学説（Ⅱ3）と整合的であり，また，契約の当事者のための保証は「普通には，その契約当事者として負担する一切の債務を保証し」，契約不履行によって「相手方に損失を被むらせない，という趣旨」であり「そうだとすると……保証人は原則としてこれ等の債務をも保証する」[10]とする有力説とも軌を一にしている。

2　契約の解釈を重視する立場と内容同一性説との関係

それでは，このような契約の解釈を優先させる考え方は，Ⅱで検討した大審院のロジックとどのような関係に立つのだろうか。この点については，本判決に肯定的な学説の間でも微妙な食い違いが存在する。①まず，保証債務と主たる債務との内容同一性の要請は，「債務の履行の担保」という観点からは本質的なものではないこと，また，446条1項は強行法規ではないことを重視した上で，損害賠償給付の約束も「債権者に本来の履行がなされたのと同一の利益を与えることを約する契約」として保証契約の内容になると解する説がある[11]。この見解は，内容同一性の要請を本質的なものではないとしながら，債権者に本来の履行がなされたのと同一の利益を与える保証契約かどうかに着目しており，立場がやや曖昧である。②これに対して「契約の一般理論を貫徹して保証債務の内容は保証契約の解釈によって決すべきであって，主たる債務と同一内容を要するという要件は不要と解すべきである」[12]と明言する説もある。この説は，**契約の解釈を重視する点で一貫している**一方で，446条1項が，

---

10) 我妻・講義Ⅳ468頁。
11) 奥田・前掲注6)387頁。なお，同393頁以下も参照。

保証人は「その」履行をする責任を負うと規定している以上、保証債務と主たる債務との間には内容同一性（Ⅱ2）がなければならないという考え方は採用しない。446条1項は、その限りでいわば空文化する。③この最後の点に関連して、保証債務と本来の債務との「『同一性』の判断基準は明らかではなく、結局、保証債務の存続を肯定すべき程度にもとの債務との関連がある場合だというほかなさそうであるが、そうであるなら『同一性』基準はトートロジーでしかない」[13]とする見解がある。この見解は、内容同一性の要件が「不要」とまでは明言しないが、**トートロジー（同語反復）でしかない内容同一性の要件は役に立たない**（446条1項はその限りでいわば空文化しても構わない）と考えているはずであり、②説と同列に扱うことができそうである[14]。

3　3つのデフォルトルール

たしかに446条1項は任意法規であり（2①）異なる解釈を許すと考えられるが、問題はどのように異なる解釈を行うかである（近年、民法典上の典型契約規定には当事者の合意が不明確な場合に契約を解釈したり補充したりするにとどまらず、契約の内容を規制したり当事者の契約内容の形成を支援したりする機能があるとする見解[15]が有力に唱えられている。しかし、内容同一性が446条1項の本質的要素といえるのかが問われている本件では、かかる見解の当否についてはニュートラルな立場に立ち、以下ではさまざまな解釈の可能性を検討する）。特定物（とりわけ不代替物）の売買契約が売主の債務不履行によって解除された場合の、売

---

12) 平井・債権総論307頁以下。平井説によれば、主たる債務に従たるものが保証債務に含まれるとする447条1項も、当事者の意思が明瞭でない場合に適用される「解釈の基準」を示したものにとどまる。
13) 内田Ⅲ351頁。
14) 中田・債権総論489-490頁も、前掲注13)の内田説を前掲注12)の平井説と同列に位置付ける。なお、中田説も同一性の要件は不要と解している。
15) 石川博康「典型契約と契約内容の確定」民法の争点（2007年）236頁以下の整理を参照。本書第23講の「敷引特約の性質と消費者契約法10条の解釈」Ⅲ1で触れた任意法規の「指導形象」機能も、かかる文脈で語られる論点である。典型契約が、法の適用者にとって契約問題を法的に構成する準拠枠として機能する点については山本・講義Ⅳ-1 7頁以下を、典型契約が当事者の契約活動を支援する道具となる点は大村敦志『典型契約と性質決定』（有斐閣、1997年）352頁を参照。

主のための保証人が負担する債務に原状回復義務（代金を返還する義務）が含まれるかどうかについては，さしあたり次の3つの考え方を想定しうる。

①第1に，446条1項の文言解釈によって導かれる内容同一性の要請を重視し，さらに，解除の法的性質について**直接効果説**をとって，契約の解除による**原状回復義務が保証債務に含まれないのを原則**（デフォルトルール）としつつ，例外的に，それと異なる当事者の合意を認める。これが大審院の立場であった（Ⅱ）。②第2に，保証契約の解釈を重視して，**大審院のロジックにおける原則と例外とを逆転させる**。つまり当事者が原状回復義務も保証債務に含ませる意思であると保証契約を解釈しうるならば，そのような効果を認める（デフォルトルール）。しかし，**当事者の意思が不明確な場合は，任意法規である446条1項に戻る**。このとき，原状回復義務が保証債務に含まれるかどうかは，（内容同一性が446条1項の本質的要素といえるという立場を前提とするならば）解除の法的性質（遡及効を認めるかどうか）いかんにかかることになる。もっとも，この立場を明示的にとる学説は見当たらない。③第3に，保証契約を締結した当事者の通常の意思を重視して，原状回復義務も保証債務に含まれるとしつつ（デフォルトルール），例外的に，当事者が反対の意思表示をしている場合には，原状回復義務が保証債務に含まれないと理解する。ここでは契約の解釈を行う際に，いずれにしても**当事者の（通常の，または例外的な）意思ないし意思表示が重視**されるので，任意法規である446条1項は適用されない。2の②③の学説は，この立場である。本判決も，デフォルトルールとして保証契約の「通常」の趣旨に着目し，例外として「特に反対の意思表示」がある場合に着目するので，第3の立場を採用したものといえるだろう。

Ⅳ　法解釈におけるデフォルトルールの設定

上に述べたⅢ3の①〜③のいずれの見解においても，原状回復義務を保証債務の中に含ませる解釈をとることは可能である。ただしその位置付けは異なり，①説の下では当該解釈はデフォルトルールの例外であり，そのような意思があると特に解釈しうる場合に限って許される。②③説の下では当該解釈はデフォルトルールであるが，③説では，それが当事者の通常の意思であるとさ

れるのに対して，②説は，当事者の意思が不明確な場合は，かかる解釈をデフォルトとすることを許容しない。いずれの説も，論理的には成り立つし，いずれも「契約の解釈を重視すべし」という考え方と矛盾はしない。しかし，結論の「すわり」としては，本判決がとる③説が望ましいことにおそらく異論は少ないだろう。しかし，**なぜ③説がすわりがいいと私たちは考えるのだろうか**。この点についてデフォルトルールへの「**固着性**」という観点から説明を試みるならば，次のとおりである。

1　デフォルトルールへの固着性

　人間がもし完全に合理的な存在であれば，どのようにデフォルトルールが設定されようとも，各自が自分にとって最適な選択を行うはずである。しかし，当事者は得てして，デフォルトルールを回避する**コスト（取引費用）の負担を嫌う**ことがあり，また，デフォルトルールを回避するための**知識や選好を持たない**こともある。さらに，自分が直面する**リスクを過小評価する**ことも，私たちには，まま見られる。このような場合には，デフォルトルールをあえて変えようとするインセンティブは生じにくく，デフォルトルールへの固着性が強まる。例えば，企業内の貯蓄制度で非加入をデフォルトとするより，加入することをデフォルトとして，申出をした者だけを脱退させる仕組みのほうが加入率を引き上げる効果があるといわれている（以上は，デフォルトルールに関する学際的な研究を踏まえて任意法規の固着性を論じる坂井岳夫「労働契約の規制手法としての任意法規の意義と可能性」日本労働研究雑誌607号〔2011年〕87頁以下参照）。

　もっとも，当事者にデフォルトルールを回避するための専門的知識があったり，デフォルトルールを回避する取引費用がかからなかったりするような場合は別である。例えば，不動産の売買事例で，物権変動の時期に関する判例のデフォルトルールは，売買契約の締結時点であるが，この結論で特に不都合が生じていないのは——判例理論が民法176条に適合的であることや当事者の下交渉を経て売買を成立させようとする意思が固まって初めて合意の成立が認定されうる（佐久間・基礎2 40-41頁参照）ことなどもあろうが——，不動産の売買

事例では，売主が用意した契約書の中に，デフォルトルールを回避する条項（例えば「本物件の所有権は，買主が売主に対して売買代金の全額を支払い，売主がこれを受領したときに売主から買主に移転します」）があらかじめ含まれていることが通例であるからだと思われる。この場合に，判例が前提とするデフォルトルールへの固着性は，当事者に生じていないのである。

2 本件の検討

　それでは，本件ではどうだろうか。保証人Ｙとの保証契約の締結にあたり，ＡＸ間の契約の解除による原状回復義務について保証範囲に含める合意を行うことで利益を得るのは買主Ｘであるが，本件のＸに，そのような自己に有利な条項を入れることを期待することはできただろうか。Ｘの属性は，原審の認定した事実からは明らかではない（本件売買契約がＡＸ間で結ばれた経緯や，売主Ａや保証人Ｙの属性も，当事者の主張や認定事実からは判然としない。なお，ＸＹ間の保証契約は，ＡＸ間で取り交わされた売買契約書〔第１審判決のいう「甲１号証」〕に含まれる形で締結された模様である）。しかしＸは，当時の判例理論であった大審院以来のデフォルトルール（原状回復義務は保証債務に含まれない⇒Ⅲ３①）について，知識がなかった可能性があり，仮に知っていても，当該ルールの例外として，原状回復義務が保証債務に含まれるということについて当事者間で合意を形成しようとは思わなかったかもしれない（売買契約書の中に保証契約が組み込まれていた本件では，なおさらそうであろう）。

　このように，大審院の考え方は，**専門的知識が乏しく，自己のリスクを過小評価して取引費用の増大を嫌う通常の買主には不利な結果をもたらしてしまう**。これについて「法の不知は許されない」のであり，また自律的な意思決定が可能だったにもかかわらず取引費用の増大を嫌った者にあえて有利な解釈をする必要はないという批判もあるかもしれない。しかし，そのような批判は，**どのようにデフォルトルールを設定するのが人間の限られた認知能力を前提とすると政策的に好ましいのか**という，今問題としている文脈においては，あまり説得的ではない。このように考えると，Ⅲ３①と並んで，Ⅲ３②のような立場も，当事者の意思が不明確な場合に446条１項が適用されるので，買主に

とって望ましくない結果となりかねない。本判決のように保証契約の通常の趣旨を重視する立場は、この意味で、動産の売買契約の買主の立場[16]を保護する役割を果たしているといえるだろう。

V 残された問題
――解除の法的性質と本判決の射程

1 契約の遡及的消滅という法律構成について

本判決は、XY間の保証契約の解釈を重視して大審院の準則を変更しており、XA間の契約が債務不履行によって解除された場合の効果については何も述べてはいない。

(1) しかし、本判決の判示をいったん離れて、大審院のロジックを検討するならば、大審院の考え方は、デフォルトルールの設定の仕方と並んで、債務不履行解除の法的性質（直接効果説から説明される契約の遡及的消滅）を保証人の負担する責任の範囲と直結させている（Ⅱ3、4）点においても、問題があるといわざるを得ない。というのは次のとおりである。解除の法的性質について、わが国の学説・判例は、契約の効力が遡及的に消滅し不当利得返還義務が生じると解する**直接効果説**と、契約の効力が原状回復義務に変容すると解する**原契約変容説**とに分かれているが[17]、これはいずれも、契約の解除による原状回復義務の発生（545条1項本文）という法的な現象をどのように説明するかと

---

16) もっとも、大審院の立場（Ⅲ3①）は、最高裁のデフォルトルールが買主を保護する機能を営んだのと同様に、認知能力が限定された保証人を保護する役割を果たしていたといえなくもない。しかし、特定物売買や工事の請負に関する契約に付随する形で、十分な知識がない者が保証人となった場合でも、いざというときに、特定物を売り渡したり工事を完成したりする義務は負わないとしても、自分が何らかの金銭的負担を負うだろうということは、一定程度は――少なくとも、解除に伴う原状回復義務について直接効果説をとって損害賠償義務と区別するという技巧的な見解を、一般の買主が予測し得た可能性以上には――覚悟していたはずである。

17) 契約の効力が存続すると解するにもかかわらず、既履行給付について原状回復が認められ、未履行給付について履行を拒絶できると構成する間接効果説は、わが国では支持を得ていない（山本・講義Ⅳ-1 194頁参照）。

いう，文字どおり**説明の違いにすぎない**。にもかかわらず，一方の説明をとるか，他方の説明をとるかで，当事者の法的地位が大きく変わってしまうというのは，解釈論としては説得力に欠ける。

(2) この点を別の角度から表現するならば，こうである。直接効果説は，両当事者の地位を原状に復させる義務の発生根拠を説明するために，545条以外の明文の規定（703条・704条）に依拠する（545条を当該規定の特則であると位置付ける）ことが望ましいと考え，そのために契約が遡及的消滅したと擬制する。しかし，これは**説明のための擬制**である。実際，直接効果説をとるとされている過去の判例を振り返っても，そのほとんどの判例において，**契約が遡及的に消滅したかどうかということは，判例の結論に決定的な影響を及ぼしていない**。例えば，直接効果説の嚆矢とも見られている大判明治44・10・10民録17輯563頁では，売買契約の買主Yが代金の支払が遅滞したため，別訴で，遅延利息とともに代金の支払を命じられ，その後，売主Xの債務不履行により契約が解除された事案が争われた。このとき，契約解除によってYの代金支払の義務が消滅しても，遅延利息は支払うべきであるというX側の上告理由に対して，判決は，契約解除により「当初より契約無かりしものとなる」として，買主は遅延利息も支払う必要がないと判示する。しかし，契約の解除によって，未履行であった代金の支払をする必要がなくなった以上，それに伴う遅延利息を支払う必要がないのは当然であり，あえて契約の遡及的消滅という擬制によらなくても同じ結論を導くことは可能であった。また，大判大正8・4・7民録25輯558頁は，YがXに売った土地（所有権の登記名義はYのままだった）を，XがYに贈与し，その後，贈与契約が解除された事案で，XのYに対する登記の移転請求を認めている。判決は，本判決も引用する前掲大判大正6・10・27（Ⅱ3）を引用し，契約の解除により「贈与なかりしと同一の効果を生じ」るとするが，この事案も，XY間の贈与契約の解除により目的物の所有権がXに復帰するということさえ確定すれば結論を導くことが可能であった[18]。さらに，最判昭和51・2・13民集30巻1号1頁は，他人Aの所有

---

18) このほか，大審院の判決で直接効果説（またはそれに類似する見解）に言及するものに，大判大正7・12・23民録24輯2396頁や大判大正8・9・15民録25輯1633頁などがあるが，前者は傍論であり，後者は合意解除に関するものである。

物について売買契約が結ばれた事案で，売主Xが目的物の所有権を取得して買主Yに移転できず，561条により契約が解除された事案で，Yが引渡を受けた目的物を解除するまでの間に使用したことによる利益をも返還する必要があるかどうかが争われている。判決は解除の遡及効に言及するが，ここでの論点は，どうすれば原状を回復したことになるのかという点に集約されるのであり，遡及効云々は本来必要のない判示であったともいえる。

(3) 私の見るところ，直接効果説を採用した過去の判例が扱った事例のうち，解除の遡及効という法的構成をとるかとらないか（直接効果説か原契約変容説か）で，原告の請求が認容されるかどうかが変わるのは，売主または請負人のための保証契約が問題となった事例（Ⅱ3）だけである。これは，契約の遡及的消滅という法律構成が，原状回復義務の発生根拠を説明するための擬制にすぎないところ，ほとんどの事例では，（発生根拠の説明がどうであれ）**原状回復義務を実現するにはどうしたらよいのかが問題となっている**のに対して，売主または請負人のための保証の事例を扱う大審院のロジック——内容同一性説を出発点とする——の下では，（原状回復義務の実現のあり方ではなく）**売買契約や請負契約の履行に関する債務と原状回復義務とが同一内容の債務といえるのかが問われている**ことに由来する。しかし，説明のための道具概念にすぎなかった契約の遡及的消滅という構成に，保証事例に限って，そこまで大きな役割を担わせることには説得力がない。このように考えると，内容同一性説を出発点として，そこから演繹的に結論を導こうとした大審院のロジック自体に問題があったといわざるを得ないだろう。

(4) 他方で，本判決のように，保証契約の解釈として，契約の解除による原状回復義務も，通常，保証債務に含まれると捉えるとき，その背後には，主たる債務と原状回復義務とを（契約の遡及的消滅という説明のための道具概念を用いて）形式的に区別することは保証契約の当事者の意識にそぐわないという見方が存在するのかもしれない。だとすれば，遡及的構成をとらずに，原契約関係が原状回復義務に転化するだけであると考える原契約変容説のほうが，本判決をよりよく理解することにつながると見る余地がある。もっとも，本判決は，解除の法的性質について何ら触れてはいない。**契約の遡及的消滅という法律構成を正面から否定するものではないことは確認しておく必要がある。**

2 本判決の射程距離

　本判決は，特定物売買，とりわけ不代替物が売買契約の目的物となっている事例で，売主のための保証がなされたケースを扱うものであるが，保証人の債務の内容を確定する際には保証契約の解釈が重要であるという考え方自体は，他の事例にもインパクトを与えうる（その限りで，本判決の射程距離は広い）と考えられる。

　(1) 例えば，最判昭和47・3・23民集26巻2号274頁は，建物工事の請負人が資金難から仕事の完成が困難になったために，注文主との間で請負契約が合意解除された際に，請負人が注文主に対し既に受領した前払金を返還することを約束したという事例で，請負人のための保証人が前払金の返還債務を負担するのかが問題となった。原審は，当該債務が「解除契約（合意解除）によって新〔た〕に発生した債務である」ことを理由に，合意解除に基づく原状回復義務についての保証責任を否定した。これに対して最高裁は，「合意解除が請負人の債務不履行に基づくものであり，かつ，右約定の債務が実質的にみて解除権の行使による解除によって負担すべき請負人の前払金返還債務より重いものではないと認められるときは，請負人の保証人は，特段の事情の存しないかぎり，右約定の債務についても」責任を負担すると述べ，その理由として「このような場合においては，保証人の責任が過大に失することがなく，また保証人の通常の意思に反するものでもないからである」と判示する。この判決は，請負人と注文主との間で約束された前払金の返還債務が，請負人の本来負っていた債務と別個独立の債務である（原判決のいう「新〔た〕に発生した債務」）かどうかとは無関係に，**保証契約の当事者の通常の意思を**（債務不履行解除の場合の保証人の負担の大きさと比較しながら）重視するものであり，本判決の影響を見て取ることができる（現に昭和47年判決は本判決を引用する）。

　(2) それでは，賃借人のための保証がなされた場合に保証人の負担はどこまで及ぶだろうか。ここでも保証契約の解釈が重要となるが，継続的な契約関係から生じる債務を保証する根保証にあっては，保証人の負担は苛酷なものとなりがちである。これについては，賃借人の，①賃料支払義務，②用法遵守義

務，③賃貸借契約の終了による(a)目的物を返還する義務，(b)付属物を収去する義務，(c)賃借物の損傷（契約で予定された使用収益をしているだけでは生じないような賃借物の価値の減損）について契約時の原状に回復する義務（賃貸借契約の終了による賃借人の原状回復義務。なお(b)についても，所有権構成のほか原状回復義務という法律構成によっても説明しうる[19]）のうち，どこまでを保証する趣旨なのか（①に関する保証の範囲を合理的に制限することは可能か，②③の義務に賃借人が違反した場合の損害賠償についてはどうかなど）を個別に解釈するほかはない（なお，③(c)の義務に賃借人が違反した場合の保証人の責任が問題となった事例に最判平成17・3・10判時1895号60頁[20]がある）。

このように，特定物売買で売主のための保証がなされた事例以外で，具体的にどのように保証契約の解釈を行うのかは，各保証契約の種類や趣旨，保証人が負担するかが問われている債務の重さなどに照らして，事例ごとに判断すべきである。

Directions

(1) 特定物の売主の債務不履行によって売買契約が解除された場合，売主のための保証人は原状回復義務について責任を負うか。これについて，保証債務と主たる債務との内容同一性からアプローチする方法と，保証契約の趣旨を解釈する方法とに大別される。
(2) 内容同一性説から出発し，解除の効果について直接効果説をとると，保証人は原状回復義務について責任を負わないのがデフォルトルールになる。し

---

[19] 山本・講義IV-₁ 438-441頁
[20] 賃借人Aが賃貸人Xに無断で土地をBに転貸したところ，Bが同土地に大量の産業廃棄物を埋めたため，Xが賃貸借契約を解除して，Aの連帯保証人Yに対して，原状回復義務の不履行による損害賠償を求めた事案。もっともこのケースでは，原審が（Bの犯罪行為によって生じた結果について）Aは原状回復義務を負わないとしてYの責任を否定したのに対して，最高裁は，Aは本件土地の原状回復義務として産業廃棄物を撤去すべき義務を免れることはできないとして，原判決を破棄差し戻している。したがってAが原状回復義務を負うときに，YもまたAの原状回復義務の不履行による損害賠償責任を免れないのかどうかについて，最高裁は判示していないことに注意が必要である。

かし，この結論は，デフォルトルールへの固着性という観点からも，また，直接効果説がいう契約の遡及的消滅という効果が，原状回復義務の発生根拠を説明するための道具にすぎないという点に照らしても，十分な説得力はない。
(3) 本判決は，保証契約の解釈を重視している。この考え方は，内容同一性説から演繹的に結論を導こうとする見解の欠点を免れているが，特定物売買の売主のための保証事例以外のケースで，保証契約をどのように解釈するのかは，事例ごとに判断する必要がある。

● *民法改正との関係*

本講のテーマについては，法改正による影響は特にない。

第**17**講

将来債権譲渡の対抗要件と譲受人の法的地位

最判平成 19・2・15 民集 61 巻 1 号 243 頁
平成 19 年度重判解民法 5 事件

▶ 判旨

将来発生すべき債権を目的とする譲渡担保契約が締結された場合には，債権譲渡の効果の発生を留保する特段の付款のない限り，譲渡担保の目的とされた債権は譲渡担保契約によって譲渡担保設定者から譲渡担保権者に確定的に譲渡されているのであり，この場合において，譲渡担保の目的とされた債権が将来発生したときには，譲渡担保権者は，譲渡担保設定者の特段の行為を要することなく当然に，当該債権を担保の目的で取得することができる……。

I はじめに

将来発生する予定の債権を担保に金銭を借りるという取引はいまや一般的なものになった。かつては将来債権譲渡の有効要件を絞り込む方向の議論もあったが，現在では，たとえ目的債権の特定の仕方が抽象的・包括的でも，他の債権との識別可能性があり，かつ公序良俗に違反しなければ，将来発生する債権を現時点で有効に譲渡することができると解されている[1]。改正法案 466 条の 6 第 1 項は，かかる判例準則をふまえて，「債権の譲渡は，その意思表示の時

---

1) 最判平成 11・1・29 民集 53 巻 1 号 151 頁。

に債権が現に発生していることを要しない」と明言するに至っている。

そして、本講の〈判旨〉は、「将来発生すべき債権」が担保目的で譲渡された場合の効果に関して、特段の付款のない限り、目的債権は譲渡担保契約時に「確定的に譲渡され」、目的債権が将来発生したときには、譲渡担保権者は「当然に、当該債権を担保の目的で取得する」と述べている。この内容をリステイトする形で、改正法案466条の6第2項が、譲渡の「意思表示の時に債権が現に発生していないときは、譲受人は、発生した債権を当然に取得する」という定めを新設した。

こうして将来債権譲渡の基本ルールは相当明確化が進んだ。現在なお未解明のまま残されているのは、将来債権譲渡の効果にかかわる問題、とりわけ将来債権の確定的譲渡の効果として、将来債権は即時に譲受人に移転するのか？ 将来債権譲渡の対抗とはいったい何を意味するのか？ という問題である。本講ではこれらの問題を深掘りすることにしよう。

考察は次のような順序で進める。まず、事案の特徴に注意しながら、〈判旨〉の意義と射程を明らかにする（⇒Ⅱ）。次に、対抗要件制度の趣旨との関係、財産権と処分権との関係、という観点から〈判旨〉の理論的正当化を試みる近時の学説における議論の一端を紹介する（⇒Ⅲ）。さいごに、法的構成に関する理解の違いが個別問題（将来債権譲渡後に締結された譲渡制限特約の効力）における立法論にどう影響しうるのかを考察する（⇒Ⅳ）。

Ⅱ 〈判旨〉の意義・射程

1 事案
──国税徴収法24条8項（旧6項）の解釈

〈判旨〉のベースにある事案は、A社が継続的取引契約に基づいてC社に対して現に有し、また将来1年間に取得する商品売掛代金債権および商品販売受託手数料債権をBのXに対する債務を担保する目的でXに譲渡し、確定日付ある証書で債権譲渡担保設定をC社に通知した後、国税の滞納処分として、上記譲渡担保の対象債権の一部（以下、「本件債権」という）につきA社が国税

局長Yによる債権差押えを受けた，というものである。

　国税徴収法は，国税優先の原則（国税徴収法〔以下単に「法」と表記する〕8条）から，一定の場合に国税滞納者が譲渡担保に供した財産につき第二次的な（補充的な）物的納税責任を課している（法24条1項）。これは，法律上特別の先取特権による保護を受ける国税債権に関しては，単なる一般債権と異なり，設定者の責任財産を構成しない譲渡担保財産についても例外的に優先権を行使しうるという，特別のルールを定めるものである。ただし，国税の法定納期限等以前に，担保の目的でされた譲渡にかかる権利の移転の登記がある場合または譲渡担保権者が国税の法定納期限等以前に譲渡担保財産となっている事実を，その財産の売却決定の前日までに証明した場合，譲渡担保権者は納税責任を負わない（同条8項）。

　Yは，滞納者A社がXに譲渡担保に供した財産である本件債権から国税を徴収するため，Xに対して徴収予定額その他の必要事項を記載した書面による告知をした（法24条2項）。Yからの差押通知書の送達を受けたC社が権利者不確知を理由に被供託者をA社またはXとして供託（494条）をしたので，供託金還付請求権に対してXY間でいずれが優先権を有するかをめぐり争いとなった。

　Yは，本件債権発生の時点が法定納期限等に遅れる以上，本件債権は法24条8項の例外に当たらず，原則どおりXが物的納税責任を負うと主張したのに対し，Xは，本件債権の譲渡と対抗要件の具備が法定納期限等以前に行われている以上，たとえ債権の発生が法定納期限等の後であったとしても，法24条8項の例外則が適用されると主張した。

　原審は，将来債権が譲受人に移転するのは，当該債権の発生時点であるとし，集合債権譲渡担保に供したことを第三債務者に対して確定日付ある証書により通知しても，滞納者の滞納国税の法定納期限等が到来した後に発生した債権については，当該債権の発生時に滞納者から譲渡担保権者に移転するものであるから，当該債権はその発生時に譲渡担保財産となったものと解すべきであるとした。本講の〈判旨〉は，こうした原審の判断を破棄し，Xの主張を認める文脈において述べられた一節なのである。

　このように，〈判旨〉が対象とする争点が，国税債権と譲渡担保権の利益を

調整する法24条8項の解釈問題にとどまることに、まず注意が必要である。

2 債権譲渡の効果発生を留保する「特段の付款」該当性

(1) 第三者対抗要件としての適格性

さらに本件事案の特徴として次の2点を指摘しておきたい。

1つは、譲渡対象債権の発生原因たる基本契約が存在し、第三債務者C社が既に存在することから、民法が定める確定日付ある譲渡通知書により第三者対抗要件が具備されていることである。もう1つは、本件契約では、約定の担保権実行の事由が生じてXがC社に対して担保権実行の通知をするまでは、Aがその計算においてC社から本件目的債権につき弁済を受けることができるものとされていたことである。このような内容の通知を受けたC社がはたして債権譲渡に関する情報の公示機関として機能しうるか、という点が問題となる。最高裁は、〈判旨〉に続けて、先例を引用して次のように述べている。

> そして、前記の場合において、譲渡担保契約に係る債権の譲渡については、指名債権譲渡の対抗要件（民法467条2項）の方法により第三者に対する対抗要件を具備することができる。

引用部分は最判平成13・11・22民集55巻6号1056頁の判断を踏襲するものである。最判平成13年が、債務者が特定された債権の譲渡担保において、担保権実行通知がされるまで譲渡人に引き続き弁済すべき旨を債務者に指示する内容を含む債権譲渡の通知であっても、第三者対抗要件としての適格性が認められる、という画期的な判断を示したことは、よく知られているところである。

前掲最判平成13年の第1審は、将来債権の譲渡においては、債権発生時まで譲渡の効果が生じないことを理由に、債権発生時以前になされた譲渡通知の対抗要件適格性を否定した。控訴審は、たとえ譲渡の効力が譲渡担保契約時に発生するとしても、譲渡通知の内容から担保権実行通知がされるまで従来どおり譲渡人が債権者であるという認識を債務者が持ちかねず、債務者に公示機関

としての役割を十分に期待できない内容の通知には対抗要件としての適格性がないとして，第1審と同じ結論を導いた。

ところが，最高裁は，これらの判断をいずれも退け，譲受人に確定的に帰属した債権の一部につき，譲受人が改めて譲渡人に取立権限を付与し，取り立てた金銭の譲受人への引渡しを要しないとの合意が付加されているものにすぎず，債権譲渡の第三者対抗要件は具備することができ，その際に，債務者に対して，譲渡人に付与された取立権限の行使への協力を依頼したとしても第三者対抗要件の効果を妨げない，という考え方を打ち出したわけである。

本件においても，XがC社に対して担保権実行通知をするまでA社に譲渡された債権の取立権・弁済受領権を留保する内容を含む譲渡通知は，Xが自己に帰属する債権につきA社に取立権限を付与したものであり，「債権譲渡の効果の発生を留保する特段の付款」[2]には当たらないと解される。

(2) **将来債権譲渡の特殊性？**

このように，判例は，将来債権の譲渡にも現在債権の譲渡と同様に，467条の定める通知・承諾方式が適用されるべきだと解している。もっとも，一口に将来発生すべき債権といっても実にさまざまなものがある。たとえば，本件や医師の社会保険診療報酬支払基金に対する診療報酬債権のように，債権発生の母体となる基本契約や基本的法律関係が現に存在する場合（広義の将来債権）もあれば，債務者不特定のリース料債権の包括的譲渡のようにまだ存在していない場合（狭義の将来債権）もある。一般的には，これら両者をあわせて将来債権と呼んでいる[3]。「広義の将来債権」の場合は，具体的な「契約上の地位」が現存することから，将来債権を契約上の地位になぞらえて理解することに対する抵抗は少ない。そして，467条の構想どおり，第三者対抗要件と債務者対抗要件を一体的に備えることも技術的に可能である。しかし，狭義の将来債権では，第三債務者が譲渡の時点では不特定であるから，具体的な法的地位を観念することすら難しく，第三者対抗要件は債権譲渡登記によって具備するほか

---

[2] 「特段の付款」の典型例としては，停止条件付債権譲渡あるいは譲渡予約等が想定される。

[3] 経済産業省経済産業政策局産業資金課「債権譲渡の対抗要件制度について」6頁では，将来債権を，①債権発生の原因となる事実が将来生じるもの，②債権発生が条件に係らしめられているもの，③債権発生に期限（始期）が付されているもの，に分類する。

ない。このような利益状況の違いにかんがみて，狭義の将来債権を広義の将来債権および現在債権と区別する類型論の手法をここでも用いて，債権譲渡の効果に関する解釈論を展開することも理論上は十分考えられる。

しかし，停止条件付債権は発生するかどうか定かではなく，また基本契約が存在する場合でも，解除や解約の可能性は常に存在しているため，当然に一定期間の存続が保障されているわけでもない。将来どうなるか分からない浮動的な性質を免れない点では，広義の将来債権も狭義の将来債権と大差がない。加えて，典型契約を発生原因とするものにおいてでさえ，ある債権が現在債権なのか，将来債権なのかは一義的に明確でなく，解釈論上の対立があるところである[4]。たとえば，賃料債権は，使用収益の対価として発生し，賃貸借契約締結の時点では未発生の将来債権と解するのが判例・通説である。他方で，請負の報酬代金債権の発生時期については，仕事完成時と契約締結時との両論があるところ，判例は請負契約締結時に発生する現在債権と解している[5]。

このような状況下において，将来債権か現在債権か，「狭義の将来債権」か「広義の将来債権」かに応じて，債権譲渡の対抗要件に適用される基本ルールを区別すると，ルールが複雑化し，実務上デメリットが生じると考えられる。改正法案467条1項も，現行法の内容に括弧書を加えて，「(現に発生していない債権の譲渡を含む)」とすることにより，現在債権と将来債権に共通する対抗要件制度として通知・承諾方式を維持する趣旨を明らかにしている。

3　処分と債権移転の分離可能性

さて，以上の検討をふまえて，〈判旨〉の先例的意義を確定しておくことにしよう。

譲渡担保契約と同時に確定的に譲渡の効果が生じると明言する〈判旨〉が，債権譲渡担保に関して，有体物の譲渡担保におけるいわゆる担保権的構成のような考え方を否定していることは明らかである。つまり譲渡担保権者は設定者

4）　この問題については，白石大「債権の発生時期に関する一考察(1)～(6・完)」早稲田法学88巻1号～89巻2号（2013年～2014年）が網羅的に考察している。

5）　大判明治44・2・21民録17輯62頁。

に帰属する債権上に担保権のみを得て，担保権実行の段階ではじめて債権が確定的に譲渡担保権者に帰属するのではない。

問題は譲渡の確定的効果の中身をどう捉えるかである。学説では，将来債権が譲受人に確定的に移転するという見方が有力である[6]。移転する中身については，「発生した債権を原始的に取得する法的地位」とするか[7]，「債権の処分権」とするか[8]，細部におけるニュアンスの違いがみられる。

この点に関し，〈判旨〉が，目的債権が譲受人に「移転する」という文言を用いておらず，「当該債権を担保の目的で取得することができる」と表現していることにも留意する必要がある。担当調査官は，その趣旨について，確定的譲渡の効果として，目的債権が設定者の責任財産から逸出したものとみることができ，そのような事態が国税の法定納期限等以前に生じていれば，譲渡担保権者に当該国税に係る物的納税責任を負わせるのは相当ではない，という価値判断を国税徴収法の解釈として表明したものにとどまり，将来債権の移転時期に関する民法上の論点につき一般的な判断を示したものではない，と説明している[9]。譲渡が確定的に効力を生じても，債権は債権発生時に移転すると解する余地も完全には否定されていないのである[10]。実際，学説においても，譲渡債権の処分権を譲渡人が確定的に喪失することと現実に発生した債権を譲受人が取得するという意味での債権移転の効果とを分けて観念することは可能であるという見方も示されている[11]。

要するに，〈判旨〉がはっきりと述べたのは，譲渡対象債権が譲渡担保契約と第三者対抗要件具備により設定者の責任財産から確定的に逸出するということにとどまる。そのため，債権の移転時期および譲受人の債権取得メカニズム

---

[6] 池田真朗『債権譲渡の発展と特例法』（弘文堂，2010年）193頁，森田宏樹・平成19年度重判解（ジュリ1354号）75頁，潮見佳男『プラクティス民法 債権総論〔第4版〕』（信山社，2012年）472頁。
[7] 中田・債権総論562頁。
[8] 森田宏樹「事業の収益性に着目した資金調達モデルと動産・債権譲渡公示制度」金融法研究21号（2005年）81頁。
[9] 増田稔・最判解民事篇平成19年度(上)135頁。
[10] 井上繁規・金法1765号（2006年）38頁，白石大「将来債権譲渡の対抗要件の構造に関する試論」早法89巻3号（2014年）171頁。
[11] 和田勝行『将来債権譲渡担保と倒産手続』（有斐閣，2014年）174頁。

(譲渡人を経由するか,譲受人が原始取得するか)をめぐりなお議論が帰一しておらず[12],改正法案466条の6第2項においても複数の解釈可能性に開かれていると評されている[13]。

以下では,これらの残された解釈論上の問題を検討するために,467条の対抗要件制度を支える基本的な考え方に立ち返ったうえで,かつ改正法案の基本構想を支える考え方との整合性をも考慮しながら,展望のための礎を築く作業を試みる。

III 〈判旨〉を支える理論

1 債権譲渡の対抗要件

(1) 通知・承諾方式

民法が定める債権譲渡の対抗要件は,債務者に対するものと,債務者以外の第三者に対するものとで区別されている。債務者対抗要件は,債務者への通知・債務者の承諾により具備される。第三者対抗要件は,これに確定日付ある証書という方式が備えられることにより具備される。両者を同時に,あるいは前者を後者に先んじて備えることは可能であるが,後者だけを前者に先んじて備えることは想定されていない。逆にいえば,債権譲渡を債務者以外の第三者に対抗できる一方で,債務者には対抗できないという事態の発生をそもそも想定していない制度であるといえる。

このように第三者対抗要件に不可欠の要素として債務者を組み込んでいるのはなぜだろうか。次のような正当化が比較的自然に導かれるだろう。現行法上,債権とは,権利主体が自己の意思に基づき他の権利主体である他人の行為を間接的に支配する権利,つまり特定人に特定の行為を求める権利(行為請求権)として構想されていると考えられる。債権における支配の客体は,物ではなく,いわば債務者の行為である[14]。そこで客体としての行為の主体である

---

[12] 水津太郎「ドイツ法における将来動産と将来債権の譲渡担保」法学研究(慶應義塾大学)88巻1号(2015年)221頁。

[13] 潮見佳男『民法(債権関係)改正法案の概要』(きんざい,2015年)140頁。

債務者に債権の帰属変動に関する情報を集約し，公示機関として機能させようというわけである。そのためには，問題となる行為の主体が現存することが対抗要件の具備に必須の条件となる。ちょうど動産譲渡の対抗要件を客体の事実的支配の移転である引渡しとする民法178条や不動産物権変動の対抗要件を現存する不動産の履歴書ともいうべき不動産登記簿への登記とする民法177条の基本発想と根底においては共通する。対抗の対象は，現存する権利の客体に対する（広義の）支配の移転であるという発想があるといえる。

(2) 債務者対抗要件と第三者対抗要件の分離可能性

ところで，平成10年以降は，債権譲渡特例法によって，法人による金銭債権の譲渡に限り，債権譲渡登記により債務者対抗要件と分離する形で第三者対抗要件を備えることが可能になった。こうした制度の導入を促したのが，将来発生する債権を含む債権群の一括譲渡という取引形態の隆盛であることはいうまでもない。債権譲渡登記によれば，いまだ債務者の行為に対する支配を観念できない状態（債務者不特定の状態）においても，譲渡の第三者対抗要件だけを債務者対抗要件に先んじて備えることができる。特別法による手当てとはいえ，このことが債権譲渡の基礎理論に及ぼす影響は実はことのほか大きい。

というのは，こうである。債務者に対して履行を請求する際に求められる債務者対抗要件は主に弁済の相手方を確知したいという債務者の利益保護を目的としている。これに対して，第三者対抗要件は譲受人と競合する利益を主張する者との間で債権に対する支配をめぐる優劣を決する局面で要求される（物権変動の第三者対抗要件と同様の機能を持つ）。こうした制度趣旨の違いを法概念にも反映させ，「債務者対抗要件」に代えて「権利行使要件」等の名称使用が推奨されていることも周知のとおりである[15]。そのような状況下において，債権譲渡登記制度が導入されたことにより，債務者対抗要件と第三者対抗要件が本来異質なものであり，常に連動する必然性がないことが制度上も容認された

---

14) 水津太郎「民法体系と物概念」吉田克己＝片山直也編『財の多様化と民法学』（商事法務，2014年）67頁。

15) 池田真朗『債権譲渡の研究〔増補2版〕』（弘文堂，2004年）108頁，潮見・債権総論Ⅱ 596頁，民法（債権関係）の改正に関する要綱仮案（案）（部会資料83-1）段階まで「権利行使要件」と呼称されていたが，要綱案の原案(その1)の段階（部会資料84-1）で従来の用語法に戻った。

わけである。それは同時に，(1)の冒頭で述べた民法典の元来の構想とは異なり，第三者には債権譲渡を対抗できても，債務者には対抗できないという事態が論理的にも現実的にも想定しうるという方向へと467条の構造理解を根本的に変容させる可能性をも内包しているといえる。

2 財産権と処分権との関係

(1) 財産権の内容としての処分権

次に債権と処分権の関係について考察を進めることにしたい。ここで，少し視野を広げて，将来発生する財産の扱いについて，物（有体物）の処分に即して考えてみよう。たとえば建築予定の建物（「将来物」）に抵当権を設定して金銭を借りることはできるだろうか。抵当権の設定は目的不動産上に物権を設定する行為であるから，客体の現存が必要条件と解されている。現存しない物は所有権の客体としての有体物に当たらず，その結果，抵当権を設定することもできないからである。

そもそも所有権とは，法令の範囲内において，目的物を自由に使用・収益・処分することができる権利である（206条）。そして伝統的通説は，206条の「処分」に，廃棄や消費等の事実上の処分と同様に譲渡や担保供与等の法的処分も含まれると解してきた[16]。

目的物の処分権を所有権（権利）の内容として捉える場合，いまだ有体物として具体化する以前の観念的な客体を使用・収益・処分することはおよそ不可能である。権利の行使が物理的に不可能な段階においては権利を処分することもできない。所有権と処分権との関係についてのこのような学説の理解を債権にもあてはめると，債権が未発生の段階（債務者に対して権利を行使しえない段階）において，債権の処分行為の効果が発生することはない。処分行為の効力が債権発生時に生じるとする本件原審の考え方は，どちらかといえば，債権と処分権との関係に関するこのような理解の仕方と親和的であるといえよう。

---

16) 我妻＝有泉・講義Ⅱ 270頁，加藤・民法大系Ⅱ 249頁，河上正二『物権法講義』（日本評論社，2012年）257頁，安永・講義130頁。

(2) 財産権の外側に位置付けられる処分権？

　しかし，所有権と法的処分との関係について，民法典の起草者はそのように考えていなかった。学説においても先に述べた伝統的通説の理解に対する異論が唱えられている。すなわち，財産権の（法的）処分可能性は，206条が所有権の内容をどう規定しているかにかかわらず，より高次の財産権一般に通底する不文の法理に基づくものであり，同条の「処分」は廃棄，消費，改変等の事実的処分のみを指すというのである[17]。この見方によれば，債権の処分権はその主体である債権者の人格に由来するものであり，現在債権と同様に将来債権についても処分権を観念することも比較的容易である。その結果，処分権を財産権一般に当然に認められる権能と捉え，客体である債権が発生する前の段階で，処分権のみを先行譲渡することも理論上可能になる。処分可能性が財産権の通有性であるとすれば，将来債権の譲渡＝処分権の移転であり，実際に債務者に対して履行を請求できるかどうかと無関係に債権の処分権を譲受人に移転することができることになる[18]。

　このような発想を徹底すると，最終的には，現存しない有体物の処分行為も有効と捉える地平までも開けることになろう[19]。

　〈判旨〉が譲渡担保契約時に未発生の債権につき譲渡の確定的効果が生じることを認めたものと読む見方は，このように債権の処分権を債権の内容と異なる次元で捉える考え方と親和する。そして，このような理解は，実のところ，譲渡制限特約に関する今次の改正法案の考え方にも接続しやすい。この点は多少説明を要するので，以下，少し長くなるが，詳述しておく。

(3) 譲渡制限特約に関する改正法案[20]との関連性

　現行法下における譲渡禁止特約の目的は，債権譲渡がされることにより事務

---

17) 梅謙次郎『訂正増補民法要義巻之二物権編』（有斐閣，1908年）104頁，広中・物権法374頁。
18) 森田宏樹「財の無体化と財の法」吉田＝片山編・前掲注14)120頁所収。
19) 森田・前掲注8)88頁。
20) 改正法案466条2項は，当事者が債権の譲渡を禁止し，又は制限する意思表示をした場合，これを「譲渡制限の意思表示」と呼ぶことにし，そのような意思表示に反して行われた債権の譲渡はつねに有効であると定めている。このように従来「譲渡禁止特約」と呼ばれてきた特約は改正法案のもとでは「譲渡制限特約」に名称が改められる。そこで本稿では現行法に関する記述の場面でのみ「譲渡禁止特約」の表現を用いる。

処理が煩雑になり，過誤弁済のリスクが生じることを回避するとともに，将来における相殺の担保的機能に期待する債務者の利益を図ることにあると解される。判例・通説と目される物権的効果説は譲渡禁止特約を債権の内容である譲渡性を制約する合意とみてきた。このように譲渡禁止特約を債権の譲渡性を奪う合意と位置付け，債権の内容形成の一場面とみる立場は比較法的にみて決して特異なものではない[21]。

　しかし，改正法案は，預貯金債権の特則に該当する場合を除き，「譲渡制限特約」に債権の譲渡性を制約する効力を認めていない。債権の譲渡性は，当事者が合意によって左右できる性質のものではなく，契約自由の原則が妥当する領域外にある強行的な属性であるという理解が前提とされている。ただ，債務者の利益を保護する趣旨で，取引の安全を害しない範囲で，すなわち悪意重過失の譲受人との関係においてのみ，債務者は特約の効果を主張して譲渡人に対して弁済その他の債務消滅行為を行うことができる。特約にはそれ以上の意味を持たせる必要がないというわけである。

　すなわち，改正法案は，譲渡制限特約を弁済先固定特約と位置づけ，債権の処分権を債務者が合意により制約することはできず，特約付債権は，当事者の合意と無関係に，つねに譲渡契約と同時に譲受人に移転するとみている。将来の相殺に対する期待を含めた債務者の利益は，債権の内容形成の顕現としての弁済先固定特約によって保護し，譲受債権の行使場面における取立権と弁済受領権との分離可能性（取立権は債権者である譲受人に専属し，譲渡人には特約によって留保された弁済受領権だけが帰属する状態）を容認することで十分に対処できる[22]。債権の処分性を債権債務の当事者間における契約自由の妥当領域外に位置づけるという基本構想は，債権に関する処分権限はもっぱら権利の主体である債権者に帰属し，債務者が契約自由の一環として債権の処分性を制約しうる余地はない，という意味において，巨視的にみれば，債権と処分権との

---

21) ドイツ法に関しては，石田剛『債権譲渡禁止特約の研究』（商事法務，2013年）153頁。2016年改正（2016年2月10日オルドナンス no. 2016-131）後のフランス民法1321条4項も債権を譲渡不能のものとする合意の有効性を認める。
22) 譲受人が善意無重過失の場合は分離を認められない（譲渡人の弁済受領権が否定される）。また譲受人の主観的態様が不明のため，譲渡人と譲受人のどちらに弁済すべきかの判断に迷う債務者のために供託権を認める規定も新設された（改正法案466条の2）。

関係について(2)でみた学説の唱える方向性になじみやすいのである。

3 第三者対抗要件制度の意義を再考する試み

(1) 公示制度のあり方を斟酌した対抗理論

　次に将来債権譲渡の対抗とはいったい何を意味するのか，という角度から〈判旨〉の位置づけを試みる見解を紹介しておこう。対抗要件制度の意義に関しては，物権変動・債権譲渡を問わず，既に生じた権利変動の効果を対抗するための要件であると解するのが一般的な理解であるといってよい。しかも権利変動の対抗を権利の客体に対する（直接的または間接的な）支配の移転を通じて公示するという統一的な構想がおそらく漠然とした形で共有されてきたことは，1(1)で述べたとおりである。

　しかしながら，対抗要件の実体法上の意義は公示制度のあり方と密接に関連している。実体法と手続法はあたかも車の両輪のように連動する。そもそも対抗要件制度の意義を財の種類を問わず統一的に捉えるべき必然性はない。すなわち，物的編成主義による不動産登記簿が整備されている不動産物権変動と人的編成主義による登記制度が部分的に導入されている債権譲渡における対抗法理を異質な制度として位置づける可能性があってもよい。

　そこで，フランス法の学説から示唆を得て，債権譲渡の第三者対抗要件は債務者対抗要件と異なり，権利移転の対抗ではなく，債権譲渡の原因行為（契約）を対抗するものであるとする学説が提言されている[23]。この見解は，とりわけ債権の発生原因たる基本契約すら締結されていない段階で，その債権の「処分権」あるいは「債権者となる地位」を語ることに対する素朴な疑問から出発する。そして債権は動産と同様に無限に生成しうる財であるという点で登記制度に関して人的編成主義をとるほかなく，権利変動の対抗とは異なる契約の対抗という仕組みが適合的であるとする[24]。未発生の権利（処分権）が移転するのではなく，譲渡の原因行為である契約を対抗できると再構成することに

---

23)　白石・前掲注10)172頁。
24)　白石大「将来債権譲渡の法的構造」私法78号（2016年）123頁。

よって，債権と処分権との関係をめぐる議論にコミットせずに，〈判旨〉の理論的正当化を図る試論として注目される。

(2) 第三者対抗要件制度の将来像

ここで債権法改正の審議において，最重要の改正課題の1つとして，金銭債権譲渡の第三者対抗要件を債務者対抗要件から完全に分離し，民事一般ルールとして登記制度に一元化する提案[25]や，通知・承諾方式を廃止し，譲渡契約に付された時間の先後で競合する譲渡間の優劣を決定する[26]という案が検討されたことが想起される。

上にみた2つの学説は，その発想を異にするとはいえ，すなわち対抗要件の意義を処分権の移転の対抗と捉えるにせよ，権利変動の原因行為（契約）の対抗と捉えるにせよ，現存する債務者を公示機関として活用する通知・承諾方式にとらわれない制度設計の可能性をともに示唆しているように思われる。

先に述べたとおり，現行法の通知・承諾方式は，現在債権を基本モデルとして，客体に対する支配の移転を対抗するという伝統的な発想を色濃く残している。広義の将来債権には解釈論上の工夫により適用可能であるが，狭義の将来債権には適合しえない仕組みである。現在債権と将来債権を合わせた債権の束を譲渡する取引形態が重要性を増しているこんにち，現代的な取引形態に適合した第三者対抗要件制度の新しい基本モデルが必要になっている。

そもそも，狭義の将来債権譲渡につき第三者対抗要件を具備できる場面を法人の金銭債権譲渡に限定すべき合理的理由は見出されない。債権譲渡特例法の趣旨を貫徹して登記一元化に進むか，それが難しいのであれば，少なくとも，債権譲渡登記を利用できる場面を法人以外の権利主体による金銭債権の譲渡を含めて一般化しなければ，立法として不備という評価を免れない。いずれにせよ改正法案で先送りにされた立法課題を引き続き再検討するにあたり，上記の学説の指摘に真正面から向き合うことが急務の課題であろう。

---

25) 民法（債権関係）の改正に関する中間試案 35 頁。
26) 民法（債権関係）の改正に関する要綱案の取りまとめに向けた検討(10)（部会資料 74B）20 頁。

Ⅳ 将来債権譲渡後に締結された譲渡制限特約

1 契約自由の妥当領域外にある譲渡性？

　さいごに、将来債権譲渡後に発生した個別債権について譲渡人が債務者と譲渡制限特約を締結した場合の問題を取り上げる。この問題は、債権の自由譲渡性と契約自由の原則との関係の理解の仕方次第で処理枠組みが変わりうるところ、改正法案は譲渡制限特約の意義の再構成に見合った新たな調整規定を置いているので、その趣旨を確認しておきたい。

　将来債権譲渡後に締結された譲渡禁止特約の効力に関しては制定法の欠缺があり、これまで十分な議論がされてきたとはいいがたい。先述したとおり、現行法は特約違反の譲渡が原則として無効であることから出発している。466条2項ただし書は現存債権の譲渡のみを想定し、特約の存在につき善意無重過失の譲受人の信頼を保護する規定であると解されている[27]。そのため、将来債権譲渡後の譲渡禁止特約にはただし書の適用の余地はなく、原則どおり、債務者は譲渡の無効を主張し、特約を常に対抗できるという解釈が下級審裁判例においては優勢である[28]。

　しかし、譲受人の利益を害しかねないこのような解釈には批判も強く、〈判旨〉を盾に真逆の結論を正当化する見方も有力に主張された[29]。譲渡担保契約により譲渡の効果が確定的に生じ、第三者対抗要件が備えられ、債務者は必然的に譲渡を対抗される結果、処分権の移転である譲渡と処分権を制約する譲渡禁止特約は衝突し、既に第三者対抗要件が備えられている以上、もはや債権の譲渡性を制約する合意をなしうる権能を譲渡人は有しておらず、特約は効力

---

27) 最判昭和48・7・19民集27巻7号823頁。
28) 東京地判平成24・10・4判時2180号63頁、東京地判平成27・4・28判時2275号97頁（もっとも、後者は、破産管財人や差押債権者に無効を主張する独自の利益を認めない）。
29) 池田真朗「民法（債権法）改正と債権流動化」『資産流動化に関する調査研究報告書(6)』（2010年）6頁、荒木新五・民法判例Ⅶ（2013年）23頁、小林明彦＝永井利幸「将来債権譲渡担保における効力阻害事由」小林明彦＝道垣内弘人編『実務に効く 担保・債権管理判例精選』（有斐閣、2015年）161頁。

を持ちえない（譲受人の利益が常に優先する），というものである。
　さらには，判例が規範的要件として第三者の「善意無重過失」を要求している点にかんがみ，立法がなくても，重過失概念の柔軟な運用で対処できるとする，改正不要論も存在していた[30]。このような状況に決着をつけたのが改正法案466条の6第3項である。

2　債務者対抗要件の具備時点との先後

　改正法案466条の6第3項は，債権譲渡の第三者対抗要件具備後でも譲渡制限特約が効力を持ちうることを前提とする。そして債務者対抗要件具備前に譲渡制限特約が締結された場合は譲受人の悪意を擬制し，特約の対抗を認める一方，債務者対抗要件具備後に締結された特約の対抗を認めない。このようなルールは理論上どのように正当化されるのか。
　処分権を権利の客体から切り離して，権利の内容と別次元に位置づける見方のもとでは，将来債権譲渡により，譲渡人は将来債権の処分権を失うものの，（弁済先を固定するという意味において）債権の内容形成における自由をなお保持している。一部の学説が主張するように，将来債権譲渡後に譲渡人はその後発生する個別債権について譲渡制限特約をする権能を当然に失うことにはならない。譲渡担保契約に基づき譲渡人が負担する担保価値維持義務の違反による責任を問われる場合があるとしても，譲渡人は債権を発生させる義務を当然には負わず，債務者の要請に応じて発生すべき債権の内容形成の一環として，弁済先を自己に固定する合意をすることもできてよい。第三者対抗要件具備後も債権の内容をどのように形成するかは債権発生原因行為の当事者の自由である。
　さらにいえば，Ⅲ1(2)で述べたように債務者対抗要件と第三者対抗要件を峻別する考え方をとる場合，第三者には対抗可能であるが債務者には対抗不能であるという法律関係が生じることも背理ではないことになる。債務者対抗要件が具備されるまで債務者は譲渡の効果を承認せず，譲渡人を従前どおり債権者と扱うことも理論的には許されてよい。したがって，第三者対抗要件具備後も

---

30)　民法（債権関係）の改正に関する論点の検討(9)（部会資料37）11頁。

譲渡制限特約の効力との調整問題が生じると考えられる。

　債務者対抗要件具備により，債権譲渡の事実を知った債務者は，譲受人との関係で債務を負うのを嫌うのであれば，その債権を発生させないという判断をすることもできる。債権譲渡の事実を知らされていない債務者については，特約により弁済の相手方を固定したいという利益を無条件に保護する必要がある。債務者に十分な選択の機会が保障されていないからである。これに対して，債権譲渡の事実を知る債務者に関しては，取立権・弁済受領権が分属する形の債権の発生を意欲するか，そもそも譲渡債権を発生させないかの選択可能性があるから，特約の対抗が認められなくても債務者の契約自由（締結の自由および内容形成の自由）が不当に制約されることにはならず，改正法案の線引きは利益衡量として穏当なものといえよう。

Directions

(1)　〈判旨〉が処分と債権移転の効果とを分けて観念する可能性を開いたことを機に，債権譲渡の対抗の意義について，債権の内容から区別された処分権の移転または債権譲渡の原因行為（契約）を対抗するものとして，再構成しようとする方向性が提言されている。

(2)　処分権の再構成を志向する考え方は，債権の譲渡性を当事者の意思で左右しえないとする改正法案の考え方とも調和する。契約の対抗として467条を再構成する考え方は公示制度の相違を考慮した実体法理論の構築可能性を提唱する。いずれも第三者対抗要件として通知・承諾方式を存置すべきかどうか，引き続き検討すべき必要性を示唆している。

(3)　将来債権譲渡後に締結された譲渡制限特約の効力に関して，債務者対抗要件具備の先後で区別する改正法案466条の6第3項は，債務者の契約自由の原則に配慮する形で，譲受人と債務者の利益をバランスよく調和させている。

● *民法改正との関係*
　本文中で触れた。

第*18*講

弁済による代位の趣旨
——民法と倒産法との交錯

最判平成 23・11・22 民集 65 巻 8 号 3165 頁
平成 24 年度重判解民法 7 事件・民事訴訟法 11 ①事件,
倒産判例百選〔第 5 版〕48 ①事件

> ▶ **判旨**
> そうであれば,弁済による代位により財団債権を取得した者は,同人が破産者に対して取得した求償権が破産債権にすぎない場合であっても,破産手続によらないで上記財団債権を行使することができるというべきである。

I はじめに

　上記の〈判旨〉は,近年,下級審裁判例や学説の間に見解の対立があった「弁済による代位」に関する重要論点に,1つの決着をつけようとしたものである。もっとも,〈判旨〉から明らかなように,扱われている問題は,倒産法の問題とも深く関連する。読者の中には,司法試験で倒産法を選択科目として受験する予定がないなどの理由から,本講のテーマにはあまり関心が持てないと思う人がいるかもしれない。しかし,関心がないから,ということで済ませることができない問題が,現実の社会には山積している。例えば,皆さんが,知人(A 社の代表取締役 B)から,次のような相談を受けたら,どう答えるだろうか。

〔相談〕　うちの会社(A 社)は,新聞社から注文を受け,C 社(新聞販売業

に対し、新聞の購読者に配る洗剤などの日用品を納入している。C社とは20年にわたる付き合いがあり、C社の代表取締役Dとも顔なじみである。先日、私(B)が、商品のサンプルを持ってC社を訪れたところ、Dから、「資金繰りに困っている。アルバイトや一般の従業員の前月分の給料は何とか払えたが、管理職Eらの前月分の給料、計250万円が払えない。何とか立て替えてもらえないだろうか。」と懇請された。Dによれば、仮にC社が倒産しても、給料は「優先債権」だから、A社に迷惑をかけることはないとのことだった。長年付き合いのあるDからの頼みなので、私も、むげに断りたくはないのだが、立替払いをしても本当に大丈夫だろうか。

民法の基礎知識があるのなら、従業員であるEら（債権者）の給料を、本来給料を支払うべきC（債務者）に代わってA（第三者）が支払うこともでき（第三者弁済〔民474条〕）、そうすれば、CのEらに対する債務が消滅することは理解できるだろう。しかし、今問われているのは、Aが立て替えても「大丈夫」かどうかである。本件でAによる立替払いは、Cの委託による委任事務の処理なので、立替払いの結果、AはCに求償権（民650条の費用償還請求権）を取得する。ここまでは分かるとして、その後、Cについて破産手続が開始すると、この求償権はどう扱われるか。また、民法のレベルでは、Cに対する給料債権を有するEらは、一般先取特権（民306条2号・308条）を有するが、破産法の下ではどうか。これらの前提知識がないと、上のような相談──企業の倒産件数が増えている昨今、いかにもありがちな内容である──に答える糸口すら見いだせないことになってしまう。

実は、上の〔相談〕は、本判決の事案に即したものであり、実際の事件では、Aから同様の相談を受けたF（公認会計士）が、給料は「優先権」があるので立て替えても大丈夫だと答えている。Aは、この言葉に後押しされ（弁護士からは「給料は〔破産手続開始後〕管財人が〔Eらに〕支払えばよいことだ」と言われていたにもかかわらず）、給料を立て替えたという経緯がある。いったい、法律の非専門家であるDやFの言う「優先債権」や「優先権」とは、正確には何を意味しているのだろうか。問題の所在を明らかにするためにも、はじめに、Cの破産手続開始後の、AのCに対する求償権と、EらのCに対する給

料債権の処遇について，民法の議論と関連させながら，確認しておくことにしよう。

II　求償権と給料債権の破産法上の地位

1　求償権

まず，Aの求償権は，破産手続開始前の原因に基づいて生じた財産上の請求権であり，また，財団債権（2参照）には該当しないので，**破産債権**（破2条5号）である。破産債権は，原則として，債務者に信用を供与した無担保の一般債権から構成されている[1]。本件でも，求償権の回収に不安を感じたAのために，Cの特定の不動産について抵当権が設定されていたといった事情はない。もし抵当権があらかじめ設定されていれば，Aは，破産手続開始後も，**別除権**（破2条9項・65条1項）を行使して，破産手続によらずに抵当権の実行を執行裁判所に申し立て，その売却代金から配当を受けることができた。しかしAは，そのような選択肢はとらず（時間的余裕のない中，DやFの言葉を信じて），立替払いに応じ，求償権を無担保のままにしていたのである。このときAは，破産手続の中で破産配当を受けることができるが，配当率は極めて低いのが通例である。

2　給与債権

次に，給料債権を有するEらが平時（破産手続開始前）に有する一般先取特権（民306条2号）は，抵当権のように，設定者との取引（設定契約）を介して，設定者に帰属する特定の物を支配する担保物権ではない。そうではなくて，民法が，直接，債権者に対して，**社会政策的見地**（給料債権は直ちに被用者の生活資料に充てられる[2]のが一般的であるため保護の必要性が高い）から，債

1）　山本和彦ほか『倒産法概説〔第2版補訂版〕』（弘文堂，2015年）9頁［水元宏典］。
2）　髙橋・担保物権法35頁。

務者の総財産から優先的に給料債権を回収できる権利を与えたものである。この点に着目すると，雇用関係の一般先取特権は（被担保債権を担保する・被担保債権とは別枠の）物権というより，むしろ（優先的な）債権（それ自体）という性格が強いのではないかという疑問もわく（起草者の1人も雇用関係の一般先取特権は物権ではないといい[3]，比較法的にも議論がある[4]）。いずれにしても，ここで確認しておきたいことは，債権がその発生原因によって一定の社会的な特徴づけを受ける[5]結果，**債権自体に優先性が付与されている**点に本件先取特権の特質があるという点である。

　それでは，このような性格を有する給料債権は，破産手続開始後どうなるか。まず，給料債権（被担保債権）は，破産手続開始前の原因により生じている以上，原則として破産債権である。しかし，上に述べたように，実体法上，**被担保債権自体が優先的な処遇を受けている**ことを考慮して[6]，言い換えると，給料債権が優先権のある債権である点に着目して[7]，破産法は，給料債権について，破産財団（破産手続開始時に破産者が有する一切の財産）からの優先的な配当を保障している（**優先的破産債権**〔破98条・101条〕）。もっとも，破産者は，その資産に別除権の対象となる担保権が設定されていたり，租税滞納がある（破産手続開始前の原因に基づいて生じた租税債権は，財団債権〔破148条1項3号〕または〔劣後的破産債権となるものを除き〕優先的破産債権〔破98条1項，税徴8条〕である）ことが多く，給料債権が優先的破産債権のままでは十分な弁済を受けられないおそれが強い。しかし，破産手続開始前3か月以内の給料債権は，例外的に**財団債権**として，より強く保護される（破149条1項）。本件でも，立替払いがないまま破産手続が開始すると，Eらは，（3か月以内の本件給料債権について）破産債権に先立って（破151条），破産手続に服するこ

3）　梅謙次郎『民法要義巻之二物権編〔訂正増補改版〕』（有斐閣書房，1911年）323頁。なお，先取特権の性質として「物権性の希薄さ」を挙げる加賀山茂『債権担保法講義』（日本評論社，2011年）235頁も，梅の見解に注目する。

4）　下村信江「フランス先取特権制度論(下)」帝塚山法学4号（2000年）129頁以下〔147頁以下〕は，ローマ法やフランス法における先取特権の債権性をめぐる議論を紹介・検討する。

5）　槇悌次『担保物権法』（有斐閣，1981年）54頁。

6）　八田卓也・金法1967号（2013年）35頁以下〔43頁〕。

7）　山本和彦『倒産処理法入門〔第4版〕』（有斐閣，2012年）74頁。

となく（破産配当を受けるという形ではなく），破産財団から随時に（破2条7項）弁済を受けることができるのである。このように，給料債権に一定の場合に財団債権性が付与されている理由としては，労働者の生活の保障という社会政策的な配慮が挙げられるのが一般的である[8]。これは，民法で給料債権が一般先取特権として処遇されている理由と共通する。

Ⅲ　給料債権の代位行使について

　以上のように，破産手続において，Ａの求償権は破産債権として扱われる——この場合は極めて低い率の配当しか期待できないのが通例である——一方で，Ｅらの給料債権は財団債権として優遇される。このとき，立替払いをしたＡに有利な法律構成は，本判決がまさに肯定するように，弁済による代位（本件では民499条1項のいう債権者の承諾はあったと認定されている。なお，任意代位の場合に債権者の承諾を要求する民法の規定は第三者弁済と比較しても合理性がないという批判が強く，改正法案499条は，債権者の承諾の要件を削除している）の効果（民501条柱書。改正法案501条1項）として，Ｅらの財団債権を行使するというものである。この法律構成の可否が本件の論点であるが，これを検討する前に，弁済による代位の構造に関する，従来の判例理論を振り返ることにしよう。

1　弁済による代位の構造

　これについては，冒頭に紹介した〈判旨〉の前の部分で，本判決が次のようにまとめている。

---

[8]　なお，伊藤眞『破産法・民事再生法〔第3版〕』（有斐閣，2014年）298-300頁，307頁は，破産手続開始直前の労務の提供が破産財団所属財産の形成や維持に寄与している点も，財団債権性の理由として挙げる。しかし，他の資金や役務の提供にも同様の性格があることを踏まえると，このような共益的性格という点から給料債権を差別化するのは難しいのではないか（伊藤眞ほか『新破産法の基本構造と実務』〔有斐閣，2007年〕340頁〔沖野眞已発言〕参照）。

〔判旨 a〕 弁済による代位の制度は，代位弁済者が債務者に対して取得する求償権を確保するために，法の規定により弁済によって消滅すべきはずの原債権及びその担保権を代位弁済者に移転させ，代位弁済者がその求償権の範囲内で原債権及びその担保権を行使することを認める制度であり〔引用判例略〕，<u>原債権を求償権を確保するための一種の担保として機能させることをその趣旨とするものである</u>。

〔判旨 a〕の下線部を本件に当てはめると，AのEらに対する第三者弁済により，EらのCに対する原債権は本来であれば消滅するところ，AのCに対する求償権確保のために，弁済により消滅するはずのEらの「原債権」および「その担保権」は，Aに移転する。例えば，本件の事案と異なり，EらのCに対する何らかの原債権を担保する抵当権がCの不動産に設定されていたと仮定しよう。このとき，Cに代わって弁済したAは，平時には，自己の求償権の範囲内で，自らに移転した原債権とそれに随伴する抵当権[9]を行使でき（最判昭和 59・5・29 民集 38 巻 7 号 885 頁参照），破産手続開始後は，別除権（Ⅱ1）の行使を通じて，求償権の範囲内で自己に移転した原債権を回収しうる。

2 給料債権の代位行使の可否

それでは，本件のように，Eらが給料債権を有している場合はどうか。このときは，まず，**平時において，第三者弁済をしたAがEらの一般先取特権を代位行使できるかどうか**が問題となる。この点について，従来の学説や下級審裁判例は，民法のレベルで代位行使ができることを当然の前提としてきたようであり，十分な議論はなされていない。ここで，1の判例の趣旨を本件に当てはめるなら，「原債権」はEらの給料債権，「その担保権」は一般先取特権であり，これらがセットでAに移転することになるようにも見える。しかし，給料債権自体に優先的な性格が付与されていると考えると（Ⅱ2），原債権が

---

[9] 塚原朋一・最判解民事篇昭和 59 年度 271 頁以下〔283 頁〕は，判例の趣旨をこのように債権の移転と担保権の随伴性から説明する。

（それとは別枠の）担保権とともに移転すると考えるのは，やや不自然であり，**優先的な性格を有する給料債権が実体法上 A に移転するか否かが問題である**，と立論するのが適切である（本判決も，Ⅳで取り上げるように「原債権」の行使のみを問題としている）。このとき，給料債権が一般先取特権として優遇されている趣旨（Ⅱ 2）にかんがみると，第三者弁済を行った A は労働者ではないので，A が社会政策的に保護される理由はない。この点を強調すると，**A に給料債権を代位行使させる必要はないという考え方も成り立ちうるのではないか**。抵当権のような物的担保と異なり，雇用関係の先取特権は**属人的な性格が強い**ことは否定できないのである（雇用関係の先取特権が債権に近いという議論〔Ⅱ 2〕は，この点と関わる）。学説の中にも，「雇用関係の先取特権は，まさに使用人の保護を目的としたものであり，随伴性がない」[10]と述べるものがあるが，この説は，上に述べた属人的な性格に関する議論と整合的に理解できるだろう。

3　給料債権の代位行使を否定する見解に対する反論

　もっとも，このような考え方に対しては，弁済による代位の趣旨に照らして大胆すぎるのではないかという反論が当然ありうるだろう。一般に，民法 501 条柱書の立法趣旨は，①弁済者は債権者の有していた担保権等を取得することにより求償権の効力が確保され，②債権者は弁済の促進により債権の満足を受ける機会が増え，③債務者も自分に代わって弁済してくれる人が増えることにより新たな信用を得る機会が増すという点に求められている[11]。④なお，原債権に抵当権がついていた場合，債務者の一般債権者は，抵当権が消滅しなくても，もともとその分は引当てにできなかったのだから特に不利益を被らないという点も指摘されている[12]。しかし，このうち①については，今ここでの問題は，債権者の有していた物的な担保の取得の可否ではなく，**債権者の属性が色濃く反映された優先的な効力を有する原債権の行使の可否である**という点

---

[10]　道垣内・担保物権法 77 頁。
[11]　平井・債権総論 200-201 頁。
[12]　中田・債権総論 353 頁。

で，問題の出発点が（典型事例とは）そもそも異なるともいえる。②については以下の2点を指摘したい。第1に，先取特権の代位行使を認めることと，弁済の促進との間に直接の相関関係はないのではないか。給料債権は，本件のように**情誼に基づいて立替払いがなされる**ケースが多いと想定されるが，このとき立替払いがなされるかどうかは，債務者との間の人的関係の濃密さの度合いや，立替払いをする人が債務者の倒産手続への移行の可能性をどう予測するかなどによっても左右されうるからである。第2に，任意代位を認めることによる弁済の奨励という政策論（が仮に弁済による代位の制度趣旨の1つであるとしても，それ）が，給料債権に妥当するかどうかは疑問である。これについては，私人に任意の立替払いをさせるのではなく，むしろ**公的な手当て**，すなわち，労働者健康福祉機構が「賃金の支払の確保等に関する法律」に基づいて行う倒産時の未払賃金立替払制度（未払賃金総額の8割までしか立替払いがされないなどの制約がある）の拡充を（立法論としてまたは運用上）図るのが筋だと考える。③についても，給料の支払いにすら困窮する債務者（本件のように倒産手続に移行することが少なくないだろう）に新たな信用を得る機会を与える必要がどこまであるのかは疑問である。なお，④については，公示のない先取特権について抵当権と同様の議論は当てはまらないだろう。このように考えると，本件でAは弁済者代位ができず，破産手続開始後は，求償権について破産債権としての配当を受けるほかはないことになる。

Ⅳ 「一種の担保」理論について

1 本判決のいう「一種の担保」理論

しかしながら，本判決は，このような考え方はとらず，（民法のレベルでの）Aの弁済者代位を肯定した上で，冒頭の〈判旨〉にあるように（破産法のレベルで）AがEらの財団債権を行使することを認めている。その論拠となったのは，〔判旨a〕の波線部にある，弁済による代位の下では，原債権は求償権を確保するための「一種の担保」として機能するという議論である。本判決は，〔判旨a〕に続けて，次のように判示している。

〔判旨β〕 この制度趣旨に鑑みれば，求償権を実体法上行使し得る限り，これを確保するために原債権を行使することができ，求償権の行使が倒産手続による制約を受けるとしても，当該手続における原債権の行使自体が制約されていない以上，原債権の行使が求償権と同様の制約を受けるものではないと解するのが相当である。

〔判旨α〕の波線部および〔判旨β〕の趣旨は，おそらくこうである。原債権は求償権確保のための「一種の担保」なので，この点を強調すると，雇用関係の先取特権の特質を考慮することなく，原債権を代位行使できる。また，原債権は「一種の担保」として機能するので，求償権が破産債権としての地位しか与えられず全額の回収が困難な場合でも（否，むしろそのような場合だからこそ），財団債権としての原債権を行使できるのだ，と。しかし，このような「一種の担保」理論には，次の大きく2つの問題点がある。

2 「一種の担保」理論の問題点

　第1に，本判決のいう「一種の担保」という意味が不明確である。これについて田原睦夫裁判官は，補足意見で，「求償権確保のために原債権が譲渡担保の目的として求償権者に移転したのと同様の関係に立つ」と説明する[13]。しかし，Eらが第三債務者に対して有する債権が，譲渡担保の目的としてAに譲渡されたのと同様の法律関係は，ここには存在しない。原債権の債務者も求償権の債務者もCであり，譲渡担保構成は成立し得ないのである。本判決は，これを考慮して「一種の」という言葉を添えたのだと思われるが，これによって理論的な難点が解消されるわけではない。
　第2に，従来の判例理論との関係が問題である。〔判旨α〕の下線部がいう，原債権およびその担保権が求償権確保のために存在するということの具体的な

---

13) 同様の見解は，すでに，高木多喜男・金法1890号（2010年）20頁以下〔22頁〕が唱えていた。

意味は，せいぜい，代位弁済者に移転した原債権およびその担保権は，「求償権が消滅したときはこれによって当然に消滅し，その行使は求償権の存する限度によって制約される」（最判昭和61・2・20民集40巻1号43頁）ということにとどまる。そのことから，本判決のように，原債権は求償権を確保する「**一種の担保**」だと結論付けることには**論理の飛躍がある**。このような飛躍は，学説の中にも見ることができる。例えば，民法のある学説は，求償権の確保の具体的な意味について論じた前掲最判昭和61・2・20が，「代位弁済者に移転した原債権及びその担保権は，求償権を確保することを目的として存在する附従的な性質を有」すると述べた点を批判的に捉え，この「附従的な性質」とは，一方の権利が「他方の権利の保全に寄与する」[14]という意味にとどまると理解していた。この理解自体は不当だとは思われない[15]が，「権利の保全」という言葉は，拡大解釈される余地があった。果たして，この説を引用する倒産法のある学説は，民事再生の場面（Ⅴ1で取り上げる最高裁判決の事案）で，「求償権は再生債権であって給付訴訟を提起することはできないとしても，額面額で給付保持力のある求償権の満足を確保するための補助的な権利があり，これが個別行使（給付訴訟提起を含めて）可能なのであれば，補助的な権利の存在意義は求償権の満足の確保にあるのであるから，その個別行使を認めるのはむしろ当然である」[16]と主張するに至ったのである。ここには，本判決と同様の倒産手続における「一種の担保」的発想（求償権〔再生債権〕の回収が困難なときの補助的な権利〔共益債権〕の活用）を見ることができるだろう。

---

14) 高橋眞・金法1885号（2009年）10頁以下〔16頁〕。なお「附従的な性質」を制限的に捉える高橋説と異なり，原債権は求償権に附従する性質しかないので，破産手続において，原債権の行使が求償権と同様の制約を受けるとする立場がある（例えば，本判決の原審はこれを1つの根拠に財団債権の行使を否定する）。しかし，このような理由付けで財団債権の行使を否定する立場は，「一種の担保」理論によってこれを肯定する立場と同じく説得力に欠ける。「原債権は求償権確保のために存在する」という命題に，それ以上の内容を読み込むことはできないからである。

15) なお，高橋眞『入門債権総論』（成文堂，2013年）309-310頁も，「附従的な性質」という言葉の過度の一般化を批判し，「あたかも求償権を被担保債権とし，原債権（および担保権）をその担保である」と捉える立場に反対している。

16) 松下淳一・金法1912号（2010年）20頁以下〔25頁〕。

3 「一種の担保」というマジック・ワード

　いずれにしても，本判決がいうように，仮に原債権が求償権の担保ならば——この法律構成が成立しないことは2で述べたとおりであるが——，原債権は求償権確保のためにあるといえるかもしれない。しかし，その逆は，論理的には成り立たない。本書の1つのねらいは，事案を離れて判例理論を抽象化する危険性を読者に認識してもらう点にあるが，本件では，判例自身が，従来の判例理論とは異質の「一種の担保」という曖昧なマジック・ワードを持ち込み，それによって，雇用関係の先取特権という本件事案の特質を顧慮することを自ら放棄してしまったように思われる。なお，「一種の担保」理論を批判する民法の学説の中には，「倒産法固有の弁済者代位の法理を構築することこそが肝要である」[17]と主張するものがある。私も，倒産法上の議論の重要性を否定するものではないが，給料債権の代位行使が問題となる場面では，まず民法のレベルで先取特権の代位行使の可否を論じ，これを否定に解すべきだと考えている（Ⅲ2，3。保証人の求償権が問題となる場面でも民法レベルの議論が重要であることについてはⅥ2参照）。もっとも，今日の比較的多くの学説は（民法のレベルで先取特権の代位行使が可能なことを当然視した上で），倒産手続上，代位弁済者に財団債権の行使を認めない立場（否定説）をとると，これを認める立場（肯定説）と比べて，関係当事者に不利益または不当な利益を与えると批判している。最後に，この点を検討することにしよう。

Ⅴ　関係当事者の利害状況の検討

1　「インセンティブ」論

　まず，本件で否定説をとると，使用者が破産の危機に瀕しているときに，給

---

17) 潮見佳男「倒産手続における弁済者代位と民法法理」加賀山茂先生還暦記念『市民法の新たな挑戦』（信山社，2013年）321頁以下〔351頁〕。

料を立替払いしてくれる人がいなくなり，労働者が保護されなくなる，よって，立替払いのインセンティブを高めるためにも肯定説に立つべきである，という議論がある。このような「インセンティブ」論は，局面はやや異なるが，代位弁済者が保証人の場合に，多くの学説によって主張されている。本判決の2日後に下された最判平成23・11・24（民集65巻8号3213頁。以下，「24日判決」という）の事案を例に説明すればこうである。

F（造船会社）のために断熱材の製造を請け負ったG（設計施工会社）に対して，Fが，報酬の一部を前渡金として支払ったが，その際にH（都市銀行）は，Gから委託され，（Gが仕事を完成しない場合に生じる）GのFに対する前渡金返還債務を保証する契約をFとの間で結んだ。ところが，仕事の完成前にGについて民事再生手続が開始し，Gの管財人が（民再49条1項の定める双方未履行双務契約の解除権に基づいて）Fとの請負契約を解除したため，HがFに対して上記の保証債務を履行した。この結果，HはGに求償権（民459条1項）を取得するが，これは民事再生手続においては再生債権（民再84条1項。破産法における破産債権と基本的な趣旨を同じくする）として扱われるにとどまる。そこでHは，弁済による代位により，Fの有する（解除に基づく原状回復請求権としての）前渡金返還請求権——請負契約を一方的に解除されたFのために，当事者間の公平の確保という見地から，再生債権から共益債権（民再121条。破産法における財団債権に対応する）へ格上げされている（民再49条5項）——を行使できるかが問題となった（最高裁は，ここでも「一種の担保」理論に基づいて肯定説に立つ）。このとき否定説をとるとどうなるか。肯定説によれば，保証人Hは求償を十分にできないことを懸念して保証債務の履行に消極的となり，その結果，金融取引に悪影響が出るという[18]。

しかし，そのような考え方は，十分な根拠に乏しいのではないか。否定説が判例として確立した場合，それでも保証を引き受けようとする者（**合理的な計算を行う商人**の場合が多いだろう）は，当然，保証料を値上げしたり人的・物的担保を求めたりして，**リスクの分散**を図ることが予想されるからである[19]。

18) 上原敏夫・判評618号（判時2078号）（2010年）11頁以下〔14頁〕，加藤哲夫・判評632号（判時2120号）（2011年）21頁以下〔26頁〕，野村秀敏・金判1394号（2012年）8頁以下〔12頁〕など。

本件の給料債権についても，肯定説の懸念は当たらないと思われる（この場合は，合理的な計算というよりも，**情誼に基づく立替払いのケースが多いと予想される**〔Ⅲ3参照〕）。また，肯定説に立ったからといって，代位弁済が促進される[20]とも限らないだろう。弁済者が財団債権を行使できるとしても，立替払いにはリスク（全額の回収ができるとは限らない）とコスト（回収できるとしても時間と費用がかかる）が伴うからである。また，そもそも代位弁済制度の利用を通じて労働者を保護することが，政策的に望ましいのかという根本的な問題もある（Ⅲ3参照）。いずれにしても，「インセンティブ」論は，**決め手に欠ける議論であるといわざるを得ない**[21]。

2 「棚ぼた」論

次に，否定説に立つと，原債権者自らが財団債権（本判決の事例）または共益債権（24日判決の事例）を行使した場合と比べて，他の破産債権者または再生債権者の取り分が増えるが，これは「棚ぼた」的な不当な利益である（肯定説に立つと，他の破産債権者または再生債権者は，もともと原債権者による財団債権または共益債権の行使を甘受せざるを得ない立場にあったのだから不当に不利益を被ることにはならない）という批判[22]が肯定説から寄せられている。本判決も，冒頭に示した〈判旨〉に続けてこの点に言及する（24日判決も，そうである）。この「棚ぼた」論と同種の議論は，民法のレベルでも見ることができた（Ⅲ3④）が，倒産手続のレベルでは，否定説から次のような反論がなされている。本判決および24日判決の事案に即する形で紹介するならば，こうである。給料債権が財団債権とされている理由（Ⅱ2）や双方未履行双務契約の解

---

19) 長谷部由起子「弁済による代位（民法501条）と倒産手続」学習院大学法学会雑誌46巻2号（2011年）223頁以下〔251頁〕。なお，肯定説に立つ松下・前掲注16）27頁も，保証料値上げによるリスク分散の可能性に言及する。
20) 榎本光宏・ジュリ1444号（2012年）92頁以下〔94頁〕。
21) なお，「インセンティブ」論を民法のレベルで強調することに疑問を投げかけるものに，千葉恵美子「弁済による代位制度における求償権の実現と原債権者との関係」松本恒雄先生還暦記念『民事法の現代的課題』（商事法務，2012年）457頁以下〔481-482頁〕，同・平成24年度重判解（ジュリ1453号）77頁以下〔78頁〕がある。
22) 上原・前掲注18）15頁，杉本和士・金判1387号（2012年）2頁以下〔5頁〕など。

除に基づく原状回復請求権が共益債権とされている趣旨（V 1）は，権利主体が変更した場合には当てはまらない[23]。したがって，代位弁済者を他の破産債権者または再生債権者と区別して扱う理由はない。それにもかかわらず肯定説をとると，**倒産法における債権者間の公平・平等の理念と抵触する**[24]，と。つまり，代位弁済者を不当に優遇すべきではない以上，原債権者が財団債権や共益債権を行使した場合と比較して，他の破産債権者や再生債権者の取り分が増えても，それを「棚ぼた」と評価するのはおかしいことになる（これに対して肯定説からは，倒産法は〔権利者の変更があっても〕債権間の優先性秩序を定型的に予定しているとの反論[25]がなされているが，決定的な反論ではない[26]ように思われる）。この「不当な優遇」に関連して，否定説は，さらに次のような議論をしている。

すなわち，24日判決の事案（V 1）では，金融機関であるHは，請負人Gが破綻した場合のリスクを考慮した上で保証利率を定めるなどして信用供与をしている。このとき肯定説をとると，**倒産リスクないし与信リスクを引き受けていたHにとって「望外」の利益になる**[27]，と。同様のことは，本件の事案でもいえるだろう。Aは，弁護士からの助言に耳を貸さずに任意に立替払いを行い（I），求償権について無担保のままにしていたのである（II 1）。Aは，これに伴うリスクを自ら引き受けるべきである。もっとも，この立論のうち，保証人の与信リスクの引受けという議論に対して，肯定説の論者から次のような反論がなされている。主債務者が最終的には責任を負うのが保証の本則であることにかんがみると，Hによる求償は最大限認められるべきである。Hの与

---

23) この権利主体の変更をめぐる議論は，平時において第三者が給料債権を弁済したときに，給料債権の第三者への移転を認めるべきではないという議論（III 2）と通底する。
24) 長谷部・前掲注19）251-253頁。
25) 例えば，髙部眞規子「求償権が破産債権である場合において財団債権である原債権を破産手続によらないで行使することの可否」金法1947号（2012年）41頁以下〔50頁〕など。
26) なお，中西正「コメント」倒産実務交流会編『争点 倒産実務の諸問題』（青林書院，2012年）260頁以下〔263頁以下〕，同・平成24年度重判解（ジュリ1453号）139頁以下〔141頁〕は，あらかじめ定まっている倒産法上の弁済順位を尊重して肯定説に立つ一方で，当該順位を決定するにあたり債権者の属性が特に重要な意味を持つ場合や，保証人が債務者のデフォルトのリスクを引き受けている場合などには，別慮の余地を残そうとしている。
27) 野村剛司・銀法727号（2011年）30頁以下〔35頁〕。

信リスクは，本当に取るものがなくなった場合に初めて発動するのではないのか[28]，と。この指摘は，私の見るところ，肯定説の主張の中では最も鋭いように思われる。しかし，この見解の当否は，ひとり倒産法固有の論理の中で決着が付くものではないだろう。もちろん，求償権自体が一般倒産債権にとどまっていることの趣旨を踏まえた解釈をする必要があるが，同時に，論者が主張するとおり，「求償権者としての保証人は，主債務者に対する他の一般倒産債権者と，その実体法上の地位がそもそも平等ではない」[29]という命題を認めるかどうかという**実体法のレベルにおける態度決定**が迫られているのである。私は，この最後の問題についても，否定説のほうに，なお分がある（与信リスクを引き受けた保証人を実体法上，格別に優遇する必要はない）と考えているが，読者の皆さんはいかがだろうか。

Directions

(1) 本判決が結論を導くにあたり重視した「一種の担保」という考え方は，内容が不明確であることに加え，従来の判例理論とは異質であり，そこには論理の飛躍がある。

(2) 本判決の事例のように，第三者が給料債権を弁済した後に倒産手続が開始した場合，まずもって，倒産手続開始前に，原債権（およびその担保権）が第三者に移転したといえるのかという議論を民法のレベルで行う必要がある。

(3) 24日判決の事例のように，民事再生手続が開始した後に保証人が保証債務を履行して再生債権たる求償権を取得した場合も，実体法上，求償権者としての保証人の地位をどのように把握するのかという問題が最後に残る。弁済による代位と倒産手続が交錯する分野では，このように，保証人の実体法上の地位に関する解釈が結論に大きな影響を与えると考えられる。

---

[28] 八田・前掲注6)42頁。
[29] 八田・前掲注6)43頁。

● *民法改正との関係*

本文の中で触れた。

第**19**講

「相殺の担保的機能」の問題

最大判昭和 45・6・24 民集 24 巻 6 号 587 頁
民法判例百選Ⅱ〔第 7 版〕44 事件

▶ 判旨

民法 511 条は, 一方において, 債権を差し押えた債権者の利益をも考慮し, 第三債務者が差押後に取得した債権による相殺は差押債権者に対抗しえない旨を規定している。しかしながら, 同条の文言および前示相殺制度の本質に鑑みれば, 同条は, 第三債務者が債務者に対して有する債権をもって差押債権者に対し相殺をなしうることを当然の前提としたうえ, 差押後に発生した債権または差押後に他から取得した債権を自働債権とする相殺のみを例外的に禁止することによって, その限度において, 差押債権者と第三債務者の間の利益の調節を図ったものと解するのが相当である。したがって, 第三債務者は, その債権が差押後に取得されたものでないかぎり, 自働債権および受働債権の弁済期の前後を問わず, 相殺適状に達しさえすれば, 差押後においても, これを自働債権として相殺をなしうる……。

Ⅰ 制限説から無制限説へ

相殺と受働債権の差押えとの優劣に関して, 最大判昭和 39・12・23 民集 18 巻 10 号 2217 頁 (以下では「昭和 39 年判決」という) は, 自働債権が受働債権の差押えより先に取得されるだけでなく, 自働債権の弁済期が受働債権の弁済

期より先に到来する場合に限って，相殺が優先するという判断を示していた。しかし，標記の判例（以下では「昭和45年判決」という）は，これを変更して，弁済期の前後関係を問わず相殺適状になりさえすれば相殺の意思表示が差押えに優先するという判断を下した。一般に，昭和39年判決の見解は，民法511条の明文以外の制限を相殺に課すという意味で制限説と呼ばれるのに対し，昭和45年判決の見解は，そのような制限を課さないという意味で無制限説と呼ばれている。昭和39年判決では少数の反対意見であった無制限説が，今度は多数意見となったという有名な判例であり，民法を一通り勉強すれば誰もが知ることになるだろう。そういう意味では，今更これを扱うことに対しては懐疑的な気持ちをもたれる読者も少なくないのではないか。

　それにもかかわらずこれをとりあげたのは，昭和45年判決が相殺の効力を拡張するために強調した，その担保的機能なるものに内在する問題点を明らかにしたいためである。すなわち，昭和45年判決以来の判例が相殺の効力に関して示してきた一連の結論を正当化するためには，必ずしも担保的機能を強調する必要はなく，逆にこれは障害とすらなりかねない。むしろ，筆者は，相殺制度の根拠の1つとされる公平の観念から判例の一連の結論を十分に正当化することができると考えている。

II　制限説・無制限説の論理

1　制限説

　昭和39年判決は，債権の差押えにはその弁済・取立てを一切禁じる効力があるところ，民法511条は，差押え前に第三債務者が取得した債権による相殺は例外として差押債権者に対抗しうることにしたと位置づけ，同条の趣旨を，「第三債務者が差押前に取得した債権を有するときは，差押前既にこれを以って被差押債権と相殺することにより，自己の債務を免れ得る期待を有していたのであって，かかる期待利益をその後の差押により剥奪することは第三債務者に酷である」点に求めていた。

　その上で，反対債権が差押え時に弁済期に達していなくても，被差押債権で

ある受働債権の弁済期より先にその弁済期が到来する場合には,「被差押債権の弁済期が到来して差押債権者がその履行を請求し得る状態に達した時は,それ以前に自働債権の弁済期は既に到来しておるのであるから,第三債務者は自働債権により被差押債権と相殺することができる関係にあり,かかる第三債務者の自己の反対債権を以ってする将来の相殺に関する期待は正当に保護さるべきである」という。しかし,反対債権の弁済期が被差押債権の弁済期より後に到来する場合,「被差押債権の弁済期が到来して第三債務者に対し履行の請求をすることができるに至ったときには,第三債務者は自己の反対債権の弁済期が到来していないから,相殺を主張し得ないのであり,従って差押当時自己の反対債権を以って被差押債権と相殺し自己の債務を免れ得るという正当な期待を有していたものとはいえないのみならず,既に弁済期の到来した被差押債権の弁済を拒否しつつ,自己の自働債権の弁済期の到来をまって相殺を主張するが如きは誠実な債務者とはいいがたく,かかる第三債務者を特に保護すべき必要がない」とした。

2 無制限説

これに対して,昭和45年判決は,昭和39年判決とは全く逆に,本来相殺は差押えに対抗しうるところ,民法511条はこれに例外的な制限を加えたものと位置づけたのだが,その理由はこうであった。

①相殺の制度は,互いに同種の債権を有する当事者間において,相対立する債権債務を簡易な方法によって決済し,もって両者の債権関係を円滑かつ公平に処理することを目的とする合理的な制度であって,相殺権を行使する債権者の立場からすれば,債務者の資力が不十分な場合においても,自己の債権については確実かつ十分な弁済を受けたと同様な利益を受けることができる点において,受働債権につきあたかも担保権を有するにも似た地位が与えられるという機能を営むものである。相殺制度のこの目的および機能は,現在の経済社会において取引の助長にも役立つものであるから,この制度によって保護される

当事者の地位は，できるかぎり尊重すべきものであって，当事者の一方の債権について差押が行なわれた場合においても，明文の根拠なくして，たやすくこれを否定すべきものではない。
②およそ，債権が差し押えられた場合においては，差押を受けた者は，被差押債権の処分，ことにその取立をすることを禁止され（民訴法598条1項後段），その結果として，第三債務者もまた，債務者に対して弁済することを禁止され（同項前段，民法481条1項），かつ債務者との間に債務の消滅またはその内容の変更を目的とする契約，すなわち，代物弁済，更改，相殺契約，債権額の減少，弁済期の延期等の約定などをすることが許されなくなるけれども，これは，債務者の権能が差押によって制限されることから生ずるいわば反射的効果にすぎないのであって，第三債務者としては，右制約に反しないかぎり，債務者に対するあらゆる抗弁をもって差押債権者に対抗することができるものと解すべきである。すなわち，差押は，債務者の行為に関係のない客観的事実または第三債務者のみの行為により，その債権が消滅しまたはその内容が変更されることを妨げる効力を有しないのであって，第三債務者がその一方的意思表示をもってする相殺権の行使も，相手方の自己に対する債権が差押を受けたという一事によって，当然に禁止されるべきいわれはないというべきである。〔丸数字・アンダーラインは筆者が補充。また，括弧中の民訴法は旧法である〕

とりわけ，①の部分が，冒頭の〈判旨〉のいう「相殺制度の本質」に該当するのだろうが，これは確かに相殺の有効性の要件として弁済期の前後関係を問題としない端的な理由となりうる。というのは，仮に，2つの債権が相対立する場合には，自働債権のために受働債権に担保権が存するというならば，自働債権の弁済期が後れる場合でも，なお受働債権からの満足は正当化されるからである。そのことは，債権質において被担保債権の弁済期が目的債権の弁済期に後れる場合でも，質権者の優先弁済権は保障されることを想起すればわかるであろう。

ただ，受働債権に担保権があるかのような地位が与えられるといっても，昭

和39年判決が指摘した問題点，すなわち，自働債権の弁済期が到来するまで受働債権の弁済を拒絶して相殺を主張する債務者は不誠実であるという点は気になる。この問題については，岩田誠裁判官が，補足意見において，自働債権の弁済期が後れる場合に相殺に対する正当な期待がないとすることは，かえって不合理であると反論していた。曰く，

「民法は，相対立する債権の弁済期が，本来互いに異なることを予定したればこそ，双方の債権が共に弁済期に達していることを相殺の要件としているのであって，そこにおいては，同種の債権が相対立してさえいれば，相殺に対する正当な期待が肯定されているのである。もし然らずとすれば，両債権の弁済期が同じでないかぎり，差押の無い場合においても，弁済期の遅い債権を有する債権者は，常に，相殺によって自己の債権を決済すべき正当な期待を有していないことになるであろう。しかし，それは，民法が相殺の制度を認めた本来の趣旨に反する議論ではあるまいか。」

Ⅲ　判例で認められた相殺の内容

1　相殺予約の差押えに対する優先的効力

これに対し，昭和45年判決の法廷意見は上記の論点に直接答えていなかった。それは，同判決がこのような問題が表面化しない事件に関するものだったからであろう。

すなわち，この事件は，銀行に対する預金債権を国税の滞納処分として差し押さえた国に対し，銀行は預金者に対する貸金債権との相殺を主張したというものであり，銀行と預金者との間では，預金を差し押さえられるなどの事態が生じた場合には預金者は貸金債務の期限の利益を喪失し，銀行は貸金債権と預金債権を相殺することができる旨の約定がなされていた。最高裁判所は，かかる約定，相殺予約を契約自由の原則から当然に有効と見たため，受働債権の弁済の引き延ばしといった問題は生じなかった。

しかし，それならば，当該事件での相殺の差押えに対する優先的効力については，まさにこの相殺予約の効力のみを判断すればよく，相殺予約のない場合の法定の相殺の優先的効力について，弁済期の前後関係を不問とする一般的規範を提示する必要はないようにも思われる。ところが，昭和39年判決は，やはり国税の滞納処分としての預金債権の差押えに対し銀行が相殺予約を抗弁として主張した事案に関し，法定相殺が否定されるべき場合にはこれを修正する相殺予約も差押債権者に対抗しえないという立場をとっていた。すなわち，この場合にも相殺予約の効力を認めることは，私人間の特約のみによって差押えの効力を排除するものであり，契約自由の原則を以ってしても許されないというのである。このため，昭和45年判決は，かかる疑念を払拭するために，法定相殺の有効性にとっても弁済期の前後関係は問題にならないという立場を打ち立てたといえよう。

このように判例の結論の前提には相殺予約の存在があり，この結論については穏当と見る向きが強い[1]。というのは，相殺予約の約定をつけつつ貸付けを行う銀行取引においては，貸付けの相手方の預金債権の弁済期と貸金債権の弁済期との前後関係などは重要な意味を持たず，相手方が破綻した際には預金によって貸金の回収をはかることが予定されており，また，そのような取引がなされていることは一般によく知られたことであって，預金に対する銀行の期待は差押債権者の利益を上回るといえるからである。実際に，昭和45年判決では，法定相殺については無制限説が僅差で多数意見となるにとどまったものの，相殺予約を差押えに優先させる点については11人の裁判官が支持していた。特に，大隅健一郎裁判官は，銀行取引の実情とその公知性を考慮して，法定相殺については制限説を支持しつつ，相殺予約の効力を結論として容認する立場をとっていた。

---

[1] 制限説をとる学説の多くは，銀行取引における相殺予約の対外的効力を認めている。高木多喜男「相殺」奥田昌道ほか編『民法学4』(有斐閣，1976年) 208頁以下，221-222頁，星野英一『民法概論Ⅲ』(良書普及会, 1978年) 302-303頁，松坂佐一『民法提要 債権総論〔第4版〕』(有斐閣，1982年) 284-285頁，林良平「相殺の機能と効力」加藤一郎ほか編『担保法大系(5)』(金融財政事情研究会，1984年) 532頁以下，557頁，前田達明『口述債権総論〔第3版〕』(成文堂,1993年)508-509頁，平井・債権総論232頁，内田Ⅲ 261頁，中田・債権総論413-414頁。

2 相殺と債権譲渡

このため，純然たる法定相殺について判例が無制限説を実際に適用するのかが問題であったところ，その後，債権譲渡と相殺との優劣関係をめぐってこの問題に関わる判例が現れた（最判昭和50・12・8民集29巻11号1864頁。以下では「昭和50年判決」という）。

事案は銀行取引ではなく，A会社に対して手形債権を有していたYが，AのYに対する売掛債権を譲り受けたXからの支払請求に対して，相殺の抗弁によってこれを拒絶したというものであった。ただ，XはAの取締役・従業員であり，Yはもともと当該売掛債権の支払いのためにAに約束手形を振り出していたところ，この手形を紛失したXがAへのその弁償と引換えに売掛債権を譲り受けたという経緯があった。Xが譲り受けた売掛債権の弁済期はYの手形債権の満期よりも早かったが，その後，Aの倒産によってYの手形債権の弁済期も到来していたところ，最高裁はYの相殺の主張を認めた。しかし，法廷意見は，「原審の確定した以上の事実関係のもとにおいては，上告人は，本件売掛債権を受働債権とし本件手形債権を自働債権とする相殺をもって被上告人に対抗しうるものと解すべきである」としか述べなかった。

この判決では，昭和45年判決の立場を債権譲渡の局面にも推し進めて上記の結論を正当化する補足意見がある一方で，無制限説を貫くことに疑問を呈し，特に債権譲渡や転付命令にこれを当てはめることは疑問であるとする反対意見もあり，双方が2対2で拮抗していた。ただ，残り1名（団藤重光裁判官）が相殺の優先的効力を容認する立場をとったため，結論としては相殺が認められたにすぎない。相殺が肯定された要因としては，この事案では，売掛債権と密接に関連する手形の紛失のためにたまたま売掛債権が譲渡されたにすぎず，譲渡の取引の安全が特に要請されるわけではなく，また，債権の譲受人が譲渡人と密接な立場にある者であったことが挙げられよう。したがって，昭和50年判決が無制限説を一般化したと判断することはできない[2]。

---

2) 柴田保幸・最判解民事篇昭和50年度658頁参照。

3 逆相殺による相殺の制限

むしろ，その後は相殺の優先的効力に歯止めをかける判例も現れている（最判昭和54・7・10民集33巻5号533頁。以下では「昭和54年判決」という）。いわゆる逆相殺の事件である。その概要は以下のとおりであった。

X信用金庫は，A会社に対して手形貸付債権等を有し，AはXに対していくつかの預金債権を有していたところ，Aが事実上倒産したため，Y会社は，AのXに対する預金債権について，YのAに対する手形債権に基づき，まず仮差押えをなし，さらには差押・転付命令を得た。Xは，Yによる仮差押えの直後，Aに対する手形貸付債権を自働債権，AのYに対する預金債権を受働債権とする相殺をなす意思表示を発したが，かかる意思表示の通知はAが所在不明の状態になったためこれに到達しなかった。他方で，Xは，Yに対して手形債権を有していたため，その支払いを訴求したが，Yは，上記の転付命令によって取得した預金債権を自働債権，XのYに対する手形債権を受働債権とする相殺の抗弁を主張した。そこで，Xは，Yに対し，XのAに対する貸付債権を自働債権，AのXに対する預金債権を受働債権とする相殺の意思表示をなした。XA間では信用金庫取引の約定がなされており，Xの相殺の主張にかかる債権はYの得た転付命令より先に相殺適状となっていた。

最高裁判所は，以下のように述べて，2つの相殺の優劣はその意思表示の前後によって決定されるとした。

> 「相殺適状は，原則として，相殺の意思表示がされたときに現存することを要するのであるから，いったん相殺適状が生じていたとしても，相殺の意思表示がされる前に一方の債権が弁済，代物弁済，更改，相殺等の事由によって消滅していた場合には相殺は許されない（民法508条はその例外規定である。），と解するのが相当である。また，債権が差し押さえられた場合において第三債務者が債務者に対して反対債権を有していたときは，その債権が差押後に取得されたものでない限り，右債権及び被差押債権の弁済期の前後を問わず，両者が

相殺適状になりさえすれば，第三債務者は，差押後においても右反対債権を自働債権とし被差押債権を受働債権として相殺することができるわけであるけれども，そのことによって，第三債務者が右の相殺の意思表示をするまでは，転付債権者が転付命令によって委付された債権を自働債権とし，第三債務者に対して負担する債務を受働債権として相殺する権能が妨げられるべきいわれはない。」

昭和54年判決に関する評釈には，これを昭和45年判決に相応しないとして批判する見解が少なくない[3]。確かに，2つの債権が同一当事者間で相対立している場合に，いわば自働債権のために受働債権に担保権が成立していると考えるならば，債権質との権衡からは，受働債権の処分はもはや自働債権の帰属主に対抗しえないことになり，受働債権の譲受人による相殺も自働債権の帰属主には主張しえないと考えるべきだろう。ただし，そこでの担保権が債権質のような公示を伴わないという意味で，これを債権の上の公示なき担保権，すなわち先取特権と解するならば，公示なき先取特権は追及効が制限されているので（民333条参照），なお受働債権の帰属主にはその処分権が留保されているともいえる。しかし，昭和54年判決はそのような見解をとっているともいえない。というのは，仮に受働債権の上に先取特権があるにすぎないというならば，その転付命令の効力が生じた段階で追及効が制限され，そもそもYによる相殺（これが逆相殺といわれる）の意思表示がなされる以前に，もはやXの担保権の効力，すなわち相殺は主張しえなくなるからである[4]。したがって，この判例は，自働債権のために受働債権の上に担保権が存するという見解は採用していないと考えざるをえない。

そうなると，相殺の担保的機能といってもそれが判例上決して担保権を意味するのでなければ，解釈論におけるその有用性が問われることになる。確かに，相殺に機能として担保権に類似する面があるとしても，「相殺の担保的機

---

[3] 島谷六郎・判タ411号（1980年）76頁，石井眞司・判タ412号（1980年）50-51頁，大西武士・手形研究298号（1980年）16-17頁参照。

[4] すでに判例は，受働債権について転付命令の効力が生じてもなお相殺をなしうることを認めている（最判昭和46・11・19金法637号29頁）。

能」という言葉だけでは，解釈論に何ら明確な帰結をもたらすことにはならないからである。それゆえ，筆者は，相殺と差押え等との優劣に関する解釈論においては，相殺制度の根拠の1つである公平性に焦点を当てるべきと考えるのである。

Ⅳ　公平の観念による正当化

1　公平の原理に基づく抗弁

制限説をとった昭和39年判決は，受働債権の差押えの段階で相殺適状になくとも相殺に対する正当な期待があれば，後に相殺適状になれば相殺の意思表示の効力を認めるという立場であったが，相殺に対する正当な期待の有無が必然的に弁済期の前後関係によって決定されるわけではない。ここで，昭和45年判決の岩田裁判官の補足意見がヒントとなる。

昭和39年判決は，差押債権者に対して，受働債権の支払いを留保しつつ自働債権の弁済期が到来したときに相殺を主張するのを不誠実なものと評価するが[5]，もしそのような態度が問題であるというならば，差押債権者が現れる以前に，当事者間においても自働債権の弁済期が後れるケースでの相殺の主張は否定されるべきであろう。しかし，この場合に相殺の効力を否定する見解はおそらくないであろう。

そもそも，相殺が当事者の公平に合致するとされるのはなぜか。たとえば，AB間で，Aを貸主，Bを借主とする金銭消費貸借契約と，Bを寄託者，Aを受寄者とする金銭消費寄託契約が締結された場合，AのBに対するα債権とBのAに対するβ債権の発生原因としては，それぞれに相当する金額がAからB，BからAに移転されている。このとき，α債権とβ債権は形式的には独立して成立するものの，それぞれに移転された金額が対応するかぎりにおいては，双方には実質的には貸し借りがない状態と評価することができる。それ

---

[5]　制限説を支持する学説もこの問題をその論拠の1つとしている。前田・前掲注1)508頁，平井・債権総論231頁，内田Ⅲ262頁，中田・債権総論414頁。

にもかかわらず，2つの債権に関して常に互いの履行を強制することになれば，たとえば，Bが無資力となった場合には，AだけがBに移転した金額を取り戻すことができないことになる。これは明らかに不公平である。それゆえ，対当額において双方の債権が消滅するという措置が公平とされるのである。

もちろん，双方の債権の弁済期が異なる場合には，弁済期が遅い債務を負う側は，その到来までは自己に移転された金額をとどめ置くことが容認される以上，直ちに相殺の効果を認めることはその地位を覆すことになり，許されない。しかし，いかなる事情によるにせよ双方の弁済期が到来した場合には，もはや貸し借りのない状態を確定させること，つまり双方の債権を対当額で消滅させることへの障害はないであろう。自己の債務について遅滞に陥った者に対するサンクションは，それによって生じた相手方の損害を賠償することであり，相殺そのものを否定するというのは，相手方が無資力となった場合には，かえって当事者間の公平に反することになりかねないからである[6]。

したがって，2つの債権が相対立した段階で，両当事者は相殺に対する正当な期待を有しているといってよく，それは弁済期の前後関係に左右されない[7]。すでにこの段階で，双方の債権には弁済期が到来すれば対当額で消滅しうるという抗弁が付着する[8]。だから，いずれの債権であれ，差押え・譲渡がなされても，差押債権者，譲受人はそのような抗弁の付着した債権の上にしか権利を主張しえない[9][10]。とりわけ，第三者が受働債権を差し押さえた場合，

---

6) 意図的に履行を怠った者に対する懲罰として相殺を認めないという思想もあるかもしれないが，懲罰的賠償制度を容認しない日本法には適合しないだろう。

7) 昭和45年判決に関する千種調査官の解説も，筆者と同様の問題意識からほぼ同旨を述べていう（千種秀夫・最判解民事篇昭和45年度473-476頁参照）。

8) 潮見・債権総論Ⅱ389-390頁は，差押えと相殺との優劣を受働債権の掴取に対する期待が現実化した時点の前後によって決定すべきとし，相殺については自働債権の弁済期の到来が，差押えについては受働債権の弁済期の到来がそれぞれ掴取への期待の現実化の時点であるとして，制限説を支持する。しかし，ここでの掴取への期待の現実化とは，受働債権から現実に満足することのできる要件が具備された時点を指すと思われるが，現行法はそのような時点をもって債権をめぐる権利主張の優劣関係を決定しているとは言い難い。そのことは，債権質の被担保債権の弁済期が目的債権を差し押さえた一般債権者の被保全債権の弁済期より後れるとしても，質権者の優先的地位は揺るがないことや，一般の債権者相互間では，債務者の債権に対する権利行使の優劣を決定するのは，被保全債権の弁済期の前後というより，究極的にはいずれが先に強制執行手続に着手したかによることに現れている。ここでの優劣関係は，結局，目的債権に対して直接的な拘束力が発生する時点の前後関係によって律せられている。

差押えは資力悪化の兆候である以上，自働債権の弁済期が到来するまで支払いを留保してその後相殺の意思表示をしたとしても，これを不誠実な債務者と決め付けることはできない。むしろ，これは自己の相殺に対する正当な期待からはやむをえない措置ともいえる[11]。いわんや，銀行取引においてなされる期限の利益の喪失と相殺に関する特約の有効性を否定する理由はない。自働債権の弁済期の到来まで支払いを留保した上での相殺の主張は権利濫用に当たるとする傾向があるが[12]，筆者にはそのような位置づけ自体が疑問である。むしろ，相殺の主張が権利濫用とされるのは，当事者間の公平が実質的に崩れる場合，すなわち，一方の債権は相応の対価と引き換えに取得されたが，他方の債権がそのような対価の裏打ちなしに取得されている場合，たとえば，相手方の資力が悪化した後にこれに対する債権を第三者から廉価で獲得したような場合であろう。

2 逆相殺の有効性について

以上のように考えた場合，逆相殺の可能性も当然には否定されない。確かに，たとえばAB間でいったんAのα債権とBのβ債権が相対立したならば，ABの2つの債権の相殺に対する期待は保護されなければならない。しかし，

---

9) 潮見・債権総論Ⅱ 387-388頁は，公平の観念による相殺の効力の正当化は債権・債務の当事者間にとどまる旨を指摘しているが，法形式的には2つの債権が別個・独立のものであるとしても，それが同一当事者間で相対立するからこそ双方の債権の内容自体に関わるとするならば，公平性が本来的に内部関係の問題にとどまることにはならない。

10) 学説では，差押え，転付命令および譲渡の間では，第三者の利害に差があることを考慮して，そのいずれかによって相殺の優先的効力を差別化する見解も有力であるが（米倉明「相殺の担保的機能」民法の争点Ⅱ〔1985年〕85頁以下，88頁），問題の核心が結局は債権に付着する抗弁，債権の内容そのものにあるならば，いずれにおいてもその取扱いに差はないことになる。

11) 本書の第10講で紹介した物上代位と敷金充当との優劣の紛争に関連して，学説の中には，資力の悪化した賃貸人または抵当権者による賃料の支払請求に対して，賃借人は将来の敷金の返還が危ぶまれることを根拠に信義則上これを拒絶しうるとする見解もあった（荒木新五・判タ995号〔1999年〕41頁以下，46-47頁）。賃料債権の担保として交付した敷金を盾に賃料の支払いを拒絶しうるというのは疑問であるが，仮にこれが認められるというのなら，同種の債権が相対立する場面では，支払拒絶を容認するのが当事者の公平にいっそう合致するだろう。

12) 無制限説をとる従来の学説は，例外的としつつもその可能性を容認する。好美清光「銀行預金の差押と相殺(上)」判タ255号（1971年）2頁以下，17頁参照。

その後β債権がCに譲渡され，AがCに対してはγ債権を有していたならば，CA間においても，β債権の金額とγ債権の金額に対応した金銭がそれぞれ相手方に移転されている関係が成り立つことになる（もともと，β債権の金額に対応する金銭がBからAに移転されていたところ，Cはβ債権を有償で譲り受けることにより，CからBを経由してAに金銭が移転しているものと捉えることができる）。それゆえ，CA間においてもその対当額において相殺を容認するのが当事者の公平に合致することになる。相殺の権利が物権的権利でないならば，2つの相殺の基礎となる公平性については，端的に一方が他方に優先するとはいいがたいであろう。とすれば，相殺の効力が意思表示によって生ずることとされる以上，意思表示の前後によって2つの相殺の優劣が決定されるという判例の結論も十分成り立ちうる。

逆相殺が否定されるべきは，上記の例ではCがβ債権の取得のために相応の対価をBに移転していないケースである。この場合，CからAにβ債権の金額に対応する金銭が移転されていないため，β債権とγ債権との相殺は公平に合致しないからである。

V　おわりに
——担保権構成の是非について

ところで，判例はともかく，前述のように，銀行取引における相殺予約の第三者に対する効力だけを特別に容認するという考え方もありうる。また，学説では，相殺の権利を端的に自働債権のために受働債権の上に先取特権がある状態と捉え，自働債権と受働債権との牽連性がある場合にのみこれを容認する見解がある[13]。これらはどのように評価すべきか。

まず，差押債権者等との関係で相殺予約に法定相殺を超える効力を容認しようとする場合，これは第三者との関係で相殺権の範囲を修正する意味を持つから，端的に契約自由として正当化することは難しくなる。特にこの予約を特別の担保権の設定として位置づける場合にはそのことが鮮明になるため，相殺予

---

13)　深川裕佳『相殺の担保的機能』（信山社，2008年）134頁以下参照。

約の対外的効力を容認する要件として，多くの見解はその公示ないしは公知性を論ずる14)。しかし，相殺予約について法定の公示制度があるわけではなく，事実上の公知性をこれに代えることには疑問も拭えない。むしろ，もともと法定の相殺について弁済期の前後関係という制限が課せられないならば，相殺予約に殊更に特別の意義を求める必要はなくなるだろう。

また，債権相互間に牽連性がある場合には一方の債権のために他方の債権の上に優先権を容認すべきという発想には筆者も同感であるが，先取特権は公示なき担保権である以上，受働債権につき譲渡や転付命令があった場合には，もはやその効力は認められないという疑問が生ずる15)。しかし，前述のように，債権譲渡があったからといって当然に相殺しうる地位が覆されるわけではない。他方で，同一当事者間に同種の2つの債権が対立している場合，たとえそれらに特別の関連性がなくとも，やはり対当額で消滅させるというのが当事者の公平に合致するのではないのか。民法が相殺の要件として牽連性を要求していないことがその何よりの証拠であろう16)。

Directions ➡

(1) 昭和45年判決がとった無制限説を基礎づけるために相殺の担保的機能を強調する必要はなく，相殺制度の基礎とされる公平の観念によってこれを正当化することは十分可能である。
(2) 制限説は，差押債権者に対する支払いを拒絶しつつ自働債権の弁済期が到来するとともに相殺を主張することを否定的に評価するが，むしろ，これこ

---

14) 昭和45年判決の大隅裁判官の意見のほか，平井一雄・金判235号（1970年）5頁，高木・前掲注1)222頁，林・前掲注1)558-559頁，前田・前掲注1)508-509頁，平井・債権総論232頁，内田Ⅲ261頁，中田・債権総論414頁参照。
15) 昭和50年判決および昭和54年判決に関する深川説の分析を見るかぎり（深川・前掲注13）351-354頁，425-426頁），同説はこの問題を十分意識していないように思われる。
16) 深谷格『相殺の構造と機能』（成文堂，2013年）135頁以下も，先取特権構成はとらないものの，2つの債権の牽連性を相殺の優先的効力の要件として位置づけているので，本文に述べた疑問は同論文にも当てはまることになる。

そ相殺に対する正当な期待の結果として容認されなければならない。
(3) 受働債権に担保権が存在するという構成は，逆相殺の優先的効力を容認した判例の立場に相応しないし，民法の解釈論としても疑問である。

● *民法改正との関係*

　改正法案511条1項および469条1項は，受働債権の差押えまたは譲渡の対抗要件具備の前に取得された自働債権による相殺が認められる旨を明確に規定しており，これは，差押えのみならず債権譲渡との関係でも従来の無制限説の立場を採用する趣旨であると考えられる。このような立場は，2つの債権の対立関係を重視し，かつ差押えと債権譲渡との間で本質的な差異がないとする私見に共通するものといえよう。その意味で，法改正によって私見が左右されることない。
　もちろん，差押えや譲渡の前に2つの債権の対立関係が成立すれば常に相殺の効力が認められるわけではなく，例外的にこれを否定すべき場合もあることは本文で述べたとおりであり，逆に，差押え等の段階では厳密には対立関係がなくても，自働債権の発生原因が確定している場合には，むしろ相殺の効力を例外的に認めるべきともいえる。改正法案511条2項および469条2項は，後者の取扱いを明示するに至った。それゆえ，今後は，具体的な事案がこれらの例外的ケースに当たるか否かの解釈が重要となるだろう。

第20講
不動産売買における売主が土壌汚染の原因者であるときの買主に対する責任

最判平成 22・6・1 民集 64 巻 4 号 953 頁
民法判例百選Ⅱ〔第 7 版〕52 事件, 環境法判例百選〔第 2 版〕45 事件

▶ 判旨

そうすると，本件売買契約締結当時の取引観念上，それが土壌に含まれることに起因して人の健康に係る被害を生ずるおそれがあるとは認識されていなかったふっ素について，本件売買契約の当事者間において，それが人の健康を損なう限度を超えて本件土地の土壌に含まれていないことが予定されていたものとみることはできず，本件土地の土壌に溶出量基準値及び含有量基準値のいずれをも超えるふっ素が含まれていたとしても，そのことは，民法 570 条にいう瑕疵には当たらないというべきである。

Ⅰ 本判決の意義と問題の所在

（1）上記の〈判旨〉（以下，「本件判旨①」という）は，Y（被告，被控訴人，上告人）がＸ（原告，控訴人，被上告人）に売却した土地に「溶出量基準値及び含有量基準値のいずれをも超えるふっ素」が含まれていた事例で，Ｙの瑕疵担保責任を否定したものである。最高裁は，この結論を導くに当たり，「売買契約締結当時の取引観念」や「売買契約の当事者間において」何が「予定されていた」か，という観点に着目している。瑕疵担保責任（債権法の改正が，従来の瑕疵担保責任に関する議論に大きな影響を与えうることについては，末尾の〔民

法改正との関係〕を参照）についてある程度勉強したことのある読者であれば，民法570条にいう「瑕疵」概念について，これを客観的に捉える客観説——瑕疵は「一般には，その種類のものとして通常有すべき品質・性能を標準として判断すべきである」[1]という説に代表される——と，「契約当事者がどのような品質・性能を予定しているかが重要な基準を提供する」[2]というように瑕疵を主観的に捉える主観説があることはご存知だろう。本判決は，この問題について一定の立場を明らかにしたものであるが，上の引用部分だけからは，最高裁の態度は必ずしも明確に読み取ることはできない。そこで，本件判旨①の直前に展開されている次の〈判旨〉（以下，「本件判旨②」という）も見ていただきたい（下線と波線は筆者が付した）。

> 売買契約の当事者間において目的物がどのような品質・性能を有することが予定されていたか(a)については，売買契約締結当時の取引観念をしんしゃくして判断すべき(b)ところ，前記事実関係によれば，本件売買契約締結当時，取引観念上，ふっ素が土壌に含まれることに起因して人の健康に係る被害を生ずるおそれがあるとは認識されておらず，被上告人の担当者もそのような認識を有していなかった(α)のであり，ふっ素が，それが土壌に含まれることに起因して人の健康に係る被害を生ずるおそれがあるなどの有害物質として，法令に基づく規制の対象となったのは，本件売買契約締結後であった(β)というのである。そして，本件売買契約の当事者間において，本件土地が備えるべき属性として，その土壌に，ふっ素が含まれていないことや，本件売買契約締結当時に有害性が認識されていたか否かにかかわらず，人の健康に係る被害を生ずるおそれのある一切の物質が含まれていないことが，特に予定されていたとみるべき事情もうかがわれない(c)。

本件判旨②は，売買契約の目的物に瑕疵があったかどうかについて，契約当

---

1) 我妻・講義V₂ 288頁。
2) 内田Ⅱ 134頁。

第20講　不動産売買における売主が土壌汚染の原因者であるときの買主に対する責任　315

事者間において予定されていた品質・性能を基準に判断しようとしている（下線部(a)）。その判断の際には，まず，**売買契約締結当時の取引観念を斟酌し**（下線部(b)），その上で，契約当事者間において目的物の属性に関して**特に予定されていた事情**の有無にも着目する（下線部(c)）という二段階の枠組み[3]を採用している。

(2)　このうち，まず，下線部(b)のいう「取引観念」に照らして判断される品質・性能とは，客観説のいう「通常有すべき品質・性能」に類似しているように見えるかもしれない。しかし，判旨のいう「取引観念」は，当該契約で予定されていた目的物の属性（下線部(a)）を判断する手がかりとして機能しており，具体的な契約を離れた抽象的な取引通念のことではない[4]。いい換えると，下線部(b)は，**あくまでも当該契約において，普通に予定されていた品質**[5]が何だったのかを問う趣旨であり，ここでは契約の解釈が行われることになる。したがって，本判決が瑕疵概念について主観説を採用していることは明らかであるが，これについて，2点，補足しておきたい。

第1に，判例は従来，主観説をとっているといわれることもある[6]が，この点は，実はあまりはっきりとしない。例えば，大判昭和8・1・14民集12巻71頁は，売買の目的物について，①「其の物の〔(a)〕通常の用途若〔しく〕は〔(b)〕契約上特定したる用途に適せざる」場合のほか，②「或〔る〕性能を具備することを売主に於〔い〕て特に保証（請合ふの意）したるに拘らず之を具備せざる場合」に瑕疵があるとする（引用箇所の片仮名は平仮名に改めた）が，①(a)の「通常の用途」が，契約当事者間で普通に予定されていた用途という意味なのか（主観説。①(a)は，①(b)・②と並び契約解釈の二段の枠組みを構成する），それとも当該契約を離れた取引通念に照らして決定される用途という意味なのか（客観説。①(a)は契約外在的な瑕疵の判断要素であり，他方で，①(b)・②は契約内在的に瑕疵ある目的物を給付した売主の責任を問う要素となる）は不分明

---

3)　橋口祐介・法政理論（新潟大学）44巻1号（2011年）236頁以下の丁寧な分析も参照。
4)　潮見佳男・リマークス43号（2011年）38頁以下〔40頁〕。
5)　橋口・前掲注3)241-242頁は，下線部(b)は当該契約において「普通に予定されていた」品質に，下線部(c)は「特に予定されていた」品質に着目するものだとする。
6)　例えば，内田Ⅱ135頁など。

だからである。実際，客観説をとる代表的な論者も，この大審院判決を肯定的に引用する[7]。この意味で，本判決が主観説をとることを明確にした判例上の意義は少なくないと考える。

第2に，契約の解釈を重視する主観説は，瑕疵担保責任に関する契約責任説——「瑕疵のない特定物を給付する」債務もありうるとする立場から瑕疵担保責任を債務不履行責任の特則と捉える——と整合的であるが，同時に，法定責任説——特定物売買の売主は「この物」を給付すれば債務を履行したことになるので，瑕疵がないと信じた買主を保護するために法が瑕疵担保責任を特別に認めたとする——に立つ論者の一部からも支持されている（買主の期待を保護するには，買主が目的物の一般的な性質にしか関心を寄せていなかった例外的場合を除き，契約で予定されていた性質を基準に瑕疵を判断すべしとする[8]）。このように，民法570条の**「瑕疵」概念に関する客観説と主観説の対立は，瑕疵担保責任の性質論**（法定責任か契約責任か）**とは必ずしもリンクしない。**本判決も，この問題にコミットするものではないことに注意すべきである。

(3) 次に，本件判旨②の下線部(b)が，「売買契約締結当時の」取引観念に着目していることにはどのような意義があるか。瑕疵担保責任の法的性質論についてどちらの立場をとるにせよ，**瑕疵は契約締結時ないし引渡時に存在していることが必要であり**[9]（法定責任説は，「契約時に」瑕疵があったにもかかわらず，ないと信頼した買主を保護しようとしており，契約責任説は，瑕疵のあるものを「給付すれば」売主の債務不履行になると考える），かかる観点に照らせば，契約締結時の取引観念に着目する下線部(b)は，理論的には無理が少ない。判旨があえてこの点に言及したのは，本件の目的物の土壌に，契約時には取引観念上，

---

[7] 客観説をとる我妻・講義V₂288頁は，「通常有すべき品質・性能」のほか，「売主が，見本により，または広告をして，目的物が特殊の品質・性能を有することを示した」ことに注目し，後者の例として昭和8年判決を引用する。もっとも，同書270頁は，「物質的な瑕疵（目的物が契約当事者間に予定された品質をもたないこと）」という表記もしており，主観説と客観説をどこまで対立的に捉えていたのかは微妙な側面がある（榎本光宏・曹時64巻12号〔2012年〕3595頁以下〔3600頁〕も参照）。本文で述べた客観説は，主観説との対比を強調した理念型として理解していただきたい。

[8] 注釈民法(14) 242-243頁〔柚木馨〕。

[9] 大塚直「土壌汚染に関する不法行為及び汚染地の瑕疵について」ジュリ1407号（2010年）66頁以下〔73頁〕。

第20講　不動産売買における売主が土壌汚染の原因者であるときの買主に対する責任　　317

人の健康に係る被害を生ずるおそれがあるとは認識されておらず（波線部(α)），**契約後に規制の対象**となった（波線部(β)）有害物質・ふっ素が含まれていたからである。

(4)　以上，本判決の意義についてやや抽象的に検討したが，Yの瑕疵担保責任を否定した本判決の結論の是非を考える際には，より具体的な検討を行う必要がある。例えば，本件で波線部(α)のような認定を行いうるのか。これは，契約締結時の取引観念というものを具体的にどう捉えたらよいのかという問題にかかわる。また，当事者間で契約時に特に予定されていたことに関する下線部(c)についても，事案に即した考察が不可欠である。しかし本件土地の売買をめぐる全体像は，裁判所が認定した事実だけからは理解しづらい箇所がある。そこで以下では，判例分析の手法としてはやや異例かもしれないが，認定事実以外の周辺事情も必要に応じて参照しながら，本件における瑕疵担保責任の成否を具体的に検討する（Ⅱ）。その上で，売主が土壌汚染の原因を作った場合に，瑕疵担保責任以外の責任を負う余地がないのかについても検討することにしよう（Ⅲ）。

Ⅱ　本件における瑕疵担保責任の成否

1　本件売買契約の前後の事情

(1)　東京の日暮里駅（荒川区）から見沼代親水公園駅（足立区）までの9.7kmを約20分で結ぶ日暮里・舎人ライナー（東京都地下建設株式会社が建設，完成後は東京都交通局が運営）は，23区内の「最後の鉄道空白地帯」を解消すべく，交通渋滞が激しい都道・尾久橋通りの上に設けられた高架軌道上をゴムタイヤで走行する新交通システムである。1985年に運輸政策審議会の答申で基本計画が発表され，当初は99年度に開業予定であったところ，用地買収（新交通システムは用地買収が少なくて済むのが利点であるが，駅舎部の一部などが都道からはみ出るため一定の買収が必要となった）の遅れや既成市街地内の工事の困難さなどから，開業は2008年3月30日にずれこんだ[10]。一方，足立区は，日暮里・舎人ライナーの開通を契機に活力あるまちを再生すべく，国交省

から支援を受けて，途中の江北駅を含む幾つかの駅でバス・タクシーの乗降場がある駅前広場を整備する計画を立てた[11]。そして，駅前広場の用地買収を円滑に進めるため被買収者に提供する代替地をあらかじめ用意する必要があると考えた区は，代替地の取得を本件のX（足立区土地開発公社）に要請したのである（土地開発公社は公共施設などに供する土地を先行取得し管理する法人であるが，近年では，地方公共団体の財政悪化・十分な必要性のない先行取得・地価の下落などにより，**公社が長期保有する「塩漬け」化した土地が増えている**といわれている[12]）。そこでXは，91年3月15日，区内でふっ素機能商品の製作販売をしていたY社の工場用地3646.61㎡を23億3572万6120円で買い受けた。このように，本件土地の購入は日暮里・舎人ライナーの建設計画を機縁とするものであったが，**その実施主体は異なる**ことを確認しておきたい。

(2) わが国では，70年代半ばごろから都市再開発などのために大工場の跡地の売買が行われるようになったことなどを契機に**市街地の土壌汚染がクローズアップされ**[13]，工場跡地の売却等の際に汚染調査を行う商慣習が広がったといわれている[14]。本件のXも，Yとの売買契約に先立ち本件土地の土壌調査をしたところ，（東京都の当時の内規である）「公有地取得に係る重金属等による汚染土壌の処理基準」[15]を超える量の鉛・砒素・カドミウムが検出された。しかし，それを理由に，XY間で減額交渉がなされたかどうかは明らかではない。裁判所はこの点を認定しておらず，むしろYの上告理由によれば，Xは「減額交渉は一切行っていない」[16]。仮に，このYの主張が真実だとすれば，

---

10) 「新交通システム建設物語」執筆委員会編著『新交通システム建設物語——日暮里・舎人ライナーの計画から開業まで』（成山堂書店，2011年）参照。

11) 東京都足立区のHPから入手可能な「都市再生整備計画（第4回変更）日暮里・舎人沿線地区」（2008年）も参照。

12) 赤川彰彦『土地開発公社の実態分析と今後の展開』（東洋経済新報社，2011年）87頁以下。浅野詠子『土地開発公社が自治体を侵食する』（自治体研究社，2009年）も参照。

13) 大塚直『環境法BASIC〔第2版〕』（有斐閣，2016年）195頁以下，菅正史「土壌汚染対策法改正とわが国における土壌汚染対策の課題に関する一考察」土地総合研究17巻4号（2009年）97頁以下。

14) 黒川陽一郎「土壌汚染対策法の概要」ジュリ1233号（2002年）2頁以下〔2頁〕。

15) 菅・前掲注13)99頁参照。

16) Yの訴訟代理人・小澤英明「原判決判批」ビジネス法務9巻3号（2009年）74頁以下〔77頁〕も，この点を強調する。

本件売買契約はいささか不可解な形で締結されたことになる[17]が，あえて推測を織り交ぜるなら，土地開発公社は，地方公共団体が将来必要であると考える土地を先行取得するにすぎず，資金調達の際は地方公共団体が金融機関に債務保証を行い，金融機関への返済は地方公共団体への土地の売却代金から充てる仕組みになっているため[18]，Xは，本件土地の購入に当たり，土壌汚染のリスクを価格に反映させることについて積極的なモチベーションを有していなかったのかもしれない。

(3) 本件土地は，地元紙の配信記事[19]によれば，担当者の引継ぎ不足のため汚染対策を取らないまま，96年5月から2005年8月まで広場として区民に解放され，保育園児の遊び場などに使われていた。認定事実によれば，広場の閉鎖に先立つ2002年4月，足立区は江北駅の駅前広場予定地をAから買収する際に，Aおよび建物をAから賃借しているB運送業者から代替地を求められたため，本件土地をAらに提供する協議を始めた。そしてXが改めて本件土地の汚染調査をしたところ，2005年11月，すでに判明していた有害物質以外に，東京都の「都民の健康と安全を確保する環境に関する条例」（以下，「**環境確保条例**」という）の定める汚染土壌の処理基準を超えるふっ素が含まれていることが分かった。

(4) ふっ素は，環境基本法16条に基づいて，（人の健康を保護し生活環境を保全する上で維持されることが望ましいものとして）環境庁によって定められた土壌の汚染に係る環境基準（1991年8月）の中では対象外だったが，その後，環境基準が改正され（2001年3月），ふっ素についても新たに環境基準が告示された。それを踏まえ，ふっ素は，土壌汚染対策法（2003年2月施行）2条にいう特定有害物質とされ，これに伴い，都の環境確保条例および同施行規則（2001年10月施行[20]）の改正も行われ，土壌汚染対策法の施行規則と同じ内容の基準値がふっ素について定められたのである。本件土地は，**土壌汚染の事実**

---

17) 岡孝「原判決判批」判タ1291号（2009年）43頁以下〔46頁〕も，この点を指摘する。
18) 赤川・前掲注12)25頁以下。
19) 足立よみうり新聞2005年8月24日配信「足立区，買収土地の土壌汚染で陳謝」参照。
20) 東京都環境確保条例は，東京都公害防止条例を改正したものであり，条文によって施行時期が異なる。土壌及び地下水の汚染の防止に関する条文（113条～122条）は，本文で述べたように2001年10月に施行されている。

を知ったAらから受領を拒否されたため，Xは（主張によれば）12億3375万円あまりを支出して土壌汚染対策工事を行い，公園用地として用いることにした。

2　本件判旨②の(c)および(a)の妥当性について

(1)　以上をまとめると，本件土地は，（足立区のまちづくりの一環として）Xが91年3月にふっ素機能商品の製作販売をしていたY社の工場用地を，**ふっ素以外の有害物質が土壌を汚染していることを知りながら先行取得**したものであるが，（東京都が進めた）日暮里・舎人ライナーの開業の遅れと（Xおよび足立区の）担当者の引継ぎ不足から，そのまま放置された。そして，2005年11月の再調査により，当初から判明していた有害物質以外に，**その後の規制により新たに有害物質とされたふっ素が含まれている**ことが判明したため，Xは，巨額の金額を追加支出して，当初の目的とは異なる用途の土地に改変したわけである。原審でXは，ふっ素が基準値を超えて含まれていたことが「隠れた瑕疵」にあたるとして，追加支出した額の一部の4億6095万円あまりの損害賠償を請求した。

(2)　しかし，以上の経緯に照らすならば，まず，本件売買契約時に当事者間で「ふっ素が土壌に含まれていない」ことが特に予定されていたかについて（本件判旨②(c)）[21]は，本判決が判断するように，これを否定に解せざるをえないだろう。一方で，ふっ素機能商品を製作していたY社が（黙示的にせよ）このような内容の保証ないし約束をするとは考えられないし（企業にとって工業操業に伴う生成物を地中に浸透させたままにしておくことは，コスト削減にかなうともいえる[22]），他方で，Xが（すでに判明したまたは今後判明する可能性がある）土壌汚染問題について，売買代金に反映させるべく契約交渉過程で積極的にふるまった形跡はうかがわれない（1(2)）からである（土壌汚染対策法の施行以降，

---

[21]　なお，本件では契約時に土壌汚染が判明していたので（1(2)），本件判旨②(c)のうち，契約締結時に「人の健康に係る被害を生ずるおそれのある一切の物質が含まれていないこと」が特に予定されてはいなかったことは明らかである。

[22]　本判決に批判的な半田吉信・判評625号（判時2099号）（2011年）10頁以下〔13頁〕参照。

外資系企業などに土地を売却する売主は，土壌汚染がないことの表明保証〔Representations and Warranties〕を求められることが多いといわれている[23]が，本件はこのような事案ではない）。**ふっ素は，当事者間の目的物の性質に関するリスク分配の対象になっておらず**[24]，契約締結後に X による巨額の追加支出が必要になろうとも，本件売買契約は，契約締結時には（**利益の最大化をはかる**）企業 Y と（コスト意識が構造的に十全とはいい難い）土地開発公社 X との間で，**主観的には等価関係にあった**と考えられる。

（3）次に，本件土地は，契約締結時の取引観念上，ふっ素が含まれていることに起因して，人の健康に係る被害を生ずるおそれがあると認識されていただろうか（本件判旨②(a)の問題）。ふっ素に関する規制が契約締結後になされた事例でも，その規制が契約締結の直後であったような場合[25]は，ふっ素の有害性が社会的な認識として契約締結時に形成されつつあったといいうるかもしれないが，本件はそのような事案ではない。それでは，人の生命や健康に著しい悪影響を与える物質について，契約時にはそのことが市場における社会的認識とはなっていなかったが，関係者の間では危険性が認識されていた場合はどうか[26]。例えば，アスベストは，2005 年に，株式会社クボタの工場の多数の労働者や周辺住民が中皮腫により死亡したという衝撃的な報道がされる前から，政府その他の関係者の間では危険性が知られていた[27]が，大気汚染防止法の改正など法的規制がされたのは 2006 年である。このとき，2005 年の報道以前にアスベストが飛散しうる状態の不動産が売買された場合，売主は瑕疵担保責任を負うだろうか。このように**著しく有害な物質**が問題となる事例に本判決の理論を当てはめる際には，判決のいう「**取引観念**」を広げ，契約締結時に明らかとなっていた科学的知見を取り込むべきであり，こう解しても売主に回避不能な損害は与えないという説得的な主張がなされている[28]。しかし，論者も認めるように，本件はこのような事案でもない（土壌中のふっ素は，地下水を摂

---

23) 小澤英明『土壌汚染対策法と民事責任』（白揚社，2011 年）232 頁以下。
24) 潮見・前掲注 4) 41 頁。
25) 武川幸嗣・民事判例Ⅱ（2011 年）146 頁以下〔149 頁〕参照。
26) 大塚・前掲注 9) 75 頁は，アスベスト事例を用いて，このような興味深い問いかけを行う。
27) 宮本憲一ほか編『アスベスト問題』（岩波書店，2006 年）参照。
28) 大塚・前掲注 9) 76 頁。

取しない限り人体に影響を与えない)。

(4) 以上のように考えると，Yの瑕疵担保責任を否定した本判決は支持しうる。しかし，Yが土壌汚染の原因を作った者（原因者）であることに照らすと，**瑕疵担保責任以外のルートでYが法的責任を負うことまで否定されるのかどうかは**，残された大きな問題である（もし責任が否定されるなら，汚染の可能性のある工場跡地の取引は，**地価で売った原因者が得をする「ばば抜き」**のような様相を呈する[29]ことになりかねない）。そこで以下では，この問題を環境法上の議論を適宜参照しながら，検討することにしよう。

III 土壌汚染の原因者の責任について

1 東京都の環境確保条例

(1) Xは，ふっ素をはじめ，都の環境確保条例の定める汚染土壌の処理基準を超える有害物質が検出された本件土地について，公園用地に改変すべく追加支出をして土壌汚染対策工事を行っている（II 1(4)）。環境確保条例および同施行規則によれば，3000㎡を超える土地の切り盛り，掘削その他土地の造成を行う土地改変者（本件では所有者X）は，調査の結果を知事に報告し（条例117条1項・2項および施行規則58条1項・2項1号），土壌の有害物質の濃度が汚染土壌処理基準を超えることが判明したときは，土壌汚染対策指針[30]に基づき，汚染拡散防止計画書を作成し，知事に提出しなければならない（117条3項）。もっとも，117条には罰則規定はない。都の説明[31]によれば，改変者の自主的な対策について都は承知しておらず，知事に届けられた計画についてのみ，指導・助言をしているとのことである。Xは，117条2項に基づいて知事に報告するために調査会社に調査を委託したと主張しているが，同条3項に基

---

29) 半田・前掲注22）20頁。
30) 都の定めるガイドラインであり，ふっ素・鉛・砒素などの第二種有害物質については，土壌汚染の除去・原位置封じ込め・遮水工封じ込め・遮断工封じ込めのいずれかを土地改変者が選択する。
31) 2014年1月21日に東京都環境局環境改善部化学物質対策課土壌地下水汚染対策係に筆者（水野）が電話で照会した際の回答。

づく汚染拡散防止計画書が作成されたかどうかは認定されていない。

(2) 仮に，117条の手続に従って処理がなされた場合はどうなるのか。条例は「土地の改変者が，土壌汚染の調査又は拡散防止の措置等に要した費用を，当該汚染をした者に請求することを妨げるものではない」(121条) とうたっている。この「妨げるものではない」という文言の意味が問題であるが，都の説明（前掲注31)参照）によれば，これは文字どおりの意味であり，当該費用について土地改変者が原因者に請求する権利があることを積極的に認めたものではなく，両当事者の自由な交渉に委ねる趣旨だとのことである。条例という性格上，この説明には合理性があると考えるが，それでは，条例を離れて，実体法上，改変を行った土地の所有者は汚染の原因者に対して何らかの請求が可能だろうか。

2　土地の所有者の原因者に対する請求の可否

(1) 請求の根拠として1つ考えられるのは不当利得であるが，Xの支出が「**法律上の原因なく**」（民703条）なされたものといえるのかは微妙である。環境確保条例117条に罰則はないとしても，土地改変者の義務を規定する条例の背後には，土地の所有者が現在の土壌汚染による健康リスクを支配している以上，責任を負うべきであるという考え方（**状態責任**[32]）。汚染行為をした原因者が特定できなくても，所有者にリスク低減措置を負わせれば，制度に穴があくことは避けられるという政策的判断が背後にある[33])）がうかがわれるからである[34]。同様に，Yの不法行為を根拠としうるかも微妙である。ふっ素に関しては，その有害性が契約時に認識されておらず，それよりもさかのぼる**汚染行為時にYに「過失」**（民709条）**があった**とはいいにくいからである。このような実

---

32) この用語は，物権的請求権や工作物責任（民717条）の場面でも，一定の政策的判断によって導かれた結論（妨害物の所有者は故意・過失がなくても妨害排除請求権の相手方となり，工作物の所有者は無過失責任を負う）を正当化する文脈で用いられることがある。
33) 土壌汚染対策法に見られる状態責任については，大塚直「原因者主義か所有者主義か」法教257号 (2002年) 89頁以下〔93頁〕，大塚・前掲注13)211頁参照。
34) なお，都の環境確保条例が後に制定された土壌汚染対策法（所有者等の状態責任を規定する）に影響を与えたと考えられることについては，小澤・前掲注23)31頁参照。

体法上の困難な問題を立法によって解決したのが環境確保条例の後に制定された**土壌汚染対策法**（Ⅱ1(4)）である。法8条1項は，汚染の除去等の措置に要した費用について土地の所有者等が汚染行為をした者に対して「請求することができる」と定めている（これは原因者の汚染行為時点で科学的知見が十分でなく，時間の経過とともに知見が充実した場合でも，責任の遡及を認める趣旨である）。本法は，汚染の除去等の措置を終局的には原因者の負担とする環境法上の原則（**原因者負担原則**）と整合的だといわれている[35]。

(2) 原因者負担原則とは，汚染企業に国が汚染防止費用を補助すると公正な国際競争をゆがめ，効率性の観点からも好ましくないので，防止費用は汚染企業に負担させるべきであるというOECDの勧告を出発点にした，わが国独自の（深刻な公害を経験した国ならではの）法学上の原則である。上記勧告とは異なり，すでに発生した汚染に起因する環境の復元や被害者の救済のための費用（狭義または広義の原状回復費用）も，環境保全の観点からは，汚染者に負担させるのが望ましいという内容を含んでいる[36]。土壌汚染対策法8条1項の文脈では，すでに発生した土壌汚染について，状態責任((1))を負う土地所有者等が（具体的被害が生じる「前に」健康被害リスクを低減するための）原因の除去（これも一種の原状回復と評価しうる）をした場合，その費用は最終的には原因者の負担となる。これは，（被害が生じた「後に」加害者に金銭賠償をさせる——事故以前の客観的状態と価値的に同じ状態に置くべきであるという意味で「原状回復の理念」[37]によって説明しうる——）不法行為理論を立法によって進展させたものと理解することができるだろう。

(3) もっとも，Xが土地の改変を行った時点の土壌汚染対策法は，環境確保条例と異なり，所有者等が土地の形質を変更する場合に関する規定を用意しておらず（改正土壌汚染対策法〔2010年4月施行〕4条で導入された），また当時は，都道府県知事が汚染の除去等の措置を命じることが原因者に求償を行う前提となっていたところ，土地の所有者が自主的な対策を講じることが多かった

---

35) 大塚・前掲注13)212-213頁。
36) 大塚・前掲注13)52頁以下，北村喜宣『環境法〔第3版〕』（弘文堂，2015年）57頁以下，交告尚史ほか『環境法入門〔第3版〕』（有斐閣，2015年）158頁以下。
37) 四宮和夫『事務管理・不当利得・不法行為(中)』（青林書院新社，1983年）446頁。

ため措置命令が下されるケースが皆無に近く[38]（本件も命令は下されていない），求償規定は死文化していた（そこで，改正法7条1項は措置命令の前提として措置を講ずべきことの指示に関する規定を新設した）。いずれにしても，**本件では，土壌汚染対策法の求償規定の適用はない**。では，結局，Xは救済されないのだろうか。将来の科学的な知見や法規制の変化により生ずる不利益は買主側の事情によるところが大きい[39]という認識に立つならば，それでもよいのかもしれない。しかし，そのような認識は，必ずしも妥当するとはいえないと考える。本件でも，Xが本件土地を購入目的に供さないまま長時間が経過したのは，第1次的には新交通システムの建設の遅れ（Ⅱ1(1)）という外在的な事情に由来する。また，Xがふっ素について汚染対策を講じたのは，条例上，善意無過失の土地購入者の費用負担について免責規定が用意されていないこととも関係する（土壌汚染対策法も同様に土地所有者の状態責任について厳格な態度をとっており，制度に穴をあけないため〔(1)〕とはいえ，比較法的にはやや異例である[40]）。そしてYが汚染行為をしたという事実は，時の経過によって変わるものではない。

(4) そこでこのようなXを保護すべく，Yに対して，**先行行為型の不作為不法行為責任を問う説**が主張されている。この説は，ふっ素の土壌への放出をYの先行行為と捉え，**その後，Xが汚染対策工事をした時点で，Yの作為義務違反（汚染土壌を放置した不作為）を観念**し賠償を認める[41]。先行行為の時点では作為義務違反を観念しない——こうすることによって時効や除斥期間の問題をクリアすると同時に，Yの過失ないし作為義務違反を肯定する——点で相当に技巧的な試みではあるが，成り立ち得ない考え方ではないだろう。もっとも，この見解に対しては，次の2つの批判がありうる。①まず，論者がこのような，やや苦しい解釈を行うのは，つまるところ，環境法上の原則（原因者負担原則）について立法上の手当がなされていない（＝上記の求償規定を使

---

38) 小澤・前掲注23)57頁，102頁。
39) 吉政知広・民商143巻4＝5号（2011年）476頁以下〔484頁〕は，瑕疵担保責任の成否という文脈ではあるが，このような利益分析を行う。
40) 大塚・前掲注13)212頁。
41) 大塚・前掲注9)77頁以下，大塚直・民事判例Ⅵ（2013年）152頁以下〔154頁（注2）〕。

えない）場面で，当該原則を不法行為理論によって実現しようとするからにほかならないが，これは解釈論の域を超えるのではないかという批判を想定しうる。②また，Xは汚染対策の工事費を支出した（総体財産こそ減少した）ものの，Xが本件土地を取得した時点で，すでに土壌は汚染されているので，Xの権利または法益の侵害は観念できないのではないかという疑問 42) も提起されている。いずれも難問であるが，①については，たしかに，土壌汚染対策法8条1項は，汚染行為の時点で過失がない原因者にも最終的な費用負担をさせるものであり（(1)），その意味で無過失責任 43) を規定しているともいえる。しかし，法8条1項が使えない本件で**Xに状態責任を負わせたままではすわりが悪い**という価値判断に立ち（(3)），かつ（広義の）原状回復をはかるという点で**原因者負担原則と不法行為理論は目的を同じくしている**と解する（(2)）のならば，不法行為理論にいわば仮託する形で（Yの過失を判断する時点を遅らせるというテクニックで過失要件を何とかクリアして）立法の不備を乗り越えるという解釈をとることは許されるのではないか。また②は，前主から譲り受けた建物に瑕疵があったとき（生命・身体・財産が現に侵害されたのではなく，居住を続けると危険が生じかねないとして）建物の所有者が設計者等に対して不法行為を理由に瑕疵の修補相当額の賠償を請求した事案で，これを認めることに積極的な姿勢を示した判例 44) の理解ともかかわる（土地を改変する際に土壌に汚染拡散防止措置を講じる場合も健康被害が実際に生じているわけではない 45)）が，「土地の改変に伴う調査によって明らかとなった**人の健康に対するリスクについて対策工事費の支出を余儀なくされない利益**」を法益として観念することは可能ではないだろうか 46)。そして，売買契約の目的物について契約時に両当事者がどのような性質を予定していたのかに着目してYの瑕疵担保責任を否定する

---

42) 本文②の疑問について橋本佳幸「公害調整委員会裁定解説」環境法判例百選〔第2版〕（2011年）242頁以下〔243頁〕参照。

43) 北村・前掲注36)426頁。

44) 最判平成19・7・6民集61巻5号1769頁，第2次上告審・最判平成23・7・21判時2129号36頁。これらについては本書第25講参照。

45) 本件では，Xはすでに工事費を支出しており，この点では，前掲注44)の平成19年判決の事案よりも不法行為の枠内でXの主張が認められやすいともいいうる。

46) なお，法益の内容を緩やかに捉える立場に立って，前掲注44)の平成19年判決を肯定的に評価する山口成樹・判評593号（判時2002号）（2008年）23頁以下〔25頁〕も参照。

(Ⅱ2) ことと，X が目的物に関する健康リスクの低減措置の費用の支出を余儀なくされたことについて Y の不法行為責任を認めることとは，理論的に両立する。仮に，以上のような立場に立った場合，X の支出した土壌汚染対策費のうち，すでに契約時に判明していた有害物質にかかわる対策費を控除した費用の中で合理的な支出[47]に限って，X の請求が認められることになるだろう。

Directions

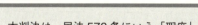

(1) 本判決は，民法570条にいう「瑕疵」概念について主観説をとることを明確にした。この点は，従来の判例理論では必ずしも明確ではなく，判例上，大きな意義がある。
(2) 主観説の下では，目的物の性質について，売買契約の時点で両当事者がどのようなリスク分配をしたのかという観点が重要である。
(3) 売主が契約前に有害物質を土壌に放出し，それが契約締結後に法的な規制の対象となった場合，環境法上の立法的な手当てがなされていない事案でも，買主は財産的損害について売主の不法行為責任を追及しうる余地があると考えられる。

● *民法改正との関係*

改正法案562条1項は，買主の追完請求権を定めているが，これは，売主に「種類，品質又は数量に関して契約の内容に適合」した目的物を引き渡すべき義務があることを前提としている。ここでは特定物ドグマは否定され，「瑕疵」「担保責任」という言葉すら用いられていない。重要なことは契約適合性の判断なのであり，契約の内容に不適合な目的物を引き渡した売主は，債務不履行責任を負うことになる（契約責任説）。それでは，本件

---

47) X は，土壌汚染の除去（多額の費用がかかる）まで行ったようであるが，例えば健康被害を防止するために原位置封じ込め（前掲注30））で足りたのであればそれに限るべきである。なお，改正土壌汚染対策法も，健康被害を防止するために必要最低限の対策のために規制をかけるという姿勢を明らかにしており，改正法8条1項の求償も必要最低限の対策コストしか認められていない（小澤・前掲注23）118-119頁，大塚・前掲注9）80頁参照）。

で問題なった損害賠償について改正法案の立場はどうか。これについては，改正法案564条が，「前二条の規定は，第四百十五条の規定による損害賠償の請求……を妨げない」と規定しており，改正法案415条1項ただし書は，債務の不履行が，①「契約その他の債務の発生原因」及び②「取引上の社会通念」に照らして，債務者の責めに帰することができない事由による場合の債務者の免責事由を定めている。本判決は瑕疵担保責任の性質論にコミットするものではないが（Ⅰ(2)），本判決が損害賠償請求が認められるかどうかの前提としての「瑕疵」の有無を判断する際に，「売買契約の当事者間において目的物がどのような品質・性能を有することが予定されていたか」（本件判旨②(a)）に注目するのは，改正法案が契約適合性の判断を重視していることと整合的に理解しうる。また，この判断にあたり，本判決は契約締結当時の取引観念にも着目しているが（本件判旨②(a)），これは，具体的な取引を離れた抽象的な取引観念のことではない（Ⅰ(2)）。この点も，改正法案415条1項ただし書の上記②について，①の契約の趣旨（債務の発生原因）を離れて，抽象的に②の基準から免責事由が判断されるものではないと理解されている（潮見佳男『民法（債権関係）改正法案の概要』〔きんざい，2015年〕60頁）ことと整合的であるといえるだろう。このように，本判決の中心となる判断枠組み自体は，民法改正後も，なお意味を有し続けると考えられる。

第**21**講

他人名義の登記と借地権の対抗力

最大判昭和 41・4・27 民集 20 巻 4 号 870 頁
民法判例百選Ⅱ〔第 7 版〕58 事件

▶ 判旨

地上建物を所有する賃借権者が，自らの意思に基づき，他人名義で建物の保存登記をしたような場合には，当該賃借権者はその賃借権を第三者に対抗することはできないものといわなければならない。けだし，他人名義の建物の登記によっては，自己の建物の所有権さえ第三者に対抗できないものであり，自己の建物の所有権を対抗し得る登記あることを前提として，これを以って賃借権の登記に代えんとする建物保護法 1 条の法意に照らし，かかる場合は，同法の保護を受けるに値しないからである。

Ⅰ　はじめに

　本講では，契約各論の分野から不動産賃借権（借地権）の対抗力に関する判例を取りあげる。簡単な設例から話をはじめよう。A 所有の土地甲を B が賃借して，妻 C 子 D と一緒に居住するための家乙を甲上に新築したとする。このような場合，通常，甲の賃貸借契約は AB 間で締結される。賃借権は B という個人に帰属し，同居人である CD は法律上の賃借人に当たらず，賃料支払義務を負うことはない。
　もっとも，甲の使用利益を享受できる面においても，利用にあたって契約で

定められた用法を遵守すべき義務を負う面においても，CDは契約締結主体であるBと同様に当該契約に基づく権利義務に従って規律される関係下に取り込まれている。契約締結の名義人は，問題が生じたときの窓口を1人に集約して事務処理を円滑にするために定められるものに過ぎないともいえる。名義人はCの所得が多ければCでもよく，BCが高齢の場合などDが適任のこともある。要するに，家族が居住する目的で行われる不動産の賃貸借に基づく使用利益は，当該家族構成員全体に帰属するという観念（「家団論」と呼ばれる）がなお存在するように思われる[1]。

さらに，BCDは互いに推定相続人（900条1号・2号）の関係にあり，このような特殊な関係にある者の間では，形式的には他人に帰属する財産も実質的には自己の財産の一部であるかのように観念され，Bが将来の相続や税金のことを考え，乙を生前からCやDの名義で登記しておくこともしばしばみられる。特に〈判旨〉が問題とする状況のように，乙の登記により甲の借地権をAから甲を譲り受けた第三者Eに対抗しようとする局面で，乙の名義人は家族構成員の誰であってもよく（BCD誰でも大差はなく），D名義の所有権保存登記が実体に合致しない「他人」名義の登記であるという意識は一般的にかなり低いものと思われる。

とはいえ，BとDはあくまでも別人格であるから，〈判旨〉によると，D名義の所有権保存登記は，借地権者Bが「自己の意思で他人の名義」で登記したものに当たり，Bは借地権をEに対抗することができず，Eからの建物収去土地明渡請求をBは拒絶することができないことになる。

〈判旨〉に対しては，一部に肯定的な論評もあるが[2]，概して評判はすこぶる悪いようである[3]。そこで，本講では，〈判旨〉がこのような評判の悪い判断をあえて行ったのはなぜか，その根底に潜む実質的考慮を明らかにするとい

---

1) 内田Ⅱ 232頁。
2) 川井健「建物保護法の登記における建物所有権公示機能と借地権公示機能」判タ194号（1966年）12頁，浅沼武・金法450号（1966年）15頁。
3) 我妻栄・法協84巻4号（1967年）143頁，星野英一『借地・借家法』（有斐閣，1969年）390頁，402頁，水本浩・法セ211号（1973年）78頁，広中俊雄・判評92号（判時447号）（1966年）113頁，新田敏・法学研究（慶應義塾大学）39巻10号（1966年）82頁，原田純孝・判タ507号（1983年）91頁，副田隆重・民法判例百選Ⅱ〔第7版〕119頁。

うスタンスで臨んでみたい。

　まず，不動産賃借権の対抗力に関する民法の原則とそれを修正する特別法の内容を叙述する（⇒Ⅱ）。次に，〈判旨〉の事案と訴訟経過を踏まえて，その問題点を浮き彫りにする（⇒Ⅲ）。さらに隣接する諸問題に関する裁判例との整合性を精査し（⇒Ⅳ），さいごに〈判旨〉が不当に杓子定規でもなく，論理的に不整合な判断をしたわけでもないことを示す（⇒Ⅴ）。

Ⅱ　借地権の対抗力強化の歩み

1　民法605条

　民法上，賃借権は使用借権と同様に債権（相対権）に分類され，原則として第三者対抗力を有しない。ところが，それでは土地を賃借して建物を所有する者の建物所有権および敷地利用権が安定的な権利として保護されないことになってしまう。そこで，民法605条は，「不動産の賃貸借は，これを登記したときは，その後その不動産について物権を取得した者に対しても，その効力を生ずる」と定め，不動産登記法も賃借権を登記可能な権利の1つとして物権と並んでリストに掲げている（不登3条8号）。

　冒頭の設例にあてはめると，Bは賃借権を登記すれば，その後にAが甲をEに譲渡しても，自己の賃借権をEに対抗することができる。他方，民法605条の文言が「その後その不動産について物権を取得した者に対して」とされていることから，たとえばAが甲をEに譲渡した後，所有権移転登記をしないうちに，Aをなお所有者と考えたBがAと賃貸借契約を締結して登記を備えたとしても，Bが甲について賃貸借契約を締結する前にEが甲の所有権を取得している以上，民法605条の保護範囲から外れているようにみえる。

　ところが，判例は，不動産賃貸借と対抗関係にある不動産の物権取得者には，不動産賃貸借契約締結前に登場した者も含まれ，両者の優劣は契約締結時の時系列によってではなく，対抗要件具備の先後によって決せられると解している[4]。民法605条は，その文言にもかかわらず，地上権に適用される民法177条と同様の規範構造を持つというわけである。

ただ，民法177条が適用される物権変動に関しては，物権の効力は原則として万人に対して主張できるところ，対抗関係に立つ一定の範囲の第三者との関係に限って，当該物権変動が対抗要件を欠く場合に物権に基づく排他的主張を制約されるが，民法605条が適用される賃借権（債権）に関しては，原則として賃借人はその効力を第三者に対して主張できないが，例外的に対抗要件を具備した場合に限り目的不動産に物権を取得した者に対して賃借権の効力を主張できるにとどまる[5]。いわば原則と例外が逆転する格好になっている点には注意する必要がある。

2 建物保護法1条

1で述べたとおり，賃借権を登記すれば第三者対抗力が認められるとしても，賃借権に基づく登記請求権は，特約が存しない限り，認められていない[6]。賃貸人の任意の協力を得られない限り，賃借人は対抗要件を具備することができず，この点でも物権である地上権とは異なっている。これでは，土地を賃借して建物を築造した賃借人の利益が保障されないことに変わりがない。実際に，地代値上げの要求に応じない賃借人を追い出すための便法として賃貸人が土地を譲渡する「地震売買」が横行したこともある。そこで，民法典制定後まもなく，建物保護法が制定された。法律名が示すとおり，同法は借地権の対抗力を認めることで借地人が資本を投下して築造した建物を守ることを主目的としていた[7]。

その際，建物保護法は，借地権者が土地上に自らが登記した建物を所有していることで，賃借権登記に代替しうるものと定めた。建物の所有者が敷地の占有者＝借地権者であることから，建物の登記名義に建物所有権の公示とともに借地権公示の機能を果たさせる仕組みを採用することにより，賃借権登記では

4） 最判昭和42・5・2判時491号59頁。
5） 判例は，対抗要件を備えた賃借権にのみ物権に準じて妨害排除請求権を認めている（最判昭和28・12・18民集7巻12号1515頁）。
6） 大判大正10・7・11民録27輯1378頁。
7） 鈴木禄弥『居住権論〔新版〕』（有斐閣，1981年）287頁。

なく，建物所有権（＋その登記）を通じた敷地占有を中核とする公示への転換（標語的にいえば，利用権の公示方法の登記から占有への転換）に考える方向へと踏み出したと捉える見方がなお相当大きな影響力を有している[8]。

もっとも，建物保護法は登記された建物の所有を要件としており，不動産登記記録を通じて借地権を公示するという公示の理想を完全に放棄したわけではない。確かに，借地権の存在を知るために，権利の客体である土地の登記記録ではなく，別の財産である建物登記記録の参照を要求する点においてイレギュラーな公示システムであることは間違いない。すなわち，不動産上の権利の所在は，その不動産の登記記録を見ればわかるという，厳格な意味での登記による公示の原則が一部破られたにすぎない[9]。その点で借家権（借地借家31条）や農地賃借権（農地16条1項）のように引渡しを対抗要件とする場合とは一線を画するものと評価しうる。

3 建物保護法から借地借家法へ

もともと建物保護法1条は，その2項において，「建物カ地上権又ハ土地ノ賃貸借ノ期間満了前ニ滅失又ハ朽廃シタルトキハ地上権者又ハ土地ノ賃借人ハ其ノ後ノ期間ヲ以テ第三者ニ対抗スルコトヲ得ス」と定めていた。当初は，地主に対抗できる借地権に基づき建物を所有していた者であっても，借地権の存続期間の満了前に建物が滅失した場合，借地権は対抗力を失うと解されていた（大判大正14・7・3民集4巻606頁）。これは現存する建物の存続保障を目的とする同法の立法趣旨を如実に示すものといえる。ところが，昭和41年の改正において，2項は削除された。登記のある建物を借地人が所有していたところ，土地が譲渡され，新地主に対抗できていた借地権は，その後建物が滅失・朽廃しても，対抗力を存続させるべきと考える一方[10]，建物の滅失後に新築建物が登記される前に出現した新地主には対抗できないという理解は，2項を置くまでもなく導かれると考えられたからである。

---

8) 我妻榮「不動産物権変動に於ける公示の原則の動揺」法協57巻1号（1938年）32頁。
9) 鈴木禄弥『借地・借家法の研究Ⅰ』（創文社，1984年）104頁。
10) 加藤一郎「借地借家法はどうかわるか」判時392号（1965年）18頁。

そして，平成3年の借地借家法制定に際しては，建物保護法が建物登記を要求していること自体を批判する論調も顕著にみられたにもかかわらず，結局同法の基本構想は維持された。さらに進んで，建物が滅失しても，借地権者が，その建物を特定するために必要な事項，その滅失があった日および建物を新たに築造する旨を土地の上の見やすい場所に掲示するときは，借地権は，なお対抗力を失わないとする規定（借地借家10条2項）を設けたのである。

このように建物が存在しなくなっても，明認方法により，建物が滅失した状態での対抗要件を具備する方法が新たに認められた。このことから，①借地借家法の趣旨が建物保護から借地権保護に純化されるとともに，②借地権の公示に関するスタンスとして，「建物登記簿一辺倒」から「現地主義加味」へ変遷したという評価も示されている[11]。

4　借地借家法の「社会的」性格？

ところで，Iで述べた契約利益が家族構成員全員に一体的に帰属するという特質は，たとえばBCDが一家で旅行をする際の宿泊契約においても同様に認められる。しかし，宿泊契約と不動産賃貸借契約との間には決定的な違いがある。借地借家法が不動産賃貸借に関して民法のルールを修正しているのは，問題となる契約利益の特殊性を考慮しているからである。その特殊性は借地人・借家人およびその同居家族の生活利益・居住利益という言葉で表現されることが多い。特に零細借地人や借家人の「生存権的保護」の要請という意味での「社会的」性格が語られてきた[12]。

しかし，借地権の社会的性格とは何か，そもそも借家権と同列に論じることができるのか，一考を要する。借家人は多くの場合に居住するべき家を所有しておらず，借家法はこのような「無産者」に住居を確保するための社会立法であるという説明は比較的理解が容易である。他方，借地人は，土地こそ所有していないが，借地上に建物を所有しているか，少なくとも所有しようとする者

---

[11]　広中俊雄編『注釈借地借家法〔新版注釈民法(15)別冊〕』（有斐閣，1993年）849頁［広中］。
[12]　水本・前掲注3)78頁。

であるから，借家人に比べて，一般に相当の資産を有している。その結果，借地人と地主との関係は，借家人と家主との場合ほど経済的実力に懸隔はなく，経済的弱者を救済するための「社会立法」という評価は，借地法に関しては，借家法の場合ほど明瞭に妥当しない[13]ともいえそうである。借地借家法の制定に伴い借地権の社会的性格は退潮したという見方もある[14]。

そして，借地借家法に社会的性格が認められるとして，それが同法10条1項の解釈にどのように接合されうるのか，という点についても緻密な検討が必要である。

III 〈判旨〉の事案と訴訟経過

1 事案と第1審・原審の判断

(1) 事案

Yは，昭和20年10月にAから本件土地を賃借し，昭和22年に建物を築造した。さらにYは昭和29年に増改築し，昭和31年に同居している未成年（当時15歳）長男B名義で保存登記をした。B名義にしたのは，当時Yは胃癌の疑いがあり，長く生きられないかもしれないと思ったからであった。他方，X会社は，本件土地の所有権をAとの交換契約によって，昭和31年11月24日取得し，同月27日に所有権移転登記をした。XはYに対して，Yの借地権が対抗力を有しないとして，建物収去土地明渡しを請求した。第1審・原審ともにYの借地権の対抗力を容認したが，理由づけのニュアンスは微妙に異なっている。

(2) 第1審

第1審は，本件事実関係の詳細に立ち入り，事案の個性を重視する判断をした。すなわち，①Yは自分が健康を回復したら今後とも本件建物の所有権を

---

13) 鈴木・前掲注9)167頁。
14) 甲斐道太郎＝石田喜久夫編『借地借家法』（青林書院，1996年）22頁。さらに，佐久間毅ほか『事例から民法を考える』（有斐閣，2014年）256頁［佐久間］は，借家権に関しても，その社会的性格を強調することに懐疑的な見方を示す。

保持してその使用を継続するが，万一の場合はBのものとし，かつ同人にその旨の登記を受けさせる意思を有していたと解されること，②そのことはBにとって不利益を伴わないから利益相反行為とならず，かつ地主の側でも，賃借人はY方の家族であれば誰であっても意に介さない態度であったことから，登記申請手続にも瑕疵がなく，たとえ登記名義が現実の権利関係に符合していなくとも，Yと同居して土地賃借権の効果を受け，将来はその地位をも承継すべき同居の未成年長男B名義の登記は無効登記とはいえないとした。

(3) 原審

他方，原審は，端的に，Yがその借地上に氏を同じくする未成年の長男B名義の登記がある家屋を所有している場合には，ともに同じ家族に属し共同で右家屋や敷地を利用する関係にあるから，Yの借地権は右家屋のB名義の登記によって，Yが自己名義の登記ある家屋を所有する場合と同様に公示されていると考えた。「右土地の取引をなす者（本件ではX）は，その地上建物のB名義の登記によってBかそうでなければその家族この場合はYが右建物を所有しうべき借地権その他の権原を有することを推知することができるから」というのが理由である。相続人が地上建物について相続登記をしなくても，建物保護法1条の「律意」により土地賃借権を新地主に対抗しうるとした先例も15) 同じ考慮に基づくものだという。

このように，原審は，第1審とは異なり，「氏を同じくする同居の家族」名義の建物登記であれば借地権の公示機能を果たしうるという一般的基準を立てて長男B名義の登記の対抗力を認める立場を打ち出したのである。

2 最高裁の判断

(1) 法廷意見

しかし，最高裁は原審判決を破棄自判し，〈判旨〉引用部分に続けて，次のように述べた。

---

15) 大判昭和15・7・11新聞4604号9頁。

……取引上の第三者は登記簿の記載によりその権利者を推知するのが原則であるから，本件の如くＢ名義の登記簿の記載によっては，到底Ｙが建物所有者であることを推知するに由ないのであって，かかる場合まで，Ｙ名義の登記と同視して建物保護法による土地賃借権の対抗力を認めることは，取引上の第三者の利益を害するものとして，是認することはできない。また，登記が対抗力をもつためには，その登記が少くとも現在の実質上の権利状態と符合するものでなければならないのであり，<u>実質上の権利者でない他人名義の登記は，実質上の権利と符合しないものであるから，無効の登記であって対抗力を生じない。</u>そして本件事実関係においては，Ｂを名義人とする登記と真実の権利者であるＹの登記とは，同一性を認められないのであるから，更正登記によりその瑕疵を治癒せしめることも許されない……
〔波線は引用者〕

波線部分には，取引上の第三者は建物の登記記録を情報源として建物所有者＝借地権者を探索すべきであるという姿勢が端的に明示されている。さらに「建物登記が少なくとも現在の実質上の権利状態と符合するもの」といえるかどうかが分水嶺とされており，「無効な登記」に当たらない限り，借地権の公示機能を肯定するものと読むことができる。原審が援用する大審院判決が「被相続人名義の登記が初めから無効の登記でなかった事案であり，しかも家督相続人の相続登記未了の場合であって，本件の如き初めから無効な登記の場合と事情を異に」するとしているのも，このような理解を裏付ける。

(2) **反対意見**

もっとも，本判決には６名の裁判官の反対意見が付されている。

第１に，入江俊郎裁判官は，居住権保護を目的とする建物保護法の社会立法的性質と登記の公示制度による取引の安全の要請とを比較考量して具体的衡平の見地から決すべき問題であるとしたうえで，ＹがＢ名義で行った登記申請の書類は虚偽または偽造文書に当たらず，登記名義は不動産登記法上形式的に不備の点はあるものの，無効登記とまではいえないとする。

第２に，山田作之助裁判官は，本件でＹはＢへの建物の譲渡を主張してい

ないが，Bへの譲渡がされた場合との均衡という観点を付け加える。宅地の賃借人が同居の家族に建物を築造させたのに対して，地主が無断転貸を理由に解除権を行使した事案で，信頼関係を破壊するに足りない特段の事情がある場合には解除権が否定されるという法理[16]を前提にすると，本件でも，Bへの譲渡が認定される場合には，Bの所有名義によってBの借地権が公示されていることとなり，建物収去土地明渡しを免れることができたとも考えられる。

第3に，田中二郎裁判官は，「同法は，……建物の所有者およびこれと一体的に家族的共同生活を営んでいる家族の居住権を保護する」ことを企図した一種の社会政策的立法であるとしたうえで，本件の具体的事情のもとでは，登記名義と実体関係が齟齬するとするのは一般社会の常識に反する議論であるとして，原審の判断を支持した。これはⅠで指摘した「家団論」の考え方によるものとみられる。

(3) 事実認定にかかる問題

借地権者が長男名義で地上建物の所有権保存登記をする場合は，長男に建物の所有権を移転するとともに，賃借権を譲渡または転貸をするのが通常である。このとき，建物登記に登記権利者（長男）が関与していなくても，登記自体は有効でありうる[17]。すると，山田裁判官の補足意見のとおり，B名義の登記でBの借地権ないしはBの家族に帰属する居住利益をXに対抗できるとする素直な解決もありえた。しかし，背信行為論に関する判例法理が確立する前の段階で，YはBへの譲渡を主張することが解除の呼び水となることを危惧したのではないかと推測される。〈判旨〉は，原審のやや特異とも思える事実認定[18]に拘束された状態で，同時に原審が提示した家団論に基づく法律構成を是正する役割をも果たそうとしたことから，上記のような評判の悪い判決を書かざるをえなくなったのではないか。

---

16) 最判昭和40・6・18民集19巻4号976頁。
17) 最判昭和41・1・13民集20巻1号1頁。
18) 川井・前掲注2)21頁。

Ⅳ 隣接する問題

1 登記事項との物理的な不一致

判例は，登録記録に記載された建物所在地の番地が違っていた例で，対抗力を肯定している。事案は次のとおりである。Xは，A所有の家屋を代物弁済で取得し，その敷地をAから賃借した。本件家屋は，登記簿上，「東京都江東区a町b丁目c番地家屋番号同町80番」と表示されていたが，実際には，同町d番地の宅地106坪のうちの31坪の上にあった。その後，d番地の宅地をAから買い受けたYがXの借地権を争ったため，XがYに対して，借地権の確認とXが賃借した土地上のYの建物の収去を請求した。原審が建物保護法によるXの借地権の対抗力を認めなかったのでXが上告した。

最高裁は原審判決を破棄し，「借地権のある土地の上の建物についてなされた登記が，錯誤または遺漏により，建物所在の地番の表示において実際と多少相違していても，建物の種類，構造，床面積等の記載と相まち，その登記の表示全体において，当該建物の同一性を認識し得る程度の軽微な誤りであり，殊にたやすく更正登記ができるような場合」には，建物保護法1条1項の要件を充たすとした。「土地を買い受けようとする第三者は現地を検分して建物の所在を知り，ひいて賃借権等の土地使用権原の存在を推知することができるのが通例であるから，右のように解しても，借地権者と敷地の第三取得者との利益の調整において，必ずしも後者の利益を不当に害するものとはいえず，また，取引の安全を不当にそこなうものとも認められない」というのが理由である[19]。

2 表示の登記

さらに不動産登記制度に表示の登記が導入されて以降は，表示の登記でも建

---

19) 最大判昭和40・3・17民集19巻2号453頁。

物保護法1条の要件をみたすかどうかが問題とされた。表示の登記は登記官が職権ですることもでき，それ自体に対抗力はないが，所有権に関する登記がない場合，所有者の住所氏名も表示される（不登27条3号）。判例によると，「土地の取引をなす者は，地上建物の登記名義により，その名義者が地上に建物を所有する権原として借地権を有することを推知しうるから」建物保護法1条の法意は，「借地権者の土地利用の保護の要請と，第三者の取引安全の保護の要請との調和をはか」ることにあると解される[20]。この法意に照らせば，地上建物についてされるべき登記は権利の登記に限られず，借地人を所有者と記載した表示の登記でも構わないことになる。

つまり，建物登記それ自体に建物所有権に関する対抗力があるかどうかではなく，実体法上無効と評価されるものでなければ，その登記事項に建物所有者が記載されていることで借地権者を推知させる機能を果たす限りにおいて，建物保護法1条にいう登記された建物と解してよいということである。

その結果，判例準則の基本的な考え方は，〈判旨〉第2文とは様相を異にし，建物所有権の対抗力と切り離した形で，借地権の対抗力を論じることができるという前提に立っている。ここでの問題の本質が「借地権者の土地利用の保護の要請と第三者の取引の安全の保護の要請との調和」にあるとしていることから，結局法廷意見と反対意見との対立点は，借地権の公示においてどの程度登記の機能を重視するかという点に関する評価の違いに帰着する。土地登記記録と建物登記記録とは分けられているが，国家が管理する精緻な公示システムであり，私法上の権利関係を規律すると同時に公法上の法律関係を規律する基礎的な情報システムとしての意味を持つ。現地検分が必要だとしても，現地検分から明らかになる占有状況を中核とするのではなく，登記記録の記載が情報探索の基点となる。借家権・農地賃借権において大きく後退した不動産登記を通じた公示の原則の考え方は，少なくとも借地権に関してはかろうじて維持されていると見ることができるのである。

---

[20] 最判昭和50・2・13民集29巻2号83頁。

3 その後の展開

〈判旨〉第1文の命題は，その後も同種事案において踏襲され，同居の妻名義[21]および養母名義[22]の建物登記の対抗力が否定されている。登記名義人が借地権者の同居の親族の場合と他人の場合とで区別を設けることは，家団論的な考え方の当否をおくとしても，区別の限界が明らかでなく，身分関係が外部にも公示されるものでもない以上，取引の安全を害する度合いが大きい。権利と名義との不一致は建物登記制度の信頼を害するから，そうした事態を防止するための警告をしているものと考えられる[23]。対抗力が認められる登記といえるかどうかは形式的に判断できることが望ましい[24]。

〈判旨〉第2文が説くような，建物所有権の公示機能に重心を置いて，借地権の公示機能を捉える考え方は，たしかに建物保護法1条のもともとの構想には合致していた。しかし，表示登記による対抗力を容認する昭和50年最判の登場により，〈判旨〉第2文の命題がそのまま維持されているとみることはできなくなった。むしろ判例準則を貫く基本的なスタンスは，Ⅲ2(1)で引用した法廷意見の波線部分であるといわざるをえない。借地権に関してもまずは登記記録の情報を基礎とすべきであり，仮に建物の登記それ自体には建物所有権の対抗力が認められなくても，その登記が建物所有者に関する情報を正確に公示している限りにおいて，借地権が誰に帰属するかを正しく公示することが可能であり[25]，建物の登記が無効な場合にはおよそ借地権の公示機能を果たしえないということを述べたに留まる。

---

21) 最判昭和47・6・22民集26巻5号1051頁。
22) 最判昭和58・4・14判時1077号62頁。
23) 川井・前掲注2)20頁。
24) 野田宏・民法判例百選Ⅱ（1975年）133頁。
25) 加藤・前掲注10)20頁が最判昭和50年出現以前に既に指摘していた。

V 考察

1 立法論と解釈論との違い

　誰の借地権なのかを登記記録から正確に知ることはできないが、誰かの借地権が存在していることが推知できれば公示機能として十分であるという論法は、引渡しを対抗要件とする借家権・農地賃借権に既に導入されている考え方と通底する。本件判決の反対意見は、立法論的に見れば、借地権においても、物利用の現実を対抗要件の中核に据えようとする明確な志向性をもつ[26]。民法605条も借地借家法10条1項も立法論的には中途半端であるから、緩やかな解釈を通じて改廃へと向かわせる狙いがあった。

　しかし、Ⅱで述べたように、平成3年の借地借家法制定時に、建物保護法が打ち出した基本構想の抜本的な見直しは行われず、建物登記の借地権公示機能に依拠する仕組みが維持された。その背景には、建物の所有権保存登記を含め登記制度の利用が日本社会にも根付いたため、登記を要求してもそれほど酷ではないという認識も作用しているように思われる。

　実際、Ⅳで見たように、〈判旨〉第1文の規範自体はその後も踏襲されている。不動産取引における現地検分の重要性は否定されないが、そのことは借地借家法10条1項の「登記」要件を不明確な基準にしたがって緩和してよいことに直結しない。反対意見は、現地検分から判明する実際の敷地占有者（借地権者）と地上建物の登記名義から推知される観念的な敷地占有者が齟齬する事態の出現を漫然と容認しつつ、そのうえで、建物の登記名義に何ら主導的な意味を付与しない公示システムを構想するものである。これでは法があえて建物登記を要求した意味がなくなるばかりか、無用な混乱を惹起する公示システムになりかねず、法の安定性を著しく害する[27]。

　26）　幾代通「宅地賃借権の対抗要件」曹時3巻5号（1951年）20頁、好美清光・民商54巻2号（1966年）193頁。
　27）　鮫島真男・財政経済弘報1149号（1966年）4頁。

2　「家族」の居住利益を例外的に保護する枠組み

(1)　行為規範としての性格への着目

　借地借家法10条1項の「登記された建物」の解釈に際しては，同法が有する裁判規範としての側面とともに，行為規範としての側面にも配慮すべきである。特に現在の不動産登記制度は単に取引の安全を図るためだけのものではなく，収税の基礎として公法上も重要な意味を担っている。家族間における権利関係の曖昧さを是認する家団論的な考慮を追認して，対抗要件制度の解釈論にそのまま反映させるのは，個人主義を標榜する現行民法の建前を崩壊させることになり，望ましくない。さらに「家族」観念自体が多様化している現代社会において，他人名義の登記のうち借地借家法10条1項の対抗力が承認されるべき場合を抽象的に要件化して絞り込むことは一層困難になっている。

　民法177条が適用される場合であれ，民法605条・借地借家法10条が適用される場合であれ，利用権の公示手段が登記とされている以上，行為規範としては，画一的に借地権者本人名での登記の具備を要求したうえで，たとえば将来の相続を見越して家族の一構成員の名義にしておくという〈判旨〉の事案のような場合には，個別事情の多様性に応じた柔軟な対応を一般条項の下で行い，所有権に基づく不当な権利行使を封ずる結論を導くこともできる。家団論の問題提起はこのような形で考慮すれば足りるのではないか。

(2)　権利濫用法理の活用可能性

　実際，判例は，〈判旨〉の事案と異なり，対抗要件がまったく具備されていない事案に関して，一定の事情の下で，権利濫用法理によって，借地の新所有権者から借地人に対する建物収去土地明渡請求を排斥している[28]。また，複数の土地が社会観念上相互に密接に関連する一体として利用され，一つの土地上に登記された建物を所有する借地権者が，登記建物の存在しない土地の明渡し請求に対して，これを拒絶できると判示するに際して，判例は，新所有権者・借地人双方における土地の利用の必要性ないし土地を利用することができ

---

28)　最判昭和38・5・24民集17巻5号639頁。

ないことによる損失の程度，土地の利用状況に関する新所有権者の認識の有無や新所有権者が明渡請求をするに至った経緯，借地人が借地権につき対抗要件を具備していなかったことがやむを得ないというべき事情の有無等を考慮している[29]。下級審裁判例の中には，背信的悪意者排除論により対抗要件を備えない賃借権の保護を図るものもあり[30]，これを支持する学説もある[31]。しかし，新所有権者側の事情のみならず，旧所有権者や借地権者の事情など様々な事情を正面から考慮できる点においては，背信的悪意者排除論よりも権利濫用法理のほうが，利益状況に即した解決枠組みであると考える[32]。

このように，〈判旨〉の原則論がもたらす硬直的な結果は，一方において無断転貸・賃借権譲渡に関する背信行為論，他方において対抗要件を具備しない借地権を保護する権利濫用論の適切な運用によって避けることができる。

Directions

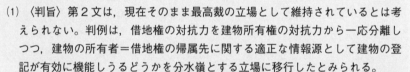

(1) 〈判旨〉第2文は，現在そのまま最高裁の立場として維持されているとは考えられない。判例は，借地権の対抗力を建物所有権の対抗力から一応分離しつつ，建物の所有者＝借地権の帰属先に関する適正な情報源として建物の登記が有効に機能しうるどうかを分水嶺とする立場に移行したとみられる。
(2) 個人主義を標榜する現行法の解釈として，借地借家法10条が行為規範として有すべき意味をも尊重するならば，〈判旨〉の考え方は，不実登記を防止して不動産登記制度の信頼性を確保するための原則論としてまっとうなものというべきである。
(3) 家団論の問題提起は，建物登記の対抗力に関する原則論を改めることではなく，事案の多様性に応じた柔軟な対処を可能とする権利濫用法理などを通じて斟酌するという方法で受けとめるべきである。

---

29) 最判平成9・7・1民集51巻6号2251頁。
30) 東京地判昭和41・6・18判夕194号153頁。
31) 広中俊雄『新版民法綱要Ⅰ総論』（創文社，2006年）170頁。
32) 山田卓生・民法判例百選Ⅱ〔第4版〕（1996年）125頁，星野・前掲注3)409頁以下。

● *民法改正との関係*

　改正法案605条1項は,「不動産の賃貸借は,これを登記したときは,その不動産について物権を取得した者その他の第三者に対抗することができる」と定めているが,これは本文中で述べた判例法理の趣旨を明確化したものであり,実質的な規律内容の変更はないものと理解される。

第*22*講

賃貸不動産の譲渡と敷金契約関係の帰趨

最判昭和 48・2・2 民集 27 巻 1 号 80 頁
民法判例百選 II〔第 7 版〕61 事件

▶ 判旨

家屋賃貸借における敷金は，賃貸借存続中の賃料債権のみならず，賃貸借終了後家屋明渡義務履行までに生ずる賃料相当損害金の債権その他賃貸借契約により賃貸人が賃借人に対して取得することのあるべき一切の債権を担保し，賃貸借終了後，家屋明渡がなされた時において，それまでに生じた右の一切の被担保債権を控除しなお残額があることを条件として，その残額につき敷金返還請求権が発生するものと解すべきであり，本件賃貸借契約における前記条項もその趣旨を確認したものと解される。

I 〈判旨〉の背後にある論点

不動産賃貸借において賃借人が賃貸人に交付する敷金の契約の性質について，かつては様々な見解が主張されたが[1]，大審院の判例は，これを賃貸借によって生ずる債権を担保するためになされる金銭所有権の移転と位置づけた[2]。ただし，大審院の判例においては，敷金によって担保されるべき債権の

---

1) かつての学説の詳細については，土生滋穂「敷金の性質に就いて」民商 8 巻 4 号（1938 年）555 頁以下参照。
2) 大判大正 15・7・12 民集 5 巻 616 頁。

範囲が，賃貸借契約が終了する時点までに生じる債権に限定されるのか，目的不動産の明渡しまでに生ずる債権をも含むのかが必ずしも明確ではなかったところ[3]，本判決は最高裁が後者のように解することを明確にした判例である。

それでは，本判決は，敷金をめぐるいかなる紛争を解決するためにこのような判断を示したのであろうか。敷金返還請求権の発生時期についての判断は，しばしば，賃貸借契約終了後に賃貸人が賃借人に対して目的不動産の明渡しを請求するのに対し，賃借人が敷金の返還との同時履行（533条）を主張してこれを拒絶しうるかという論点に関連する。しかし，本判決はこのような紛争に関するものではない。かかる問題について，判例が敷金返還請求権が目的不動産の明渡し時に発生することを根拠の1つとして賃借人の同時履行の抗弁を否定したのは，本判決の1年後であった[4]。

本判決において問題となったのは，賃貸不動産の明渡しが完了していない段階で賃借人の債権者が敷金返還請求権について得た，差押命令・転付命令の有効性であった。しかも，賃貸借契約終了後に賃貸人が目的不動産を第三者に譲渡していたため，これによる敷金契約の関係の移転の有無も同時に問題となった興味深い事案である。それゆえ，本講は，この2つの問題に対して，敷金の担保する債権の範囲，そして敷金返還請求権の発生時期についての判断がどのように作用するのかを解説するとともに，敷金に関する一連の判例における本判決の位置づけを考えてみたい。

II 〈判旨〉の持つ具体的意味

1 事実の概要

まず，本判決の事案を見てみよう。

昭和34年10月31日，AはBから，B所有の家屋2棟を賃料1か月8000

---

[3] 大判昭和13・3・1民集17巻318頁は，賃貸不動産の明渡しまでに生じる債務にも敷金が当然に充当されるとしていたが，前掲注2)大判大正15・7・12の判旨は，敷金によって担保される債権は賃貸借契約終了時までに生ずるものであるように読める文言であった。

[4] 最判昭和49・9・2民集28巻6号1152頁。

円，期間3年の約定で借り受け，敷金25万円をBに交付したが，当該賃貸借契約においては，「敷金ハ家屋明渡ノ際借主ノ負担ニ属スル債務アルトキハ之ニ充当シ，何等負担ナキトキハ明渡ト同時ニ無利息ニテ返還スルコト」との約定がなされていた（これが〈判旨〉のいう「前記条項」である）。Yは，昭和35年に抵当権に基づく競売によって上記各家屋の所有権を取得して，Aに対する賃貸人の地位を承継し，その結果，敷金の契約関係も受け継いだ。YA間の賃貸借契約は昭和37年10月31日に期間満了により終了したが，当時賃料の支払いの延滞はなかった。Yは，Aから各家屋の明渡義務の履行を受けないまま，昭和37年12月26日，これをCに売り渡し，かつ，それと同時に，賃貸借終了の日の翌日から売渡しの日までのAに対する明渡義務の不履行による損害賠償債権，および敷金をCに譲渡する約定をし，その頃その旨をAに通知した。しかし，かかる譲渡につきAの承諾はなかった。その後，CがAに対して提起した家屋の明渡請求等の訴訟に関する第1審，第2審の判決において，AがCに対して各家屋の明渡義務および賃料相当損害金の支払義務を負うことが認められたが，昭和40年3月に，CとAとの間で，CのAに対する賃料相当損害金債権のうちから，敷金などを控除し，その余の損害金債権を放棄する旨の和解が成立し，同年4月にAはCに対し各家屋を明け渡した。

　一方，Xは，Aに対する強制執行として，昭和40年1月27日，AのYに対する敷金返還請求権につき差押命令および転付命令を得て，同命令が同月29日にAおよびYに送達された。これを受けて，XはYに対して敷金返還請求の訴えを提起した。

　原審は，次のような理由から，敷金返還請求権についてなされた転付命令は有効ではなく，Xの請求は認められないとした。本件賃貸借における敷金は，賃貸借存続中の賃料債権のみならず，賃貸借契約終了後の家屋明渡義務の不履行に基づく損害賠償債権をも担保するものである。家屋の譲渡によって直ちにこのような敷金の担保的効力が奪われるべきではないから，賃貸借終了後に賃貸家屋の所有権が譲渡された場合においても，少なくとも旧所有者と新所有者との間の合意があれば，賃借人の承諾の有無を問わず，新所有者において敷金を承継することができる。したがって，YがCに敷金を譲渡したことにより，CはYから敷金の担保的効力とその条件付返還債務を承継し，その後，敷金

は遅くとも昭和38年9月末日までに生じた賃料相当の損害金に当然に充当されたことになる。Ｘがその後に得た差押・転付命令によって敷金返還請求権を取得する理由はなく，転付命令は敷金をＣに譲渡した後のＹを第三債務者とした点においても有効ではない。

2　最高裁の判断

これに対して，最高裁は，〈判旨〉に続けて以下のように述べ，敷金契約の関係がＹからＣに移転したとはいえないとした。

> 敷金は，右のような賃貸人にとっての担保としての権利と条件付返還債務とを含むそれ自体一個の契約関係であって，敷金の譲渡ないし承継とは，このような契約上の地位の移転にほかならないとともに，このような敷金に関する法律関係は，賃貸借契約に付随従属するのであって，これを離れて独立の意義を有するものではなく，賃貸借の当事者として，賃貸借契約に関係のない第三者が取得することがあるかも知れない債権までも敷金によって担保することを予定していると解する余地はないのである。したがって，賃貸借継続中に賃貸家屋の所有権が譲渡され，新所有者が賃貸人の地位を承継する場合には，賃貸借の従たる法律関係である敷金に関する権利義務も，これに伴い当然に新賃貸人に承継されるが，賃貸借終了後に家屋所有権が移転し，したがって，賃貸借契約自体が新所有者に承継されたものでない場合には，敷金に関する権利義務の関係のみが新所有者に当然に承継されるものではなく，また，旧所有者と新所有者との間の特別の合意によっても，これのみを譲渡することはできないものと解するのが相当である。このような場合に，家屋の所有権を取得し，賃貸借契約を承継しない第三者が，とくに敷金に関する契約上の地位の譲渡を受け，自己の取得すべき賃借人に対する不法占有に基づく損害賠償などの債権に敷金を充当することを主張しうるためには，賃貸人であった前所有者との間にその旨の合意をし，かつ，賃借人に譲渡の事実を通知するだ

けでは足りず，賃借人の承諾を得ることを必要とするものといわなければならない。

ところが，最高裁は最終的には以下の理由から，転付命令の有効性を否定する原審の結論を維持した。

> しかし，さらに検討するに，前述のとおり，敷金は，賃貸借終了後家屋明渡までの損害金等の債権をも担保し，その返還請求権は，明渡の時に，右債権をも含めた賃貸人としての一切の債権を控除し，なお残額があることを条件として，その残額につき発生するものと解されるのであるから，賃貸借終了後であっても明渡前においては，敷金返還請求権は，その発生および金額の不確定な権利であって，券面額のある債権にあたらず，転付命令の対象となる適格のないものと解するのが相当である。そして，本件のように，明渡前に賃貸人が目的家屋の所有権を他へ譲渡した場合でも，賃借人は，賃貸借終了により賃貸人に家屋を返還すべき契約上の債務を負い，占有を継続するかぎり右債務につき遅滞の責を免れないのであり，賃貸人において，賃借人の右債務の不履行により受くべき損害の賠償請求権をも敷金によって担保しうべきものであるから，このような場合においても，家屋明渡前には，敷金返還請求権は未確定な債権というべきである。

それゆえ，敷金契約の関係が承継されないという判断は，本件の結論にとっては決定的なものではない。結局，この紛争においては，敷金によって担保される債権の範囲についての判断，すなわち〈判旨〉が大きな鍵となっている。賃貸不動産の明渡しまでに生ずる損害賠償債権も敷金によって回収するという利益が賃貸人にはある以上，敷金はこれをも担保すると位置づけて，明渡し前の転付命令の有効性を否定した最高裁の結論は穏当なものであろう。仮に敷金が担保する債権を賃貸借終了時まで生ずる債権と位置づけて，これを敷金から控除した残額について敷金返還請求権が発生するとともに，それについての転付命令の効力を認めてしまえば，上記の賃貸人の利益が奪われる恐れがあるか

らである。かつて，我妻博士は，敷金は賃貸借終了時までに生ずる債権を担保するという立場をとっていたが[5]，その後，第三者による敷金返還請求権の差押えに対して賃貸人の利益を保護するために，敷金は目的物の明渡しまで生ずる債権を担保するという立場に転じており[6]，〈判旨〉はまさにこれに相応する結論をとった。

このように，敷金契約関係の承継の是非だけが結論を決定づけるものではないとしても，最高裁がこれを明確に否定した上で結論を導いたことには，賃貸借契約が終了した後には，賃貸不動産の所有権が移転されても敷金契約関係は移転されないことをはっきりさせようとした意図が窺える。この判断は，賃貸借契約の終了前に賃貸不動産が譲渡された場合についての判例法理とは対照的なものである。というのは，すでに最高裁は，賃貸建物の所有権が移転した場合，賃貸借契約が対抗要件を備えている限り，かかる契約上の地位が新所有者に承継されるとともに，敷金契約の関係も当然に新所有者に承継され，この際，賃借人が旧所有者に対して未払賃料債務などを負担している場合には，敷金はこれに当然に充当され，残額の範囲で敷金返還債務が新所有者に承継されると解していたからである[7]。それでは，なぜ賃貸借契約の終了の前後においてこのような差異が出てくるのであろうか。

III　賃貸借契約終了前との異同

1　従前の判例法理とその背後にある思想

賃貸借契約終了前に目的不動産の所有権が移転された場合に敷金契約関係が当然に承継されるという最高裁の立場は，大審院の判例を踏襲したものといえるが，大審院時代の判例には少々変遷があったことに留意しなければならない。当初，大審院は，建物（劇場）の賃借人が，その所有権を競売によって取

---

[5]　我妻栄「判例に現われた敷金問題」同『民法研究VI』（有斐閣，1969年。初出，1931年）125頁以下，133-134頁。
[6]　我妻・講義V₂ 473-474頁。
[7]　最判昭和39・6・19民集18巻5号795頁，最判昭和44・7・17民集23巻8号1610頁。

得した者に対し，賃貸借契約の終了後に旧所有者に交付していた敷金の返還を請求した，という事案において，次のような立場をとっていた[8]。

「敷金ナルモノハ賃借人ニ於テ債務不履行アルトキ当然之ヲ賃料ノ弁済ニ充当スヘク若其ノ不履行ナキトキハ賃貸借終了ノ際之ヲ返還スヘキモノナルカ故ニ借家法第一条ノ規定ニ依リ旧所有者トノ賃貸借カ其ノ賃借家屋ノ所有権ヲ取得シタル新所有者ニ対シ其ノ効力ヲ有シ賃貸借カ依然存続スル場合ニハ旧所有者ニ差入レタル敷金ハ旧所有者ニ対スル賃料ノ延滞ナキ限リ当然所有権ノ移転ト同時ニ新所有者ニ移転シ該賃貸借ノ終了セサル以上之カ返還ヲ求メ得ヘキモノニ非ス従テ斯ル場合ニハ右敷金ニ相当スル金額ヲ旧所有者ヨリ新所有者ニ引継キ新所有者ノ為ニ担保ノ効力ヲ保有セシムヘキモノトス然レトモ敷金ハ賃貸借契約ノ要素ニ非スシテ特約ニ因ル担保関係タルニ過キサルヲ以テ賃貸家屋ノ所有権移転ノトキ新所有者ニ移転スヘキ敷金存スル場合ニ於テモ新所有者ニ於テ敷金ノ差入ヲ不用ナリトスルトキハ新所有者ハ敷金ヲ承継スルコトナキモノナレハ其ノ賃貸借終了ノ場合ニ之カ返還義務ヲ負フヘキニ非サルコト勿論ナリ故ニ新所有者ニ於テ敷金ヲ承継スルコトナシトシ従テ賃貸借終了スルモ新所有者ニ敷金返還ノ義務ナシトスルニハ宜シク右ノ如キ之ヲ不用ト為シタル事実アルカ又ハ前所有者ニ於テ延滞賃料ニ充当シ剰余ナカリシコトヲ明ニセサルヘカラス」。

　この判決は，賃貸借の承継とともに敷金が当然に移転するとしながら，新所有者がこれを不用とする場合には敷金は承継されないとしており，その命題には曖昧な点があるが，判決文を総合的に判断すると，敷金契約関係の承継のためには新所有者への敷金の現実の引継ぎを要求するものと思われる。このことは，敷金の性質，すなわち，賃貸借から生ずる債権の担保のために交付される金銭という性質からは，理論的に正当であろう。確かに，被担保債権が新所有者に承継されることになれば，その担保の権利も付従性により新所有者に移転

---

8) 大判昭和2・12・22民集6巻716頁。

すべきことになる。しかし，現実に担保の権利が移転するためには権利取得の要件が充足されなければならず，金銭所有権が担保である場合には，金銭所有権の取得を基礎づける事実，すなわち旧所有者から新所有者への金銭の交付に相当する事実が存在しなければならない。これがなければ，敷金は移転したことにならず，それを返還する義務も承継されないはずである。当時，栗岡弁護士は，この判例の評釈において，賃貸借が承継された場合には，新所有者は旧所有者に対して敷金の引渡しを求める権利を有し，敷金の引渡しがあってはじめてそれが新所有者に移転することを強調すべきとしていた[9]。そして，現実の敷金の引継ぎなしにその契約関係が当然に承継されるとすれば，新所有者は自己の関知しない敷金返還債務を負うことになるから，取引の安全のために当然の承継は否定すべき旨，その結果，賃借人が旧賃貸人の無資力によって敷金の返還を受けることができないというリスクを負うことになっても，それはそのような賃貸人と契約を結んだ自己責任であり，賃借人を保護するために旧賃貸人の無資力のリスクを第三者である新所有者に負わせるのは，感情論にすぎない旨を主張していた[10]。

　このように，賃貸不動産の所有権の移転に伴い賃貸借契約上の地位も移転する場合に，新所有者は敷金の権利を承継すべきことにはなるが，実際に敷金の契約関係，すなわちその返還債務が承継されるには敷金の引渡しまたはこれに代わる事実を要求するという立場は，当時のドイツ民法（旧ドイツ民法572条）によってとられていた。大正期から昭和初期にかけてはドイツ法学隆盛の時代であり，大審院の判例もその影響を受けていたかもしれない。

　しかし，これに対しては，我妻博士が，賃貸借契約において敷金が交付されるのは常であり，賃貸不動産の譲受人は敷金の存否やその額を調査することもできるのであるから，賃借人の利益の観点から，敷金契約関係は敷金の引渡しの有無にかかわらず当然に承継されるべきと主張した[11]。すなわち，「私の解する所によれば，敷金の存する以上賃借人は賃料の支払を延滞するも債務不履

---

9) 栗岡善一郎「賃貸家屋の第三取得者の敷金返還義務の有無」法律論叢7巻4号（1928年）32頁以下，38-40頁。
10) 栗岡・前掲注9)41-44頁。
11) 我妻栄「敷金の付従性」同・前掲注5)（初出，1928年）143頁以下，166-167頁。

行の不利益を受くべきではない。のみならず，実際上賃貸人と賃借人との間に家賃の値上げその他に関して利害の衝突を生じた場合には，賃借人はその有する敷金債権を武器として戦うことをうる」12)。

　すると，その後の大審院は，上記の判例と同様の事案において，敷金契約関係はその性質上新所有者に当然に承継されるという立場をとった13)。すなわち，新所有者が現実に敷金の引渡しを受けたかどうかにかかわりなく敷金契約関係は承継され，賃貸借が終了した場合には新所有者は敷金返還債務を負うとしたのである。そして，この判例法理は賃貸不動産の競売のみならず，任意譲渡の場合にも当てはまる旨が示され14)，さらには，敷金を差し入れた事実についての新所有者の善意悪意に関わりなく15)，また敷金額の大小に関わりなく16)，敷金およびその返還債務は新所有者に承継されるとされている。唯一の例外としては，賃貸人，譲受人および賃借人の三者が敷金を移転しないとする合意をなした場合があげられている17)。ここで興味深いのは，大審院が敷金契約関係を承継しないためには三者の合意を要するとした理由である。すなわち，

「蓋敷金ハ賃借人ノ賃料債務履行ノ担保ニ外ナラスト雖ソノ差入ニヨリ利益ヲ受クルモノハ独リ賃貸人ノミニ止マラス賃借人ニ於テ賃貸人ニ対シ敷金返還請求権ヲ有スルコトハ事実上賃貸人ニ対スル一種ノ牽制力ヲ成シ賃借人ノ地位ヲ安固ナラシムルニ役立ツト共ニ已ムヲ得サル場合ニハ賃料ノ誅求ヲ緩フスルノ便アルカ故ニ今若シ敷金ノ引継ト否トヲ専ラ新所有者ノ内心ノ又ハ一方的意思ニヨリ或ハ新旧所有者間ノ契約ニヨリテノミ決ス可キモノトセンカ賃借人ハ一言ヲ以テ挟ムヲ得サル間ニソノ差入レタル敷金カ或ハ新所有者ニ引継カルルコトアリ或ハ爾ラサルコトアリ前者ノ場合ハ猶忍フヘキモ其ノ後者ノ場合ハ如

---

12) 我妻・前掲注11)167頁。
13) 大判昭和5・7・9民集9巻839頁。
14) 大判昭和6・5・23新聞3290号17頁，大判昭和11・11・27民集15巻2110頁。
15) 大判昭和14・12・1判決全集7輯2号17頁。
16) 大判昭和15・5・31判決全集7輯20号9頁。
17) 前掲注14)大判昭和11・11・27。

何旧所有者ニ対スル返還請求ハ彼ノ無資力ナルカ為其ノ意ヲ得サルニ拘ラス新所有者ニ対スル賃料ハ現実ニ其ノ支払ヲ為ササル可カラサルニ至リテ賃借人タルモノ又窮スト云フ可シ斯ルハ固ヨリ賃借人ノ経済的地位ヲ保護スル為ニ設ケラレタル借家法第一条ノ法意ニアラサルヤ多言ヲ俟タス」

　これは，栗岡弁護士も指摘していた賃貸人の無資力のリスクを考慮し，賃借人保護の思想から敷金契約関係の当然の承継を正当化するものである。敷金の持つ機能についての説明を見れば，これが我妻説の影響を受けていることは明らかであろう。

2　当然の承継に内在する問題

　確かに，とりわけ競売によって賃貸不動産の所有権が移転した場合には，旧所有者は無資力であり，賃借人はこれに対して敷金の返還請求権を行使しても実効性がなく，むしろ新所有者に対して返還請求権を行使しうるとするのがその利益となろう。しかし，このように賃借人の保護のために敷金契約関係が当然に移転するとすれば，栗岡弁護士が指摘したように，取引の安全を害する危険性が生ずる。なぜなら，敷金のことを考慮せずに（すなわち，金銭の交付を実際に受けることなく）賃貸不動産を時価相当の価額で買い受けても，買受人は賃借人に対して当然に敷金返還債務を負うことになるからである。確かに，この場合には，買受人は，旧所有者に対して敷金に相当する金額の支払請求権を有することになるが，旧所有者が無資力であれば，そのリスクを負わざるをえない。

　前述のように，本来，敷金という金銭の所有権が実際に新所有者に移転しなければ，その返還債務も承継されないという点で，賃貸不動産の所有権移転とともに当然に敷金契約関係が承継されるという結論には問題がある。さらに，根本的には，新所有者との間で継続する賃貸借契約から生ずる債権が，当初の敷金契約において敷金の担保すべき債権とされているのかという問題もある。確かに，契約では賃貸借契約から生ずる一切の債権を担保するという約定がな

されているのが通例であろう。しかし，その約定において当事者，とりわけ賃借人が想定しているのは，通常，自分が賃貸借契約を結んだ賃貸人が取得する債権であり，目的不動産が譲渡されることによって賃貸人の地位が新所有者に承継されるとしても，そこから生ずる債権が当初の敷金の契約において当然に被担保債権として想定されているとは考えにくい。むしろ，新所有者が承継した賃貸借契約から生ずる債権が被担保債権の範囲外にあるとすれば，敷金契約関係は当然に移転することにはならないはずである。

　それにもかかわらず，敷金がその返還債務とともに当然に新所有者に移転するというのは，結局のところ，旧賃貸人よりは資力を有すると思われる新所有者に対して敷金契約関係を主張しうるという取扱いが，賃借人の利益となるからである。つまり，この結論は，賃借人保護という政策的観点の下に一般理論を修正して導かれたものにすぎない。

3　賃貸借契約終了後の法律関係

　以上のように，賃貸借契約の承継に伴い敷金契約関係も当然に承継されるという判断は，もともと一般理論の修正の下に導かれた結論にすぎないとすれば，その射程は厳格に考える必要がある。そこで問われるのが，賃貸借契約終了後に目的不動産が譲渡された場合の取扱いである。本判決は，敷金は賃貸借契約に付随すべきものであるという点を根拠として，賃貸借契約が終了した後に目的不動産が譲渡されても，敷金が付随すべき賃貸借の移転がないとして敷金契約関係の承継を否定した。敷金が賃貸借契約から生ずる債権を担保するという点からは，この理屈はもっともといえよう。目的不動産の譲受人が取得する賃貸借契約とは無関係の債権を敷金が担保するいわれはないからである。かかる債権をも敷金が担保するためには，新たに従前の賃借人とその合意をしなければならない[18]。

　ただし，〈判旨〉もいうように，賃貸不動産の返還義務の不履行による損害賠償債権も敷金によって担保されるべき債権に該当するならば，旧所有者が賃貸借契約に基づく目的不動産の返還請求権を新所有者に譲渡する合意をなし，債務者たる賃借人に対して対抗要件としての通知をすれば，被担保債権たる返

還請求権ないしはその不履行による損害賠償債権とともに，敷金もこれに付随して新所有者に移転するというのが一貫するだろう。本件の事案ではそのような合意が明確になされていたわけではなく，仮にそのような合意があった場合に判例がどのような立場をとるのかは必ずしも明らかではない。

　この問題の決め手となるのは，やはり賃借人保護の要請がこの局面でどれほど強く働くかであろう。おそらく，賃貸借契約が終了した後に目的不動産の所有権が移転された場合にも，新所有者が旧所有者よりも無資力である可能性は低い。強制競売等によって所有権が移転された場合には旧所有者は明らかに無資力であろうし，任意に所有権が譲渡された場合でも，新所有者には通常その代金を支払う余裕があるからである。したがって，ここでも旧所有者の無資力のリスクを回避するという観点からは，敷金契約関係は当然に新所有者に移転すると解する余地は十分にある。しかし他方で，賃貸借契約が終了している場合には，（かつて我妻博士が強調していた）敷金の賃貸人に対する武器としての機能はもはや考える余地がなくなる。そして，借地借家法における賃借人保護の思想が，基本的には賃貸借が継続している限りにおいて尊重されるべきものであるとするならば，ここではあえて一般理論を修正してまで敷金契約関係の当然の承継を認めるべきではない，という考え方も十分に成り立つ[19]。

IV　立法論としての敷金分離措置

　賃貸不動産の所有権が移転された場合において，敷金契約関係が当然に承継

---

[18] 賀集唱・金法 697 号（1973 年）15 頁以下，18 頁は，本件で敷金契約関係の承継のために賃借人との合意が必要となる理由を，それが債務の承継に当たる点に求めているが（同旨，石田喜久夫・昭和 48 年度重判解〔ジュリ 565 号〕60 頁以下，62 頁），同じことは賃貸借契約の継続中に目的不動産が譲渡された場合にも当てはまる以上，これだけをもって敷金契約関係の承継を否定する根拠とすることはできない。むしろ，賃借人との合意が必要となるのは，本件では当初の敷金契約において被担保債権とされた債権を新所有者が有していないからである。

[19] 本判決の評釈の多くは，敷金契約関係の当然の承継が賃借権につき対抗力を持つ賃借人を保護するためのものであるとして，本件での敷金契約関係の承継を否定するが（賀集・前掲注 18)18 頁，石外克喜・民商 69 巻 3 号（1973 年）548 頁以下，560 頁，幾代通・判評 179 号（判時 721 号）（1974 年）17 頁以下，18 頁，石田・前掲注 18)61 頁），これは本文で述べた考え方に相当する。

されるという結論は，賃借人保護の思想に基づく一般理論の修正であり，そこでは旧賃貸人の無資力のリスク等が考慮されている。しかし，このような結論は，旧賃貸人の無資力のリスクを新所有者に転嫁し，取引の安全を害するという危険性を内包する。それゆえ，旧賃貸人の無資力のリスクが現実化しない別途の方策を導入することによって，当然の承継という取扱いを見直すという立法論も十分に考えられる。すなわち，賃借人から賃貸人に交付された敷金はそのまま賃貸人の一般財産に混入し，これを賃貸人は自由に費消しうることになっている現状が，賃貸人が無資力となった場合に敷金が返還されなくなる原因となる以上，賃貸人に賃借人から受領した敷金をその一般財産から分離する義務を負わせる規定を借地借家法に設ければ，敷金が旧賃貸人から返還されなくなるというリスクはかなり回避されるであろう。したがって，かかる措置を導入すれば，賃借人保護のために敷金契約関係の当然の承継を容認する必要性も減少するであろう。実際に，敷金の分離措置はドイツ民法において採用されており[20]，筆者も以前からこのような立法論を唱えていた[21]。

　本来，敷金が賃貸人の債権の担保にすぎないという点からは，その所有権が賃貸人に移転するとしても，これは他の財産とは分別すべきであり，賃貸人はこれを担保目的外に処分してはならない義務を負うはずである。しかし，契約自由の原則からは，当事者が賃貸人の便宜のために敷金を費消しうるという約定をつければ，その効力も認めざるをえない。そこで，賃借人保護という特別目的を有する借地借家法が，そのような自由を制限して賃貸人による担保目的外の費消を制限する措置を導入するという立法論は，十分に成り立ちうると思われる。このような分離措置を導入すれば，本講の〈判旨〉を基礎として，その後の判例が賃貸不動産の明渡しと敷金の返還との同時履行関係を否定したに

---

20)　ドイツ民法551条は，住居の使用賃貸借（Miete）に関して賃貸人に敷金の分離措置を要求しており，その方法としては賃貸人の特別口座への敷金の預託がなされている。もっとも，本文で述べた旧572条とは異なり，現行法の566条aは，賃貸不動産の譲渡とともに譲受人は当然に敷金の返還債務を負うこととされ，賃借人の保護が一層強化されている。つまり，現在のドイツ法は，敷金の分離措置とともに敷金契約関係の当然の承継をも容認しているが，その是非についてはこれ以上立ち入らない。

21)　古積健三郎「敷金に関する一考察——充当と承継の問題」法学新報110巻7＝8号（2003年）107頁以下，132頁以下参照。

もかかわらず，これをなお肯定しようとする学説が絶えなかった原因もかなり解消するのではないか。

すなわち，有力な学説は，敷金返還請求権は賃貸借契約終了時に発生するという理解を前提にして，その返還と賃貸不動産の明渡しとの同時履行関係を肯定しようとする[22]。ところが，この見解によると，賃貸不動産の明渡しまでに賃貸人が取得する債権も敷金によって担保するために特別の構成，たとえば敷金返還請求権との相殺という構成が必要となり[23]，さらには，本件のように，賃借人の他の債権者が敷金返還請求権を差し押さえてきた場合には，賃貸人が自己の債権の優先的満足を主張することが困難となってしまう（511条による相殺の制限）[24]。しかし，本件の場合に賃貸人の優先権を認めることに異論を唱える見解はないのではないか。他方で，一部の学説は，〈判旨〉のように敷金は賃貸不動産の明渡しまでに生ずる債権を担保し，その返還請求権は明渡し時に発生するという立場をとっても，敷金の返還と賃貸不動産の明渡しとの同時履行関係を認める余地があるかように論ずるが[25]，それは理論的に極めて困難であろう。敷金は賃貸不動産の明渡しにかかる債権をも担保するというのに，なぜその返還と賃貸不動産の明渡しとの間に同時履行関係を認めるに足る対価関係があるといえるのか。自らが負う義務の履行の担保として差し出した財産が返還されないことを理由として，その義務の履行を拒絶しうるというのは，本末転倒の議論であろう。それにもかかわらず多くの学説が同時履行関

---

22) 幾代通「敷金」『総合判例研究叢書民法(1)』（有斐閣，1956年）149頁以下，169頁，星野英一『借地・借家法』（有斐閣，1969年）265頁。
23) 幾代・前掲注22)170頁，星野・前掲注22)265頁。
24) 星野博士は，賃貸人と賃借人との相殺契約を差押えに対して優先させるという考えを示しているが（星野・前掲注22)266頁），差押後に発生する損害賠償債権を自働債権とする相殺は，明らかに511条に抵触することとなろう。この点につき，水本浩＝浦川道太郎・判タ299号（1973年）89頁以下，93頁は，敷金の場合には差押え以降に生ずる損害賠償債権との相殺に対する当然の期待利益があるという理由で，相殺の差押えに対する優先的効力を容認するが，そのような期待利益を論ずることができるのも，結局，賃貸不動産の明渡しまで生ずる債権が敷金によって担保されるという認識があるからであろう。すなわち，このような議論は，敷金は明渡しまでに生ずる債権を担保し，その返還請求権は明渡し時に生ずるという見解の正当性を露呈しているのである。
25) 広中俊雄『不動産賃貸借法の研究』（創文社，1992年）154頁，星野・前掲注22)265頁参照。しかし，少なくとも筆者にはそこに説得的な根拠が示されているとは思えない。

係を肯定しようとする背景には，明らかに，賃貸不動産の明渡しの拒絶によって敷金の返還を確保し賃借人を保護するというねらいがある。しかし，敷金の分離措置を導入すれば，たとえ賃借人が先に賃貸不動産を明け渡しても，敷金が返還されなくなるリスクは相当減少するに違いない。そうなれば，無理に同時履行の抗弁権にこだわる必要もなくなるのである。

Directions

(1) 敷金が賃貸不動産の明渡しまでに生ずる債権を担保し，その返還請求権は明渡しまでに生じた債権の額を控除して発生するとして，転付命令の効力を否定する〈判旨〉は，敷金の担保たる性質からは合理的なものである。
(2) 賃貸借契約の継続中に目的不動産が譲渡された場合に，敷金が現実に引き渡されなくても敷金契約関係が当然に新所有者に承継されるとする判例の立場は，賃借人の保護のために一般理論を修正する意味を持つ。
(3) 賃貸借契約の終了後に目的不動産が譲渡された場合において，旧所有者が新所有者に賃貸借契約に基づく目的不動産の明渡請求権を譲渡したときに，敷金契約関係が新所有者に承継されるか否かについては，判例の立場は明らかではない。

● *民法改正との関係* ─────

　　改正法案は，敷金についての定義やその担保する債権の範囲について，基本的に判例の準則を明文の規定にとりこみ（622条の2第1項），さらには，賃貸不動産の譲渡に伴う賃貸人の地位の移転において敷金返還債務が当然に譲受人に移転する旨も明文で定めている（605条の2第4項）。しかし，後者の取扱いに関しては，敷金の分離措置とともに更なる検討が必要であろう。

第 *23* 講

敷引特約の性質と
消費者契約法 10 条の解釈

最判平成 23・3・24 民集 65 巻 2 号 903 頁
平成 23 年度重判解民法 2 事件

▶ **判旨**

賃貸借契約に敷引特約が付され、賃貸人が取得することになる金員（いわゆる敷引金）の額について契約書に明示されている場合には、賃借人は、賃料の額に加え、敷引金の額についても明確に認識した上で契約を締結するのであって、賃借人の負担については明確に合意されている。そして、通常損耗等の補修費用は、賃料にこれを含ませてその回収が図られているのが通常だとしても、これに充てるべき金員を敷引金として授受する旨の合意が成立している場合には、その反面において、上記補修費用が含まれないものとして賃料の額が合意されているとみるのが相当であって、敷引特約によって賃借人が上記補修費用を二重に負担するということはできない。また、上記補修費用に充てるために賃貸人が取得する金員を具体的な一定の額とすることは、通常損耗等の補修の要否やその費用の額をめぐる紛争を防止するといった観点から、あながち不合理なものとはいえず、敷引特約が信義則に反して賃借人の利益を一方的に害するものであると直ちにいうことはできない。

I　はじめに
——敷引特約とは何か

1　敷引という慣行

　上の〈判旨〉は，居住用建物の賃貸借契約に「敷引特約」が付されている場合に関するものである。敷引特約というのは，建物の賃貸借契約が終了し賃借人が明渡しをするときに，賃貸借契約締結時に賃借人から賃貸人に支払われていた敷金（保証金という名前のこともある）の中から，一定の額（敷引金）を控除した残額を賃借人に返還する（敷引金は賃貸人が取得する）旨の特約のことである。読者の中には，「敷引」（「しきびき」と読む）という言葉を聞いたことがない人もいるかもしれない。たしかに敷引特約は全国的に用いられているわけではなく，（やや古いデータではあるが）平成17年4月〜平成18年3月に契約が結ばれた賃貸物件で敷引金が徴収されている割合は，兵庫県（96.0%），福岡県（89.5%），京都府（51.0%），大阪府（29.9%），北海道（28.6%）などでは高いが，神奈川県（0.3%），千葉県・長野県（0.4%），愛知県・広島県（1.8%），埼玉県（3.4%），東京都（5.3%）などでは低く，地域ごとにばらつきがある[1]。この理由はよく分からず，敷引という慣行が生じた経緯についても定説はないようである。では，敷引金は具体的にどのような費用に充てるために徴収されるのだろうか。これは結局，各敷引特約を解釈して決めるほかはないが，以下，いくつかの項目について，敷引金との関係を簡単に見ておくことにしよう。まず，延滞賃料や賃借人の故意や過失に基づいて賃借物件を損傷させた場合の損害賠償額は，敷引金とは無関係であるのが通常である。賃借人の債務不履行によって生じるものについては，まさに敷金が本来担保することが予定されており，敷金から賃貸人が取得する敷引金を控除した残額（ある学説[2]の言

---

1)　国土交通省「社会資本整備審議会 住宅宅地分科会 民間賃貸住宅部会『最終とりまとめ』参考資料」(2010年) 41頁。

2)　生熊長幸「建物賃貸借契約終了時における敷金・保証金・権利金の取扱い」広中俊雄先生古稀祝賀論集『民事法秩序の生成と展開』(創文社，1996年) 303頁以下〔310頁〕。

葉を借りれば「狭義の敷金部分」）が，これらをカバーする。

2　通常損耗等の補修費用

それでは，賃借人が賃借物件について社会通念上通常の使用をした場合に生じる損耗（家具の設置による床のへこみ，壁の画鋲の穴など）や経年により自然に生じる損耗（日照による畳の変色など）（以下，「**通常損耗等**」という）の補修費用はどうか。

(1)　まず，敷引特約を離れて，**民法の原則的な考え方**を確認しておくことにしよう。民法 616 条が準用する 598 条には，借主は，借用物を原状に復して，これに附属させた物を収去することが「できる」と規定されているが，通説は，収去や原状回復は賃借人の義務でもあるとしている。問題は，通常損耗等が生じた場合に賃借人が原状回復義務を負うかどうかであるが，これは一般に否定に解されている[3]。その（1つの）論拠として賃貸人の修繕義務（606 条 1 項）[4]に言及する見解もあるが，修繕義務が生じるのは賃借人の使用収益が妨げられているときであるところ，通常損耗等があっても物件の使用収益には支障はないはずである。むしろ，通常損耗等について賃借人が原状回復義務を負わない理由は，より端的に，賃借人は賃料を支払っている以上，物件を使用収益することができるが（601 条），通常損耗等の発生は使用収益に当然伴うものであるという契約の特性に求めるのが適切であろう。敷引特約がない場合に通常損耗等について賃借人に原状回復義務を負わせることができるかどうかが争われた最判平成 17・12・16（判時 1921 号 61 頁）の言葉を借りれば，通常損耗等の発生は「**賃貸借という契約の本質上当然に予定されている**」のである。

もっとも，この点について，賃料に通常損耗等の補修費用が含まれているのが通例であることを理由に，通常損耗等について賃借人の原状回復義務を否定する見解もある[5]。実際，不動産鑑定評価基準[6]によれば，新規賃料を「積算

---

3)　新版注釈民法(15)〔増補版〕302 頁〔石外克喜〕，山本・講義Ⅳ-1 441-442 頁など。
4)　千葉恵美子・判評 562 号（判時 1906 号）（2005 年）23 頁以下〔26 頁〕。
5)　千葉・前掲注 4)26 頁，宮澤志穂・判タ 1210 号（2006 年）54 頁以下〔57 頁〕，国土交通省住宅局『原状回復をめぐるトラブルとガイドライン（再改訂版）』(2011 年) 11 頁など。

法」で求める場合や継続賃料を「スライド法」で求める場合には、貸主に支払われる実質賃料は、純賃料（土地取得価格や家屋建設費などに貸主の期待利回りを乗じたもの。スライド法の場合は純賃料に変動率を乗じる）に必要諸経費等（減価償却費・維持管理費のほか、公租公課・損害保険料・貸倒れ準備費・空室等による損失相当額）を加えたものとされている。この点はやや微妙である——①契約の本質上、賃借人は通常損耗等につき原状回復義務を負わないので、経済合理的な賃貸人は補修費用を回収すべく毎月の賃料に補修費用を含ませているとも、②必要経費等は賃料に含まれているのが通例なので、賃借人は原状回復義務を負わないともいえそうである——が、少なくとも最高裁は②の立場を明確にはとっていない。例えば、前掲最判平成17・12・16は、賃貸人は「必要経費分を賃料の中に含ませて」通常損耗等の補修費用を回収するのが通例である以上、賃借人の退去時に通常損耗等の原状回復義務を**負わせる**ためには補修費用の負担に関する特約が「明確に合意されていることが必要である」（そうでないと賃借人に予期せぬ特別の負担を課すことになる）と述べているが、これは、賃借人が通常損耗等の原状回復義務を**負わない**根拠について積極的に判示するものではない。なお、③近時のアパート・マンション経営の現場では、新規賃料の決定の際に上記の「積算法」はほとんど使われておらず、近隣の類似物件の相場を基準に、物件の場所の環境などを加味して決める（不動産鑑定評価の一基準である）「賃貸事例比較法」が一般的のようである[7]。バブル崩壊後の賃貸市場で優先されるのは賃料相場であり、賃料決定の過程で必要経費等は直接には考慮されていない[8]。

(2) 以上は**敷引特約がない**場合の話であるが、敷引特約の中には、**通常損耗等の費用について敷引金で賄うという条項**が含まれていることが少なくない。これについて本判決は、冒頭に掲げた〈判旨〉の手前で、次のように述べている。

---

6) 国土交通省「不動産鑑定評価基準〔平成26年5月1日一部改正〕」31頁以下。
7) 旭化成ヘーベルメゾン・月刊マガジンマネット2011年5月号。
8) 2015年1月27日に「旭化成ヘーベルプラザ池袋」に筆者（水野）が電話で照会した際の回答。

〔判旨 a〕本件特約は，敷金の性質を有する本件保証金のうち一定額を控除し，これを賃貸人が取得する旨のいわゆる敷引特約であるところ，居住用建物の賃貸借契約に付された敷引特約は，契約当事者間にその趣旨について別異に解すべき合意等のない限り，通常損耗等の補修費用を賃借人に負担させる趣旨を含むものというべきである。本件特約についても，本件契約書……に照らせば，このような趣旨を含むことが明らかである。

3 グレードアップのための費用など

さらに，物件の価値を下げる通常損耗等を補修するのではなく，賃借人の退去時に古い設備を最新のものに取り替えるなど，建物の価値を新築時以上にグレードアップする[9]ために敷引金が授受されたと主張されることがある。例えば，本判決の後に下された最判平成23・7・12（判時2128号33頁②事件）では，京都市内の相当程度上位ランクのマンションについて，そのような主張が賃貸人からなされている（もっとも原審は，敷引金の性質について，賃貸人と賃借人との間で合意が成立していないと認定する。この点はⅤで後述する）。このほか敷引金には，礼金や契約終了後の空室による損失の補塡などの機能を伴うことがあるといわれている[10]。

Ⅱ 問題の所在

1 敷引特約と消費者契約法10条

このように敷引金によって充てられる項目はさまざまであるが，消費者契約法の施行後，敷引特約の有効性が正面から争われる裁判例が目立っている。同法は，消費者と事業者との間に「情報の質及び量並びに交渉力の格差」がある

---

9) 国交省・前掲注5)9頁は，この部分は，本来，賃貸人が負担すべきであるという。
10) 生熊・前掲注2)312-313頁。

（消費者契約法〔以下，「法」という〕1 条）ことにかんがみ，消費者の利益を不当に害する条項がある場合に，その条項を無効にする規律（個別に規制する法 8 条・9 条と一般条項としての法 10 条）を含んでいるが，敷引特約については法 10 条により特約が無効となるかどうかが争われている。これは，敷引金の趣旨（Ⅰ）に応じて個別に検討するほかはないが，通常損耗等の費用に敷引金を充てるとされているときに，「民法，商法（明治 32 年法律第 48 号）その他の法律の公の秩序に関しない規定〔任意法規——水野注。以下，同じ〕の適用による場合に比し，消費者の権利を制限し，又は消費者の義務を加重する消費者契約の条項であって」（法 10 条前段），「民法第 1 条第 2 項に規定する基本原則〔信義則〕に反して消費者の利益を一方的に害する」（同条後段）という二重の要件[11]を満たして，特約が無効になるだろうか。本件では，この点が問題となっている。

2　本件事案の概要

本件の舞台となったのは京都市西京区のマンションの専有面積約 65.5 ㎡の 1 室であり，平成 18 年 8 月 21 日に賃借人 X と賃貸人 Y との間で，賃料 1 か月 9 万 6000 円，契約期間 2 年間の約定で賃借する旨の契約が締結されている。契約書には，締結時に保証金として X が Y に 40 万円を支払う，X が建物を明け渡した場合，契約締結から明渡しまでの経過年数に応じた額（以下，「本件敷引金」または「敷引金」という）を保証金から控除して（経過年数が 1 年未満であれば控除額 18 万円，2 年未満は 21 万円などの定めがある），残額を X に返還する（未納家賃や損害金等の X の債務があれば債務相当額を控除した残額を X に返還する）旨の条項（以下，「本件特約」という）があった。また，〔判旨 a〕が原則的な形態として予定しているように，通常損耗等について本件敷引金によって

---

[11]　法 10 条のいう信義則が同条前段と後段とどう関係するのかについては，さまざまな説が主張されている（大澤彩『不当条項規制の構造と展開』〔有斐閣，2010 年〕58-60 頁参照）が，本文で述べたのは，「〔信義則〕に反して」という法文の言葉は後段の「消費者の利益を一方的に害する」という言葉にかかり，それとは区別された基準として，任意法規との比較を問題とする前段があるという（文理解釈上最も自然と思われる）捉え方である（中田裕康「消費者契約法と信義則論」ジュリ 1200 号〔2001 年〕70 頁以下〔74 頁〕参照）。

賄う旨の条項が含まれている。本件契約は平成 20 年 4 月 30 日に終了し，同日，X が建物を明け渡したので，本件特約に基づき，Y は保証金から 21 万円を控除した残額 19 万円を X に返還した。このとき X は，本件特約の無効（法 10 条）を主張して，敷引金 21 万円の返還を請求できるだろうか。

III 消費者契約法 10 条前段について

1 任意法規との比較

まず，本件で法 10 条前段の要件が満たされるためには，本件特約が任意法規と比較して消費者の義務を加重しているといえなければならない。ここで任意法規との比較が要求されているのはなぜか。これについては，古くから学説が，「両当事者の経済的な力が均衡を失わない間は，その契約の内容は，多くの場合，任意法規と一致」するが，「右の均衡を失うときは，経済的強者は，何等特別の合理的な理由なしに，任意法規を排斥する約款を強い，経済的弱者は，これを忍容するより他にしかたがないようになる」と指摘し[12]，また，近時の学説が，国家は任意法規を通じて「契約の展開に際しての正しくかつ合目的的な利益調整の指導形象……を意味する 1 つの提案」を行っていると説いている[13]点が参考になる。**特約が任意法規から逸脱していることは，特約の不当性を示す 1 つの徴表**[14]だと考えられるのである。このように解すると，法 10 条前段のいう任意法規は，法律に定められた個々の規定であると限定的に捉える[15]必要はなく，両当事者の経済的な力の均衡が失われていない——法の言葉を使えば，消費者と事業者間に「情報の質及び量並びに交渉力の格差」がない——のであれば，両当事者が適用に合意するであろう，（合目的的な利益調整に資する）**契約に関する一般法理を広く含む**と解する[16]のが正当で

---

12) 我妻・講義 I 255 頁。
13) 河上正二『約款規制の法理』（有斐閣，1988 年）386 頁。
14) 道垣内弘人「消費者契約法 10 条による無効判断の方法」野村豊弘先生古稀記念論文集『民法の未来』（商事法務，2014 年）375 頁以下〔394 頁〕は，任意規定からの乖離は両当事者の利益の不均衡を推定させると説く。
15) 消費者庁企画課編『逐条解説 消費者契約法〔第 2 版〕』（商事法務，2010 年）220 頁。

あろう。この点について本判決は,〔判旨α〕に続いて,次のように述べている。

〔判旨β〕ところで,賃借物件の損耗の発生は,賃貸借という契約の本質上当然に予定されているものであるから,賃借人は,特約のない限り,通常損耗等についての原状回復義務を負わず,その補修費用を負担する義務も負わない。そうすると,賃借人に通常損耗等の補修費用を負担させる趣旨を含む本件特約は,任意規定の適用による場合に比し,消費者である賃借人の義務を加重するものというべきである。

すなわち,本判決のいう「任意規定」とは,「賃借人は,特約のない限り,通常損耗等についての原状回復義務を負わず,その補修費用を負担する義務も負わない」というものである。このことから,本判決は,明文の任意規定にこだわらず,**補修費用に関する民法の原則的な考え方**（Ⅰ2⑴。論者の言葉を借りれば「不文の任意法規」[17]）**を援用**し,これと本件特約とを比較することによって,法10条前段の要件をクリアしていると考えられる。

2　補修費用の「括り出し」という見解

もっとも,法10条前段の要件を本当にクリアできるのかについて,本件の第1審は疑問を投げかけている。すなわち,建物の賃貸借においては,通常,賃貸人は必要経費分を賃料の中に含ませているが,本件では「原状回復費用が家賃に含まれない旨の規定があり,賃借物件の通常損耗の回収を賃料に含ませない意思であることが明示されている」。つまり,普通であれば賃料に含まれている通常損耗等の補修費用が,本件特約の下では**賃料の外（敷引金の中）に括り出されているだけ**であり,消費者の義務を加重していないというのであ

---

[16]　特約がなければ消費者に認められていたはずの権利義務が消費者の不利に変更されているかどうかを問う山本敬三「消費者契約法の意義と民法の課題」民商123巻4＝5号（2001年）505頁以下〔539頁〕も参照。
[17]　佐久間毅・法法1963号（2013年）50頁以下〔51頁,54頁〕。

る。この指摘は鋭く、ある意味で説得力があるが、第1審と最高裁の考え方の違いは、次の点に由来するのではないか。すなわち、第1審判決が、法10条前段を検討する際に前提とする任意法規とは、必ずしも明確ではないが「建物の賃貸借においては、賃借人が社会通念上通常の使用をした場合に生ずる賃借物件の……通常損耗の回収は通常、賃貸人が……必要経費分を賃料の中に含ませ、その支払いを受けることで行われる。<u>そうすると、</u>……賃借人に通常損耗についての原状回復義務を負わせることができないのが原則である」という考え方のようである（二重下線は筆者）。これは、賃借人が通常損耗の原状回復義務を通常は負わない根拠として、**賃借人が**（賃料支払いという形で）**通常損耗等の補修費用を負担している点に着目するものである**（Ⅰ2(1)②の見解に近い）。この考え方の下では、賃料の外に補修費用を括り出すだけで、賃借人が補修費用を負担することに変わりがない本件特約は、消費者である賃借人の義務を加重するものではない。これに対して最高裁は、〔判旨β〕を率直に読むかぎり（Ⅰ2(1)②の見解はとらず）賃貸借契約の特質から出発して、**通常損耗等に関する賃借人の原状回復義務を否定**する考え方を任意法規に据えるにとどめている。このとき、賃借人が通常損耗等の補修費用を通常どのような形で負担しているのかは、賃借人の義務が加重されているという判断に影響を与えるものではないと考えられる。

Ⅳ　消費者契約法10条後段について

1　信義則要件

　このように本件特約が法10条前段の要件を満たすと考えると、次に問題となるのは同条後段である。ここで信義則に反して消費者の利益を一方的に害するという要件の意味するところは必ずしも明確ではない[18]が、ある学説は、

---

18)　そもそも民法上の信義則は、本来、ある契約条項に基づく権利の行使の主張を一定の事情の下で封じるなどの機能をもつにとどまっており（道垣内・前掲注14）387-388頁）、契約条項を無効とする根拠となることは予定されていないはずである（小粥太郎「不当条項規制と公序良俗理論」民商123巻4＝5号〔2001年〕583頁以下〔587頁〕）。

消費者と事業者という構造的に格差のある当事者間を律する「独自の消費者公序」を判断する基準としての意義を信義則要件の中に読み込もうとしている[19]。これについて本判決は，冒頭の〈判旨〉を展開し，①敷引特約の下での賃借人の負担額に関する明確な合意，②通常損耗等の補修費用に関する賃借人の二重負担論の不採用，③敷引金の有する紛争防止機能，という3点を挙げて，**敷引特約が一般に信義則に反して賃借人の利益を一方的に害するものだと直ちにはいえない**とする。このうち②は，1審判決が法10条前段の枠内で論じた見解（本件特約の下では，賃料の外に補修費用が括り出されるだけで，賃借人の負担は変わらない）と同様の議論を法10条後段の中で展開するものである（ただし，判旨の「通常損耗等の補修費用は，賃料にこれを含ませてその回収が図られているのが通常だとしても」というフレーズは，二重負担論を否定するために使われており，第1審判決のように賃借人の原状回復義務の否定を導くものではない）。しかし，②については大きく2つの問題点が指摘されている。

2 補修費用の「括り出し」と賃借人の二重負担論

(1) 第1に，賃料の外に補修費用が括り出されているという現状を前提にするとしても，**括り出し自体に問題がある**という批判がある。通常損耗等を敷引金という形で別に計上すると「賃料それ自体に比べると，敷引条項には契約締結に際しての賃借人の注意が相対的に向きにくくなる」[20]可能性があり，「本来であれば賃料に含まれるはずの通常損耗の補修費用をわざわざ『外出し』にしていること自体……賃借人に一見趣旨が不明瞭な特約を課している」[21]ことにならないかというのである。この指摘は鋭いが，より具体的に考える必要がありそうである。まず，比較の対象として，敷引特約が結ばれておらず賃貸住宅標準契約書（改訂版）[22]に即した契約が結ばれたと仮定しよう。標準契約書

---

19) 松岡久和「消費者契約法10条」潮見佳男編著『消費者契約法・金融商品販売法と金融取引』（経済法令研究会, 2001年) 84頁以下〔90頁〕。
20) 山本豊「借家の敷引条項に関する最高裁判決を読み解く」NBL954号（2011年）13頁以下〔19頁〕。
21) 大澤彩・現代消費者法13号（2011年）110頁以下〔117頁〕。吉田克己・民事判例Ⅳ（2012年）148頁以下〔151頁〕も参照。

には，物件の原状回復条件を詳細に定める「賃貸人・賃借人の修繕分担表」が用意されている（日照による畳の変色は賃貸人の負担，賃借人の不注意で雨が吹き込んだことによるフローリングの色落ちは賃借人の負担など）。他方で，本件で実際に使われた契約書には，保証金および明渡し時の保証金控除額を定める規定や家賃の条項に加えて，上の「修繕分担表」と同様の「損耗・毀損の事例区分（部位別）一覧表」があり，そのうち「貸主の負担となる通常損耗及〔び〕自然損耗」については保証金控除額（敷引金）で賄うものとし，原状回復を要しない旨の規定があった。さらに「原状回復費用は，家賃に含まれない」という規定もある。このとき，通常の賃貸借契約であれば賃料に含まれているはずの通常損耗等の補修費用が，敷引金の中に括り出されたため，賃借人にとって不明瞭な状況が生じているとはいえないと思われる。なぜなら，一方で，敷引特約がない場合に，一般の消費者が賃料に通常損耗等の補修費用が含まれていることをどこまで明確に意識しているのかは微妙であるし，自分の支払う賃料の中に必要諸経費等がどれだけ含まれているのかを貸主に確認した上で実質賃料額との差額（純賃料額）を貸主が取得することに納得して契約を締結するという状況も，まず考えられない（今日の賃貸住宅経営で主流の賃貸事例比較法〔Ⅰ 2 (1)③〕の下では，なおのことそうであろう）。**敷引特約がない場合でも，このように必要諸経費等に関する不透明な状態を観念しうるのであり**，他方で，本件契約には敷引金の額が明記され，通常損耗等の補修費用がそこに含まれていることが合意されている。補修費用が括り出されたからといって，敷引特約がない場合と比較して，賃借人に特段の不利益が生じていると評価することはできないだろう。

(2) 賃借人の二重負担論を否定する本判決に対しては，第2に，**通常損耗等の補修費用が賃料の外に括り出されているという現状認識そのものに対する批判**がある。括り出されているというためには，賃料の額が通常損耗等の補修費用の分だけ低額化している必要があるが，それは実証的裏付けを欠いている[23]と論者は主張する。本件〈判旨〉は，通常損耗等の補修費用に充てるべ

---

22) 賃貸借契約をめぐる紛争を防止し，借主の居住の安定および貸主の経営の合理化を図ることを目的として定められた賃貸借契約書の雛形。国交省・前掲注5)128頁以下参照。

き金員を敷引金として授受する旨の合意が成立している場合には「補修費用が含まれないものとして賃料の額が合意されているとみるのが相当」であると，さらりと述べているが，本当にそうなのか。本件の契約書には「原状回復費用は，家賃に含まれない」という規定があるが，だからといって，実際に賃料の低額化が担保されているとはいえない，というわけである。この批判はそれ自体もっともであるが，それでは，実証的裏付けを欠いている本件特約の効力はどうなるのか。これについて，ある論者は，①賃貸人に敷引特約によって賃料が低額化していることの立証責任を負わせ，その立証に成功しないときは，②「賃借人が負担した賃料・敷引金の合計額と，居住期間に適正賃料を乗じた金額とを比較して，過大となる部分につき〔法10条の効果として一部無効理論を承認した上で〕賃借人に返還させることが望ましい」24)という積極的な提言を行っている。しかし，①の立証をするためには，敷引特約がなかった場合の賃料額をまず想定しなければならないが，それが何なのかがはっきりとしない（敷引特約がある事例では，敷引特約がなかった場合の賃料額の合意は当事者間で形成されていない）。また，②については，適正賃料額の算定の仕方は不動産鑑定評価基準の下でもさまざまであり（Ⅰ2(1)で触れた積算法や賃貸事例比較法など），結局，裁判所が判断せざるを得ない。しかし，継続賃料を基準にその増減の可否を判断する借賃増減額訴訟（借地借家32条)25)と比較して，新規賃料（敷引特約を取り交わす際には，新規に設定される賃料が問題となる事例のほうが多いだろう）の適正額を算定することは，**裁判所にとって，より大きな負担**となりかねず，やや現実性に乏しい提案であるように思われる。

---

23) 例えば，賃借人に転嫁される費用負担と賃料の低額化とが対応しているというのは証明されていない事実の主張であるというドイツの学説に示唆を得て本判決を批判する丸山絵美子「不当条項の規制と価格の低額化」民商148巻3号（2013年）241頁以下〔267頁，279頁〕参照。
24) 高木健太郎「消費者契約法10条の研究(2)」愛知学院大学大学院法研会論集21巻1=2号（2007年）1頁以下〔74頁〕。
25) なお，佐久間・前掲注17)56頁以下は，敷引特約は借地借家法32条の対価規制に直接服さない形で〔本来賃料に含めて支払われる通常損耗補修費用という〕対価的性格のある金銭を徴収するものであるという興味深い視点を示すが，契約締結時の「括り出し」の問題と，契約締結後の賃料増減額訴訟の話とを連続的に語りうるのかについては疑問が残る。

3 信義則に反する場合
　　──本判決の立場

　本判決は，冒頭に掲げた〈判旨〉で敷引特約が信義則に反して賃借人の利益を一方的に害するとは直ちにいえないとした上で，それに続いて次のように判示している。

> 〔判旨γ〕もっとも，……敷引金の額が敷引特約の趣旨からみて高額に過ぎる場合には，賃貸人と賃借人との間に存する情報の質及び量並びに交渉力の格差を背景に，賃借人が一方的に不利益な負担を余儀なくされたものとみるべき場合が多いといえる。
> 　そうすると，消費者契約である居住用建物の賃貸借契約に付された敷引特約は，当該建物に生ずる通常損耗等の補修費用として通常想定される額，賃料の額，礼金等他の一時金の授受の有無及びその額等に照らし，敷引金の額が高額に過ぎると評価すべきものである場合には，当該賃料が近傍同種の建物の賃料相場に比して大幅に低額であるなど特段の事情のない限り，信義則に反して消費者である賃借人の利益を一方的に害するものであって，消費者契約法10条により無効となると解するのが相当である。

　この判旨は冒頭の〈判旨〉の原則的な考え方を受けて，「敷引金の額が高額に過ぎる」場合に，賃料が「大幅に低額であるなど特段の事情のない限り」例外的に敷引特約を無効にしようとするものである。このうち，敷引金が高額に過ぎるかどうかを判断する際に，通常損耗等の補修費用として通常想定される額（①）との比較が重要な意味をもつことは明らかであるが，賃料の額（②）や，礼金などの一時金の授受の有無やその額（③）は，なぜ判断要素となるのだろうか。この点は，やや理解困難であるが，①を賃料の外に括り出した関係にあるはずの敷引金の額を，（少なくとも積算法〔Ⅰ2(1)〕の下では①が構成要素となっている）②と比較することは，賃借人が高額に過ぎる敷引金の授受を押

しつけられていないかを判断する手がかりになるし，同様に，賃貸人との構造的な格差から賃借人に不利益が生じていないかを判断する一材料として，③にも注目しているのだと思われる。本判決はこのようにして，敷引特約がなかった場合の賃料額との比較や適正賃料額の算定（2(2)）を要しない，**判断のコストがより低い枠組み**を示して，賃借人の利益が一方的に害されていないかどうかをチェックしようとする。そして本件事案への当てはめとして，〔判旨γ〕に続けて，本件敷引金の額が想定される通常損耗等の補修費用を大きく超えず，月額賃料の2倍弱〜3.5倍強にとどまっており，さらに賃料1か月分の更新料以外に礼金等他の一時金を支払う義務を負っていないことなどに注目して，本件特約は無効とはいえないと判断している。

V おわりに

1 敷引特約の性質論の重要性

　本判決は，〔判旨α〕で，①敷引特約の一般的な性質決定を行い，②本件特約もまた通常損耗等の補修費用を賃借人に負担させる趣旨を含むとした上で，〔判旨β〕において，③通常損耗等の補修費用に関する不文の任意法規を措定して，法10条前段の要件適合性を判断する。そして冒頭の〈判旨〉で，④賃借人の負担に関する明確な合意があることに注目しながら，⑤賃借人の二重の負担論を排斥し，本件特約の原則的な合理性を論じている。その上で，〔判旨γ〕で，⑥通常損耗等の補修費用を賃借人に負担させる敷引特約が例外的に法10条後段によって無効になる枠組みを提示する。本判決に批判的な見解は少なくないが，これまで検討してきたように，私は，判決の全体の構成に無理は少ないと考えている。しかし，上の判断枠組みのベースには，通常損耗等の補修費用を賃借人に負担させるという本件特約の性質論が一貫して存在することに注意が必要である。このような個々の敷引特約の性質論抜きに，敷引特約の有効性を語ることはできないはずである。

2 敷引特約の性質を明らかにしない7月判決

ところが，前掲最判平成23・7・12（Ⅰ3参照。以下，「7月判決」という）では，当該事案における敷引特約の性質が明らかとなっていない。このケースでは，契約時に賃借人から賃貸人に保証金100万円が渡され，うち60万円が「敷引分」，40万円が「預託分」とされていたが，建物明渡し時に，（敷引分ではなく）預託分から（賃借人の故意・過失に基づく損傷等の原状回復費用など16万3996円のほか）通常損耗等の補修費用4万4078円までもが控除され，残額（19万1926円）が賃借人に返還されるにとどまっている。ここでは通常損耗等の補修費用を敷引金で賄う旨の特約はなく，また，賃借人が預託分から負担する原状回復費用に通常損耗等の補修費用が含まれているという契約になっているかどうかは認定事実からは不明[26]である。原審は，このとき，通常損耗等の補修費用について賃料以外から負担する理由はないとする一方で，敷引金は賃貸人の主張するグレードアップ費用の対価とはいえず，その法律上の意味合いが明らかではないなどとして，敷引特約を法10条により無効とした（通常損耗等の補修費用と敷引金の合計額64万4078円の返還請求を認容）。これに対して最高裁は，敷引金などの一時金の額や，その全部ないし一部が明渡し後も返還されないことが契約書に明記されていれば「敷引特約は，敷引金の額が賃料の額等に照らし高額に過ぎるなどの事情があれば格別，そうでない限り」信義則に反して消費者である賃借人の利益を一方的に害するとはいえないと判示する（預託分から控除された通常損耗等の補修費用4万4078円の返還を求める限度で請求に理由ありとした）。しかし，7月判決の議論の運び方は，本判決とは異なっている。

3 7月判決と本判決との比較

まず，7月判決は，通常損耗等の補修費用について（賃料以外から負担する理

---

26) 原判決の認定する「管理物件特約」参照。佐久間・前掲注17)52頁も同旨。

由はないとして賃借人に返還される預託分から二重に控除することを否定した）原判決の結論を支持している。つまり，当該補修費用の二重負担のおそれは，敷引特約の枠外（預託分からの控除の可否という論点の中）で否定されている。その上で，敷引特約の性質については，〔判旨 a〕の考え方を積極的に適用せず，ブランクのままとしている。7月判決が，敷引金が高額に過ぎるかどうかを判断する際に，通常損耗等の補修費用として通常想定される額との比較について論じた本判決の議論（Ⅳ3①）を取り入れていないのは，敷引特約の枠外で通常損耗等の補修費用の二重負担性が否定されている事案の特徴に照らせば理解できる。しかし7月判決が，敷引特約の性質が明らかではない事案で，敷引金が高額に過ぎるかどうかという観点のみから，敷引特約の有効性を議論しようとしている点は説得力に乏しい。7月判決は，この点について賃借人は「契約によって自らが負うこととなる金銭的な負担を明確に認識した上，複数の賃貸物件の契約条件を比較検討して，自らにとってより有利な物件を選択することができる」と述べている。しかし，敷引金が何のために徴収されるのかの情報が与えられていないときに，賃借人が敷引特約に応じるかどうかの態度決定を適切に行うことは困難であり，賃借人の利益が一方的に害される危険がありはしないだろうか（この点は，7月判決の岡部喜代子裁判官の反対意見が適切に指摘するとおりである）。7月判決は，本判決の構造（1）を十分に吟味せず，判旨の一部だけを切り出し，本判決とは異なる事案で結論を急ごうとしているように思われてならない。

Directions

(1) 居住用建物の賃貸借契約に敷引特約が付されている場合，通常損耗等の補修費用を賃借人に負担させる趣旨を含んでいることが多い。敷引特約の有効性について議論する際には，このような特約の性質決定が出発点になければならない。

(2) 消費者契約法10条前段は，両当事者の力の均衡が失われていない場合に適用される不文の任意法規からの逸脱を要求していると考えられる。本件では，通常損耗等の補修費用の負担のあり方にかかわる，このような意味での

任意法規を措定する必要がある。
(3) 通常損耗等の補修費用に関する必要経費を賃料から敷引特約の中に括り出すことは，それ自体，賃借人に不利益を与えるものではない。もっとも賃借人が不当に高額の敷引金の授受を強いられる可能性があるので，通常損耗等の補修費用として想定される額や賃料等との見合いで，その不当性を事後的にチェックし，消費者契約法10条後段の適用可能性を検討する必要がある。

● *民法改正との関係* ─────────────

現行の民法は，Ⅰ2(1)で述べたように，使用貸借の借主による収去に関する規定（598条）を賃貸借に準用している（616条）が，改正法案は，使用貸借の借主による収去等の規定（599条）とは独立に，賃借人の原状回復義務に関する規定（621条）を設け，後者において「通常の使用及び収益によって生じた賃借物の損耗並びに賃借物の経年変化」を原状回復の対象となる賃借物の損傷（賃借人が「賃借物を受け取った後にこれに生じた損傷」）から除外している。本講の言葉を使えば，「通常損耗等」について賃借人が原状回復義務を負わないという通説・判例が，改正法案で明文化されている。なお，本講が扱った，それ以外の論点（通常損耗等が原状回復の対象外となる理由，通常損耗等について敷引金で補う条項が含まれている敷引特約の有効性など）が，民法の改正によって影響を受けるわけではない。

第24講 建物建築工事請負契約が中途解除された場合の出来形部分の所有権の帰属

最判平成5・10・19民集47巻8号5061頁
民法判例百選Ⅱ〔第7版〕67事件

▶ 判旨

建物建築工事請負契約において，注文者と元請負人との間に，契約が中途で解除された際の出来形部分の所有権は注文者に帰属する旨の約定がある場合に，当該契約が中途で解除されたときは，元請負人から一括して当該工事を請け負った下請負人が自ら材料を提供して出来形部分を築造したとしても，注文者と下請負人との間に格別の合意があるなど特段の事情のない限り，当該出来形部分の所有権は注文者に帰属すると解するのが相当である。

Ⅰ はじめに

新築建物の所有権帰属については，材料主義に依拠した判例準則が形成される一方，学説においては契約当事者の合理的意思を基礎に据えた注文者帰属説が多数を占めている[1]。

すなわち，判例は古くから，主たる建築材料の提供者が誰であるかを基準と

---

[1] 問題を概観するには，曽野裕夫・民法判例百選Ⅱ〔第7版〕(2015年) 136頁，坂本武憲「請負契約における所有権の帰属」星野英一編集代表『民法講座(5)契約』(有斐閣，1985年) 439頁，鎌田薫ほか編『民事法Ⅲ 債権各論〔第2版〕』(日本評論社，2010年) 167頁〔武川幸嗣〕などを参照。

して，注文者が材料を提供した場合は注文者が原始的に完成建物の所有権を取得し，請負人が材料を提供した場合は請負人が原始的に完成建物の所有権を取得し，それが引渡しにより注文者に移転する，という考え方を採用している[2]。

　これに対して，本来請負人は注文者のために建物を建築する以上，完成建物は代金支払や引渡しの有無と関係なく，注文者に原始的に帰属すると見るのが，契約当事者の合理的意思に即していると考えるのが注文者帰属説である。

　従来は，もっぱら完成建物の所有権に関心が寄せられ，建築途中の「出来形部分[3]」の所有権帰属が裁判で直接の争点になることは比較的少なかったようである。しかし，請負人が施工のために下請負人を使用することにより，注文者・元請負人・下請負人の三面関係が形成された後，元請負契約が中途解除され，他の建設業者が工事を続行する場合などに完成建物または出来形部分の所有権帰属に関して争いが生じうる。特に下請負人が自ら材料を提供して工事を途中まで行い，元請負人が注文者から相当程度の報酬を受け取っておきながら，下請負人に報酬を支払うことなく倒産した場合を典型例として，下請負人が注文者に対して，完成建物の所有権取得を主張し，あるいは出来形部分の所有権が自己に帰属していたと主張して償金の支払を求めるケースが見られるようになった。

　〈判旨〉は，一括下請負契約の事例において，注文者と元請負人との間で中途解除時に出来形部分の所有権が注文者に帰属する旨の定めがある場合に，下請負人は元請負契約の内容に拘束され，たとえ下請負人が自ら材料を提供して出来形部分を築造したとしても，その所有権を取得する余地はないことを明らかにした。もっぱら特約の効力について判断している法廷意見の説示を見る限り，〈判旨〉の射程は慎重に限定されたもののように見える一方，他方で〈判旨〉に付された《補足意見》（⇒Ⅲ）の考え方を推してゆくと，その波及効果は決して小さくないとも考えられる[4]。そこで本講では，〈判旨〉が建物新築

　2）　大判明治37・6・22民録10輯861頁，最判昭和40・5・25集民79巻175頁。
　3）　出来形部分とは，工事未完成の築造物を指し，独立した不動産としての建物になっていない段階のものと未完成ではあるが独立した不動産としての建物になったもの両方を包含する概念である（大橋弘・最判解民事篇平成5年度（下）910頁（注10））。

における完成建物・出来形部分の所有権帰属に関する従来の判例法にどの程度のインパクトを与えるものかを考えることにしよう。

はじめに，完成建物および出来形部分の所有権帰属に関する従来の判例準則を確認する（⇒Ⅱ）。次に，本件と類似の事案を扱った最判昭和54・1・25[5]（以下，「最判昭和54年」という）の判断と対比しつつ，〈判旨〉の意義を分析し，その波及効果に関して法廷意見と補足意見との間にみられる微妙な温度差を指摘する（⇒Ⅲ）。最後に，中途解除時の出来形部分に関する明示の特約がない場合における下請負人と注文者との間の法律関係をどう考えるべきかを検討する（⇒Ⅳ）。

Ⅱ　従来の判例法

1　完成建物の所有権

(1)　材料主義と合意による修正

建築材料の提供者は請負人であることが多いため，材料主義によると，原則として完成建物の所有権は請負人が取得すべきことになる（請負人帰属説）。建物を土地から独立した不動産として観念するわが国では，建物は土地に付合せず，動産の付合・加工の法理に従い，自己の材料と労務を投入して建築した請負人が完成した建物の所有権を原始取得するのが自然であり，当事者の通常の意思にも合致すること，報酬の支払は完成建物の引渡しと同時履行の関係に立つものとされ，仕事完成につき先履行義務を負う請負人の報酬債権の履行を確保するため，引渡しまで請負人に担保目的で所有権を帰属させておくことに実質的な意味があること，などが同説の根拠として挙げられてきた[6]。

もっとも，完成建物の所有権を注文者に原始的に帰属させる合意がある場合には，その合意が優先し[7]，たとえ材料提供者が請負人であり，建物の引渡し

4）　大橋・前掲注3)895頁，鎌田薫・NBL 549号（1994年）69頁，森田宏樹・判例セレクト'94（1994年）27頁，奥田昌道・リマークス10号（1995年）40頁など。
5）　民集33巻1号26頁（民法判例百選Ⅰ〔第7版〕〔2015年〕69事件）。
6）　大橋・前掲注3)901頁。

が未了でも、請負人は一度も完成建物の所有権を取得しない。契約関係に基づき発生した財産の所有権取得が問題になっている場面では、所有権帰属に関する格別の合意があるのなら、その当事者意思を優先させるべきだからである。

さらに、注文者が完成前に代金を完済した場合には、完成と同時に注文者への原始的帰属を認める判例もある[8]。つまり完成建物に関する判例の準則は、**「材料提供者」の概念を代金完済者をも含めて拡張する一方、明示・黙示の合意により、代金支払や引渡しがなくとも完成時に注文者に原始的に帰属する可能性も認めている**、と整理することができる。

(2) **下請負人が介在する場合**

材料主義をベースにした上記の考え方は、下請負人が介在する場合にも妥当する。すなわち、建築材料を提供した下請負人が元請負人に建物を引き渡さない限り、建物の所有権は下請負人に帰属し続ける[9]。そうすると、注文者が元請負人に代金の全部または大部分を支払ったにも関わらず、下請負人が元請負人から報酬の支払を受けていないため、完成建物の所有権を注文者に対して主張するという事態が生じうる。

この問題に対する下級審裁判例の対応は一様でなかった。材料主義に基づく原則論を動かすことなく、下請負人への所有権帰属を認めながら、下請負人から注文者に対する所有権確認や明渡請求などを権利濫用または信義則により排斥するものがある一方[10]、下請契約は、元請負人が注文者から請け負った仕事の一部または全部の完成を目的とするものであって、下請負人は「一種の履行代行者」であるとし、注文者が元請負人に請負代金全額を弁済しているときは、完成と同時に原始的に注文者への帰属を認めるものも存在した[11]。

また、元請代金の支払状況その他の事情から、元請負契約、下請契約の双方

---

7) 大判大正5・5・6民録22輯909頁、大判大正5・12・13民録22輯241頁、大判昭和7・5・9民集11巻824頁、最判昭和46・3・5判時628号48頁。
8) 最判昭和44・9・12判時572号25頁。
9) 大判大正4・10・22民録21輯1746頁。
10) 東京高判昭和58・7・28判時1087号67頁、東京地判昭和61・5・27判時1239号71頁。もっとも、権利濫用構成に対しては、所有権留保に関する最判昭和50・2・28民集29巻2号193頁等と同様、弥縫策にしかならないとの批判がありうる。
11) 仙台高決昭和59・9・4判タ542号220頁（事案の詳細は判例集からは不明である）。

において,「建築された建物は,工事完了による引渡しをまつまでもなく,それが独立の不動産たる建物となると同時に,その所有権を建築主である〔注文者〕に原始的に帰属させる旨の暗黙の合意がなされたものと推認する」としたもの[12],さらに,合意の推認を経由することなく,注文者の承諾のない違法な一括下請負であること,注文者が元請負人に代金全額を支払い,元請負人の依頼により注文者名義の表示登記がされた経緯等を総合的に考慮して,元請負人が注文者に対して建物の所有権を帰属させる意思を明確にした時点で,下請負人との関係においても,注文者が建物の所有権を取得したことになる,とするものなどがある[13]。

このように,下級審裁判例は,①下請負人への原始的帰属を原則どおり認めるものと,②黙示の合意の効果あるいは代金の全額または大部分の支払の効果として,建物の完成または独立不動産化と同時に完成建物の所有権が注文者に帰属するという構成を採用するもの,③元請負人が完成建物の所有権を注文者に帰属させる意思を明確にした時点で注文者への帰属を認めるものとが混在していた。しかし,代金を完済した注文者の利益を保護する結論においては一致している。また,②③の裁判例も,裏からいえば,**完成または不動産化する前の建前は当然に注文者に帰属するわけではなく,むしろ下請負人・元請負人に帰属することを前提にした判断**であるとみられる。

2　出来形部分の所有権帰属

(1) 出来形部分と敷地との関係

次に,出来形部分の所有権の扱いに目を転じる。未完成建物も,不動産登記法にしたがって登記可能な程度に物としての独立性が認められる時点で,土地から独立した不動産として扱われる[14]。工事により付加された動産は不動産付合（民242条）により,独立不動産の所有権に吸収されると考えられる。それでは独立性を獲得する以前の「建前」の法的性質をどう考えればよいか。土

---

12) 東京高判昭和59・10・30判時1139号43頁。
13) 東京地判昭和63・4・22金判807号34頁。
14) 大判昭和10・10・1民集14巻1671頁。

地からの独立性がない以上，土地に付合し，土地所有権と一体化するという考え方もありうる[15]。現に，1 でみた完成建物につき注文者帰属説に立つ論者の多くは，建前についても同様に考えているようである[16]。これに対して，判例準則が依拠する材料主義（請負人帰属説）によると，建前はその材料の提供者，つまり通常は下請負人に原始的に帰属すべきことになる。

　この問題は請負契約が工事途中で解除される場合に顕在化する。もっとも，工事が可分であり，しかも当事者が既施工部分の給付に関し利益を有するときは，特段の事情のない限り，既施工部分については契約を解除することができず，未施工部分について契約の一部解除ができるにとどまるとされている[17]。実務上は，このような場合に備えて解除時点における出来形部分を注文者の所有とする旨合意されることが多い[18]。こうした合意は，建築請負契約において工事の進捗状況に応じた分割払いが一般的であるという実務慣行と密接に関係しているといわれている[19]。すなわち，請負人にとっては，注文者が支払不能の場合，工事を中止して損失の拡大を防ぐとともに，換価処分が困難な出来形部分の所有権を注文者に帰属させ，所有者としての収去義務を免れる狙いが一方にある。他方で，注文者は請負人に倒産等の事由が生じて中途解除する事態が生じても，出来形部分が注文者の所有になるのであれば，安心して代金の先払いをすることができ，そのような注文者の期待利益は保護されてしかるべきだというのである。

　なお，下級審裁判例には，請負人が中途で工事を中止した場合，注文者が未完成建物の工事代金を完済したときは，建築材料は注文者が供給したものとみなして，**当該未完成建物の所有権は工事中止と同時に注文者に帰属すべき暗黙**

---

[15] 田髙寛貴・民法判例百選Ｉ〔第 7 版〕(2015 年) 25 頁。
[16] 奥田・前掲注 4)40 頁。
[17] 最判昭和 56・2・17 判時 996 号 61 頁。
[18] 「解除をしたとき，工事の出来形部分は甲（注文者）の所有とし，甲乙協議のうえ清算する。」と規定するタイプの約款（中央建設業審議会決定『民間建設工事標準請負契約約款（甲）平成 15 年 10 月 31 日改正』27 条 1 項）と，「この契約を解除したときは，発注者が工事の出来形部分と検査済の工事材料および建築設備の機器（有償支給材料を含む。）を引き受けるものとして，発注者・受注者および監理者が協議して清算する。）」（『民間（旧四会）連合協定工事請負契約約款（平成 23 年 5 月版）』33 条 1 項）というタイプのものがある。
[19] 大橋・前掲注 3)907 頁。

の合意を推認するものもある[20]。

(2) 中途解除時における出来形部分の所有権帰属につき合意がない場合

　中途解除を想定した明示的な合意が存在しない場合をどう考えるか，という観点は〈判旨〉の射程を図る上でも重要である。すなわち本件〈判旨〉と類似した事案を扱った最判昭和54年との関係が問題となる。最判昭和54年の事案は次のとおりである。YはAに対し，自己の所有地上に建物を建築する工事を622万円で請け負わせた。Aは，整地，基礎，側溝・排水工事，大工・左官・屋根葺・タイル・金物工事をXの夫Bに対し380万円で下請けさせた。壁下地工事，畳，建具，廊下および階段の取付工事はA自らが行うものとされた。Aは，Bへの下請負報酬として，着工時に25万円，着工月の末日に20万円，上棟時に出来高相当額，残額は出来高に応じて随時支払う約束をした。Bは自己が調達した資材で棟上げを終え，屋根下地板を張り終えた。この時点で，YはAに対して元請負報酬として合計213万円の報酬を支払っていたが，Aが約定の下請負報酬を支払わず，また事実上倒産したAから報酬支払を受ける見込みもなくなったため，Bは以後，屋根瓦を葺かず，荒壁も塗らないまま工事を中止した。その後，元請契約は合意解除され，Yと別の建築業者であるCとの間で続行工事に関する請負契約が締結され，工事進行に伴い建物の所有権はYに帰する旨がCY間で合意された。未完成建物の価格は少なく見積もっても418万円であり，Bが建築した出来高部分は多く見積もっても90万円程度であった。Bは，本件建物の所有権を主張し，建物の明渡しを求める訴訟を提起した後，本件建物の所有権およびYの不法占拠に拠る賃料相当額の損害賠償債権を妻Xに単独相続させる旨の遺言を残して死亡した。Xが単独相続人として訴訟を承継した。

　原審（大阪高判昭和53・4・14民集33巻1号40頁参照）は，建前に材料を提供して工事を施し，独立の不動産である建物に仕上げた場合の完成建物の所有権帰属は，民法243条ではなく，同法246条2項の規定に基づいて決定すべきとし，Bが提供した材料の価額をCが提供した材料および労力の価額が顕著に上回るとして，Xの請求を棄却した。最高裁は，Xの上告を棄却し，原審

---

20)　東京地判昭和34・2・17下民集10巻2号296頁。

の判断を容認した。つまり最高裁は，建前の所有権帰属メカニズムにつき一定の立場を積極的に表明してはいない。とはいえ，建前は，土地に付合しない動産であり，建前の価値相当額の報酬がすでに注文者により支払われていても，その所有権が下請負人に帰属することを前提とした判示であるとみられる[21]。もし，出来形相当額の報酬支払により，黙示の特約または材料主義の拡張の効果として，当然に注文者が出来形部分の所有権を取得するのであれば，最判昭和54年の事案においても下請負人Bは出来形部分の所有権すら取得しなかったはずである。しかし最高裁はそう考えなかった。本講の〈判旨〉は，最判昭和54年のように，明示の特約がない場合でも，下請負人の出来形部分の所有権取得を否定する立場へと実質的に移行しようとしているのか。この点を，項目を改めて，詳しく検討することにしよう。

Ⅲ 〈判旨〉の意義

1 事案と裁判の経過

(1) 事案

Yは，昭和60年3月にAと代金3500万円で自己の宅地上に建物を建築する工事請負契約を締結した。契約中には，工事中に注文者は契約を解除することができ，その場合の出来形部分は注文者の所有とする旨の条項が存在した。AはYの承諾なしに同年4月にXとこの工事について代金2900万円で一括下請契約を締結したが，この契約では所有権帰属に関する約定はされていなかった。Xは自ら材料を提供しながら工事を進めていたが，同年6月にAが倒産した。そこでXは工事を取りやめたが，その時点で，工事の出来高は全体の3割弱程度であった。Yは約定に従い，1950万円を既にAに支払っていたが，XはAから下請代金の支払をまったく受けていなかった。YはAとの請負契約を解除したのち，同年7月下旬にBと本件建前を基にして建物を完成させる建築請負工事契約を締結し，同年10月に代金を支払い，完成建物の

---

[21] 榎本恭博・最判解民事篇昭和54年度32頁。

引渡しを受け，所有権保存登記を行った。Xは，第一次的に，完成建物の所有権を主張して，本件建物の明渡しおよび賃料相当の損害金の支払を，第二次的に，出来形部分（建前）の所有権が自己に帰属していたと主張し，民法248条，704条による償金および遅延損害金の支払を求めた。

(2) **第1審・控訴審の判断**

　第1審（京都地判昭和62・10・30判タ660号142頁）は，「本件下請人は請負人が建物所有権を施主に移転させるのを補助する性格のものである。そのうえ，建築業法22条では一括下請は禁止されているに拘らず，Xは一括下請であることを知りながら，Yの書面による承諾を得ないまま工事を行なったのみならず，Yはこの一括下請が行なわれたことさえ知らなかったものであり，このような下請人はなお請負人の補助者的性格が強いと言える」として，本件建前はXY間においても，Yの所有に属するとして，Xの請求を全部棄却した。Xが控訴した。

　控訴審（大阪高判昭和63・11・29判タ695号219頁）は，一転して，第一次請求を棄却し，第二次請求を認容した。本件建前は独立不動産になっておらず，YA間では出来形部分の所有権帰属の合意がなく，Xは本件元請契約には拘束されない。本件建前の所有権は，材料を自ら提供して施工したXに帰属するが，本件建物の所有権はBとYの合意によりYに帰属する。よって，YはXに対して，民法246条，248条により本件建前の価格に相当する金員を支払う義務がある，というのが理由である。Yが上告。

(3) **第1審・控訴審のまとめと上告理由**

　第1審は，法律が禁止する一括下請負につき注文者の書面による承諾を得ていないことを考慮し，Xの補助者的性格の強さゆえに，つまり本件が単なる下請けではなく，一括下請という従属性の強い下請関係であることを斟酌して，AY間の契約内容に反するXへの所有権帰属の主張を認めなかったものと整理することができる[22]。

　他方，控訴審は，元請契約と下請契約が別個の法律関係であることを重視

---

22) 一括下請の特性を重要な要素として同様に斟酌するものとして，前掲注13)東京地判昭和63・4・22。

し，元請負人と注文者との間の出来形部分に関する特約は下請負人を拘束しないとした。すなわち，契約の相対効原則を貫徹すると，建前の所有権は下請負人に帰属するのであり，元請代金支払によって注文者に原始的に帰属するとは考えられない。これは，最判昭和54年に忠実な考え方といえる。

上告理由の骨子は，第1に，下請負人には下請負契約の内容を理由として特約に抵触する主張をすることができない特段の事情があるから，出来形部分がYに帰属することを認めた原審は誤りである，第2に，注文者が元請負人に出来形相当価額以上の代金を支払っていること，解除された場合出来形部分がYに帰属する旨の特約が存在したこと，Xの下請負が建設業法22条2項に違反する一括下請負であることにかんがみ，履行補助者論によってXの請求を棄却した第1審判決は正当である，と主張するものである[23]。

2 最高裁の判断

(1) 法廷意見

最高裁は，〈判旨〉に続き，次のように述べて，第1審の判断を支持した（破棄自判）。

> けだし，建物建築工事を元請負人から一括下請負の形で請け負う下請契約は，その性質上元請契約の存在及び内容を前提とし，元請負人の債務を履行することを目的とするものであるから，**下請負人は，注文者との関係では，元請負人のいわば履行補助者的立場に立つものにすぎず，注文者のためにする建物建築工事に関して，元請負人と異なる権利関係を主張し得る立場にはない**からである。

契約の効力が当事者以外の者にも波及し，第三者を拘束するのであれば，その理由が示されねばならない。本件では出来形部分の所有権帰属について下請負人に何らの意思的関与も認められない以上，三者間に合意は存在していな

---

23) 民集47巻8号5081頁〔上告代理人右田堯雄の上告理由〕。

い。それでも，〈判旨〉は，注文者と元請負人との間の特約の効力が下請負人に当然に及ぶとしており，材料主義の適用自体を当事者の意思が排斥しうると考えているようである[24]。さらに次のような説示が続いている。

> 右の一括下請負にはYの承諾がないばかりでなく，Yは，Aが倒産するまで本件下請契約の存在さえ知らなかったものであり，しかも本件においてYは，契約解除前に本件元請代金のうち出来形部分である本件建前価格の二倍以上に相当する金員をAに支払っているというのであるから，Yへの所有権の帰属を肯定すべき事情こそあれ，これを否定する特段の事情を窺う余地のないことが明らかである。

このように，「あてはめ」において，本件が一括下請負であり，注文者Yが一括下請の事実を契約時に知らなかった事実が考慮要素として挙げられている。出来形部分に相当する金員支払という事情は「しかも」という接続詞に導かれ補足的に言及されており，それ以前の部分があてはめにおいて持つ意味は小さくないとみられる。そうすると，〈判旨〉は上告理由の主張をほぼそのまま認めたものと見るのが素直な読み方ではなかろうか。

(2) 補足意見

これに対して，可部恒雄裁判官の《補足意見》は，上告理由への応答を超える踏み込んだ説示をしているように見える。すなわち，《補足意見》は，法廷意見が一括下請にYの承諾がなく，Yが下請の事実を知らなかったことに言及する部分を「単なる背景事情の説明」であると断じ，YがXの存在を知っていたか否かによって結論は左右されず[25]，「履行補助者的立場」に依拠する〈判旨〉の理論が下請一般に妥当し，かつ明示の特約がない場合にも及びうることを示唆する。

> 《補足意見》……下請負人丙〔事案のXに対応（筆者注）〕の出来形部

---

24) 坂本武憲・民法判例百選Ⅱ〔第6版〕(2009年) 133頁。
25) 民集47巻8号5069頁。

分に対する所有権の帰属の主張が，丙の元請負人乙〔事案のAに対応（筆者注）〕に対する下請代金債権確保のための，いわば技巧的手段であり，かつ，それにすぎないものであることは，丙が出来形部分の収去を土地所有者甲〔事案のYに対応（筆者注）〕から求められた局面を想定すれば，容易に理解され得るであろう。……すなわち，元請負人乙に対する丙の代金債権確保のために，下請負人丙の出来形部分に対する所有権を肯定するとしても，敷地の所有者（又は地上権，賃借権等を有する者）は注文者甲であって，丙はその敷地上に出来形部分を存続させるための如何なる権原をも有せず，甲の請求があればその意のままに，自己の費用をもって出来形部分を収去して敷地を甲に明け渡すほかはない。丙が甲の所有（借）地上に有形物を築造し，甲がこれを咎めなかったのは，一に甲乙間に元請契約の存するが故であり，丙による甲来形部分の築造は，注文者甲から工事を請け負った乙の元請契約上の債務の履行として，またその限りにおいて，甲によって承認され得たものにほかならない。

　元請負人（親亀）が注文者との関係で法律上許容された法的地位の範囲を超えて，下請負人（子亀）が自己の権利を主張することは許されず，かつ請負人帰属説の狙いが代金債権確保以上のものではない，という一般論が展開されている。調査官解説も《補足意見》にほぼ同調している[26]。そうすると注文者が代金の全部または大部分を支払っている場合，下請負人が完成建物の所有権を取得する余地はないことになる。元請負契約と下請負契約とは密接相互に関連する「複合契約」を構成するという見方によるものである[27]。これに対して，学説においては，下請契約は元請契約とは別個の契約関係であり，下請負人の独立性を考慮することも必要であり，本判決の論理を一般化することに疑

---

[26] 大橋・前掲注3)908頁は，部分下請負の下請負人の独立性は（一括下請負の場合に比べて）より一層弱くならざるを得ないとしている。また，鎌田・前掲注4)73頁，曽野・前掲注1)137頁もこうした理解を支持する。

[27] 大村敦志『もうひとつの基本民法Ⅱ』（有斐閣，2007年）117頁，佐久間毅ほか『事例から民法を考える』（有斐閣，2014年）291頁［曽野裕夫］。

問を呈する向きもある[28]。

3 最高裁判例の整合的理解

Ⅱ1(1)で見たとおり，代金の全部または大部分を注文者が支払っている場合，黙示の特約の効果として，あるいは材料主義の拡張を通じて，引渡しをまたずに原始的に注文者への所有権帰属が認められている。この考え方を出来形部分にスライドさせると，出来形部分に関する特約がなくとも，注文者が元請負人に出来形部分に相当する額の報酬を支払いさえすれば，注文者への所有権帰属が認められ，それと異なる法律関係を下請負人が主張することもできないことになる[29]。つまり出来形部分の代金が支払われていることが決定的な意味を持つと考える場合には，〈判旨〉は，出来形部分の下請負人への帰属を容認する最判昭和54年を実質的に変更したものと読むべきことになる[30]。

しかし，注意を要するのは，本件特約が，**中途解除が実際に行われた場合に，その時点での出来形部分を注文者に帰属させる趣旨のもの**であり，中途解除以前の出来形部分の帰属に言及するものではない，という点である。実際の取引では元請負人が約束どおり仕事を完成させる場合が圧倒的に多いはずであり，中途解除はあくまでも例外的な事態である。例外的に中途解除された場合に，請負人が手軽に工事から手を引き，注文者が安心して別の業者に工事を続行させることができるよう，その時点から注文者に出来形部分の所有権を帰属させることを特約で定めているわけである。そのような例外的事態を念頭においた特約の趣旨を延伸させて，特約が結ばれておらず，かつ予定どおり請負契約が履行されている（中途解除されていない）状態においても相当額の金員支払とともに出来形部分が注文者に帰属すると見ることには，疑問を禁じえない。代金支払という要因のみに着眼して出来形部分の所有権帰属を考えることが適当といえるのか。請負人が出来形部分について有するのは主として担保的

---

28) 内田勝一・判タ846号（1994年）86頁。
29) 鎌田・前掲注4)72頁，成田博・法学（東北大学）44巻1号（1980年）133頁，後藤勇・判タ847号（1994年）9頁。
30) 奥田・前掲注4)43頁，丸山絵美子・法学（東北大学）59巻3号（1995年）128頁。

利益であるとしても，果たしてそれに尽きると断言してよいのか，という点も検討の余地がある（⇒Ⅳ1）。最判昭和54年は，①適法な一部下請負の事例で，かつ②注文者が下請負契約の存在を当初から知っていたうえ，③出来形部分の所有権帰属につき注文者と元請負人との間に特約も結ばれていなかった事案に関するものである。違法な一括下請で，かつ注文者が下請負契約の存在を知らされておらず，出来形部分についての特約が存在した本件とは事案が異なるのは，上告理由が指摘するとおりである。文面に忠実に解釈する限り，判例準則の内在的理解としては，〈判旨〉は事案が異なる最判昭和54年と両立可能な判断であると位置付けるのが穏当であろう。

Ⅳ　残された課題

1　契約当事者の合理的意思？

(1)　完成建物と出来型部分との区別

上述（Ⅱ2）のように，有力説（通説）は，契約当事者の合理的意思として，完成建物はもちろん，出来形部分についても当然に注文者に帰属すべきだと考えているようである。しかし，判例準則が依拠する契約当事者の合理的意思の中身は，請負人帰属説を出発点として，一定の場合に合意による修正を容認する，というものである。請負代金が全額支払われている場合に完成建物の所有権を注文者に原始的に帰属させるのが合理的であることを認めたとしても，未完成の建物につき工期に応じた出来形部分に対応する代金が支払われた場合に，当然に出来形部分を注文者が原始取得するのが同様に当事者の合理的に意思に即していると見てよいかは別問題である。通常は，建物が完成する前の段階で，注文者が出来形部分を使用・収益・処分することは事実上不可能であり，中途解除が現実化していない段階で出来形部分の所有権を注文者に帰属させる実益は著しく乏しい。他方，請負人が中途建造物から材料の一部を取り外して他に利用したりして使用・収益・処分することができないのは不自由である[31]。報酬債権担保の観点から見ても，代金が全額または大部分支払われることにより担保の必要性が完全にあるいはほとんどなくなった場合と，出来形

部分に相当する報酬の一部代金が支払われただけで，工程の全部が終了しておらず，残代金の履行確保が引き続き重要である場面とでは，利益状況が同じとはいえない。

(2) 建物（特に建前）の危険源としての性質の側面

さらにいえば，所有権帰属に伴う利益の側面と同時に負担の側面にも目を向ける必要がある。建物はその性質上危険源であり，独立不動産化する以前の建前は，おそらく完成建物以上に一層危険な物である。土地工作物の所有者として場合によっては無過失責任（民717条1項ただし書）を負うデメリットも考慮すれば[32]，注文者が明示または黙示の合意でそうしたリスクも併せて引き受ける覚悟がない限りは，材料主義に基づき請負人が原始取得した建物の所有権が引渡しにより注文者に移転するという考え方を裁判所が採用していることにも相応の理由があるといえよう。この点を重視すれば，出来形部分はもちろん，完成建物自体についても請負人帰属説を基礎とする判例準則の妥当性を再評価する余地もあろう[33]。

2 下請負人の利益保護

(1) 下請負人の注文者に対する直接請求権？

注文者が元請負人に報酬を支払っていないか，あるいは支払が一部にとどまる場合，下請負人は，債権者代位権を行使して，自己の未払報酬につき元請残報酬債権から事実上優先的に弁済を受けることができる。しかし，現実に紛争が生じるのは，注文者が代金を完済し，あるいは大部分を支払っている場合であることが多い。転用物訴権によって注文者に直接請求をしても，注文者が対価関係なしに利得を保持しているとは評価されず[34]，下請負人が救済される

---

31) 加藤雅信・判タ707号（1989年）68頁。
32) もっとも，717条1項ただし書にいう責任主体としての「所有者」の解釈にあたって，文字どおりの「所有者」ではなく，所有者の地位に対応する事実的支配を有する者に限定した読み方の可能性も示されている（橋本佳幸「信託における不法行為責任」信託研究奨励金論集33号〔2012年〕51頁）。
33) 米倉明・金判604号（1980年）18頁は請負人帰属説を擁護する。
34) 大橋・前掲注3)907頁，最判平成7・9・19民集49巻8号2805頁も参照。

可能性は乏しい。不動産工事の先取特権も実務的に使いやすい形に整備されていない。そこで，下請負人の注文者に対する直接請求権を一定の要件の下で認めることが考えられる。特に一括下請負の場合は，元請負人が仕事の完成に果たした役割は小さく，元請負人が注文者に対して報酬請求権を有するのは全面的に下請負人の仕事に負っているといえることから，直接請求権を認める必要性は高い。下請負人の利益保護のための立法的手当ては引き続き検討する必要がある[35]。

(2) 留置権

下請負人が元請負人に対する報酬請求権を担保するために，注文者の所有物を留置することはできるかどうかも，問題となる。学説においては，これを肯定するもの[36]と，これを認めると注文者に二重払を強いることになりかねないとして，否定するものとに分かれている。後者は下請負人が元請負人の占有補助者にすぎない（独立の占有を有しない）ことや，仮に下請負人の占有が認められても，下請負人の元請負人に対する引渡義務は，下請代金の支払義務に対して先履行の関係にあることなどを根拠として挙げている[37]。しかし，元請—下請関係の多様性にかんがみると，下請負人を常に占有補助者と断言してよいか，という点については慎重な検討が必要であろう。ここでも類型論の手法によることが考えられよう。

Directions

(1) 〈判旨〉は，従来の判例準則との整合性を意識しつつ，上告理由への応答に必要な範囲で，中途解除時における出来形部分の帰属に関する特約が存在す

---

35) 下請代金支払遅延等防止法2条の2や建設業法24条の3は，元請負人が下請負人から給付を受けた場合および注文者から出来形部分に対する支払を受けた場合は，できるだけ早く下請負人に下請代金を支払うよう義務付ける特別の規律を定めているが，不当な不払は後を断たず，問題が解決しているとはいえない。

36) 滝沢聿代・判評301号（判時1101号）34頁。

37) 鎌田・前掲注4)73頁，同・判タ522号（1984年）102頁，青野博之・ジュリ944号（1989年）128頁。

る一括下請負の事例に対して判断したに過ぎず,その射程は非常に狭いと見るのが,素直な読み方である。
(2) 《補足意見》は,注文者が元請負人に出来形部分に相当する代金を支払っていれば,特約の有無を問わず,注文者がその出来形部分の所有権を原始的に取得するという考え方に連なり,最判昭和54年が前提とする考え方とは両立しにくい。
(3) 出来形部分に相当する代金を支払った注文者が出来形部分の所有権を取得すべきであるとしても,それは中途解除が現実に行われた場合に限り,解除時点ではじめて注文者に出来形部分の所有権帰属を容認する明示・黙示の特約の効果として位置付けるべきである。

● *民法改正との関係*

改正法案634条2号は,請負契約が仕事の完成前に解除された場合において,請負人がすでにした仕事の結果のうち可分な給付によって,注文者が利益を受けるときは,その部分を仕事の完成とみなして,注文者が受ける利益の割合に応じた報酬請求権を請負人に認めている。これは前掲注17)の判例法理をふまえ,この法理の守備範囲を仕事完成前の解除の場面にまで拡張する趣旨の規定であると解説されている(民法(債権関係)の改正に関する要綱案のたたき台(6)〔部会資料72A〕2頁)。

なお,民法(債権関係)の改正に向けた「中間整理」の段階では,適法な下請負契約においては,下請負人と元請負人に対する報酬請求権の重なる限度で,下請負人は注文者に対して直接請求できるとする提案もあった。しかし,十分な検討がされていないとして(民法(債権関係)の改正に関する論点の検討⒅〔部会資料46〕38頁),中間試案の段階で姿を消した。

第25講

欠陥建物の設計・施工による不法行為責任

最判平成 19・7・6 民集 61 巻 5 号 1769 頁
民法判例百選 II〔第 7 版〕82 事件

▶ 判旨

建物は，そこに居住する者，そこで働く者，そこを訪問する者等の様々な者によって利用されるとともに，当該建物の周辺には他の建物や道路等が存在しているから，建物は，これらの建物利用者や隣人，通行人等（以下，併せて「居住者等」という。）の生命，身体又は財産を危険にさらすことがないような安全性を備えていなければならず，このような安全性は，建物としての基本的な安全性というべきである。そうすると，建物の建築に携わる設計者，施工者及び工事監理者（以下，併せて「設計・施工者等」という。）は，建物の建築に当たり，契約関係にない居住者等に対する関係でも，当該建物に建物としての基本的な安全性が欠けることがないように配慮すべき注意義務を負うと解するのが相当である。そして，設計・施工者等がこの義務を怠ったために建築された建物に建物としての基本的な安全性を損なう瑕疵があり，それにより居住者等の生命，身体又は財産が侵害された場合には，設計・施工者等は，<u>不法行為の成立を主張する者が上記瑕疵の存在を知りながらこれを前提として当該建物を買い受けていたなど特段の事情がない限り</u>，これによって生じた損害について不法行為による賠償責任を負うというべきである。<u>居住者等が当該建物の建築主からその譲渡を受けた者であっても異なるところはない。</u>〔下線

は筆者による〕

I　どんな損害の賠償なのか？

　〈判旨〉を見て，読者はこれがいかなる内容の損害賠償責任を設計・施工者に負わせようとしたものと考えるだろうか。文章から判断して，建物としての基本的な安全性が欠けないように配慮する義務は，居住者等建物に接触する者の生命，身体，財産を危険にさらさないことを目的とすることは明らかである。とすると，当然かかる義務違反によって生じた損害を賠償させるというのであれば，そこで想定される損害とは，安全性の欠陥が原因となって発生した事故による損害，具体的には，建物の崩落等によって居住者の生命，身体または財産が侵害されることによる損害を指すものと考えられる。

　建物の施工者らは，建物に安全上の欠陥がある場合，建物の建築を注文した者のみならず，建物に接触するすべての者が，欠陥を原因とする事故によって生命，身体または財産について損害を受けることは予見しうるであろう。したがって，そのような結果を回避するために，施工者らには安全性について配慮する義務を認めることができ，その違反による瑕疵を原因とする事故によって居住者の生命，身体等が害されれば，施工者らには不法行為責任としてその賠償責任は十分に成立しうる。その限りでは，〈判旨〉に違和感はない。

　ところが，この事件では，欠陥建物による事故の被害者が損害賠償を請求していたのではなく，欠陥建物を購入した者が，その売主に対してではなく，施工者らに対して建物の修補費用等の賠償を請求していた。それを反映しているのが，〈判旨〉の下線部分である。つまり，欠陥の存在を知らないで建物を高価な代金で購入した者が，それによって受けた損害の賠償を求めたというのが紛争の実態であり，善意で欠陥建物を購入した者は保護に値するという価値判断が下線部分には見て取れるのである。しかし，欠陥建物の施工者といっても，自分が直接取引をしていない者に対してまで，その修補費用の賠償責任を負わなければならないのだろうか。〈判旨〉に示されている施工者らの注意義務によっては，そのような責任を基礎づけることは困難なのではないか。むしろ，欠陥建物の売主にこそ責任を負わせるべきではないのだろうか。

本判決（以下では「平成19年判決」という）は，直ちに施工者らの賠償責任を肯定したわけではなく，建物の基本的安全性に関わる瑕疵の存否，また，これによる損害の発生の有無を審理させるべく，事件を原審に差し戻していた。その後，原審が建物の基本的安全性に関わる瑕疵の存在を否定したため，再度上告審で争われたところ，最高裁は，建物の修補費用の賠償を請求しうるという結論をとった（最判平成23・7・21判時2129号36頁。以下では「平成23年判決」という）。しかし，〈判旨〉に示された注意義務から端的にこのような結論をとることには疑問がある。それにもかかわらず，なぜ最高裁はかような注意義務を提示し，かつ修補費用の賠償責任を容認したのか。これを理解するには，その事実関係，背景事情に立ち入らねばなるまい。

II　平成19年判決までの経過とその反響

1　事実の概要

Aは，昭和63年10月19日，Y_1との間で，すでに買い受けていた土地の上に賃貸マンション用の建物を工事代金3億6100万円で建築させる，という請負契約を締結した。また，Y_2は，当該建物の建築について，Aから設計および工事監理の委託を受けた。ところが，建物の建築途中で，Aはこれを敷地とともに第三者に売却することとし，仲介業者を通して住宅情報誌に売却の広告を出した。これを見たX_1はその購入の交渉を始め，平成2年2月ころには購入を決めていた。建物は平成2年2月末日に完成し，同年3月2日，Y_1はAに対しこれを引き渡したが，同年5月23日，X_1およびその子X_2は，Aから，敷地を代金1億4999万1000円で，建物を代金4億1200万9270円で買い受け，その引渡しを受けた。

Xらは，平成6年2月1日から建物に居住し始めたところ，建物には，バルコニーのひび割れ，外壁のひび割れなどが生ずるようになっていた。そこで，Xらは，Y_1に対し建物の建替え，または建物代金の返還を求めていたが，平成8年7月2日，Yらに対し，建物の修補に要する費用等（5億2500万円）の賠償を求めて訴えを提起した（なお，Xらは売買の仲介業者の責任も訴求して

いたが，これは省略する）。Xらは，その根拠としてYらの不法行為のほか，AがY₁に対して有した請負人の担保責任に基づく権利を譲り受けている旨を主張した。XらがAではなくYらの責任を追及したのは，AとのでAの地位を承継したという意識があったからであろう。なお，その後，建物および敷地の購入のためにXらが融資を受けた銀行への返済が困難となり，建物および敷地に設定されていた抵当権が実行され，平成14年6月17日，これらの所有権は競売によって第三者に移転された。

2　下級審の判断

第1審[1]は，AのY₁に対する権利がXらに承継されたことを認めつつも，AY₁間の請負契約で取り交わされている約款では，請負人に故意または重大な過失がない限り，担保責任の存続期間は建物の引渡しから2年間とされており，Y₁に重大な過失が認められない本件ではこれを追及することができないとした。もっとも，請負人の担保責任と不法行為責任とは制度趣旨の点で異なり，両者は併存することができるから，建物の瑕疵を原因としてXらに損害が発生し，瑕疵発生につきYらに故意または過失が存する場合には，XらはYらに対し，不法行為に基づく損害賠償請求権を取得するとして，不法行為に基づく修補費用等の賠償請求については一部認容した。

ところが，控訴審[2]は，本件では，AのYらに承継されたとはいえないとし，さらに，以下のような理由からYらの不法行為責任も成立しないとした。

「確かに不法行為責任は，瑕疵担保責任等の契約責任とは制度趣旨を異にするが，本来瑕疵担保責任の範疇で律せられるべき分野において，安易に不法行為責任を認めることは，法が瑕疵担保責任制度を定めた趣旨を没却することになりかねない」。「この問題に不法行為責任

1）　大分地判平成15・2・24民集61巻5号1775頁参照。
2）　福岡高判平成16・12・16判タ1180号209頁。

第25講　欠陥建物の設計・施工による不法行為責任　403

の追及を持ち込むときは、いかに不法行為の成立要件として請負人の故意ないし過失を要するからといって、法が瑕疵担保責任の存続期間について契約法理に見合った様々な規定を置いた趣旨を没却し、請負人の責任が無限定に広がるおそれを生ずる。また、請負人が不法行為責任を負うべきものとすると、請負人が責任を負担する相手方の範囲も無限定に広がって、請負人は著しく不安定な地位に置かれることになる」。

「瑕疵ある目的物の買受人は、請負人に対して責任を追及できなくとも、売主に対して債務不履行責任又は民法570条所定の瑕疵担保責任等を追及することができるのであるから、その保護に欠けることはない」。「以上の考察に照らすと、請負の目的物に瑕疵があるからといって、当然に不法行為の成立が問題になるわけではなく、その違法性が強度である場合、例えば、請負人が注文者等の権利を積極的に侵害する意図で瑕疵ある目的物を製作した場合や、瑕疵の内容が反社会性あるいは反倫理性を帯びる場合、瑕疵の程度・内容が重大で、目的物の存在自体が社会的に危険な状態である場合等に限って、不法行為責任が成立する余地が出てくるものというべきである」。

3　平成19年判決と学説の反応

平成19年判決は、冒頭に記した理由づけをもって原審の判決を破棄したのであるが、原審の見解に対しては次のようにも述べていた。

> 建物としての基本的な安全性を損なう瑕疵がある場合には、不法行為責任が成立すると解すべきであって、違法性が強度である場合に限って不法行為責任が認められると解すべき理由はない。例えば、バルコニーの手すりの瑕疵であっても、これにより居住者等が通常の使用をしている際に転落するという、生命又は身体を危険にさらすようなものもあり得るのであり、そのような瑕疵があればその建物には建物としての基本的な安全性を損なう瑕疵があるというべきであって、建物

の基礎や構造く体に瑕疵がある場合に限って不法行為責任が認められると解すべき理由もない。

確かに、安全性に問題のある建物を設計・施工した者が、その欠陥を原因とする事故によって負傷した者に対する関係で不法行為責任を問われることには、格別の疑問はないだろう。この場合、施工者らは特定人の生命・身体に対する侵害を予見しうるわけではなく、建物と接触を持つ者という抽象的な人の生命、身体等に対する侵害を予見しうるにすぎないけれども、そのことが不法行為上の過失を否定する理由にはならない。他人の生命、身体という権利に対する侵害の予見可能性自体は存在するからである。したがって、このような不法行為責任の成立のためには、原審のいう瑕疵の反社会性・反倫理性は必要ではなく、基本的安全性を損なう瑕疵で足りるとしたのは正当であろう。

しかし、問題は、瑕疵による事故が発生していない段階で、建物の修補に要する費用を不法行為の損害として認定してよいのかである。原審がいうように、本来、このような修補費用の賠償は目的物を売り渡した者に対し、契約責任をもって追及すべきである。原審が、この場合の施工者らの不法行為責任に厳格な要件を付したのは、まさにこのこととの調和を意図したからである[3]。このため、平成19年判決が展開する不法行為責任の一般論に対して異論を唱える者はほとんどいなかったが、はたしてこの事件でXらが主張していた修補の費用を損害と見てよいのかについては、学説上活発に議論がなされた。

この問題について、平成19年判決の登載誌のコメントは、同判決が建物の瑕疵ないし修補費用を当該不法行為において賠償されるべき損害として認めるものと捉え[4]、学説においても同様の見解が多かった[5]。その背景には、欠陥建物の提供によって生命、身体等に対する侵害があった場合に、不法行為責任が成立することには問題がなく、むしろ平成19年判決が建物の施工者らに対

---

3) このような見解はすでに、後藤勇「請負建築建物に瑕疵がある場合の損害賠償の範囲」判タ725号(1990年)4頁以下、13頁で示され、神戸地判平成9・9・8判時1652号114頁、大阪地判平成12・9・27判タ1053号137頁も同様の判断を下していた。
4) 判時1984号(2008年)36頁参照。後日、調査官解説はこのことを明確に肯定している(高橋譲・最判解民事篇平成19年度499頁以下、515頁)。

する修補費用の賠償請求に関わるものであった点があるようである[6]。しかし，他方では，建物以外の権利に対して侵害がない状況においては損害の発生が問題になるとされ[7]，一部には，建物の瑕疵自体ないし修補費用自体をここでの不法行為における損害と位置づけることに否定的な見解も主張されていた[8]。このため，差戻審がいかなる判断を下すのかが注目された。

III 再度の破棄判決と事件の顛末

1 差戻審の判断とその問題点

ところが，福岡高裁は以下のような理由から，本件では「建物としての基本的な安全性を損なう瑕疵」は存在しないとして，Xらの請求を棄却した[9]。すなわち，

> 「『建物としての基本的な安全性を損なう瑕疵』とは，建物の瑕疵の中でも，居住者等の生命，身体又は財産に対する現実的な危険性を生じさせる瑕疵をいうものと解され，建物の一部の剥落や崩落による事故が生じるおそれがある場合などにも，『建物としての基本的な安全性を損なう瑕疵』が存するものと解される」。「思うに，『建物としての

---

5) 鎌野邦樹「建物の瑕疵についての施工者・設計者の法的責任」NBL 875 号（2008 年）4 頁以下，14 頁，高橋寿一・金判 1291 号（2008 年）2 頁以下，6 頁，山口成樹・判評 593 号（判時 2002 号）（2008 年）23 頁以下，25 頁，新堂明子「建物の瑕疵の補修費用に関する建築請負人の建物買主に対する不法行為責任」NBL 890 号（2008 年）53 頁以下，60 頁，橋本佳幸「不法行為法における総体財産の保護」論叢 164 巻 1 = 6 号（2009 年）391 頁以下，397 頁，松本克美「建築瑕疵に対する設計・施工者等の不法行為責任と損害論」立命館法學 324 号（2009 年）313 頁以下，341 頁。

6) 山口・前掲注 5)24 頁，橋本・前掲注 5)413 頁，松本・前掲注 5)340-341 頁参照。

7) 秋山靖浩「欠陥建物・最高裁判決とその意義」法セ 637 号（2008 年）42 頁以下，43 頁，幸田雅弘「欠陥住宅訴訟──施工業者の責任を認める」法セ 638 号（2008 年）18 頁以下，21 頁，荻野奈緒・同志社法学 60 巻 5 号（2008 年）2187 頁以下，2193 頁，仮屋篤子・速判解 4 号（2009 年）73 頁以下，75-76 頁。

8) 平野裕之・民商 137 巻 4 = 5 号（2008 年）438 頁以下，450 頁，原田剛「建物の瑕疵に関する最近の最高裁判決が提起する新たな課題」法と政治 59 巻 3 号（2008 年）719 頁以下，765 頁。

9) 福岡高判平成 21・2・6 判時 2051 号 74 頁。

基本的な安全性を損なう瑕疵』の存否については，現実の事故発生を必要とすべきではないが，一審原告らが本件建物の所有権を失ってから6年以上経過しても，何ら現実の事故が発生していないことは，一審原告らが所有権を有していた当時にも，『建物としての基本的な安全性を損なう瑕疵』が存在していなかったことの大きな間接事実であるというべきである」。

この判決は，肝心の損害の問題について立ち入った判断はしていなかった。確かに，不法行為を基礎づける瑕疵がなければ，損害の発生を問う必要はなくなる。しかし，平成19年判決が提示した「建物としての基本的な安全性」という概念は，事故の発生が切迫するような厳格なものとは考えにくい。これでは，同判決が建物の基本構造に関わらない瑕疵であっても不法行為責任が成立しうるとし，建物の構造耐力に関わる安全性に責任を限定しようとした原審の判決を破棄したことを軽視するものといわざるをえない[10]。すでに差戻審の途中でX_1は死亡し，X_2がその訴訟を承継していたが，当然この結論には承服できず，再び上告審の判断を仰ぐことになった。

2 平成23年判決と事件の終結

案の定，最高裁は差戻審の判決を破棄し，再び事件を福岡高裁に差し戻した。曰く，

「第1次上告審判決にいう『建物としての基本的な安全性を損なう瑕疵』とは，居住者等の生命，身体又は財産を危険にさらすような瑕疵をいい，建物の瑕疵が，居住者等の生命，身体又は財産に対する現実的な危険をもたらしている場合に限らず，当該瑕疵の性質に鑑み，これを放置するといずれは居住者等の生命，身体又は財産に対する危険

---

10) 同旨，石橋秀起「建築士および建築施工者の不法行為責任」立命館法學324号（2009年）350頁以下，374-375頁．荻野奈緒・同志社法学61巻4号（2009年）1325頁以下，1339-1341頁．

が現実化することになる場合には，当該瑕疵は，建物としての基本的な安全性を損なう瑕疵に該当すると解するのが相当である」。

「以上の観点からすると，当該瑕疵を放置した場合に，鉄筋の腐食，劣化，コンクリートの耐力低下等を引き起こし，ひいては建物の全部又は一部の倒壊等に至る建物の構造耐力に関わる瑕疵はもとより，建物の構造耐力に関わらない瑕疵であっても，これを放置した場合に，例えば，外壁が剥落して通行人の上に落下したり，開口部，ベランダ，階段等の瑕疵により建物の利用者が転落したりするなどして人身被害につながる危険があるときや，漏水，有害物質の発生等により建物の利用者の健康や財産が損なわれる危険があるときには，建物としての基本的な安全性を損なう瑕疵に該当するが，建物の美観や居住者の居住環境の快適さを損なうにとどまる瑕疵は，これに該当しないものというべきである」。

このように，いずれは事故につながる瑕疵であれば不法行為責任を基礎づけうるという点には，違和感がない。しかし，問題は，そのうえで修補費用をこの場合の損害と認めてよいかであるが，最高裁は次のように述べた。

「建物の所有者は，自らが取得した建物に建物としての基本的な安全性を損なう瑕疵がある場合には，第1次上告審判決にいう特段の事情がない限り，設計・施工者等に対し，当該瑕疵の修補費用相当額の損害賠償を請求することができるものと解され，上記所有者が，当該建物を第三者に売却するなどして，その所有権を失った場合であっても，その際，修補費用相当額の補塡を受けたなど特段の事情がない限り，一旦取得した損害賠償請求権を当然に失うものではない」。

この判断には大きな疑問がある。そもそも，平成19年判決は，損害の発生の有無も審理させるべく差戻しをしていた以上，さらにこの点を突き詰める必要があろう。ところが，平成23年判決は当然に修補費用の賠償を請求しうると言い切っている。それならば，なぜ最高裁は平成19年判決の段階でこのこ

とを明言しなかったのだろうか。やはり，平成19年判決の論理からは修補費用を損害と位置づけることができないからではないのか。

それはともかく，再度の差戻審では建物の基本的な安全性を損なう瑕疵の存否が審理された[11]。しかし，X側の主張のうち，当該瑕疵および施工者らの過失が認定されたのはごく一部にとどまり，結局，Yらに命じられた賠償額は総計で4000万円足らずにとどまった。X側，Yらともこの判決には不服があり，三度事件は上告審で審理されたが，報道によると，平成25年1月29日，最高裁は双方の主張を退け，ここに16年以上にわたった裁判は終結した[12]。しかし，この最後の判決は一般の判例登載誌には取り上げられていないため，筆者はその内容を知ることができない。

IV　修補費用の賠償の正当化のあり方

1　判例のいう注意義務と修補費用の賠償との不一致

以上のように，最高裁は，結論として，施工者らには建物所有者に対して建物の修補費用を賠償する責任があるとした。しかし，平成19年判決が示した施工者らの注意義務からかかる責任を導くことにはどうしても疑問が残る[13]。この点については様々な学説が主張されているが，いずれも判例の結論を十分に正当化することはできないように思う。

第1には，居住者らの生命，身体等の侵害がない状況でも，それが切迫している場合には，いわば事前の救済として，かかる侵害を避けるための修補費用の賠償責任が認められるという見解がある[14]。つまり，権利保護という不法行為制度の目的から，権利が現実に侵害された場合に準じて損害賠償責任を容認するという考え方である[15]。しかし，この理論による場合，施工者らに対

---

11) 福岡高判平成24・1・10判時2158号62頁。
12) http://kenplatz.nikkeibp.co.jp/article/building/news/20130206/601949/
13) 原田教授は，施工者らの注意義務によって保護されるべき財産に建物自体を包含させることの論理的矛盾を指摘している（原田・前掲注8)763頁）。
14) 橋本・前掲注5)413頁。

して修補費用の賠償請求をなしうるのは，建物の所有者に限られず，その賃借人など，自己の生命，身体に対して危険が迫っているすべての者となるだろう。はたして，判例は建物所有者以外にもそのような賠償請求権を容認するだろうか。また，この見解によれば，施工者らの責任はあくまで生命，身体等に対する侵害が迫っている場合に限定されるが，判例はそのような厳格な要件を課しているわけではない。さらに，この理論による場合，あくまで保護されるべきは，居住者らがもともと有する生命，身体または財産に関する利益であるから，そのための方法として建物の修補が不可欠ともいえない。要は，居住者らは危険な建物から離れる措置をとれば足りるからである。

　第2に，ここでの権利侵害ないし損害を，建物に安全上の瑕疵があるために，建物所有者がその修補または修補費用の支出をせざるをえない状況と見る立場がある[16]。しかし，仮にそのような状況を権利侵害ないし損害と見るとしても，修補のための支出が所有者の一方的不利益となるわけではない。というのは，修補がなされることによって，建物の財産的価値は高まるからである。これは金銭支出によって建物所有者が獲得する利益である以上，賠償額の確定に当たって損益相殺の対象となるはずである[17]。そうなると，結局，建物所有者に実際にどれだけの賠償請求権を容認しうるかが極めて疑問となる。

　最後に，建物を購入する者は，建物には基本的な安全性を具備した財産的価値があると信頼するはずであるから，かかる信頼利益を害した点を損害と位置づける見解がある[18]。しかし，このような利益を不法行為責任の保護法益と捉えるのであれば，不法行為の基礎となる施工者らの注意義務もこれに対応しなければならない。つまり，施工者らの注意義務とは，そのような信頼を裏切らないように配慮する義務となるはずである。ところが，平成19年判決の提示した注意義務は，これとはレベルの異なる，あくまで居住者らの生命，身体または財産を害さないように配慮するという注意義務にすぎない。

---

15) 類似の思想は，すでに，下村正明「商品の瑕疵をめぐる責任規範の交錯関係について(2・完)」阪大法学140号（1986年）81頁以下，121-122頁に示されている。
16) 鎌野・前掲注5)14頁，山口・前掲注5)24頁，松本・前掲注5)341頁。調査官解説も同様の立場をとる（髙橋・前掲注4)520頁（注5）参照）。
17) 古積健三郎・速判解8号（2011年）123頁以下，125頁参照。
18) 石橋・前掲注10)379頁以下。

2 基本的安全性を具備した建物の完成義務

　上記の問題を突き詰めて考えると，建物所有者に対する修補費用の賠償責任を基礎づけるには，まさに建物所有者に対する関係で，施工者らは基本的安全性のある建物を完成する義務を負うという以外にない。すなわち，保護法益に対応した義務づけがない限り，保護法益に見合った賠償責任はありえないのである。これは，あくまで基本的安全性の具備に限られるものの，あたかも，請負契約における給付義務に相応する義務を施工者らに課すことにほかならない。本来，不法行為責任は，他人に帰属している権利ないし利益を侵害してはならないという消極的注意義務を基礎とするが，修補費用の賠償責任は，その枠を超え，施工者らに積極的な利益の提供義務を負わせることに等しくなる。契約のような意思決定なしにかような義務を負わせることには，個人の自由との関係で当然疑問が生ずる。ただ，筆者は現行法にこのような義務づけの手掛かりが一切ないとも考えていない。

　民法717条1項の工作物責任は，建物の瑕疵によって他人の権利，利益が侵害された場合，究極的にはその所有者に無過失責任を負わせることにしている。ここでの瑕疵とは，当然，建物の安全性に関する欠陥を指す。他方で，同条3項は，かかる瑕疵の原因を作った者に対する求償権を容認している。これらはあくまで，建物の瑕疵によって他人の生命，身体等が侵害された場合の責任にすぎない。しかし，法が建物所有者に一律に無過失責任を負わせることにかんがみれば，717条3項に現れる思想を発展させ，建物施工者らは建物所有者に対する関係で，安全上の瑕疵のない建物を供給する義務を負うという立論もありえなくはない[19]。

　もし，施工者らに不法行為責任として修補費用の賠償責任を一般的に課そう

---

[19] 類似の見解として，荻野・前掲注10) 1337頁参照。これに対し，原田教授は，工作物責任との関係で施工者らの修補費用の賠償責任を基礎づけうるかを検討し，この責任があくまで生命，身体等に対する侵害があった後に成立することから，結論的にこれを否定している（原田・前掲注8) 764–765頁）。しかし，修補費用の賠償責任を一般的に認めようとするならば，その根拠は民法717条に求めるしかないだろう。

とするならば，このような積極的義務を容認しなければならないだろう。平成19年判決のように，生命，身体または財産の侵害に対する注意義務を提示するだけでは不十分である。しかし，ここでの賠償責任は建物所有に伴うリスクを根拠とする以上，建物所有権を譲渡した者はこれを追及することができなくなるのが筋である。とすると，建物所有者がその所有権を失ってもなお修補費用の賠償を請求しうるという判例の結論は，このような積極的義務の容認によっても正当化されえない。

3 判例の位置づけ

それゆえ，筆者には，本講の判例が，建物の施工者らの注意義務違反によって安全上の瑕疵のある建物が建築された場合に，一般的に施工者らに不法行為責任として修補費用の賠償責任を負わせようとしたものと考えることはできない。むしろ，売主および請負人の契約責任が時効等によって機能しなかった事案であるからこそ，施工者らに安全上の瑕疵に限って修補費用の賠償責任を課したものと見るのが無難である。平成23年判決が民集に登載されていないのも，それを反映しているように思う。

本来，建物購入者は瑕疵担保責任によって売主に対し損害の賠償を請求することができ，これを保全するためにさらに請負人の担保責任を問うことも十分可能である[20]。その際，賠償の内容は，現行民法では，瑕疵担保責任の性質との関係上，端的に修補費用の賠償となるか否かは問題であるが，他方で，ここでの責任は必ずしも安全性に関わる瑕疵に限定されないため，判例の認めた不法行為責任より救済は手厚くなる。それゆえ，契約責任を追及しうる場合に，これに加えて施工者らに対する直接の賠償請求権を容認することには疑問がある。というのは，施工者らは注文者からの契約責任の追及に加えて，現所有者からの不法行為責任の追及にさらされる恐れがあるからである。しかも，瑕疵ある建物がさらに転売された場合，施工者らは新たな所有者に対する関係

---

20) 平野教授は，このような契約責任の追及によって被害者の救済を図るべき旨を説いている（平野・前掲注8)452頁以下)。

でも責任を負う可能性が生じ，他方で，従前の所有者に対する責任が当然に消滅するともいえない。確かに，平成23年判決は，従前の所有者が修補費用を補填しえたとする事情が認められれば，施工者らはこれとの関係で賠償責任を免れる可能性を示唆しているが，従前の所有者が瑕疵を前提としない代金額で建物を売ることができたとしても，買主から瑕疵担保責任を問われる可能性が残る以上，施工者らが新旧所有者の双方から責任を追及される恐れもある。このように，契約責任が機能する局面で，これに加えて修補費用に関する不法行為責任を負わせることには問題が多く，平成23年判決が施工者らの賠償責任を容認したのは，契約責任を追及しえなくなっていることと無関係ではない。そのような事情がない場面において，はたして判例は修補費用の賠償責任を容認するだろうか[21]。

　これに対し，施工者らの注意義務違反を原因とした瑕疵によって居住者らの生命，身体等が害されたならば，当然，施工者らはこれによる損害を賠償しなければならない。ただ，平成19年判決は，建物の所有者が瑕疵の存在を知りながらこれを買い受けていた場合には，施工者らにそのような損害の賠償責任もないかのように説いているが，むしろ，この部分は，修補費用の賠償責任を主として想定したものといえるだろう[22]。いくら瑕疵の存在を知っていたとはいえ，実際に瑕疵を原因とする事故によって生命，身体が害された場合，施工者らに一切責任がないとはいいがたいからである。もちろん，瑕疵の存在を知っていた所有者は，このような事故を回避する行動もとることができるから，それを怠っていた場合には，過失相殺による減責はあってしかるべきではあるが。

---

21) 最判平成22・6・17民集64巻4号1197頁は，建物の買主の施工者に対する建替費用の賠償請求権を不法行為責任として容認する原審の判断をそのまま維持したが，この事案では建物の売主と施工者が密接に関連する会社であり，施工者には売主と同様の責任を負わせるのが妥当であったことに留意しなければならない（古積・前掲注17）125-126頁参照）。

22) 同旨，石橋・前掲注10）372頁。

V おわりに
――純粋経済損失という視点

　もともと，Xらの損害は，瑕疵ある建物を高額な代金で買うという契約によって生じている。それゆえ，Xらとしては，安全性に関わる瑕疵の修補の費用を回収しえれば十分というわけではなく，むしろ，自分の支払った代金額と瑕疵ある建物の時価との差額の支払いを請求しえれば，それが一番だったかもしれない。

　ただ，これは，自己の結んだ売買契約による財産の減少について不法行為責任を主張するものであり，比較法上，純粋経済損失ないし総体財産の減少と称される問題の一例である[23]。たとえば，イギリス法では，このような損失についての不法行為責任は基本的に否定されているというが[24]，その結論は正当だろう。というのは，かかる財産の減少は契約すなわち自己の意思決定に由来するものであり，契約の相手方に対して契約責任を追及することはできても，その損失をこれと無関係な第三者に転嫁することはできないからである。もっとも，建物の施工者らが建物を購入しようとする者を害する意図で，あえて瑕疵ある建物を建築したような場合には，建物購入者の損失を単なる自己責任と断ずることは問題であり，その経済的不利益について施工者らに賠償責任を容認することは十分可能である。本件の当初の原審が，「請負人が注文者等の権利を積極的に侵害する意図で瑕疵ある目的物を製作した場合」の賠償責任の可能性に言及したのも，その点においては正当であった。しかし，そこまでの害意が認められるケースは稀である。結局，売主の瑕疵担保責任，請負人の担保責任の限界が被害者救済の壁となっているのであれば，問題解決の本筋としては，契約責任に関する立法措置を問うしかないのである[25][26]。

---

[23]　能見善久「比較法的にみた現在の日本民法―経済的利益の保護と不法行為法（純粋経済損失の問題を中心に）」広中俊雄＝星野英一編『民法典の百年Ｉ』（有斐閣，1998年）619頁以下，橋本・前掲注5）391頁以下参照。

[24]　能見・前掲注23）624頁以下，新堂明子「移転させられた損失(1)～(3・完)」北大法学論集58巻5号2520頁以下，6号2994頁以下，59巻1号344頁以下（すべて2008年）参照。

Directions

(1) 建物の施工者らの不注意による瑕疵を原因として居住者らの生命，身体または財産が害された場合には，施工者らは不法行為責任としてこれによる損害を賠償しなければならない。
(2) 安全性に関わる瑕疵の修補費用の賠償責任を一般的に施工者らに課すためには，平成19年判決の示した注意義務を超える積極的な義務を観念しなければならない。
(3) 売主の瑕疵担保責任および請負人の担保責任を追及しうるケースにおいても，判例が，施工者らに修補費用の賠償という不法行為責任を負わせるものとは断定しえない。

● *民法改正との関係*

本講のテーマについては，特に法改正による影響はない。ただし，売買契約において瑕疵ある物を引き渡した売主の責任が，債務不履行責任とされていることには（改正法案562条以下参照），留意しなければならない。

---

25)「住宅の品質確保の促進等に関する法律」によって，新築住宅の売主らの契約責任が強化されているが（同法94条・95条），なお改善の余地がないのかを議論すべきだろう。
26) 安全上の欠陥のある動産によって惹起された損害については，製造物責任法が特別の規定を置いているが（同法3条本文），そこでも当該動産自体の損害に関する賠償責任は認められていない（同条但書）。もちろん，建物についてこれと同様に解釈する必然性はないが，平成19年判決の示した注意義務によって修補費用の賠償責任を一般化するのは難しい。

第26講

訴訟上の因果関係の立証
―― ルンバール・ショック事件判決の位置付け

最判昭和50・10・24民集29巻9号1417頁
民法判例百選Ⅱ〔第7版〕84事件，民事訴訟法判例百選〔第4版〕57事件，
医事法判例百選〔第2版〕63事件

▶ **判旨**

訴訟上の因果関係の立証は，一点の疑義も許されない自然科学的証明ではなく，経験則に照らして全証拠を総合検討し，特定の事実が特定の結果発生を招来した関係を是認しうる高度の蓋然性を証明することであり，その判定は，通常人が疑を差し挟まない程度に真実性の確信を持ちうるものであることを必要とし，かつ，それで足りるものである。

Ⅰ はじめに

　上に紹介したのは，最高裁が東京大学医学部附属病院ルンバール・ショック事件（以下，「ルンバール事件」という）で述べた判旨（以下，「本件判旨」または「ルンバール事件の判旨」という）であり，不法行為法を学んだ人であれば，これが多くの教科書で，「**事実的因果関係の立証**」という項目の中で引用されていることはご存じだろう。ところが，民事訴訟法のテキストでは，本件判旨は，「証明と疎明」という項目の中で，訴訟上の証明とはそもそも何かという，より一般的な文脈の中で取り上げられることが少なくない（冒頭にあえて民事訴訟法判例百選を掲げたのもこの点と関係する。後述のⅡ 3 注4）も参照されたい）。本書の1つの目的は，学生の皆さんの間に見られがちな，事案を離れて判旨を

抽象的にとらえることの危険性を示すことにある。しかし，本件判旨についていえば，学説も，判旨をどこまで抽象的にとらえるかで見解が分かれており，そのことが因果関係の立証という論点について勉強しようとする者に対して，ある種の戸惑いや混乱を与えているように思われるのである。

II 本件判旨の1つの理解

1 本件判旨を抽象的にとらえるとどうなるか

皆さんが，仮に，冒頭の本件判旨を短縮して覚えようと思ったら（法律学が暗記の学問かという問題はさておく），どの言葉を捨て，どの言葉に注目するだろうか。1つの見方として，本件判旨のうち「因果関係の」という言葉を捨象する一方で「高度の蓋然性」に着目し，本件判旨は，結局，「**訴訟上の証明一般における証明度は，高度の蓋然性を超えるものでなければならない**」という命題を述べていると割り切る立場があるかもしれない。これは，かなり思い切った抽象化であり，判例の理解として大胆すぎやしないかと思う読者も多いだろう。しかしこの立場は，実は，**伝統的な民事訴訟法の研究者や実務家の考え方と軌を一にする立場**であり，さらにいくつかのバリエーションに分かれている。皆さんも，以下のような議論をこれまで耳にしたことがあるかもしれない。

2 「高度の蓋然性」の証明は歴史的証明である

まず，本件判旨がいう「高度の蓋然性」の証明とは，「一点の疑義も許されない自然科学的証明」と区別された歴史的証明であるとする見解がある。例えば，民事訴訟法のある体系書は，事実認定に必要な心証の程度は，自然科学的（論理的）証明とは異なり高度の蓋然性の証明で足りるという説明の中で本件判旨を引用し，「この程度の心証に到達することを目標とする証明を歴史的証明という」として，一応の蓋然性の心証で足りる疎明と対比している[1]。なお，ルンバール事件の調査官解説も，因果関係の証明という文脈の中ではある

が,「本判決は,訴訟における法律上の因果関係が科学上の論理必然的な証明ではなく,帰責判断という価値評価を内包とする歴史的事実の証明であるとする従来からの実務の伝統的な立場を宣明した」としている[2]。

3 抽象化された本件判旨は判例の流れとも整合的である

本件判旨を抽象的にとらえる見解は,それが判例の流れとも整合的だと考えている。すなわち,ルンバール事件以前に,刑事事件であるが,「訴訟上の証明は,自然科学者の用ひるような実験に基くいわゆる論理的証明ではなくして,いわゆる歴史的証明である」「歴史的証明は『真実の高度な蓋然性』をもって満足する。言いかえれば,通常人なら誰でも疑を差挟まない程度に真実らしいとの確信を得ることで証明ができたとするものである」と判示した最判昭和23・8・5刑集2巻9号1123頁があり,論者は,この判決の延長線上にルンバール事件を位置付けるのである[3]。実は,ルンバール事件を掲載する民集は,その判決要旨で冒頭に掲げた本件判旨にいっさい触れていない(本件判旨の当てはめ部分を取り上げている)。これは一見すると奇妙な姿勢かもしれないが,従来の判決の延長線上だからと考えれば理解できなくもない。またルンバール事件以降の民事事件では,最判平成9・2・25民集51巻2号502頁が,本件判旨とほぼ同旨ながら,因果関係の立証という言い方ではなく,「訴訟上の立証」は,「一点の疑義も許されない自然科学的証明ではなく……」と表現している。ある学説はこれに注目し,本件判旨の抽象論が訴訟上の立証一般にインパクトを持つと解している[4]。

---

1) 上田徹一郎『民事訴訟法〔第7版〕』(法学書院,2011年)375頁。中野貞一郎ほか編『新民事訴訟法講義〔第2版補訂2版〕』(有斐閣,2008年)281頁も,同様の書きぶりである。なお,新堂幸司『新民事訴訟法〔第4版〕』(弘文堂,2008年)581頁も同旨だが,新堂は同書の第5版で大幅に説明を改めている。後述の注13),注15),注23)も参照。
2) 牧山市治・最判解民事篇昭和50年度471頁以下〔476頁〕。
3) 牧山・前掲注2)476頁。なお,伊藤眞「証明度(1)——ルンバール事件」伊藤眞=加藤新太郎編『[判例から学ぶ]民事事実認定』(有斐閣,2006年)11頁以下〔12頁〕,中野ほか編・前掲注1)281頁も参照。

4 本件判旨のうち重要なのは「真実性の確信」ではなく「高度の蓋然性」である

さらに今日の有力な実務家は，本件判旨が証明度の判定について裁判官の主観的「確信」を基準としているととらえた上で，「主観的確信を要求するとしても，それは根拠のない確信であってはなら」ず，「ある事実が真実であることにつき高度の蓋然性が存在するという心証を裁判官が抱くとき，当然そうした認識を有しているわけであるから，『確信』という主観的要素をことさら証明度の説明に織り込む必要はない」と説いている[5]。この見解は，少し難解かもしれないが，証明について「ある事項について裁判官が確信を得た状態（またはかかる確信を得させようとする当事者の努力）」[6]などと説明し裁判官の確信を重視してきた従来の見解に対して，「確信」を証明度の説明にことさら入れる必要はないとするものである。このように解すると，本件判旨のうち，「通常人が疑を差し挟まない程度に真実性の確信を持ちうるものであることを必要とし……」という後半部分は，いわば捨象される（「『確信テーゼ』の相対的軽量化が図られる」[7]）ことになる。

Ⅲ 本件判旨のもう1つの理解

1 本件判旨はより具体的にとらえるのが自然ではないのか

これまで本件判旨をかなり抽象的にとらえる立場を紹介してきたが，ルン

---

4) 笠井正俊・民事訴訟法判例百選〔第3版〕（2003年）134頁以下〔135頁〕，同「医療関係民事訴訟における事実的因果関係の認定と鑑定」論叢154巻4=5=6号（2004年）428頁以下〔442頁〕。なお，上原敏夫・民事訴訟法判例百選〔第4版〕（2010年）122頁以下〔123頁〕も結論同旨。
5) 加藤新太郎『手続裁量論』（弘文堂，1996年）133頁。
6) 三ケ月章『民事訴訟法〔第3版〕』（弘文堂，1992年）420頁。
7) 加藤新太郎「確信と証明度」鈴木正裕先生古稀祝賀『民事訴訟法の史的展開』（有斐閣，2002年）549頁以下〔568頁〕。

第26講　訴訟上の因果関係の立証　419

バール事件は，事実的因果関係が争点となった事案であり，判例の読み方としては，本件判旨を因果関係の立証という枠組みの中でとらえるほうが自然ではないかという疑問を持つ読者が少なくないだろう。Ⅰで述べたように，民法の多くの教科書では従来からそのようにとらえており，私も結論としてそう考えている。それでは，このように本件判旨をより具体的にとらえる立場からは，Ⅱ2～4で紹介した説に対しどのような反論が可能だろうか。説明の都合上，順番をやや変えて，まずⅡ3で取り上げた見解から検討することにしよう。

2　判例は本件判旨を訴訟上の立証一般に及ぼしていない

　Ⅱ3の見解は，本件判旨を，判例の流れの中で広く訴訟上の立証一般に適用される命題と位置付けて，例えば，前掲最判平成9・2・25を引用していたのだった。しかし，これは，判例理論の理解としては正確さを欠いている。平成9年判決は，たしかにその一般論で「訴訟上の立証」に言及しているが，判決のポイントは，医師が多種の薬剤を患者に投与した事案で，患者の副作用（顆粒球減少症）の起因剤を厳密に特定する必要はないとして，医療過誤訴訟における因果関係を経験則に照らし緩やかに認めようとした点にあった。このほか，私の見る限り，ルンバール事件以降，民事事件において証明の問題を扱う最高裁判決で，「高度の蓋然性」という言葉を用いる法廷意見は，**いずれも因果関係の立証に関わるものばかりであり，そこでは本件判旨が繰り返し引用されている**。なお，ルンバール事件以前に刑事事件で「訴訟上の証明」を論じた前掲最判昭和23・8・5は，旅館の隣室に宿泊中の未知の客から財布を盗み取った行為について，「交際のきっかけを作るために隠した」だけであるという被告人のやや荒唐無稽な主張を退ける際に「真実の高度な蓋然性」に言及している。しかしそこでの力点は，被告人に領得の意思があったことは「通常人なら誰れにも容易に推断し得られる」という点にあった。つまり，常識的に見て説得力がない被告人の主張を退け，「通常人」の推断を基準に窃盗罪の構成要件に該当する事実ありとした点がポイントなのであり，この延長線上にルンバール事件を位置付けるとしても，訴訟上の証明一般の議論ではなく，**事案類型ごとに「通常人」という判断基準の中身を検討することが重要**だと考えられ

る（後述の4も参照）。

3　自然科学的証明と歴史的証明とは対置できない

　しかし，判例の流れの理解とは無関係に，実務家の間では，訴訟上の証明度一般について高度の蓋然性を一律に求める見解が伝統的に根強いようである[8]。その1つの背景として，ルンバール事件をはるかにさかのぼる大正末期から，有力な実務家が，証明度一般について，ドイツの学説をおそらく手がかりに「高度ノ蓋然（höchster Wahrscheinlichkeit）」を要求していた[9]という事情を指摘できそうである。この説は，証明とは事実の真否につき裁判官に「完全ナル確信」を有させる作用であり，「完全ナル確信」とは「裁判上ノ確実」であり「数学上ノ確実」ではない[10]としていた。これは，歴史的証明を自然科学的証明と対比する見解（II 2）の1つの萌芽とも見うるが，問題は，かかる対比をどの程度行うかである。伝統的見解は，まず自然科学的証明と法の領域で要求される証明とを区別し，次に後者について証明と疎明との区別ということも念頭に置きながら，高度の蓋然性の証明を画一的に要求するようである。この考え方は，ある意味で分かりやすく，学生の皆さんにもなじみ深い見解かもしれない。しかし，「医師が行う症例検討も過去の医学的事実に関する『歴史的証明』を含み，『一点の疑義も許されない』わけではない」[11]という指摘からも分かるように，**自然科学的証明と歴史的証明とを明確に区別することには，そもそも無理がある**のではないか。今日の有力な不法行為法の学説は，「法的責任発生要件としての因果関係とは，自然科学的因果関係と無関係ではなく，それを前提とはしているが，自然科学的因果関係そのものではなく，誰

---

[8]　例えば，伊藤眞ほか『〔座談会〕民事訴訟における証明度』判タ1086号（2002年）4頁以下の，須藤典明東京地裁判事（当時）や大江忠弁護士の発言を参照。
[9]　松岡義正『民事証拠論』（巖松堂書店，1925年）23頁。民法起草者の1人である梅謙次郎博士の直弟子として，大審院判事でありながら，多くの学問的業績を残した松岡博士については，熊達雲「清末民初における日本人法律顧問と中国法制近代化への寄与について」JFE21世紀財団『アジア歴史研究報告書（2009年度助成）』（2012年）11頁以下が詳しい。
[10]　松岡・前掲注9）23頁。
[11]　米村滋人・医事法判例百選（2006年）154頁以下〔156頁〕。

が賠償義務を負うべきかを決定するための要件」[12]ととらえている。これらの見解のように、自然科学的証明ないし自然科学的因果関係との境目を緩やかにとらえた上で不法行為帰責論を語るのが穏当であろう。こうした観点に立つと、本件判旨が自然科学的証明について「一点の疑義も許されない」としているのはややミスリーディングである[13]。また、**法的領域における証明について「高度の蓋然性」を要求するとしても、その内容を画一的・固定的にとらえる必要はないことになるだろう。**

4 因果関係の立証の場面では「通常人」という判断基準が重要である

以上のように考えると、本件判旨が、因果関係の立証の場面において、「**通常人」という判断基準に依拠しながら「高度の蓋然性」の証明について判示していた点は、重要なポイントである**。この点について、Ⅱ4で紹介した説は、本件判旨の中から「高度の蓋然性」と裁判官の主観的「確信」を抽出し、後者を「実践的概念としてはあまり意味のない修辞にすぎない」[14]としていた。しかし本件判旨は、**裁判官の確信を単に主観的なものととらえてはいない**。たしかに確信を抱く主体は裁判官である（その意味で主観的ともいいうる）が、そこでは、通常人が疑いを差し挟まない程度かどうかという点が大きな意味を持っているのである[15]。

---

12) 吉村良一『公害・環境私法の展開と今日的課題』（法律文化社、2002年）230頁。
13) 新堂幸司『新民事訴訟法〔第5版〕』（弘文堂、2011年）569頁。
14) 加藤・前掲注5)133頁。
15) 吉村・前掲注12)240頁、新堂・前掲注13)569頁。

IV 因果関係の立証に関する最高裁の立場

1 ルンバール事件の特徴
　　──医師の作為事例で他原因が主張された事例

　それでは，ルンバール事件では,「通常人」という基準によって因果関係がどのように判断されたのだろうか。また「高度の蓋然性」とは，具体的にどのようなものだったのだろうか。事案は，化膿性髄膜炎の治療のために東大病院に入院していた患者（当時3歳の原告）に対して，医師がルンバールの施術（腰椎穿刺による髄液採取とペニシリンの髄腔内注入──かなりの苦痛を伴う）をしたところ，その直後，患者にけいれんの発作等が生じて，右半身の不全麻痺や知能障害等の後遺症が残ったというものである。このように，医師の作為に続いて，悪しき結果が患者に生じた場合，医師の側からは，**生じた結果の原因として医師の作為以外の他の原因がある**と主張されることが多い。本件でも，患者である原告の側は，いやがって泣き叫ぶ患者にルンバールを強行したことにより脳出血が生じたことが，発作やその後の病変の原因だと主張したのに対して，被告（国）は，脳出血が生じたこと自体を否認し，患者の化膿性髄膜炎がたまたま再燃したことに随伴して発作やその後の病変が生じたと主張した。今日であれば，脳出血の有無はCT検査やMRI検査などで容易に確認しうるが，本件は，そのような検査方法がなかった昭和30年当時の話である。これについて原審は，多くの鑑定意見書が原因の断定を控えるか，または被告に有利な内容であったことを重視して，原告の発作とその後の病変が両当事者の主張する原因のいずれによるのかは判定しがたいとした。この結果，因果関係について証明責任を負担する原告が敗訴したのである。

2 ルンバール事件の判断枠組み
　　──最高裁が重視した事情

　それに対して最高裁は，冒頭に記した本件判旨を展開した上で,「特段の事

図 26-1

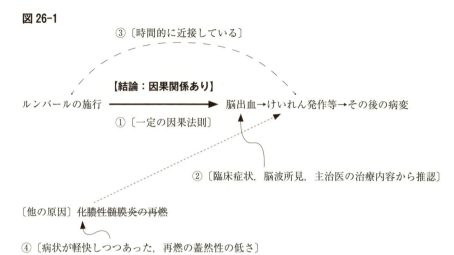

情が認められないかぎり、経験則上本件発作とその後の病変の原因は脳出血であり、これが本件ルンバールに因って発生した」とした。問題は、その際に最高裁が重視した事情である（**図 26-1** 参照）。判決は、①脆弱な血管の持主で出血性傾向が認められる患者を押さえつけルンバールを強行したことにより脳出血を惹起した可能性があること——これは**ルンバールと脳出血との間に存在しうる一定の因果法則である**——を前提とした上で、この因果法則が本件で実際に認められるのかどうかについて、まず、②**結果である脳出血があったことを推認させる事実**として、患者の臨床症状（突然のけいれんで始まり右半身が麻痺している）、脳波の所見（脳実質の左部に異常がある）、そして主治医の治療内容（脳出血を前提とする治療をしていた）を挙げ、次に、③**ルンバールの施行と、脳出血に続く本件発作との間の時間的な近接性**（15～20分後）を指摘した。その上で、④他の原因として被告が主張した化膿性髄膜炎の再燃については、**患者の病状が軽快しつつあったことや再燃の一般的な蓋然性の低さ**を指摘して、これが本件発作の原因であるとは認めなかった。

このうち、②は、脳出血の発生を確定診断できなかった当時の医療の下で、裁判所が間接事実を積み上げて、これを推認したものであるが、医師の作為事例一般に通有性を持ちうる判断として、より注目されるのは、一定の医学上の

因果法則（①）——ただし一般的可能性にとどまるものであり確固たるものではない——に基づく因果関係が本件にも存在するという結論を導くために，裁判所が，原因と結果との間の時間的な近接性（③）という間接事実に着目し，また，一般的な発生確率の低さと患者本人の病状から，他の原因の存在を否定した（④）点である。たしかに，化膿性髄膜炎がよくなりつつあったのに，ルンバールの施行直後に患者の容態が急変した以上，ルンバールが原因であると考えるのが「通常人」の常識的判断ということになるのだろう。本件については，前提となる因果法則（①）の存在を疑問視する見解もある[16]が，3つのファクター（①③④）によって因果関係を判断するという枠組み自体は，作為事例に関するその後の判例[17]にも受け継がれている。

3　医師の不作為事例
——因果関係の終点をどうとらえるか

それでは，医師の不作為事例の場合はどうだろうか。最判平成11・2・25民集53巻2号235頁は，訴訟上の因果関係の立証に関するルンバール事件の判旨は，「医師が注意義務に従って行うべき診療行為を行わなかった不作為と患者の死亡との間の因果関係の存否の判断においても」妥当するとしている。ただし，そこでの判断には，ルンバール事件と異なっている点があることに注意が必要である。平成11年判決の事案は，肝臓病の専門医が，肝硬変の患者に対して2年8か月あまりの間，適切な検査（6か月に1度のAFP検査や腹部超音波検査）をしなかったため，肝細胞癌の発見が遅れ患者が死亡したというものである。ここでは，医師が適切な検査をすれば肝細胞癌の発見が遅れること

---

[16]　米村・前掲注11)156頁は，ルンバールの粗暴な処置が脳出血の危険性をどの程度高めるのかについて，一般的知見が不明であるとする。

[17]　最判平成11・3・23判時1677号54頁は，顔面けいれんを根治するための神経減圧術を受けた患者が脳内血腫により死亡した事件で，手術により血腫が生じたとはいえないとした原判決を破棄差し戻している。判決は，その際に，手術が小脳内出血を引き起こす一般的可能性を指摘した上で，血腫や小脳内出血が手術と時間的・場所的に近接しており，また小脳内出血を引き起こす他原因の発生確率が低く，その存在が患者に認められないことを指摘する。水野謙・年報医事法学15号（2000年）150頁以下〔155頁〕も参照。

図 26-2

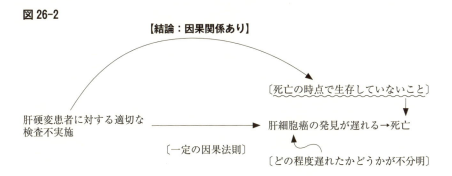

はなかったという関係自体は肯定しやすいため（**医師の作為事例における因果法則が一般的可能性にとどまっていたのとは異なる**），医師の側から他の原因は主張されていない。しかし問題は，医師が適切な検査をしていればどの程度の大きさの癌を発見できていたのかということが，**まさに適切な検査をしていなかったために判然としない**（2cm未満で発見できれば治癒するか長期の延命につながる可能性が高かったが，それが明らかではない）という点である。原審は，どの程度の延命が期待できたかが不明であることを理由に死亡との間の因果関係を否定し，延命の可能性が奪われたことを理由とする慰謝料を認めるにとどまった。これに対して最高裁は，ルンバール事件の判旨を引用した上で，「医師の右不作為が患者の当該時点における死亡を招来したこと，換言すると，**医師が注意義務を尽くして診療行為を行っていたならば患者がその死亡の時点においてなお生存していたであろうことを是認し得る高度の蓋然性が証明されれば，医師の右不作為と患者の死亡との間の因果関係は肯定される**」と判示したのである。ここで最高裁は，死亡という因果関係の終点を，「**死亡の時点で生存していないこと**」と時間的に限局してとらえる[18]ことによって因果関係の存在を認めている（**図 26-2** 参照）。因果関係の終点をそのように解すれば，適切な

---

[18] この点は少し分かりにくいかもしれないが，本文で紹介した判示は「患者がその死亡の時点においてなお生存していたであろうこと」と述べている。これは，医師の不作為と患者の死亡との間の事実的因果関係を判断する「あれなければこれなし」定式の後半部分，すなわち「これなし」に相当する部分である。したがって，死亡という因果関係の終点は，「これ」に相当する「死亡の時点で生存していないこと」になる。

検査を実施していればどの程度の大きさの癌を発見できたかという点について，因果関係を判断する段階では[19]こだわる必要はなくなる。なぜなら，適切な検査を実施していれば，その分，癌の発見が早まり，患者の死期が少なくとも一定期間後ろにずれたであろうということは，高度の蓋然性をもって言いやすくなるからである。

　ここでは，ルンバール事件のように，一般的可能性にとどまる因果法則が当該事案でも当てはまるかを判断するために，時間的近接性のような間接事実から推認を行ったり，他の原因の存在を否定したりするという作業がなされているのではない。最高裁の判断構造は，作為事例と明らかに異なっている。しかし，被告が注意義務に違反していたために因果関係が認定しにくいときに，証明責任の分配の基準に従って原告敗訴としてしまうことが「通常人」の法感覚にそぐわないことは確かであり，**「通常人」の判断にかなう形で原告救済への道を開いた**という点において，ルンバール事件とその根底において共通したものがあるといえるだろう。

V　おわりに
──「高度の蓋然性」理論の行方

1　原則・例外型の可能性
──蓋然性説

　以上，Ⅳでは，ルンバール事件やその後のルンバール事件の判旨を引用する医療過誤事件で，因果関係の認定が困難となっている事情（作為事例では被告から他原因が主張されることが多く，不作為事例では被告の注意義務違反によって因果関係を認定しづらくなっていることが少なくない）を前に，裁判所が「通常人」という判断基準に依拠しながら，「高度の蓋然性」の証明ありとした判断プロセスを検討した。しかし，不法行為法の学説においては古くから，公害訴

---

19) どの程度の大きさの癌を発見できたのかは，患者がどのくらいの期間生存し得たかに関わるが，判決は，この点は「主に得べかりし利益その他の損害の額の算定に当たって考慮されるべき事由であり」「因果関係の存否に関する判断を直ちに左右するものではない」とする。

訟のように因果関係を立証しにくい事例を念頭に，因果関係の立証困難を緩和する試みがなされてきた。その先駆けとなったのが，「かなりな〔原文ママ——水野注〕程度の蓋然性を示す程度で十分」とする蓋然性説である[20]。蓋然性説については，「通常人が疑いを差し挟まないかどうか」に着目するルンバール事件の判旨との隔たりはさほど大きくないと主張する見解[21]もある。しかしながら，蓋然性説のように，因果関係の立証について，原則として「高度の蓋然性」理論を採りつつ，類型によって例外的に因果関係の証明度を引き下げようという試み[22]が，最高裁によって今後，実際に受け入れられるかどうかについての見通しは，現時点では明らかではない。

2 原則を変更しようとする試み
——優越的蓋然性説

しかし，近年の有力な民事訴訟法の学説は，より思いきって，（因果関係の証明に限られず）訴訟上の証明一般について，いわゆる優越的蓋然性説を唱え，証明責任を負う側の主張について相手方の主張と対比して相当程度の蓋然性が認められれば，証明度に達したと解している[23]。論者によれば，裁判所が証明度として高度の蓋然性を文字どおり要求すると，要証事実について真偽不明の状態に陥るケースが増し，訴訟の帰趨を決する際に証明責任という概念が担う負担が大きくなってしまう。これに対して優越的蓋然性説をとれば，証明責任の所在で勝敗が決着する場面は極めて限定される結果，被告は原告の本証活動をお手並み拝見と安閑と見ていられなくなり，また，原告は裁判官の心証形成の程度を知る方法がない以上，最大限の立証活動をこれまでどおり行うと考

---

20) 德本鎭「鉱害賠償における因果関係」同『企業の不法行為責任の研究』50頁以下（一粒社，1974年）（初出は1961年）。
21) 吉村・前掲注12)240頁，吉村良一『不法行為法〔第5版〕』（有斐閣，2017年）105頁以下。
22) ルンバール事件の判旨を証明の問題一般に及ぼそうとする加藤・前掲注5)145頁以下も，例外としての証明度軽減の許容要件について検討する。
23) 伊藤眞「証明，証明度および証明責任」法教254号（2001年）33頁以下，同「証明度をめぐる諸問題」判タ1098号（2002年）4頁以下，伊藤眞ほか『民事訴訟法の論争』（有斐閣，2007年）141頁以下。新堂・前掲注13)571頁以下も伊藤説に依拠した立論を展開する。

えられるので，両当事者の本証・反証活動は活性化することが予想される。そして，このような本証・反証活動の活性化に加え，**証拠収集手段の強化を別途立法によって図る**ことを通じて，証拠調べにおける審理結果の確実性が高まり，**それ以上証拠調べをしても裁判所の情報状態が向上しなくなる状態**，すなわち「**解明度**」**が高まる状態**（論者は，証明と疎明を区別する基準も証明度ではなく解明度の高低に求める）になることが期待される。優越的蓋然性説を唱える論者は，これによって，**国民の裁判への信頼が得られる**とするのである。

3 「高度の蓋然性」理論の課題と今後の見通し

　2で紹介した優越的蓋然性説の主張には，理論的にきわめて傾聴に値するものが含まれており，因果関係の立証について「高度の蓋然性」理論を維持するとしても，その適用をめぐって有益な示唆を与えると思われる。例えば，医療過誤事件では，裁判外で紛争が解決されず訴訟にまで至ったときに，医師や病院の側がお手並み拝見を決め込む事例はさほど多くないと思われるが，解明度の向上に結びつく証拠開示手続などはなお十分に整備されてはいない。本講は，ルンバール事件の判旨の意義について，もっぱら因果関係の証明のあり方という視点から検討し，「通常人」の法感覚にも言及してきたが，これまでの検討結果は，**裁判所の情報状態や裁判への信頼**という，より広いパースペクティブから，とらえ直されるべきなのかもしれない。

　このほか，「高度の蓋然性」理論の今後を占うものとして重要な判決に，医師の不作為事例を扱う最判平成12・9・22民集54巻7号2574頁がある。この判決は，第27講で検討するが，ここでは「医療水準にかなった医療が行われていたならば患者がその死亡の時点においてなお生存していた相当程度の可能性」が新たな法益として認められている。しかし，このような法益を設定したとき，因果関係の立証に関する「高度の蓋然性」という考え方を果たして維持できるのかという重要な問題は残されたままである。「高度の蓋然性」理論の今後の見通しは，なお混沌としている。

Directions

(1) ルンバール事件の判旨について,「訴訟上の証明一般における証明度は,高度の蓋然性を超えるものでなければならない」という命題を述べている(あるいはそのような命題を確認したにすぎない)と抽象的にとらえることは危険である。
(2) 事実的因果関係の認定をめぐっては,ルンバール事件の判旨のいう「高度の蓋然性」や「通常人」という基準が,各事案において具体的にどのように機能しているのかという点を理解することが重要である。
(3) 訴訟上の証明を議論する際には,裁判所の情報状態の向上や裁判への信頼という視点も大切である。

● **民法改正との関係**

本講のテーマについては,法改正による影響は特にない。

第**27**講

「相当程度の可能性」と期待権

最判平成 12・9・22 民集 54 巻 7 号 2574 頁
民法判例百選Ⅱ〔第 7 版〕85 事件，医事法判例百選〔第 2 版〕69 事件

▶ 判旨

疾病のため死亡した患者の診療に当たった医師の医療行為が，その過失により，当時の医療水準にかなったものでなかった場合において，右医療行為と患者の死亡との間の因果関係の存在は証明されないけれども，医療水準にかなった医療が行われていたならば患者がその死亡の時点においてなお生存していた相当程度の可能性の存在が証明されるときは，医師は，患者に対し，不法行為による損害を賠償する責任を負うものと解するのが相当である。

Ⅰ　はじめに

　横浜市青葉区の住宅街にある Y 総合病院は，当該エリアでは比較的規模が大きく，入院が必要な患者を 24 時間受け入れる二次救急拠点病院として知られている。この病院近くに住む A は，明け方，狭心症発作に見舞われ，病院に向かう途中，心筋こうそくに移行し，病院の夜間救急外来の受付を済ませたわずか 2 時間 10 分後に死亡した（その間，A を診察した経験の浅い当直医は，胸部疾患の可能性のある患者に行うべき初期治療をしなかった）。上記の〈判旨〉（以下，「**本件判旨①**」という）は，このとき，「**患者がその死亡の時点においてなお生存していた相当程度の可能性**」という言葉を初めて用いて医師の責任を認

めた（慰謝料200万円を認めた原判決の結論を維持）。しかし本判決について，仮に十分な予備知識がない読者が本件判旨①だけを読んだ場合，「相当程度の可能性」の意味を理解することは非常に困難だと思われる。これは，本書の第26講で取り上げた医療過誤に関する判決と比較すると，いっそう明らかであろう。例えば，「訴訟上の因果関係の立証は……特定の事実が特定の結果発生を招来した関係を是認しうる高度の蓋然性を証明することであ」ると述べたルンバール・ショック事件判決（最判昭和50・10・24民集29巻9号1417頁）が，「因果関係の立証」の問題を扱っていることは文意上明らかである。また，医師が適切な検査を怠っていたところ，肝細胞癌により患者が死亡した事件（医師の不作為事例）で，最高裁は，「医師が注意義務を尽くして診療行為を行っていたならば患者がその死亡の時点においてなお生存していたであろうことを是認し得る高度の蓋然性が証明されれば，医師の右不作為と患者の死亡との間の因果関係は肯定される」と判示した（最判平成11・2・25民集53巻2号235頁）。この判決は，因果関係の終点を「死亡の時点で生存していないこと」と時間的に限局して捉える点に特徴があったが，因果関係の証明について高度の蓋然性を要求しており，ルンバール・ショック事件判決の延長線上に位置付けることができた。

　これに対して，本件判旨①は，「医療水準にかなった医療が行われていたならば患者がその死亡の時点においてなお生存していた相当程度の可能性」と述べており，上記の平成11年判決を一歩進め，不適切な医療行為と患者の**死亡との間の因果関係の証明の程度を緩和**したかのように読める。なぜなら本判決は，「医療水準にかなった医療が行われていたならば」という事実に反する仮定（＝あれなければ）を前提に「生存していた」（＝これなし）相当程度の可能性に言及しており，ここには，**事実的因果関係の有無を判断する際の「あれなければこれなし」定式が内在している**ともいえる[1]からである。しかし本件判旨①は，他方で，Ａの病状の悪化が急激であった当該事案で「**医療行為と患者の死亡との間の因果関係の存在は証明されない**」という原審の認定を前提と

---

1) 米村滋人「『相当程度の可能性』法理の理論と展開」法学（東北大学）74巻6号（2011年）913頁以下〔938頁（注23）〕も，「相当程度の可能性」に関する判旨①は，それ自体が因果関係の要素を含んでいるとする。

している。そうすると「相当程度の可能性」は，何のための概念なのか，不法行為のどの要件と関連するのかが，やはり分からなくなってしまう。

II 「相当程度の可能性」について

1 最高裁は「相当程度の可能性」を保護法益として捉えている

Iの最後で提起した問題の答えは，実は，本件判旨①に続く部分で，最高裁自身によって，一応，次のように明らかにされている。

> けだし，生命を維持することは人にとって最も基本的な利益であって，右の可能性は法によって保護されるべき利益であり，医師が過失により医療水準にかなった医療を行わないことによって患者の法益が侵害されたものということができるからである。

この〈判旨〉（以下，「**本件判旨②**」という）のいう「右の可能性」とは，本件判旨①の「相当程度の可能性」を指しているので，本件判旨②によれば，「相当程度の可能性」とは「**法によって保護されるべき利益**」である。このような「相当程度の可能性」理論は，その後，患者の死亡以外のケースにも使われている。例えば，急性脳症の患者が開業医の診察を受けたところ重大な後遺症が残った事例で，最判平成15・11・11民集57巻10号1466頁は，開業医が適時に適切な医療機関へ患者を転送していたならば，「重大な後遺症が残らなかった相当程度の可能性」をうかがわせる事情があると判示している（原判決を破棄差戻し）。しかしいずれにしても，このように法益として「相当程度の可能性」を捉えただけでは，医師の責任を肯定するのには十分ではない。なぜなら本件判旨②は，「医療水準にかなった医療を行わないことによって患者の法益が侵害された」と判示するが，不適切な医療行為と法益侵害との間の因果関係をどう認定したらよいのかという問題は残されたままだからである。これについては，複数の考え方がありうる。

2 因果関係の存在に代わる要件（？）としての「相当程度の可能性」

まず，本件判旨①の「死亡との間の因果関係の存在は証明されないけれども，……相当程度の可能性の存在が証明されるとき」という説示に注目し，本判決が「『相当程度の可能性の存在』を因果関係の存在に代わる要件であるとしているのは明らかであ」り，これによって「患者側の立証の困難を緩和」していると捉える見解がある（最判平成17・12・8判時1923号26頁の島田仁郎裁判官の補足意見）。この立場について，「不法行為の要件論には頓着せず，……患者の救済を穏当な……形で図る，プラグマティックな姿勢がうかがえる」[2]と共感を示す説もある。しかし，不法行為帰責論を語る上で因果関係に頓着しないというのは相当に大胆であり，法益要件が因果関係要件に代わりうる理由を十分に説明できていない。「死亡との間の因果関係の存在」に対置されるべきは「相当程度の可能性との間の因果関係の存在」であると解する[3]ほうが無理は少ないと考えられる。

3 「相当程度の可能性」との間の因果関係の判断

それでは，不適切な医療行為と相当程度の可能性との間の因果関係（因果関係の終点をこう捉えることの是非は4で再論する）は，どう判断すべきか。本判決がルンバール・ショック事件以来の判例理論（I）を維持していると考えるなら，「特定の事実（＝不適切な医療行為）が特定の結果発生（＝「相当程度の可能性」の侵害）を招来した関係を是認しうる高度の蓋然性を証明する」必要があるだろう。しかしながら，この考え方には次の2つの問題がある。

まず，ここでの保護法益は，高度の蓋然性よりも低く不透明な可能性にすぎない。例えば本件の原審は，Aを心筋こうそくと診断し直ちに治療をしてい

---

[2] 溜箭将之「『相当程度の可能性』のゆくえ」ジュリ1344号（2007年）47頁以下〔53頁〕。
[3] 石川寛俊＝大場めぐみ「医療訴訟における『相当程度の可能性』の漂流」法と政治61巻3号（2010年）81頁以下〔119頁〕。

たなら「20パーセント以下ではあるが，救命できた可能性は残る」という鑑定意見を引用している。しかし原判決は，直ちに治療をしてもＡを救命できなかったとして，適切な医療を受ける機会を奪われたことによる慰謝料を認めたにとどまり，20％以下の救命可能性があると明確に認定してはいない[4]。本件は，適切な治療をしなかったために救命可能性が奪われたのかどうかについて鑑定人も確言できない事例であり，原判決もその点に深入りしていないのである[5]。このとき，医療行為とそのように不明確な可能性との間の因果関係を，**高度の蓋然性をもって証明するのは原告側にとって相当大きな負担**ではないだろうか[6]。

次に，因果関係の終点である「相当程度の可能性」に関する本件判旨①に，因果関係の要素がすでに含まれている（Ⅰ）という問題がある。ここで「あれなければこれなし」定式で因果関係を判断するなら，不適切な治療がなければ（＝あれなければ）法益の侵害はなかった（＝これなし），すなわち「医療水準にかなった医療が行われていたならば（＝あれなければ），『医療水準にかなった医療が行われていたならば患者がその死亡の時点においてなお生存していた相当程度の可能性』の侵害はなかった（＝これなし）」といえるのかが問題となる。しかし，このように事実に反する同一の仮定を2回繰り返すことは明らかに説得力に乏しい。こう考えると，本判決で因果関係は法益と並んで，「**医療水準にかなった医療が行われていたならば患者がその死亡の時点においてなお**

4）窪田充見・平成12年度重判解（ジュリ1202号）69頁以下〔70頁〕と新美育文・リマークス24号（2002年）59頁以下〔61頁〕がこの点を強調する。

5）志村由貴「『相当程度の可能性侵害論』をめぐる実務的論点」ジュリ1344号（2007年）65頁以下〔73頁〕も，医療訴訟の実務では，鑑定書や医学文献で救命率が明確に記載されていることは稀であり，記載があっても医療機関の性質や設備の充実度などにより差が出てくるので，救命可能性のパーセンテージを明確に認定することは困難であると指摘する。

6）これに対して，加藤新太郎・判タ1065号（2001年）114頁以下〔115頁〕は，「相当程度の可能性」について高度の蓋然性の証明を要求しても，救命確率が20％以下という鑑定結果を採用することにより「証明テーマがクリアされる」ならば，原告に大きな負担とはならないと考えるようである。しかし，原審が救命確率を認定していないことは本文で述べたとおりであり，証明テーマはクリアされておらず不明確なままではないだろうか。前田順司・医事法判例百選（2006年）164頁以下〔165頁〕も，「何％かの生存可能性と高度の蓋然性の証明度を掛け合わせたものを証明できるか」ということになるので，高度の蓋然性の証明を要求しても証明度は軽減されると主張するが，一般にパーセンテージを明確に認定するのが難しい医療訴訟の実務（前掲注5)参照）において，このような掛け算がそもそも成立するのかは疑問である。

生存していた相当程度の可能性」という説示の中で一体的に判断されている[7]ことになりそうである。

4 因果関係の終点は「相当程度の可能性」の侵害か患者の死亡か

しかし3の最後で述べた見解には，なお曖昧さが残る。上記の説示の中で判断される因果関係の終点は何だろうか。原告側の大きな負担および事実に反する仮定を繰り返す不合理（3）を避けるなら，因果関係の有無は，**医療水準にかなった医療が行われていたならば「患者がその死亡の時点においてなお生存していた」と相当程度の可能性をもっていえるか**という定式で判断するほかはない。これは，本件判旨①の読み方としてIで言及した，**患者の死亡との間の因果関係**を問題とする立場であり，「相当程度の可能性」を法益とする本件判旨②（因果関係の終点は「相当程度の可能性」の侵害のはずである）とは両立しない。しかしながら，「相当程度の可能性」を法益と位置付けた上で（もし法益を患者の生命そのものとするなら理論的に明快であるが[8]，最高裁の立場とは異なる），因果関係要件を不法行為帰責論から放逐する理由はないと考えるなら，**この最後に残る不整合**[9]は甘受せざるを得ないのではないか。つまり本判決は，死亡との間の因果関係が高度の蓋然性をもって認められない場面で（本件判旨①），相当程度の可能性という因果関係の要素を含む新たな保護法益を作り出したが（本件判旨②），それは実質的には，**死亡との間の因果関係を「相当程度の可能性」をもって認める**（この点でルンバール・ショック事件判決の「高

---

7) なお，内田Ⅱ397頁は，本判決は「因果関係の終点となる損害として，『死亡』という事実に代えて『生命を維持しえた可能性』という利益を措定し」ており，「因果関係の終点は『可能性』であり，もはや因果関係と損害を区別することなく，『相当程度の可能性』の中で両者が一体的に評価されているように見える」と述べている。

8) 志村・前掲注5)72頁が，最高裁の枠組みとは異なるとしつつも，生命・身体を被侵害利益とした上で，相当程度の可能性は因果関係要件を緩和するものとして位置付けるほうが理屈としては分かりやすいと指摘するのは，たしかにそのとおりであろう。

9) 永野圧彦=伊藤孝至「『相当程度の可能性』に関する一考察」判タ1287号（2009年）63頁以下〔68頁〕も，「保護法益としての『相当程度の可能性』が侵害されたことと，医師の過失と患者の死亡結果との間に因果関係が存在する『相当程度の可能性』があることは，別のものであるはずであるが，実際には，一体として判断している」と鋭く指摘する。

度の蓋然性」の証明という考え方から離れる）**ことを暗黙のうちに前提としていると考えられるのである。**

5 「相当程度の可能性」をめぐる下級審裁判例の動向

本判決以降，患者の死亡との間の因果関係を高度の蓋然性で証明できない事例で，下級審裁判例の多くは，本件判旨①の枠組みを踏襲して「相当程度の可能性」を認め，生命侵害の相場より低い額の慰謝料の支払いを医師の側に命じているが，**逸失利益の賠償を認めるものは見当たらない。** これは，論理的にそうなるというものではなく（判例が実質的には，死亡との間の因果関係を「相当程度の可能性」をもって認めることを前提としている〔4〕と考えれば，なおのことそうである），医療過誤訴訟では「相当程度の可能性」が不明確にならざるを得ないため(3)，死亡した患者の収入を元に逸失利益を算定し，それに何％かを掛け合わせる確率的心証論のような手法[10]が現実には採りにくいことが影響しているのだと思われる。患者の損害の内容（**結果不法的要素**）は，医療行為の不適切さ（**行為不法的要素**）とあわせて，慰謝料の中で斟酌されていると考えられる。

次に，下級審裁判例で，「相当程度の可能性」との間の因果関係を高度の蓋然性をもって証明すべきであるなどと判示するものも見当たらない。むしろ，仙台地判平成22・6・30 LLI/DB判例秘書登載（肝硬変の患者が死亡）は，「（因果関係）についての検討」という項目の中で，「医師の過失がなかったとすれば〔死亡年月日〕の〔患者〕の死亡という結果が発生しなかった**高度の蓋然性ないし相当程度の可能性があったと認めることはできない**」と判示している。大阪地判平成21・3・25判タ1297号224頁（出産直後の妊産婦が弛緩出血により死亡）も，医師が「注意義務を尽くしていたとしても，……救命された**高度の蓋然性を認めるには足りないが，相当程度の可能性は認められ**」るとしている。これらの裁判例は，因果関係の終点を患者の死亡とした上で，死亡と

---

10) 大塚直「不作為医療過誤による患者の死亡と損害・因果関係論」ジュリ1199号（2001年）9頁以下〔14-15頁〕は，本判決が実質的には「権利侵害構成に名を借りた確率的心証論」の立場をとっているとして，逸失利益の賠償も認められうると主張する。

の間の因果関係の証明の程度を表す概念として「相当程度の可能性」を用いている。本判決に潜む不整合(4)は，このように下級審にも影響を与えているが，以下ではいったんこの問題を離れ，本判決以前から問題となっている期待権の侵害について検討することにしよう。

III 期待権の侵害について

1 期待権侵害をめぐる本判決の前後の問題状況

従来の下級審は，医師の不適切な医療行為と患者の死亡との間に因果関係が認められない場合に，医師の不適切な医療行為によって，適切に治療を受ける患者の期待が侵害された（またはそのような機会が奪われた）ことを理由に慰謝料を認めるものが多かった（本判決の原審もそうである。II 3参照）。しかし本判決以降，「相当程度の可能性」の侵害を理由に慰謝料の賠償が広く認められるようになると，従来の期待権をめぐる議論はどうなるだろうか。これについて，下肢の手術後の患者に深部静脈血栓症の後遺症が残った事案で，医師の義務違反により「後遺症が残らなかった**相当程度の可能性を侵害されたともいえない**」と判断した上で，期待権侵害による慰謝料を認めた原判決を破棄自判した最判平成23・2・25判時2108号45頁は，次のように述べている。すなわち，医師が「**適切な医療行為を受ける期待権の侵害のみを理由とする不法行為責任を負う**ことがあるか否かは，**当該医療行為が著しく不適切なものである事案について検討し得るにとどまる**」が，「本件は，そのような事案とはいえない」と。この判決は，傍論ながら最高裁の法廷意見が初めて期待権侵害を論じたものであるが，「検討し得る」という慎重な表現をしており，医療行為の著しい不適切さ[11]に加えて他の要件も必要かなどを明確に示してはいない。

しかしいずれにしても，医師の過失により医療水準にかなった治療がなされなかった場合に，①死亡との間の因果関係が高度の蓋然性をもって認められれ

---

11) 前掲最判平成17・12・8（II 2）の島田補足意見が「相当程度の可能性」が証明されない場合に医師に過失責任を負うのは「著しく不適切不十分な場合に限るべきであろう」と述べていた。本文の平成23年判決は，この見解の延長線上にあるとも考えられる。

ば患者の生命または身体が保護法益となり，②死亡しなかったまたは重大な後遺症が残らなかった「相当程度の可能性」があれば「相当程度の可能性」が保護法益となるが，③**「相当程度の可能性」**すらないときは，患者の期待権が（一定の要件の下で）保護法益となる可能性があるというのが今日の判例の枠組みだといえるだろう[12]。従来の裁判例は，②と③を区別せずに期待権を論じていたが，今後，期待権の侵害は，もっぱら③の場面で問題となることが予想される。しかし，③で期待権侵害が問われるためには，その前提として「相当程度の可能性」が否定される必要があるところ，そのようなケースは，次に述べるように稀であることに注意が必要である。

2 「相当程度の可能性」を否定する裁判例は少ない

　本判決以降，医師の過失により医療水準にかなった治療がなされなかった場合に「相当程度の可能性」を否定した裁判例は，すでに取り上げた①最判平成17・12・8（Ⅱ2）（勾留中の被疑者が脳こうそくとなり重大な後遺症が残った），②仙台地判平成22・6・30（Ⅱ5），③最判平成23・2・25（1）のほかは，④大阪地判平成23・7・25判タ1354号192頁（出産後に羊水塞栓症を原因とするDIC〔全身の出血傾向等が引き起こされる症候群〕に陥り死亡），⑤仙台地判平成24・7・19裁判所HP（一卵性双生児の第1児が重度の脳障害を負って出生）などがある程度であり，このうち期待権侵害を認めたのは②と④だけである。これについて以下の事情を指摘できる。すなわち，患者の生命・身体への危険を回避することが高度に要請される医師は，事前の立場から危険な結果を回避するためにあらかじめ注意義務が課されている。医師がこの**義務に違反した場合は**，医療水準にかなう医療がなされていれば危険な結果を回避できたであろうということが「相当程度の可能性」をもって推認されやすい。これは死亡や重大な後遺症との間の因果関係の話であるが，これが認められると，それと一体的に評価される（Ⅱ4）法益としての**「相当程度の可能性」**も推認されることにな

---

12) これは，大塚・前掲注10）9頁以下〔16頁〕のいう「法益の三段階構造」という枠組みと整合的である。

る[13]。このように捉えると，医師の過失が認められる一方で「相当程度の可能性」が認められないという事例が少ないことの説明がつくだろう。「相当程度の可能性」を否定した上記①〜⑤の裁判例でも，①と③は医師に過失があったかどうかが疑わしく，⑤もやや特殊な事案であった[14]。

3 期待権侵害による慰謝料を認めた裁判例

これに対して，判決②と④は，「相当程度の可能性」を否定する一方で，期待権侵害による賠償を認めているが，この背景には病院内の**医療従事者相互の連携**に由来する次のような事情があった。まず②では，医師Aが肝硬変の患者Bに血液生化学検査をしたが，腫瘍マーカーおよび超音波検査は実施しなかったところ，Bが肝細胞癌で死亡した。このような医師の不作為事例では因果関係の判断に困難を伴うことが多いが（前掲最判平成11・2・25〔Ⅰ〕は，このとき因果関係の終点を時間的に限局するテクニックを用いた），高齢で病気がちのBは，**Aの勤める病院の他の診療科でも肝臓に関係する検査を受けており**，それらのデータを総合すると，Aが十分な検査をしていても死亡という結果が生じなかったという「**相当程度の可能性**」すらないと認定することが可能となった。しかし判決は，Aの不作為が合理的といえるのか「**甚だ疑問**」であるとして，期待権侵害による慰謝料100万円を認めている。次に判決④は，大量の輸血が繰り返し必要な羊水塞栓症によるDIC（**その病態等は当時明らかではなかった**）の発症を医師が判断できなかった点に過失はなく，仮に産婦に適切に輸血をしていても救命できた「相当程度の可能性」もないとした。しかし判決は，その一方で，**輸血の手配の態勢**を問題視して，看護師が赤十字血液センターの電話番号の確認に手間取り輸血の手配が30分遅れたことは「**重過失ともいうべき著しく不適切な措置**」であると指摘して，期待権侵害による慰謝料

---

13) 杉原則彦・最判解民事篇平成12年度(下)855頁以下〔864頁〕が，医療水準を下回る治療がされた場合に「相当程度の可能性」の侵害が事実上推認されると述べるのは，このような意味で理解可能である。
14) ①では，拘置所で患者の脳こうそくに応じた治療がなされており，③では，深部静脈血栓症のリスクは当時一般に認識されていなかった。⑤は，分娩開始後に胎児の心拍数の監視を中断した点に医師の過失を認めたが，分娩開始前から胎児に脳障害が生じていた。

60万円を認めている。

4　期待権侵害の帰責根拠

このように，医療従事者の過失が認められる一方で「相当程度の可能性」が否定される例外的な事案で，下級審裁判例は，医療従事者が基本的な注意義務に大きく違反しているという評価（「甚だ疑問」，「著しく不適切」）を介在させ，期待権侵害による賠償を認めているように見える。これは，前掲最判平成23・2・25（1）の慎重な態度と整合的であるが，果たしてこのように謙抑的な枠組みは妥当だろうか。これについて，「不適切な医療により〔患者の〕内心の平穏を害されない」という「主観的な性格が強い」法益の侵害が問題となっている以上，侵害行為の悪性の程度が高いことが必要だとして裁判例を正当化する見解[15]もある。しかし，ここでの患者の法益は，患者の生命や身体が危機に瀕している状況下で，患者が専門家である医療従事者に寄せる信頼に基礎付けられた「医療水準にかなった適切な医療行為を期待する利益」である。これは，医療水準という**客観的な**基準にかなう医療を行わなかった医療従事者の不適切な行為態様[16]と直結している。つまり，医療従事者の客観的な義務違反という**行為不法的な要素**こそが期待権侵害の帰責根拠[17]なのであり，当該義務違反が肯定されると，適切な医療行為を期待する患者の利益も当然に侵害される（期待権侵害との間の因果関係は当然に認められる）ことになる。

もちろん，医療機関の性格や立地条件などによっては最先端の医療が望めないこともあるが，それは医療水準が一律には設定できない（最判平成7・6・9民集49巻6号1499頁）という話であり，医療水準にかなった医療がされなかった場合の期待権侵害の問題とは理論的に区別すべきである[18]。また，複数の療法の中から適切な療法を選択することについて，医師には，患者との協

---

15)　住田和也・民事判例Ⅲ（2011年）172頁以下〔174-175頁〕。
16)　大塚・前掲注10)16頁，大塚直「公害・環境，医療分野における権利利益侵害要件」NBL 936号（2010年）40頁以下〔49頁〕。
17)　吉田邦彦『不法行為等講義録』（信山社，2008年）69頁も，行為不法的に杜撰な医療を問責しうる法律構成として期待権侵害論を評価する。

働関係の中で一定の裁量も認められる。しかし，①患者の生命や身体が**危機に瀕している状況下**で，②**裁量の範囲を超え**，③**医療水準に満たない医療行為**しかなされなかった場合には，死亡した患者の遺族または重大な後遺症が残った患者からの期待権侵害を理由とする慰謝料請求を拒む理由はなく，それ以上に謙抑的な要件を課す必要はないと考える。このように解しても，行為不法が帰責根拠となる期待権侵害事例では，慰謝料額は「相当程度の可能性」が認められる場合——医療行為の不適切さ（行為不法的要素）に加え，患者の生命・身体に対する損害の内容（結果不法的要素）も斟酌されうる（Ⅱ5）（前者は期待権侵害事例と共通するが，後者は「相当程度の可能性」が認められない期待権侵害事例では斟酌されない）——よりも一般に少ないことが予想され，萎縮診療の弊害も生じにくいと思われる。

5 期待権侵害による慰謝料を認めた裁判例・再論

以上の観点から期待権侵害による慰謝料を認めた裁判例（3）を振り返るなら，判決②は，患者が多様な疾患を有していたので肝細胞癌のフォローを集中的にできなかったことなど医師に有利な事情を検討した上で，それでも，肝硬変の患者に腫瘍マーカーや超音波検査をしなかったことは「専門家である医師に対し，社会的に期待される合理的行動から逸脱」していると結論付け，賠償を認めている。医師の不作為を「甚だ疑問」と評価した判決②が重視していたのは，このように**医療行為が医師の裁量を超えているか**どうかという点にあったと考えられる。また，判決④は，輸血の手配の遅れという不適切な措置が「〔患者〕**の生死を分ける重要かつ緊急な局面**で起こっていることを考慮するならば，上記措置は慰謝料請求権の発生を肯認し得る違法行為と評価される」という実質的理由を展開している。2つの判決は，患者の生命や身体が危機に瀕している状況下で，医療従事者の行為不法的要素に着目して慰謝料を認めるという点で共通しており，「甚だ」とか「著しく」などの表現に拘泥する必要は

---

18) 前掲注11)の島田補足意見は，「医師，医療機関といえどもすべてが万全なものではなく」「現実的な制約から適切十分な医療の恩恵に浴することが難しい」ことをもって，期待権侵害による賠償に抑制的な態度を示すが，疑問である。

ない（これらは，当該状況下での不適切な医療行為を形容する当然の修飾語だともいいうる）と思われる。

Ⅳ おわりに
──「相当程度の可能性」理論と期待権侵害理論の射程

1 生命侵害や重大な後遺症事例以外にも及ぶか

　最後に，これまでの議論の射程を簡単に検討しよう。まず「相当程度の可能性」理論について，判例は，これを患者の死亡や重大な後遺症事例に限定して用いている。たしかに，保護法益として「相当程度の可能性」を認めることが，実質的に，結果との間の因果関係を「相当程度の可能性」をもって認めることにつながると考えるなら（Ⅱ 4），身体的な被害が大きくない患者を「相当程度の可能性」理論によってあえて救済する必要はないと考えられる。もっとも身体的被害の大きさは，結局のところ，事例ごとに判断するほかはない。例えば，妊娠中毒症の妊婦に対する医師の経過観察義務違反がなければ，患者に「子宮膣上部喪失という重大な後遺症が残存しなかった相当程度の可能性は認められる」として慰謝料を認めた事例（京都地判平成18・10・13 LLI/DB 判例秘書登載）では，患者には，生命侵害に準じるようなまたは労働能力を大幅に喪失するような法益侵害があったとはいえない。しかし，患者が子どもを産めない体になってしまった点を考慮すると，判決が子宮膣上部喪失を「重大な後遺症」と位置付けたことは理解しうる。

　次に，期待権侵害理論に関する最高裁の態度は不明確であるが，ここでの帰責根拠が，患者の生命や身体が危機に瀕している状況下における医療従事者の行為不法的な要素にあると解するならば（Ⅲ 4），期待権侵害理論は，生命侵害や重大な後遺症事例に限って適用するのが，やはり穏当だろう。

2 医療過誤訴訟以外にも及ぶか

　これまで検討した議論は，医療過誤事例以外にも妥当するか。警察の不作為

事例（国賠訴訟）について一定の裁判例の蓄積がある。例えば，自損事故を起こした運転手の容態が危険な状態にあり，「その生命の維持は〔運転手を発見した警察官〕の救護に全面的に依存していた」場合（横浜地判平成 18・4・25 判タ 1258 号 148 頁。慰謝料 500 万円認容）や，被害者を拉致監禁した犯人を追跡していた警察の捜査に不手際があり被害者殺害前に犯人を逮捕できなかった事例（東京高判平成 19・3・28 判時 1968 号 3 頁。慰謝料 1100 万円認容）では，「相当程度の可能性」や「生存可能利益」が肯定されている。しかし，警察がストーカー被害の相談に適切に対処しなかったところ，加害男性が車を運転し被害女性の車に正面衝突させ殺害したケースでは，判決は，従前の「加害行為の単なる延長とは言い難い」加害者の故意が介在している点を重視して因果関係を否定し，「相当程度の可能性」理論はそもそも適用しなかった（大阪高判平成 18・1・12 判時 1959 号 42 頁）。このように「相当程度の可能性」理論の適用可能性は，事案の性質によると考えられる。

　それでは期待権についてはどうか。ストーカー事件に関する上記の判決は，市民が「犯罪の被害を受け，又は被害を受けるおそれがあるなど切迫した状況に置かれた場合に，警察に……保護等を求めたとき」は，警察による捜査の開始や被害の防止などについて市民は「期待及び信頼を有している」として，慰謝料 600 万円を認容した。警察が被害者の訴えに適切に耳を傾けなかった当該事案で，判決が「切迫した状況」や「保護等を求めた」という絞りをかけて賠償を認めたことは理解しうるが，一般的には，犯罪の形態はさまざまである。警察に対し医師のように事前の立場から客観的な注意義務を課し，その義務違反という行為不法的な要素に着目して期待権侵害による賠償を認めることは困難な場合が多いことが予想される。

　この最後の点と関連して，医療過誤訴訟で期待権侵害を容易に認めると，高度の医療機関への転送の集中など多大なコストがかかり，医療システムが崩壊しかねないという危険が指摘されている[19]。医療事件では，期待権侵害が問われる前提である「相当程度の可能性」が否定される事案はそもそも例外的で

---

[19] 大塚・前掲注 16)49 頁。吉田邦彦・判評 632 号（判時 2120 号）（2011 年）26 頁以下〔33 頁〕も，医療崩壊の要因となる医療財政問題に言及する。

あり（Ⅲ2），その中で一定の要件（Ⅲ4①〜③）を課せば，それほどコストは増大しないと思われるが，一般論として，保護法益性の判断の際に**財政的・政策的な判断**が関係する余地があることは認識すべきであろう。

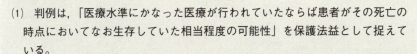

Directions

(1) 判例は，「医療水準にかなった医療が行われていたならば患者がその死亡の時点においてなお生存していた相当程度の可能性」を保護法益として捉えている。
(2) 「相当程度の可能性」理論をとる判例は，因果関係の証明度について，伝統的な「高度の蓋然性」理論から暗黙のうちに一歩踏み出していると評価しうる。
(3) 「相当程度の可能性」が認められない例外的事案では，医療従事者の不適切な行為態様という客観的な義務違反に着目して，期待権侵害による精神的損害の賠償が認められる場合がある。

● *民法改正との関係*

　　本講のテーマについては，法改正による影響は特にない。

第28講

パブリシティ権の法的性質
——ピンク・レディー事件

最判平成 24・2・2 民集 66 巻 2 号 89 頁
平成 24 年度重判解民法 11 事件・知的財産法 5 事件

▶ **判旨**

本件記事の内容は，……ピンク・レディーの曲の振り付けを利用したダイエット法につき，その効果を見出しに掲げ，イラストと文字によって，これを解説するとともに，子供の頃にピンク・レディーの曲の振り付けをまねていたタレントの思い出等を紹介するというものである。そして，本件記事に使用された本件各写真は，約 200 頁の本件雑誌全体の 3 頁の中で使用されたにすぎない上，いずれも白黒写真であって，その大きさも，縦 2.8cm，横 3.6cm ないし縦 8cm，横 10cm 程度のものであったというのである。これらの事情に照らせば，本件各写真は，上記振り付けを利用したダイエット法を解説し，これに付随して……タレントの思い出等を紹介するに当たって，読者の記憶を喚起するなど，本件記事の内容を補足する目的で使用されたものというべきである。

したがって，被上告人が本件各写真を上告人らに無断で本件雑誌に掲載する行為は，専ら上告人らの肖像の有する顧客吸引力の利用を目的とするものとはいえず，不法行為法上違法であるということはできない。

I　はじめに
　　──ピンク・レディー事件とは何だったのか

1　人気を博したピンク・レディー
　　──その特徴と影響力

　本書を読んでいる読者の中には，AKB48 のメンバーは知っていても，ピンク・レディーのミーとケイの 2 人組はよく知らないという方も多いだろう。1976 年 8 月，作詞家・阿久悠の考案した「ペッパー警部」という奇抜なタイトルの曲でデビューし人気を博したピンク・レディーには，大きく 3 つの特徴があった。第 1 に，彼女らはテレビ全盛期のアイドルだった。テレビの影響力が弱まる中，常設劇場での公演等を通じて人気を獲得した AKB48 とは対照的に[1]，ピンク・レディーのデビュー当時は，多くの歌番組が高視聴率を誇っていた。第 2 に，振り付けが大胆であった。それまでのアイドルが歌いながら片手を動かす程度だったのに対して，ピンク・レディーのそれは全身をダイナミックに使うものであり，特にデビュー曲では，両手の動きと連動させることによりミニスカートからのぞく太ももを大きく開いているように見せ，多くの視聴者に衝撃を与えた。第 3 に，ピンク・レディーは，曲の作り手たちが当初，高校生や大学生をターゲットにしていた[2]のに対し，園児や小学生の女子たちからの予想もつかぬ圧倒的な支持を得て，次々と歴史的な大ヒットを記録した。この要因として，曲のポップ感覚の明快さ[3]なども考えられるが，本講との関係では，振付師・土居甫の次の指摘が興味深い。「股を開くのだって，大柄で健康的な 2 人だからこそいやらしくなく表現できたんです。なよっとした女の子には無理」[4]。

1）「テレビアイドルからライブアイドルへ」という流れを指摘する北川昌弘とゆかいな仲間たち『山口百恵→ AKB48 ア・イ・ド・ル論』（宝島社，2013 年）182 頁，188 頁以下参照。
2）阿久悠『夢を食った男たち』（文藝春秋，2007 年）237 頁。
3）阿久・前掲注 2）237 頁。
4）読売新聞 1990 年 9 月 16 日東京本社版・朝刊 4 面「ペッパー警部(2)面白路線のせた『振り』」。

第 28 講　パブリシティ権の法的性質　　449

女性自身 2007 年 2 月 27 日号

　ピンク・レディーは 1981 年 3 月に解散したが，その後，再結成を繰り返している。そして認定事実によれば，2006 年秋頃からダイエットに興味を持つ女性を中心に，ピンク・レディーの振り付けを利用したダイエット法が流行した。この背景には，判決で認定されていないが，03 年の 4 度目の再結成後，03 年〜05 年に全国 100 か所で行われたピンク・レディーのコンサート・ツアーに触発されたクリス松村による「ピンク・レディー・エクササイズ」がテレビ等で広く紹介された[5]という事情があったようである。なお，彼女たちは，

5）　当時，東京・大森のスポーツ・クラブでインストラクターをしていたクリス松村の人気は全国に及び，例えば（本件記事の発行後であるが）2007 年 9 月には静岡新聞社のカルチャー・スクールにも招かれ，「クリス松村のピンク・レディーを踊ろう」の講師を務めたが，幅広い世代の女性が多数受講したとのことである（2014 年 7 月 23 日に SBS 学苑の栗原希代子氏に筆者〔水野〕が電話で照会した際の回答）。

04年発売のDVDブックス[6]で，40歳代後半にもかかわらず，デビュー当時にも増して引き締まったボディで自分たちの振り付けを解説している。本件で問題となった週刊誌「女性自身」の2007年2月27日号の記事が出たのは，このような状況下においてであった。

2　本件記事の内容

　本件記事は3頁にわたり，1頁目（転載記事参照）の見出しに「今，お茶の間で大ブレイク中！　ピンク・レディー de ダイエット　覚えてますよね，あの踊り！　親子で踊ってストレス解消！　脂肪を燃焼！」などとあり，3頁目の上半分まで，「ペッパー警部」のほか「ウォンテッド（指名手配）」「UFO」など5つの代表曲を歌唱中のピンク・レディーの当時の写真計6枚と，水着姿の当時の写真1枚が掲載されている。また，それらと並んで，二の腕を出しスカートをはいて女装した，ものまねタレント・前田健（2016年没）の写真が掲載され，「足の筋肉プルプルだからぁ」「脂肪の指名手配しちゃいましょう」「股開きのポーズ」などのフレーズを含む，ごく簡単なダイエット法の解説が付されている。3頁目の下半分には，デビューのきっかけとなったテレビ番組の出演時の写真などが計7枚，小学生の頃の思い出を語るKABA.ちゃん（タレント）のコメントとともに掲載されている。これらのピンク・レディーの写真は，週刊誌の発行元・光文社がピンク・レディー側の許諾を得て撮影したもののようであるが，光文社は，再度の許諾を得ずに本件記事に使用した。そこで，ピンク・レディーの2人は，本件記事が原告らの「パブリシティ権」を侵害しているとして，光文社を相手に損害賠償を請求した。しかし，原告らは1審および2審で敗訴し，最高裁も〈判旨〉にあるように，本件各写真の無断掲載が「専ら上告人らの肖像の有する顧客吸引力の利用を目的とするものとはいえ」ないとして，2人の上告を棄却したのである。

---

6) 講談社編集『ピンク・レディー フリツケ完全マスターDVD』Vol. 1, Vol. 2（2004年）．

II 問題の所在
──本講の2つの検討課題

1 最高裁のとらえる「パブリシティ権」

ここでまず問題となるのは，本判決のいう「**肖像の有する顧客吸引力**」の中身である。判決は，冒頭に紹介した〈判旨〉の前の部分で次のように述べている。

> 〔判旨 a 〕　人の氏名，肖像等（以下，併せて「肖像等」という。）は，個人の人格の象徴であるから，当該個人は，人格権に由来するものとして，これをみだりに利用されない権利を有すると解される……。そして，肖像等は，商品の販売等を促進する顧客吸引力を有する場合があり，このような顧客吸引力を排他的に利用する権利（以下「パブリシティ権」という。）は，肖像等それ自体の商業的価値に基づくものであるから，上記の人格権に由来する権利の一内容を構成するものということができる。

この判旨は，最高裁として初めて「パブリシティ権」という言葉を用いたものである[7]。〔判旨 a 〕によれば，①人格権に由来するものとして「肖像等をみだりに利用されない権利」があり，パブリシティ権（**肖像等が有する，商品の販売等を促進する顧客吸引力を排他的に利用する権利**）は，「上記の人格権に由来する権利の一内容」，つまり「肖像等をみだりに利用されない権利」の一内容を構成する[8]。これが判決の最も素直な読み方だと思われるが，ほかにも，

---

7) 本件以前に，競走馬の所有者が，競走馬の名称を利用してゲームソフトを製作・販売した業者を訴えた事件があったが，最判平成16・2・13民集58巻2号311頁は，パブリシティ権という言葉は使わずに，法令等の根拠もなく競走馬の名称の排他的な使用権を認めることはできないなどとして，不法行為の成立を否定している。

8) このように解すると，所有物の名称が争われた前掲注7)の事案は，さしあたり本判決の射程外である。

②人格権から「肖像等をみだりに利用されない権利」と並んで（それとは異なる）パブリシティ権が導かれるという読み方もありうる9)。しかし、②は、権利の「一内容」を構成するという文言と整合的ではなく、〔判旨 a〕の意図するところではないだろう。いずれにしても、**本判決は、芸能人などの著名人が、著名であるがゆえに氏名権や肖像権等の人格権が制約される一方でパブリシティ権を有する**10)**とは考えていない**。「肖像等をみだりに利用されない権利」は、公的な露出によって制約されるものではなく、誰もが有する人格権ないし人格的利益の1つの表われと考えられるからである。〔判旨 a〕も、著名人に限定せず、冒頭で「人の」という言い方をしている。

2　パブリシティ権の独自性はどこにあるか
——第1の検討課題

　もっとも、①のように、パブリシティ権が「肖像等をみだりに利用されない権利」の一内容と解すると、パブリシティ権を独自に定立する意義がどこにあるのかが問題となる。顧客吸引力のある肖像等をどう利用するのかは、本人の自己決定権に属する事柄といえそうである11)が、そもそも顧客吸引力が肖像等に付与されるプロセスでは、本人と社会の人々との間でどのようなやり取りがなされているのか、あるいは、パブリシティ権が侵害されると、いかなる損害が発生し、また損害額はどのように算定されるべきなのか——これらの点を検討することを通じて**パブリシティ権の独自性**を明らかにすることが、本講の第1の課題である。

---

　9)　久保野恵美子・平成24年度重判解（ジュリ1453号）85頁以下〔86頁〕参照。
　10)　辰巳直彦・民商147巻1号（2012年）38頁以下〔51頁〕。芸能人は「顔や名前が商業利用されたこと自体で人格的利益を害されることはない」とする井上由里子「パブリシティの権利の再構成」筑波大学大学院企業法学専攻十周年記念論集『現代企業法学の研究』（信山社, 2001年）127頁以下〔137頁〕や、俳優の人格的利益の保護が制限される理由を氏名や肖像の公開を包括的に許諾した点に求める東京地判昭和51・6・29判時817号23頁（マーク・レスター事件）（ただしパブリシティという言葉は使用しない）も参照。
　11)　窪田充見「不法行為法学から見たパブリシティ」民商133巻4 = 5号（2006年）721頁以下〔730頁以下〕、潮見・不法行為法Ⅰ215頁参照。

3　パブリシティ権の要保護性と「専ら」基準

次に，パブリシティ権は，常に保護に値するのかという問題がある。本判決は，〔判旨α〕に続けて，次のように判示する。

> 〔判旨β〕　他方，肖像等に顧客吸引力を有する者は，社会の耳目を集めるなどして，その肖像等を時事報道，論説，創作物等に使用されることもあるのであって，その使用を正当な表現行為等として受忍すべき場合もあるというべきである。そうすると，肖像等を無断で使用する行為は，①肖像等それ自体を独立して鑑賞の対象となる商品等として使用し，②商品等の差別化を図る目的で肖像等を商品等に付し，③肖像等を商品等の広告として使用するなど，専ら肖像等の有する顧客吸引力の利用を目的とするといえる場合に，パブリシティ権を侵害するものとして，不法行為法上違法となると解するのが相当である。

ここでは，〔判旨α〕と異なり，「社会の耳目を集める」ような人が念頭に置かれ，彼らについて肖像等を使用した「正当な表現行為等」がなされる場合は受忍すべし（「パブリシティ権」の侵害はあるが〔全体としての不法行為責任の成否にかかわる〕違法性を欠く）とされている。では，肖像等を無断で使用する行為が違法になるのはどのような場合か。〔判旨β〕は，これについて「専ら肖像等の有する顧客吸引力の利用を目的とする」場合という基準（以下，「専ら」基準という）を立て，上記①～③の具体例（金築誠志裁判官の補足意見によれば，①にはブロマイドやグラビア写真が，②にはキャラクター商品が含まれる）を挙げる。「専ら」基準は，これまで多くの下級審裁判例[12]が採用していたが，本判

---

12) 東京高判平成 11・2・24 平成 10 年(ネ)第 673 号（判例集未登載）（キング・クリムゾン事件），東京地判平成 12・2・29 判時 1715 号 76 頁（中田英寿事件），東京地判平成 16・7・14 判時 1879 号 71 頁（ブブカ第 1 次訴訟事件・第 1 審判決），本件の第 1 審・東京地判平成 20・7・4 判時 2023 号 152 頁，東京地判平成 22・10・21 平成 21 年(ワ)第 4331 号（判例集未登載）（ペ・ヨンジュン事件）など参照。

決が従来のいくつかの裁判例と異なるのは「著名人が著名性を獲得する過程でメディアによる紹介等が大きく関与している以上, パブリシティ権の名の下に自らの情報をコントロールすることが許されない場合がある」という考え方[13]（本判決の原審・知財高判平成21・8・27判時2060号137頁も同旨）には言及していない[14]点である。

4 「情報の自由な流通」市場を尊重する立場

　この「メディアによる関与」論を推し進めると, ある裁判例[15]が強調するように, 芸能人が著名となり経済的利益を得るようになった基盤には「情報の自由な流通」市場があったはずであり, 自らの存立基盤を否定するようなパブリシティ権の主張は認められないという見解に結びつきかねないが, 本判決はかかる立場からは遠いところにある。「情報の自由な流通」を尊重する立場と関連して, 他人の成果（著名人の肖像等の有する顧客吸引力）は, 原則として誰でも自由に利用でき, パブリシティ権は, フリー・ライドを例外的に規制すべき場合に意味を持つとする説[16]もある。フリー・ライド（他人の成果へのただ乗り）は原則違法ではなく（世界はフリー・ライドによって発展し豊かになっているから）, フリー・ライドを放置すると成果開発へのインセンティブが損なわれるなどの場合に初めて, これを規制すべきである[17]というのが知的財産法を支える考え方である。上の学説——芸能人の人格的利益を制限する立場（注10）参照）に立つ——は, このような**フリー・ライドの原則許容論**から出発し, 知的財産法の規制を参考に, フリー・ライドの自由の例外としてパブリシティ権を位置付ける。

13） 前掲注12)の裁判例のうちキング・クリムゾン事件判決と中田英寿事件判決参照。
14） 松尾弘・法セ691号（2012年）154頁。
15） 東京地判平成17・8・31判タ1208号247頁（ブブカ第2次訴訟事件）。
16） 井上・前掲注10)140頁以下, 井上由里子「パブリシティの権利」法教252号（2001年）34頁以下〔36頁〕。
17） 田村善之『ライブ講義 知的財産法』（弘文堂, 2012年）19頁参照。

5 「専ら」基準をどのように適用するか
——第2の検討課題

　これに対して本判決は，**人格的利益を尊重する立場**からパブリシティ権にアプローチし，それと「正当な表現行為等」を対置した上で，「専ら」基準で両者を調整する。理論構造は大きく異なっていることに注意したい。いずれにしても，人格権に由来するものとしてパブリシティ権を位置付ける本判決の立場の下で検討すべき第2の課題は，調整弁としての「専ら」基準の**有用性ないしその適用の仕方**である。以下では，パブリシティ権の侵害により生じうる損害類型に着目しながら（Ⅲ，Ⅳ），上記2つの課題を本件に即しながら検討することにしよう。

Ⅲ　パブリシティ権の侵害類型・その1
——財産的損害が生じる場合

1　肖像等の利用許諾をめぐる自己決定権の侵害

　被告が原告の肖像等を無断で使用して，そこに内在する顧客吸引力を利用する事例として，まず考えられるのは，①被告が原告の肖像等を例えば商品等の広告として使用していたが，これについて，**事前に使用の許諾を求めていれば原告が了承する蓋然性が高かった場合**である（テレビCMへの出演契約が被告の財政的な事情で失効した後，被告が同一内容の広告を原告に無断で放映した場合[18]など）。このとき原告は，被告に（再度の）許諾を与え，引換えに被告から対価を得るチャンスを失っている。許諾を与えない意思は有していなかったとしても，「許諾を与える機会が奪われた」という意味で，これも，広い意味での自己決定権の侵害（肖像等が「みだりに」利用された）事例といえるだろう。②次

---

[18]　富山地判昭和61・10・31判時1218号128頁（藤岡弘事件）の事案は，もう少し複雑であるが，その骨子は本文に述べたとおりである。

に，被告が原告の肖像等を無断で使用した事例で，**仮に被告が事前に許諾を求めていても，原告が了承する蓋然性が高かったとはいえないケースがある。**これにはいくつかのパターンが考えられるが（Ⅳでも取り上げる），まず想定しうるのは，著名な存在である原告が，その露出を適切にコントロールしたいと考えている場合である。論者[19]が指摘するように，芸能人等の肖像等の価値は，大衆の目に大量に触れ飽きられると，短期間に消費されてしまう。広告出演料が大きな収入源であるエンターテインメント業界では，かかる事態を防ぎ，肖像等の商業的価値を最大にすべく，その利用を制御する必要がある。

2　パブリシティ権侵害による財産的損害の額の算定

いずれにしても，これらの場合，人格権に由来する権利（肖像等の利用許諾をめぐる自己決定権）の侵害を理由とする財産的損害の賠償が問題となるが，これ自体は特に奇妙なことではない（例えば，信用毀損も人格権侵害により財産的損害が生じる一例である[20]）。しかし，**財産的損害の額の算定は困難な問題を含んでいる。**本件で，ピンク・レディーの2人は，自らの写真の通常の使用料を基礎に，光文社が確信犯的にパブリシティ権を侵害したことなどを理由にその3倍の額の賠償を求めている。1審以来，原告らの請求は（1審と最高裁では「専ら」基準で，2審でも写真の使用が原告らの顧客吸引力を利用するとはいえないとして）退けられているため，そもそも本件の事案が上の1①と②のいずれなのか，それともいずれにも当たらないのか（Ⅳ参照）について裁判所の判断は示されていない。しかし，理論的には，①の場合は原則としてライセンス料相当額の賠償をすれば足りるだろう。これに対して，②で同様の解決をすると，当事者間に強制的にライセンス契約を締結させたのと同じ結果となり[21]，原告が許諾したくなかった事案の解決としては不適切である。このとき裁判所は，想定されるライセンス料のほか，無断使用によって被告が実際に上げた利益[22]などを参考にして，肖像等の商業的価値を最大にするチャンスが奪われ

---

19)　松田俊治＝中島慧・知財研フォーラム89号（2012年）62頁以下〔72頁（注29）〕。
20)　五十嵐清『人格権法概説』（有斐閣，2003年）186頁。
21)　窪田・不法行為法135頁。

たことによる損害について，**相当な損害額**を認定するほかはない。

3　「専ら」基準の適用

それでは，最高裁が示した「専ら」基準は，この侵害類型で適切に機能するだろうか。この基準は，両当事者の利害を一応調節する役割を果たしそうであるが，著名人の肖像等がブロマイドや商品の宣伝等に用いられた場合と異なり，本件のように雑誌記事や書籍に原告の肖像等が無断で用いられた場合は，**何をもって「専ら」と考えるのか**という問題にぶつかる。本講の冒頭に掲げた〈判旨〉は，記事の主な内容と，原告らの写真が白黒でサイズが大きくなかったことなどに照らし，原告らの写真は記事の内容を補足するにとどまり，専ら肖像の有する顧客吸引力の利用を目的としていないとしている。しかし，本件記事（ごく簡単なダイエット法をものまねの写真と共に紹介する）は，ピンク・レディーの写真がなければ，かなり面白味に欠け，その価値が著しく下がる[23]ことは間違いないだろう。それに対して，本件記事が，仮にクリス松村の「ピンク・レディー・エクササイズ」（I 1）を詳しく解説するものならば，事情は異なるかもしれない。被告が原告の肖像等に大きく依存して経済的利益をあげようとしていたか[24]という観点から「専ら」基準を適用することができると考えるなら，結局，雑誌記事や書籍については，①原告の肖像等「以外」の内容の顧客吸引力の大小（「ピンク・レディー・エクササイズ」のように読者の興味を引くかどうか，〔判旨β〕が例示する時事報道のように社会に有益な情報を提供しているか，著名人の半生を独自の視点でまとめた伝記[25]のような創作物かなど）と，②原告の肖像等「自体」の顧客吸引力の大小とを相関関係的に考慮するほかはないように思われる。本件では，①の顧客吸引力は小さく，②のそれは（写真が白黒で小さくても）大きい。したがって「専ら」基準の下でも，被告は不法

---

22)　加害者が被害者の権利を無断利用して利益を上げた場合に，被害者の権利にそれだけの経済的価値があることを加害者自ら示したと指摘する窪田・前掲注21)373頁参照（窪田はその上で「利益吐き出し型の損害賠償」を志向する）。
23)　吉田和彦・ひろば65巻7号（2012年）56頁以下〔71頁〕参照。
24)　田村善之・法時84巻4号（2012年）1頁以下〔4頁〕参照。
25)　前掲注12)の裁判例のうち中田英寿事件判決参照。

行為責任を免れないと考える。

4 被告の表現の自由 v.s. 原告の自己イメージの呈示

これに対して，記事それ自体の目的と写真の大きさなどをあえて形式的に判断することを通じて被告の責任を否定した本判決からは，**被告の表現の自由をできるだけ尊重しようとする姿勢**がうかがえる。しかし，本件で表現の自由と対立する価値は，「肖像等それ自体の商業的価値」（〔判旨 a〕）にとどまるものではない。かかる商業的価値ないし顧客吸引力が生じたのは，例えば芸能人の場合，プロモーション戦略のほか，本人が生まれながらに持つ外見や内面の魅力，そしてファンの反応を確かめながら日々自分を磨こうとする自身の努力などによって，タレントとしてのイメージが徐々に築き上げられ，それが肖像等に具現化されているからだと考えられる。社会学上の知見に従うのなら，人は誰でも「舞台」の上でパフォーマンスを行い，オーディエンスとの間で「**社会的な相互行為**」をしている（私もいま有斐閣の発行する単行本という舞台の上で，潜在的読者からの「役割期待」を感じながら自分を無意識的にせよ演出し，自己のイメージを呈示している）[26]。芸能人であれば，芸能界という舞台の上で，ファンやテレビの視聴者などとの日々の相互行為を通じて築き上げられたイメージを，壊さないように，あるいはよりよく見えるように，能動的に呈示し，社会の人々からのさらなる役割期待に応えたいはずである。私たちの社会生活の根底には，**自己のイメージをどのように呈示して自分をプロデュースするのか**という課題が――芸能人であれ一般人であれ――，常に存在する。原告の肖像等に商業的価値があり，その利用のあり方が問題となっている場合も，その背後には，このような人間の日々の営みと切り離すことのできない人格的利益が存

---

[26] 人々の相互行為に着目し，人間の生活を演劇になぞらえて分析する社会学の有力説については，水野謙「プライバシーの意義」NBL 936 号（2010 年）29 頁以下〔34 頁〕参照。もっとも，人は，日常生活において自己を自在に演出できるとは限らない。言い換えると，個人（舞台の上のパフォーマー）と他者（それを見守るオーディエンス）との間に明確な境界線を設け，人を自らの行為の完全な主体者と捉える徹底した個人主義的な見解は，現実の私たちの社会生活を適切に説明するものとはいえないと考えられる。この点については，窪田充見編『新注釈民法(15)』（有斐閣，2017 年）536 頁〔水野謙〕及び後掲注 34）参照。

在している。被告の表現の自由に偏ることなく適切にバランスを図る(3)ことが，ここでは必要だと考える。

Ⅳ　パブリシティ権の侵害類型・その2
　　──精神的損害も生じうる場合

1　精神的損害の賠償が認められる場合
　　──名誉毀損・プライバシー侵害との連続性

　原告の自己イメージの呈示にかかわる人格的利益を侵害する形で肖像等が無断で使用された場合，原告には，財産的損害と並んで精神的な損害が発生しうる。この点，〔判旨 a〕の「人格権に由来する権利の一内容を構成する」という表現に拘泥せず[27]，または「由来する」・「一内容」という（間接的な）言葉づかいに注目し[28]，あるいは「商業的価値」という言葉に着目する[29]などして，パブリシティ権の保護法益が人格的利益であると解することに否定的な見解がある。これに対して，本判決が人格権に由来するものとしてパブリシティ権を捉えていると理解する論者は，パブリシティ権が財産的な利益をも保護するとしており，慰謝料請求の可能性を積極的には排除していない[30]。私も，後者の論者の見解のほうが無理が少ないと考えている。もっとも，自己イメージの呈示と経済的利益の獲得とが結びついているタレントの場合，肖像等の商業的価値を最大にする機会が奪われたという意味での財産的損害（Ⅲ1②）の賠償が認められれば足りる場合が多いだろう[31]。しかしながら，①タレントの肖像等が，偽ブランド品の広告に無断で使用されたような場合は，タレント

---

27)　王冷然・法学（東北大学）77巻4号（2013年）598頁以下〔602-603頁〕。
28)　安東奈穂子「ピンク・レディー最高裁判決とパブリシティ権」知財管理63巻3号（2013年）323頁以下〔331頁〕。
29)　本山雅弘「パブリシティ権の権利構成の展開とその意味に関する覚書」國士舘法學45号（2012年）57頁以下〔60-61頁〕。
30)　田村・前掲注17)536-539頁，吉田・前掲注23)68頁。
31)　前掲注12)のペ・ヨンジュン事件は，原告の写真が雑誌に無断掲載されたケースで「財産的損害に対する損害の賠償だけでは償い難いほどの精神的苦痛」を被っていないとして慰謝料請求は認めなかった。田村・前掲注17)537-538頁も参照。

としてのイメージの低下は避けられない。②あるいはA社の宣伝のため専属の出演契約を締結していた俳優の肖像等が，A社のライバルB社のCMに使用された場合はどうか。俳優が肖像等を利用して二重に利を図ったとの印象を業界や大衆に与えたとして，財産的損害と並んで精神的損害の賠償を認めた裁判例がある[32]。これは名誉毀損事例とも見うるが，①との区別は相対的である。それでは，③美容整形手術を受けたタレントの，手術を受ける前の写真が雑誌に無断で掲載された場合[33]はどうか。これは，典型的なプライバシー侵害事例であるが，③における問題の本質は，「舞台」の上で自己イメージの呈示をしていた芸能人が，「舞台裏」の様子が流布されたことによって，それまでと異なる枠組みから自己を解釈される危険にさらされたという点にあると考えられる。自己のイメージをどのように呈示し，また他者との関わり合いのなかで自分自身にどのような意味付けを与えたらよいのか——このような試行錯誤が阻害されたという点で，①〜③は共通している（かかる試行錯誤は，他者との関係で揺れ動き攪乱されうる脆弱な一面を有しており，この段階では〔自己イメージが具現化された肖像等の利用をいかに制御するかという，その次の局面とは異なり〕「自己決定」ないし「他者に依存しない強い自己」を観念することは困難である[34]）。このように考えると，**パブリシティ権侵害は名誉毀損・プライバシー侵害とも連続的な関係にある**。②や③の事例で名誉やプライバシーという言葉を使うかどうかは，まさに言葉の問題であり，重要な点は，肖像等が顧客吸引力を有するに至った背後に，どのような「社会的な相互行為」があるのかを斟酌して慰謝料を算定することにある。

2　本件で精神的損害の賠償は認められるか

本件の原告らは，精神的損害の賠償は求めていない。論者の中にも，本件記事は，ピンク・レディーのイメージを損なうものではないとするものがあ

---

[32]　前掲注10)のマーク・レスター事件判決。
[33]　前掲注12)のブブカ第1次訴訟事件・第1審判決は，このような事例にも言及する。
[34]　水野・前掲注26)NBL 33頁，水野謙「プライバシーの意義に関する序論的考察」学習院大学法学会雑誌45巻2号（2010年）1頁以下〔14頁〕。

る[35]。これに対して，上告受理申立理由書の作成段階から原告らの訴訟代理人となったある実務家は，裁判外で次のように述べている。「ピンク・レディーの美しい体・肉体が……，『脂肪の〔原文ママ〕燃焼』させるダイエット……にみだりに，かつ無断で使用され……たというのである。それは，本人から見れば我慢できる域を超えているのではないか」[36]。私も，本件記事を読み，（ダイエットの記事に本人の写真が使用されたこと自体が問題というよりも）ものまねタレントの写真や使われているフレーズなどが，全体的に，彼女らの健康的なイメージ（Ⅰ1），ブラウン管を通じて呈示され続けたパフォーマンスの特質[37]，あるいは彼女らが今日でも有しているであろう美意識[38]とは，やや乖離していると感じた。なお，本件記事では，ものまねタレントの写真が使われている（Ⅰ2）。ものまねについては，①「そっくりさん」の場合，本人と誤認されることによって，本人のイメージが害されることもあれば[39]——，②**本人の動きを忠実に模写した上で，それを破壊し独創的なものに仕上げている場合**[40]もあり，この②の場合は，社会が共有すべき新たな財が形成されたともいいうるだろう。②と関連し，英国のある学説[41]は，③個人のイメージや情報などを広く包摂するペルソナ（persona）を第三者が用いることが許される場合として，**健全な社会的・芸術的な批判**という形式をとるパロディを挙げ，民主主義社会に不可欠だと指摘するが説得的である。これに対して，本件の前

---

35) 安東・前掲注28) 330頁。
36) 松尾和子「『ピンク・レディー de ダイエット』パブリシティ権保護の成否」牧野利秋先生傘寿記念論文集『知的財産権——法理と提言』（青林書院，2013年）1135頁以下〔1150頁〕。
37) 小川博司『音楽する社会』（勁草書房，1988年）130-131頁は，70年代のピンク・レディーが，自らの身体性と遊離した動きを懸命になってやり遂げることによって他者の期待に適合するように「外部自己」を演じていたと評価する。
38) 例えば，未唯 mie『美の意識』（徳間書店，2012年）4頁，53頁は，年齢を重ねることを肯定的に捉えながら，美の意識を高く持ち続けることの重要性を説いている。
39) 矢沢永吉のそっくりさんが北海道のパチンコ業者のCMに起用されたケース（1994年に和解成立）の発端は，ファンから「矢沢よ，オレたちのイメージを壊さないでくれよ。……CMやるにしてもイメージ違うんじゃないの！」というクレームが矢沢のもとに寄せられたことに由来するようである（FLASH 1994年5月10日・17日合併号13頁）。中島基至・Law & Technology 56号（2012年）68頁以下〔74頁〕，内藤篤=田代貞之『パブリシティ権概説〔第3版〕』（木鐸社，2014年）238頁以下も参照。
40) コロッケ『マネる技術』（講談社 + α 新書，2014年）100頁は，この点を強調する。
41) Black, Gillian, *Publicity Rights and Image*（Hart Publishing, 2011）p. 59, pp. 178-180.

田健のものまねは，①〜③のいずれでもなく，中途半端な印象がぬぐえない。彼の写真は，相対的にピンク・レディーの写真よりも大きいが，大きいだけに余計に，本件記事のコメントとあいまって，ピンク・レディーの写真が「女性自身」の読者層に本来与えるはずのイメージを，攪乱させるおそれがあると考える。もっとも，だからといって，本件で，原告らが仮に精神的損害の賠償まで請求したとしても，それが認められるかは微妙であろう。タレントとしてのイメージの（低下まではおそらくいかない）攪乱という要素は，せいぜい，肖像等の商業的価値を最大にする機会を失ったという財産的損害を算定する際の一資料として考慮しうるにとどまると解するのが穏当だと思われる。

Directions ➡

(1) 本判決によれば，パブリシティ権とは，肖像等が有する商品の販売等を促進する顧客吸引力を排他的に利用する権利のことであり，人格権に由来する「肖像等をみだりに利用されない権利」の一内容を構成する。

(2) 肖像等が商業的価値を有する背景には，私たちの社会生活の根底に横たわる自己イメージの呈示という問題が存在する。この点に考慮して，表現の自由との調整を図るべきである。

(3) パブリシティ権侵害の結果，肖像等の商業的価値を最大にする機会が失われたという財産的損害の額を算定する際には，肖像等の無断利用をした者が現実に上げた利益も一資料となりうる。

(4) 肖像等の無断利用によって本人のイメージが低下ないし本人が異なる枠組みから解釈されるおそれが生じたとき，精神的損害の賠償を認める余地もある。このとき，肖像等が顧客吸引力を有するに至った背後にある「社会的な相互行為」の内容を斟酌して慰謝料を算定すべきである。

● *民法改正との関係*

本講のテーマについては，法改正による影響は特にない。

第**29**講

サッカーボール訴訟
―― 親の監督義務の内容

最判平成 27・4・9 民集 69 巻 3 号 455 頁
平成 27 年度重判解民法 8 事件

▶ 判旨

責任能力のない未成年者の親権者は，その直接的な監視下にない子の行動について，人身に危険が及ばないよう注意して行動するよう日頃から指導監督する義務があると解されるが，本件ゴールに向けたフリーキックの練習は，上記各事実に照らすと，通常は人身に危険が及ぶような行為であるとはいえない。また，親権者の直接的な監視下にない子の行動についての日頃の指導監督は，ある程度一般的なものとならざるを得ないから，通常は人身に危険が及ぶものとはみられない行為によってたまたま人身に損害を生じさせた場合は，当該行為について具体的に予見可能であるなど特別の事情が認められない限り，子に対する監督義務を尽くしていなかったとすべきではない。

A の父母である Y らは，危険な行為に及ばないよう日頃から A に通常のしつけをしていたというのであり，A の本件における行為について具体的に予見可能であったなどの特別の事情があったこともうかがわれない。そうすると，本件の事実関係に照らせば，Y らは，民法 714 条 1 項の監督義務者としての義務を怠らなかったというべきである。

I　はじめに

1　社会の耳目を集めた本判決

　小学校の校庭で放課後，小学5年生の男児A（11歳11か月）がサッカーのフリーキックの練習を行っていたところ，ボールがゴールの枠を外れ，校庭の門扉を乗り越え，道路に飛び出した。ここまではありがちな話であるが，本件では，たまたまそこを通りかかったバイクに乗った高齢の男性B（85歳11か月）が，ボールを避けようとして転倒し，約1年4か月後に死亡してしまった。このとき，Aの親Yらは，Bの遺族Xらに対して，責任無能力者（責任能力は子の能力や行為の種類・性質などに応じて個別に判断されるべきであるが，裁判例は12歳程度をボーダーラインと考えるものが多く，本件でもAは責任無能力者とされている）の監督義務者として，民法714条1項の損害賠償責任を負うだろうか。

　本判決は，新聞やテレビなどでも大きく取り上げられたものであり，読者の中にも報道を目にした方が少なくないだろう。例えば，本判決が下された翌朝の朝日新聞は，社説で次のように述べている。「子が起こした事故をめぐる過去の裁判では，被害者を救済する観点から，ほぼ無条件に親の賠償責任が認められてきた。この日の最高裁の判断は，親の責任を限定するもので，司法判断の流れに影響を与える」。マスコミの論調は，総じてこのようなものが多かったように思われる。確かに，学説の間でも，親権者のように被監督者の身上を看護すべき者の監督義務は，本人の生活関係の全般に及ぶ包括的な監護義務であるという理解が一般的であり[1]，また714条1項も，そのただし書で，監督義務者が自らに監督義務違反がなかったこと（または義務違反と損害との間に因果関係がなかったこと）を主張・立証しない限り，責任を免れないとしており，条文の構造上も免責のハードルは高い。しかし，本判決は，本当に，過去の裁

1）　例えば，四宮和夫『事務管理・不当利得・不法行為(下)』（青林書院，1985年）674頁，平井・債権各論Ⅱ 218頁，前田陽一『債権各論Ⅱ不法行為法〔第2版〕』（弘文堂，2010年）142頁など。

判例の流れとは異なる，あるいは理論的に新しい視角を提示するような判断をしたのだろうか。この点は，結論からいうと Yes でもあり，また No であるようにも思われる（Ⅱ以下で検討する）。しかし，その検討に入る前に，上に述べた事実関係のあらましを読んだ読者が，おそらく抱くであろう疑問点について，簡単に確認しておくことにしよう。

2 本件に付随する問題

(1) まず，本件では，Bの転倒（以下，「本件事故」という）と死亡との間に1年以上の時間の間隔があり，両者の間に**事実上の因果関係**はあるのかが問題となる。これは1審と2審で大きな争点となったが，原審は，本件事故により→Bが左足を骨折し左手を打撲するなどしたため入院したところ→Bは生活状況が一変したことにより認知症が発症・増悪し→高齢であるがゆえの脳機能の低下と既往症である慢性硬膜下血腫等も加わり→仮性球麻痺（嚥下機能が強く阻害される）が発現し→誤嚥性肺炎により死亡したとして，因果関係を認定している。

(2) 次に，Bの運転ミスや既往症などを理由とする**賠償額の減額**も論点となりうる。原審は，Bの入院慰謝料350万円，死亡慰謝料1000万円などを含む総額1727万円余りを損害額とした上で，小学校の近隣に住むBが速度を控え前方を注視してバイクを運転していれば，ボールを発見して安全に停止できたとして3割の過失相殺を行い，その上でBの脳萎縮（認知症の素因）や既往症が損害の発生に寄与しているとして5割の減額（過失相殺の規定の類推適用）を行って，損害額を65％減額している。これに対して本判決は，賠償額を減額するまでもなく，Yらの責任をそもそも否定したのだった。

(3) さらに，本件では，Aの蹴ったサッカーボールが校庭の門扉を超えているが，この大きな原因として，門扉（高さ1.3m）やネットフェンス（高さ1.2m）の近くにサッカーゴールが設置されており，また，そのような校庭が放課後児童に開放されていたことが挙げられる。よって，小学校側の責任（本件の舞台は愛媛県の今治市立小学校なので〔事故当時は越智郡の町立小学校だったが〕，市の国賠法1条または2条の責任）が当然に問題となるが，Bの遺族Xら

は市の責任は問おうとはせず（その理由は不明である），Aの709条の責任（この点は責任能力がないとして1審で否定され控訴されずに確定した）および両親Yらの714条1項の責任のみを追及している。

3 ゴールを外した小学生に過失はあったか

ただ，読者が抱くであろう（?）最大の疑問（の1つ）は，そもそもAに過失があったのかという点ではないだろうか（少なくとも，昔，サッカー部員だった私は，原判決を一読して，この点がまず頭をよぎった）。プロの選手でもプレー中にゴールの枠を外すことはよくあるのであり，（おそらく）小学校がフェンス付近に設置したであろうゴールの枠を，小学生が練習中に外し，ボールが校庭外に転がったところで，果たして彼に過失があるといえるのか（小学校の周辺は田畑で交通量は少なかった）。これについて原判決は，「校庭内でサッカーをする者は道路の交通を妨害しないような注意義務を負っていた」とした上で，ゴールが校庭の端に置かれていたこと，ネットフェンスが1.2mの高さにすぎず門扉の高さと同程度であったことなどを考慮して，Aの過失をあっさりと認めている。しかし，この判断は，結局，（学校が設置した）ゴールに向かってボールを蹴るなと小学生に言っているに等しい。これに対して本判決は，判決がまとめる「原審の適法に確定した事実関係」の中でAの過失には特に触れていない。これについて次の2点を指摘したい。

(1) まず，714条1項の監督義務者の責任が成り立つためには，①多数説は，責任無能力者の行為が責任能力以外の，（過失を含む）不法行為の要件をすべて満たすことが必要であると解している（以下，「**過失必要説**」という）[2]。この結論は，ある学説[3]が分析するように，監督義務者の責任を代位責任と捉えれば当然に，また自己責任と捉えても責任無能力者が適切な行為をしていれば監督義務者の監督行為の適否を問う余地がないという見解に立つことによって導くことが可能である。判例も，最判昭和37・2・27民集16巻2号407頁が，児

---

2) 四宮・前掲注1)674頁，平井・債権各論Ⅱ 219頁，前田・前掲注1)142頁など。
3) 潮見・不法行為Ⅰ 413-414頁。

童の「鬼ごっこ」中の傷害行為につき違法性が阻却されるとして、それを理由に親の責任を否定した原判決を是認しており（この判決は、監督義務者の責任要件として、責任無能力者に過失があることまでも要求しているわけではないが、過失必要説と同列に扱われることが多い）、また原判決も、過失必要説に立っている。②しかし、監督義務者の責任を自己責任と捉えた上で、監督義務者自身に過失があることが重視するならば、責任無能力者の過失は必要ではないという見解（以下、「**過失不要説**」という）[4]も成り立ちうるだろう。③もっとも、過失不要説に対しては、過失必要説から次のような反論がなされている。まず、過失不要説は監督義務者自身の過失を強調するが、監督義務者の過失は責任の阻却事由にすぎない（714条は「中間責任」である）。また、直接の加害者である責任無能力者に過失がない場合は、712条によってではなく709条によって責任が否定される。したがって、712条の適用によって直接の加害者が免責されることを前提とする714条の適用の余地はないはずである[5]。

(2) しかしながら本判決は、このような見解の対立に深入りすることなく、すなわち、過失必要説を採用した原審の判断を明確に肯定することもなく、かといって明確に過失不要説を支持することもなく、Yらの監督義務違反の有無についてのみ判断しているように思われる（このような態度は、理論的には明解さを欠いてはいるが）。そして、Aの行為について、フリーキックの練習は「通常は人身に危険が及ぶような行為であるとはいえ」ず、それによって「たまたま人身に損害を生じさせた」にすぎないと評価して、これを（Aの過失判断の中ではなく）Yらが監督義務を尽くしていたとする結論を導く理由付けの1つに用いている。これに対して、原判決は、（Aの過失を肯定した上で）Yらの監督義務違反を認めている。いったい、原判決と本判決とが監督義務違反の有無について、このように判断を異にしたのはなぜなのだろうか。以下では、この点について検討することにしよう。

---

4) 久保野恵美子・平成27年度重判解（ジュリ1492号）82頁も参照。
5) 窪田充見「サッカーボール事件」論ジュリ16号（2016年）8頁以下〔13頁〕。

II 監督義務をめぐる原判決と本判決との判断の分かれ目

1 原判決と本判決がそれぞれ注目する事情

本判決が冒頭の〈判旨〉で述べるように,「Aの父母であるYらは,危険な行為に及ばないよう日頃からAに**通常のしつけをしていた**」(①)。しかしながら,原判決は,「子供が遊ぶ場合でも,周囲に危険を及ぼさないよう注意して遊ぶよう指導する義務があったものであり,校庭で遊ぶ以上どのような遊び方をしてもよいというものではないから,**この点を理解させていなかった点で,Yらが監督義務を尽くさなかったものと評価されるのはやむを得ない**」としている。しかし,「どのような遊び方をしてもよいというものではない」ことをAに理解させ,事故を引き起こさないようにするために,Yらは,実際にどうすればよかったのだろうか。これは,結局のところ,**通常のしつけを超える具体的な指導**をすべきであった,と解するほかないだろう。例えば,「サッカーゴールが背の低い門扉近くに設置されている場合は,蹴り方次第で道路にボールが飛び出す危険性があるので,田畑が周りに点在し付近の交通量が少ない小学校の校庭でも,ゴールに向けてボールを蹴ってはいけません(!?)」とYらは日ごろから口を酸っぱくしてAに言い聞かせるべきであった(このような親は,まず存在しないであろうが)。しかし,Yらは,このような具体的な指導をしてこなかったのである(②)。

原判決は,事実②を重視して,通常のしつけをしていても,より具体的な指導をしていなければ,714条1項ただし書の要件(監督義務者が監督義務を怠っていないこと)は満たされないと判断したのだと思われる。これに対して,本判決は,事実①を前提とした上で,「フリーキックの練習は,……通常は**人身に危険が及ぶような行為であるとはいえない**」と判断し(③),さらに「親権者の直接的な監視下にない子の行動についての日頃の指導監督は,**ある程度一般的なものとならざるを得ない**」という事情(④)も考慮して,Aの本件行為を具体的に予見可能であった特別の事情もうかがわれない本件では,714条1

項ただし書の要件は満たされ，Yらには監督義務違反はないと考えている。

このように，本判決と原判決とで，注目する観点が異なるのはなぜなのだろうか。この背後には，714条1項の「監督義務者の責任」をどう捉えるのかについて，以下のような考え方の違いが存在するものと思われる。

2 「家族関係の特殊性」を強調する立場

714条1項は，ドイツ民法に由来し，ドイツ民法をさらにさかのぼると，家族共同体の構成員の不法行為について家長に絶対的な責任を負わせていたゲルマン法（ドイツ民法以前のドイツの固有法およびその諸原理）に行き着くといわれている。このゲルマン法の団体主義的な責任理論を引き継ぐドイツ民法は，しかし，それを単に引き継いだのではなく，ローマ法流の個人本位の責任理論にも注目した。そして両方の責任理論を妥協させる形で，つまり一方で，監督義務者の義務違反があったことに責任根拠を求めつつ（個人本位の責任理論），他方で，監督義務者のほうに監督義務違反がなかったことの証明責任を課している（家長の重い責任という伝統を引き継ぐ，監督義務者の厳格な責任）。そして，わが国の民法は，このようなドイツ民法を，加害者が責任無能力者の場合に限定して，承継したといわれている[6]。いずれにしても，このような監督義務者の厳格な責任——これは**「家族関係の特殊性」**というキーワードに要約しうる——を強調する形で，714条1項の「ただし」以下を，親権を行使する親が監督義務者の場合を念頭に書き換えるならば，例えば（以下のリステイトメントは，すぐ後に述べるように，1つの考え方にとどまるが），次のようになるだろう。

> 〔リステイトメント・その1〕　「親は，子の行為により生じる具体的な結果を予見できなくても，あるいは，子の行為をコントロールすることができない場面でも，子の生活関係の全般について個別具体的な行為の禁止の指示を含む指導監督の義務を負うが，親がその義務を怠らなかったとき，又はその義務を怠らなくても損害が生ずべきであったときは，親は賠償責任を免れる」。

---

6) 注釈民法(19) 254-255頁〔山本進一〕。

親の監督義務が，子の生活関係の全般に及ぶという通説的な理解（Ⅰ1）が，ここまでのことを考えているのかは，必ずしもはっきりとしない。〔リステイトメント・その1〕にあるような「個別具体的な行為の禁止の指示」を行う義務というよりも，むしろ，高度に抽象化された包括的な監護義務[7]を措定しているだけなのかもしれない（そのように理解しても，監督義務者の厳格な責任という伝統的な考え方と両立する）。しかし，かかる理解は，原判決のように，親は子が「校庭で遊ぶ以上どのような遊び方をしてもよいというものではないから，この点を理解させ」て，子が「周囲に危険を及ぼさないよう注意して遊ぶよう指導する義務」を負うという発想とは，異なっている。原判決の考え方を敷衍するならば，本件のYらは（たとえ田畑が周りに点在し付近の交通量が少ない小学校の校庭で子Aがフリーキックの練習をする場合でも）Aに対して，通常のしつけを超える具体的な指導をすべきであったということにならざるをえないからである（1②）。原判決の立場は，〔リステイトメント・その1〕と整合的である。

3 危険責任原理に依拠する立場

しかし，ゲルマン法に由来する「家族関係の特殊性」ないし団体主義的な責任原理に監督義務者責任の歴史的な根拠を求めるとしても，それは，ある時代の，ある地域で通用した1つの考え方にすぎない。今日のわが国で「家族関係の特殊性」というマジックワードに依拠して規範を定立することには無理があるのではないだろうか。このように考えると，714条1項の別の正当化原理として学説[8]が主張する**危険責任**（危険を支配している人は責任を負う）の考え方のほうが，民法の他の条文（例えば715条1項本文が規定する使用者責任は，危険な作業に被用者を従事させている使用者のように，社会に対して危険を作り出し，危険を支配している人は，そこから生じる損害についても責任を負うべきであると

---

[7] 中原太郎「過失責任と無過失責任」現代不法行為法研究会編『不法行為法の立法的課題』（商事法務，2015年）33頁以下〔45頁（注58）〕。
[8] 四宮・前掲注1)670頁，同676頁（注1）。

いう観点から説明できるし，717条1項本文が規定する工作物責任も然りである）の正当化根拠としても用いられており，民法の体系により整合的であるといえる。責任能力のない子は，いわば**人的な危険源**であり，このような**子の危険な行動を親が支配しうるかぎりで**，監督義務者としての責任は正当化されるのである。かかる観点から，714条1項ただし書をリステイトするならば，例えば，次のようになるだろう（これも〔リステイトメント・その1〕と同様に，1つの考え方にとどまるが）。

〔リステイトメント・その2〕　「親は，子の粗暴な行動について日ごろから認識していたり，親が子の危険な行為について注意を与えやすい環境下で事故が生じたりする場合のように，子の危険な行動について支配可能性がある限度で，子に対して具体的な指導を行う義務があるが，それ以外の場合は，親は，通常のしつけをする義務を負うにとどまる。そして，親がそのような義務を怠らなかったとき又はその義務を怠らなくても損害が生ずべきであったときは，親は賠償責任を免れる」。

　危険責任から監督義務者の責任を説明する学説が，親の支配可能性について，〔リステイトメント・その2〕にあるように，具体的に考えているのかは定かではない（現に，例えば四宮説は，本条の責任を一種の危険責任と捉えつつも，子の生活関係の全般について，親の監督義務を広く認める。なお，林誠司「監督者責任の再構成」私法69号〔2007年〕176頁も，子の行為について抽象的危険があるにとどまる場合でも，危険支配原理および信頼原理から，親は子について一般的監督義務を負うとする）。しかし，危険責任から説明可能な使用者責任にあっては，使用者は，被用者に対して雇用関係上の支配可能性を有している。また，工作物責任にあっては，土地の占有者は，工作物について物理的・直接的な支配可能性を有している。これに対して，子の行為は多様であり，ときとして制御困難である。714条1項について危険責任原理からアプローチする立場をとるならば，事案ごとに，**子の行動の危険性の大きさ**と，**子の行動の具体的な支配可能性の大きさ**の有無を探求するほかはないだろう（そのようにアプローチをすることによって初めて，他の危険責任に関する民法の規定と整合性がと

れる9))。本判決が，フリーキックの練習の危険性の乏しさ（1③）と，子が親権者の直接的な監視下になかったこと（1④）を考慮して，親権者の責任を否定しているのは，この意味で理解しうる。本判決の立場は，〔リステイトメント・その2〕から導くことが可能である。

いずれにしても，本判決は，(「家族関係の特殊性」という普遍的には妥当しない用語に依拠したり，支配可能性のないところで危険責任原理に訴えたりすることによって）**子の生活関係の全般について親の監督義務を広く認めようとする学説とは距離を置いている**といえるだろう。では，本判決のかかる態度は，従来の裁判例と比較しても，その流れを大きく変えるものだったのだろうか。以下では，この点について検討することにしよう。

III 従来の裁判例との比較

1 親の免責を認める裁判例

近時の裁判例の動向（現在〜昭和40年代後半ぐらいまで）を振り返ると，責任能力のない子Aの加害事例で，親Yの責任を否定したものが少数であるが存在する。しかし，それらの裁判例は，**Aの行為が違法ではないという評価**を行い，Yに714条の責任を問う前提を欠くとしている。例えば，①名古屋地判平成25・1・31判時2188号87頁は，「児童が『いじめの定義』にあたる行為を行ったとしても，それが直ちに不法行為法上違法とされるべきではな」いとして，問題となった言動は，「小学校6年生の児童らが互いに言い合う類のからかいの言葉であり，……悪質性が高いとはいえない」として，相手の児童が不登校になった事案で，加害児童Aの違法性を否定し，両親Yらに対す

---

9) 中原太郎「『代位責任』の意義と諸相」論ジュリ16号（2016年）41頁以下〔46-48頁〕は，同じく代位責任といっても，使用者責任は組織モデルから説明される（使用者は被用者に強い拘束を及ぼしており，被用者の行為は使用者の意思支配の実現とみうる）のに対して，監督義務者の責任は家族モデル（被監督者の賠償資力の乏しさという社会的リスクは，家族的権威者に負わせるのが公平である）によって説明可能であるとする。これに対して，本講は，本判決の内在的な理解として，使用者責任と並んで監督義務者の責任も，危険責任原理という同一の観点から説明可能であるという立場に立っている。

る請求を退けている。また，②東京高判昭和59・4・26判時1118号181頁は，小学4年生の児童Aが放課後，校庭の回旋塔で遊戯中に他の児童に怪我を負わせた事故が争われたが，「本件回旋塔による遊戯は，児童の生命又は身体への格別の危険性をもたらすようなものではなく，……児童の遊戯方法として一般的に是認された相当なものであ」り，「本件事故が仮にAの過失に起因するものとしても……違法性を欠く」として，両親Yらの責任を否定している。①は「いじめ」に関するややデリケートな判断を含んでいるが，①②のいずれも，その判断の構造は，児童の「鬼ごっこ」に関する前掲最判昭和37・2・27（Ⅰ3(1)）と同じである。

2　親の免責を認めない裁判例・その1
—— その一般的な傾向

　その他の裁判例は，親の免責を認めることに否定的である。もっとも，免責を認めない理由を検討すると，「親の監督義務は子の生活関係の全般に及ぶ」という通説的な理解との間に，ズレを見出すことが可能である。

　(1)　まず，親の免責を認めない裁判例の多くは，**親Yが子Aの加害のリスクを伴う行為を認識していた**という特徴がある。例えば，東京高判平成18・2・16判タ1240号294頁は，保育園における園児のいじめ行為につき，「Yら〔加害園児Aの両親〕は，日頃からAの行動が粗暴であることを認識していたこと，X_1〔被害園児X_2の母〕からAのX_2に対する言動に対する抗議をしばしば受けていたこと，保育園からの連絡〔原文ママ〕にも，AがX_2を叩いたりしたことが記載されていたこと等を知っていたことが認められる」としている。同様の特徴は，公立中学校の授業時間中に起きた生徒間の傷害事故につき，加害生徒A（13歳1か月）の両親Yらの損害賠償責任を肯定した東京地判平成13・11・26判タ1123号228頁にも見ることができる（Aは日ごろから年相応とはいえない短絡的な行動をとり，責任無能力者とされている）。判決は，「Aは，学校内においてしばしば粗暴な問題行動をとっていたものと認められ，Aの学校内での問題行動については，教諭からの連絡等によりYらも認識していた」ことを重視する。このほか，粗暴な行為が問題となったケースではない

が，福岡地判昭和47・3・16判タ278号332頁では，フェンスで囲まれた社宅付属の遊び場でA（10歳）とB（10歳）がキャッチボール中，誤ってフェンス外の道路歩行者Xにボールを当てた事例が争われた。判決は，AとBそれぞれの親Yらについて「道路の状況にも注意し，子供らにボールが外に飛び出さないよう向きをかえるなどして遊ぶように注意すべき義務」を認めた。この事例は，ボールが道路に転がった点で本件と似ているものの，本件と大きく異なり，①子が固定されたゴールめがけて練習をしていたのではなく，向きを変えることが容易なキャッチボールをしており，②場所が社宅の遊び場であり，親が子に注意を与えやすい環境だったという特徴がある。

(2) 以上(1)と関連して，子の粗暴な行動についての親の認識に加えて，子の行動の原因を**家庭環境**に求める判決もある。例えば，和歌山地判昭和48・8・10判時721号83頁は，保育園内でAが他の園児に板切れを投げつけ負傷させた事件で，日ごろから粗暴な行為をするAの知能や精神状態に疑問を抱いた保育園が児童相談所でAの知能検査を受けさせたところ「問題のある家庭環境に起因する軽い情緒障害がある」と診断されたことを認定し，Yらの責任を肯定している。また，神戸地判平成16・2・25判時1853号133頁は，加害児童A（9歳）の強制により児童B（7歳）が池で溺死した事案で，Aの母Yについて，「Aは，Yから十分な食事や衣服を与えられていなかった」ことなどを重視して，監督義務を怠っていなかったとはいえないとしている。

(3) これら(1)(2)の裁判例では，親が，子の加害行為について，かなりの程度，予見することができ（(1)），また親の育て方など家庭環境にも問題がある（(2)）以上，免責の主張は認めないという理屈が通りやすい事案であった。つまり，親の監督義務を厳格かつ抽象的に捉え，「監督義務は子の生活関係の全般に及ぶ」ので免責は認められにくいという学説の理解とは異なり，（裁判例によっては，「生活関係の全般」という言葉を用いるものもあるが，実際には）特定の加害行為について，**親に具体的な予見可能性があったり，親が責任を負ってもやむを得ない具体的な状況が存在したり**していることに注意すべきである。この点は，包括的な監督義務を強調する学説によって，これまであまり意識されてこなかったように思われる（本判決を評釈する学説においても，裁判例の結論のみにおそらく着目して，親に包括的な監督義務を負わせるのが従来の裁判例で

あったと理解するものが見受けられる10)）が，裁判例の流れを把握する上では，重要なポイントである。翻って考えるに，子が粗暴な行為をして他人に怪我を負わせるような場合は，実際には，このようなケースが多いのであろう。これに対して，本判決の事案は，〈判旨〉がいうように「Aの本件における行為について具体的に予見可能であったなどの特別の事情があったこともうかがわれない」事案であった。

3 親の免責を認めない裁判例・その2
　　——親自身に結果の具体的な予見可能性がない場合

　もっとも，裁判例の中には，このような監督義務者の具体的な予見可能性を問題としないで，親の監督義務違反を認めたものも少なからず存在する。例えば，①京都地判平成元・9・6判時1380号126頁は，バスから降車した乗客Xが，バスと停留所の標柱との間を走行してきた加害児童A（11歳11か月）の運転する自転車に衝突された事故について，「自転車の運転者としては，停留所に停車したバスから乗客が降車してくるであろうことは十分に予測できる」のに，「自転車としてはかなりの高速で進行した」ことを重視して，Aの過失を認め，その上で，Aの両親Yらの予見可能性などを特に議論することなく責任を認めている。②また，浦和地判昭和60・4・22判時1159号68頁は，加害児童A（10歳）が放課後，児童B（9歳）を「いじめ」によって負傷させた事件で，「親権者は，その子たる児童が家庭内にいると家庭外にいるとを問わず，原則として子どもの生活関係全般にわたってこれを保護監督すべきである」として，監督義務者について幅広い責任を認め，本件事故について「学校内で起した事故であっても，それが他人の生命，及び身体に危害を加えるというような社会生活の基本規範に牴触する性質の事故であ」ったとして，Aの両親Yらの責任を認めている。③さらに，福岡地小倉支判昭和59・2・23判時1120号87頁は，少年団のキャンプで加害児童A（11歳）の飛ばした竹とんぼが友人X（10歳）の目を負傷させた事故につき，「Aは，竹とんぼを人の近く

---

10)　例えば，久保野・前掲注4)82頁。

で飛ばしてはならない旨B〔少年団の団長〕から注意を受けていたにもかかわらず，両横1メートル内外の所にX及びBが座している状況で，自らも座したまま竹とんぼの試験飛行をして本件事故を発生させた」という事実関係の下で，免責について議論することなくAの両親Yらの賠償責任を認めている。

　これらの裁判例に共通しているのは，加害少年が被害を具体的に予見できる状況があったにもかかわらず，相当危険な過失行為をしていたり（①③），故意に基づいて社会生活の基本規範に抵触する行為をしたり（②）しているという点である。このように，**子による相当に危険な行為が行われている場合**は，親自身に結果の予見可能性がなくても監督義務違反が認められることがある。このとき，親が子の危険な行為を支配できたかどうかという問題は残るものの，従来の裁判例は，子の加害行為の危険性が高くなると，いわば**相関関係的に**，支配可能性が乏しくても親の監督義務違反を認める傾向にあると整理できそうである。

　これに対して，本件の事案には①〜③のような事情はなく，Aが相当に危険な行為をしていたわけではない。事故現場の交通量は多くなく，フリーキックを外しても，竹とんぼ事例（③）のように付近の人が怪我をするリスクは高くなかった。また，いじめ事例（②）のように，故意に基づいてフリーキックを外したわけでもない。子の支配可能性が乏しくても親の監督義務違反が認められる場合があるという上記裁判例の前提にある事情は，存在しなかったのである。ここでは，〈判旨〉が述べるように，「親権者の直接的な監視下にない子の行動についての日頃の指導監督は，ある程度一般的なものとならざるを得ない」（Ⅱ1④）。特に，本件のように責任能力者に近づいている小学校高学年の子について，親が子の自由に任せる領域が拡大することは，子の健全な発達につながるともいえるだろう[11]。

4　本判決の位置づけ

　いずれにしても，本件の事案は，2と異なり，親Yらが子Aの加害のリス

---

11)　林良平編『注解判例民法(3)』（青林書院，1989年）1296頁［松岡久和］も参照。

表 29-1

		子の加害行為について親の具体的な予見可能性あり／家庭環境に問題	子の加害行為について親の具体的な予見可能性や支配可能性が乏しい
加害行為の危険性の大きさ	相当大きい		3の裁判例（親の監督義務違反を肯定）
	大きい	2の裁判例（親の監督義務違反を肯定）	
	大きくない		本判決（親の監督義務違反を否定）

クを伴う行為を具体的に認識しておらず，また3と異なり，Aが相当に危険な行為をしていたわけでもない。それにもかかわらず，親の監督義務違反を肯定した本件の原判決の態度は，従来の裁判例の流れと比較すると異例だったといえる。つまり，本判決が裁判例の流れを大きく変えるものだったというよりも，裁判例の流れを逸脱していたのは，従来の裁判例の扱っていた事案との違いを等閑視して，従来の多くの裁判例の結論のみを承継しようとした原判決のほうであったと考えられる。以上をまとめると，上掲の**表 29-1**のようになる（太枠部分が，従来の裁判例がもっぱら扱ってきた領域である）。

Ⅳ おわりに

1 本判決の意義

本判決の事案は，**表 29-1**にあるように，これまでの裁判例があまり扱ったことがなかったイレギュラーなものであり，被害者Bの遺族Xらが，Aの両親Yらを相手に訴えたこと自体，裁判例の流れからすると，無理筋ともいえるケースであった。本来は，小学校を設置した市を相手に訴えるのが筋であり（Ⅰ2⑶），にもかかわらず，XらとYらとが最高裁まで争わざるを得なかったのは不幸な話である（紛争解決のあり方について考えさせられるものがある）。本判決が，本件の事案の下で，親の監督義務違反を否定したことは，従来の裁判例と矛盾するものではなく（危険責任原理に注目した〔リステイトメント・その

2〕も参照〔Ⅱ3〕），また，本判決が下されたからといって，Ⅲ2や3のような事案で，今後，裁判例がその結論を変えるようなことはないだろう（言うまでもないが，冒頭に掲げた〈判旨〉の一部だけを切り取って，危険な行為に及ばないよう日ごろから子に通常のしつけさえしていれば親は免責されるなどと即断してはならない）。

もっとも，本件の〈判旨〉が「通常は人身に危険が及ぶものとはみられない行為によってたまたま人身に損害を生じさせた場合は，当該行為について具体的に予見可能であるなど特別の事情が認められない限り，子に対する監督義務を尽くしていなかったとすべきではない」と初めて明言した意義は大きい。これは，裁判例の中で，今後も多数を占めるであろうⅢ2や3のような事案で，親の監督義務違反を認める際に，「親の監督義務は子の生活関係の全般に及ぶから」という抽象的な理由付けに依拠したり（そのような裁判例が散見されたことについてはⅢ2(3)参照），原判決と整合的な〔リステイトメント・その1〕（Ⅱ2）のような大きすぎる枠組みをとったりすることなく，親の監督義務の内容をより具体的に捉えることを可能にするものだからである。本判決は，この意味で，従来の裁判例の流れを，理論的に，新しい視角から再評価する契機となるものであった。

2 高齢者による事故発生のリスク

最後に，解釈論をやや離れるが，本判決のような考え方をとると，バイクを運転する人，特に高齢者でそれなりの持病を抱えている人には，ある意味で酷な結果となる。しかし，反射神経が一般には鈍るであろう85歳になっても，なお運転を続けようとする人（社会の急速な高齢化に伴い本件の被害者Bのような人は今後ますます増加するだろう）は，起こりうるリスクに備えて，あらかじめ医療保険や生命保険などの被保険者になっておくべきであったともいえそうである（これらの保険金は損益相殺の対象にはならないので，本件のBがこれらの保険の被保険者だったかどうかは明らかではない）。

なお，最判平成28・3・1民集70巻3号681頁は，高齢の認知症の男性A（91歳）が徘徊中にX社（JR東海）の列車にはねられ死亡した事案で，Aの妻

Y（85歳）に対するX社からの請求を退けているが，主な論点は，Yが法定の監督義務者に当たるかどうか（最高裁は否定した），当たらないとしても監督義務者に準じた責任を負うかどうか（最高裁は当該事案の下ではこれも否定した）であり，本件とは事案を大きく異にする。しかし，高齢者が関与する事故について，社会全体でどのようにリスクを負担したらよいのかという点は，共通するところもあるといえるだろう。

Directions

(1) 「親の監督義務は子の生活関係の全般に及ぶ」という学説の抽象的な理解は，「家族関係の特殊性」を根拠とするのならば十分な理由はなく，危険責任原理に依拠するのならば，親の監督義務が及ぶ範囲をより制限的に捉える必要があり，いずれにしても説得的とはいえない。

(2) 親の監督義務違反を認めてきた従来の裁判例は，本件の事案とは異なり，人身に危険が及びうる子の加害行為について，親に具体的な予見可能性があるか，子の加害行為の危険性が相当に大きい事例がほとんどであった。本判決は，従来の裁判例が扱ってこなかった事案を扱っている。

(3) 本判決の考え方は，従来の裁判例と矛盾するものではない。そして，従来の裁判例が扱ってきたような，今後も多数を占めるであろう事案において，親の監督義務の内容をより具体的に捉えて監督義務違反を肯定することを可能とする解釈指針を示している。

● *民法改正との関係*

本講のテーマについては，法改正による影響は特にない。

第30講

共同相続開始後の賃料債権の帰属
——民事訴訟と家事審判との交錯

最判平成 17・9・8 民集 59 巻 7 号 1931 頁
民法判例百選Ⅲ 64 事件

▶ 判旨

> 遺産は，相続人が数人あるときは，相続開始から遺産分割までの間，共同相続人の共有に属するものであるから，この間に遺産である賃貸不動産を使用管理した結果生ずる金銭債権たる賃料債権は，遺産とは別個の財産というべきであって，各共同相続人がその相続分に応じて分割単独債権として確定的に取得するものと解するのが相当である。

Ⅰ はじめに

1 本判決の問題点

(1) 上の〈判旨〉は，結論として2つのことを述べている。まず，①遺産である賃貸不動産について相続開始から遺産分割までの間に生じた賃料債権は，遺産とは別個の財産であること，また，②当該賃料債権は，各共同相続人がその相続分に応じて分割単独債権として確定的に取得するということである。しかし，この〈判旨〉だけを読んで，深く納得する読者は多くないのではないか。まず，①の論拠はどこにあるのだろうか。上の〈判旨〉を読む限り，論拠は，遺産（である賃貸不動産）が「相続開始から遺産分割までの間，共同相続人間の共有に属する」ことにあると解するのが自然である。しかし，遺産が共

有に属することと,遺産について生じた賃料債権が遺産とは別個の財産であるということとはどのように結びつくのだろうか。この点は,やや難解であるが,論者の見解を若干モディファイしながら説明を試みるならば,次のようになろうか。すなわち,遺産共有中の不動産からは,そのときの所有の現状どおりに（すなわち共有という状態で）,賃料債権が**新たに発生し,各相続人に帰属するのであり**[1],この意味で本件賃料債権は遺産とは別個の財産なのだ,と。この説明は,いわば「原始的」権利者が誰か[2]に着目するものだともいえる。しかし,考えてみれば,相続は本来,相続人が「相続開始の時から」被相続人の財産を包括承継することを意味しており（896条）,相続開始時に存在しなかった賃料債権が遺産を構成しないことは,ある意味で当たり前のことのようにも思われる。にもかかわらず,本判決が上のような,やや分かりにくい判示をしたのはなぜなのだろうか。

(2) また,賃料債権が分割単独債権として取得されるという②の判示を読んで,相続財産中の可分債権は「法律上当然分割され各共同相続人がその相続分に応じて権利を承継する」と判示した最判昭和29・4・8（民集8巻4号819頁）を想起した読者も多いかと思われる。昭和29年判決の考え方を貫くなら,相続財産中の可分債権は当然分割され遺産分割手続の対象からはずれるため,柔軟かつ総合的な遺産分割が困難になるという問題点が多くの論者によって指摘されている[3]（最高裁は,このような批判を受けて,共同相続された可分債権が普通預金債権,通常貯金債権及び定期貯金債権である場合に関して,近時,重要な判例変更を行った。これについては,本講末尾「民法改正との関係」参照）が,これと比較すると,本件〈判旨〉の下では,各相続人が賃料債権を「分割単独債権として確定的に取得する」ことに加えて,そもそも賃料債権が「遺産とは別個の財産」であるため,二重の意味で,相続開始後に生じた賃料債権を考慮しながら,**共同相続人間の公平にかなった遺産分割手続をすることが困難になりはしないか**。さらに,〈判旨〉のいう「分割単独債権」の意味が問題である。本判決は,各相続人が賃借人に対して,自己の相続分にしたがった賃料債権を行使

---

1) 新版注釈民法(27) 395頁 [川井健],前田陽一・金判1235号（2006年）7頁以下〔9頁〕。
2) 道垣内弘人・平成17年度重判解（ジュリ1313号）(2006年) 90頁以下〔91頁〕。
3) 例えば窪田・家族法 444-445頁。

することも予定しているのだろうか。もしそうならば、各相続人からの賃料の個別の請求に応じなければならない**賃借人には大きな負担となりかねない**。

2　前提知識の確認

これらの問いに答えるためには、冒頭の〈判旨〉だけを読み込んでもあまり生産的ではなく、本件の事案の特徴や当事者の争い方などを理解する必要があるが、その前に、前提知識を確認するための、ごく基本的な正誤問題を1つ。

〔正誤問題〕　共同相続が開始した後、各相続人は、他の共同相続人全員を被告として遺産分割の訴えを提起することができる。

以前、某法科大学院の授業中この問題に答えてもらったとき、不正解の学生が少なからずいて衝撃を受けたことがある。正解は×である。なぜなら、共同相続人間で遺産分割協議がまとまらない場合、紛争は家事事件手続法（平成25年1月施行。以下、「法」という。従来の家事審判法は廃止された）の定める、家庭裁判所の家事調停[4]または審判に委ねられる（法244条）からである。遺産分割をめぐる家事審判の当事者は相続人全員であるが、登場するのは「審判」を申し立てる「申立人」と「相手方」であり、通常の民事訴訟（**本件もそうである**）のように「被告」を相手どって「訴え」を提起するわけではない。また、権利義務の存否を確定する民事訴訟と異なり、家事審判では権利義務の存在を前提に（あるいはそれが別途争えることを前提に）、具体的な法律関係の設定や形成が合目的な裁量を伴って行われる[5]（遺産分割審判では、裁判所が遺産の種類や相続人の生活状況などを総合的に考慮する）。さらに、家事事件は（当事者以外の第三者に影響を与えたり、公共の利益にかかわるなど）公益性があるた

---

4) 家事調停が不成立の場合、家事審判に移行する（法272条4項。もっとも「調停に代わる審判」〔法284条〕がなされることもある）が、遺産分割について調停前置主義は採られていないので、申立人は家事審判の申立てから始めることもできる。しかしこの場合でも家裁は調停に付することができ（法274条）、それが通常の扱いのようである。

5) 高田裕成「訴訟と非訟」伊藤眞＝山本和彦編『民事訴訟法の争点』（有斐閣、2009年）12頁以下、伊藤眞『民事訴訟法〔第4版補訂版〕』（有斐閣、2014年）8頁以下参照。

め,審判資料の収集について職権探知主義(法56条1項)が採用されている[6]。もっとも,この最後の点は微妙であり,家事事件手続法の別表第1に掲げられている事項(親権喪失の審判など)と比較して,別表第2の事項(遺産分割の審判など)は**公益性が低く争訟の色彩が強い**と考えられている。遺産分割事件について実務が従来から「当事者主義的運用」をしている[7]のは,このことと関係する。当事者は事案解明への協力が期待されているが(法56条2項),にもかかわらず,例えば当事者が容易に提出可能な資料を提出しようとしない場合,裁判所は資料収集の職責から解放されることがある[8]。また,遺産の範囲や具体的相続分などについて当事者の(相当と認められる)合意があれば,原則としてそれ以上の職権調査は行われない[9]。以上を踏まえつつ,以下では,まず,従来の遺産分割審判(および即時抗告)申立事件と比較しながら本件の事案の特徴を検討することにしよう。

II 本件の事案の特徴

1 遺産分割協議が不調に終わりやすい事例

皆さんは,被相続人の死後,遺産分割協議が不調に終わりやすい典型的事例はどういう場合かご存知だろうか。実務家によれば,先妻の子と後妻の協議がいちばん難航する[10]とのことである。たしかに,一方で,被相続人が老齢に

---

6) 金子修編著『一問一答 家事事件手続法』(商事法務,2012年)54頁。
7) 井上哲男「乙類審判事件における職権探知と適正手続の具体的運用」岡垣學=野田愛子編『講座・実務家審判法1』(日本評論社,1989年)127頁以下,高田裕成「家事審判手続における手続保障論の輪郭」判タ1237号(2007年)33頁以下参照。
8) 金子修編著『逐条解説 家事事件手続法』(商事法務,2013年)199頁。田中壯太ほか「遺産分割事件の処理をめぐる諸問題」司法研究報告書45輯1号(1994年)216頁によれば,例えば,裁判所の釈明にもかかわらず,当事者が「遺産一切について分割を求める」としか主張しないと,申立ては却下される。
9) 二本松利忠「家事事件手続における手続保障の流れ」田原睦夫先生古稀・最高裁判事退官記念論文集『現代民事法の実務と理論(下)』(金融財政事情研究会,2013年)1126頁以下〔1169頁〕など。
10) 野口恵三・NBL831号(2006年)91頁以下〔93頁〕。多田周弘『遺産分割の手順と方法』(悠々社,1998年)222頁も参照。

なった後に再婚し，後妻が財産形成にほとんど貢献していない場合を想定すると，無遺言相続事例で後妻に2分の1もの法定相続分が認められることに納得できないと感じる先妻の子がいることは想像がつく。他方で，後妻の側からすれば，法律婚の期間が短かったとしても，被相続人が先妻と別居するなど婚姻生活が形骸化している間に，重婚的な内縁の配偶者として被相続人を支えてきたかもしれず，また，かかる事情がなくても，相続には財産の清算という側面のほかに生存配偶者の生活保障という目的があることは否定できない。このように，配偶者の法定相続分のあり方は理論的に難しい問題を含んでいる（なお，2016年6月に，法制審議会（民法〔相続関係〕部会）が取りまとめた「民法（相続関係）等の改正に関する中間試案」では，配偶者の相続分の見直しが議論されている[11]）が，いずれにしても，これまで相続開始後の賃料の帰属が問題となった審判例の中にも，審判の申立人が先妻の子で，相手方が後妻というケースが散見される[12]。そして，本件訴訟もまた，（民集に記載はないが）調査官解説[13]によれば，原告は被相続人（平成8年10月死亡）の先妻（昭和13年3月婚姻，昭和57年6月離婚）の養子であり，被告は後妻（昭和41年ごろから同居，婚姻届の日は不明）であった。

2 従来の審判例との違い

(1) しかし本件の事案は，相続開始後の賃料の帰属が問われた従来の審判例と様々な意味で異なっている。まず，従来の遺産分割審判申立事件では，相手方——被相続人の妻（後妻を含む）であることが多い——が，被相続人の死後，遺産である不動産の賃料を賃借人から実際に受け取っているケースが多く[14]，このとき審判例の傾向は，大きく3つに分かれていた[15]。

---

11) 中間試案（法務省のウェブサイトからアクセス可能）の「第2 遺産分割に関する見直し」の中で，配偶者の具体的相続分または法定相続分を引き上げるいくつかの案が列挙されている。
12) 秋田家審昭和38・10・17家月16巻2号83頁，東京家審昭和55・2・12家月32巻5号46頁など。
13) 松並重雄・最判解民事篇平成17年度(下)553頁以下〔574頁（注1）〕。
14) 高木多喜男『遺産分割の法理』（有斐閣，1992年〔初出は1978年〕）39頁，48頁も，この点を指摘する。

第1に，審判の申立人も相手方も，相手方が被相続人の死後に受け取った不動産の賃料を遺産分割の中に含めることについて，特にこれを問題視していない場合は，**賃料を含めて分割審判が行われる**ケースが多い。しかし（相続開始時の遺産の承継を定める）民法896条によれば，本来，遺産を構成しないはずの当該賃料を遺産分割の対象としうるのはなぜなのだろうか。これについて裁判所は，①賃料は遺産から産出した[16]法定果実としての性格があり[17]，相続財産の価値を増殖させている[18]，②遺産分割手続の一括処理の観点からも賃料を分割手続に含めることが便宜であり[19]，③賃料について別途民事訴訟で解決すると紛争の全体的な解決が阻害される[20]などの理由を述べている。

　第2に，不動産の賃料を遺産分割の中に含めることについて**当事者が特に異論を唱えていないにもかかわらず，審判の対象から賃料を除外する**ものが少数ながら存在する。例えば，被相続人の死後，相手方が消費してきた小作料について，④（遺産の分割基準を定める）民法906条は相続開始後に生じた相続人間の債権債務の清算を許容していないとして，賃料の精算にかかわる不当利得返還請求権（または不法行為に基づく損害賠償請求権）を審判の中で考慮しないとするものがある[21]。もっとも，そこでは，⑤（相続開始後25年以上が経過しているため）長期にわたる小作料の額が不明であるという事案の特殊性も強調されていたことに注意したい。このほか，審判の結果，不動産を取得した相続人とは異なる人が当該不動産について公租の支払いや小作料の収受をしてきた事実があれば，関係者間で清算すれば足りるとするものもある[22]。これは，相

---

15) 従来この問題はもっぱら実務家が論じ，遡及的帰属説，遺産同視説，共有財産説などが対立していた（松並・前掲注13)557頁以下参照）。しかしそれらは，必ずしも審判例の実態と適切な対応関係になかったように思われる。以下の記述は，私なりの視点から審判例を整理したものである。
16) 大阪高決昭和40・4・22家月17巻10号102頁。
17) 東京家審昭和61・3・24家月38巻11号110頁。
18) 新潟家審昭和42・8・3家月20巻3号81頁。
19) 前掲注18)新潟家審昭和42・8・3。
20) 前掲注17)東京家審昭和61・3・24。このほか，第1の類型には，共有物の管理費用等を立て替えた共有者の便宜をはかる民法259条の趣旨にしたがえば，賃料債権も遺産分割の対象としうるとする前掲注12)秋田家審昭和38・10・17などがある。
21) 高松高決昭和36・1・8家月14巻7号62頁。
22) 京都家審昭和38・8・2家月15巻11号124頁。

続開始後の不動産に関する権利や義務は，遺産分割により各不動産を取得した相続人に帰属するという判断に基づいているが，その理由として裁判所は，⑥分割の効力が相続開始時にさかのぼって生ずるから（909条本文）としている。⑦もっとも当該事案では相当多数（30以上）の不動産の分割が問題となっており，すべての賃料を認定することが困難であったという事情も推測しうる[23]。

　第3に，不動産の賃料を**遺産分割の対象とすることについて当事者の合意が得られない場合**がある。例えば，イ）建物の賃料を受け取っている相手方（被相続人の後妻）が家裁の出頭勧告に応じなかった[24]，ロ）相続開始後，長期間（10年以上）相手方（被相続人の妻）が家賃収入を収受し相続人全員がこれを暗黙裡に承認してきたのに，即時抗告の段階で突然抗告人（被相続人の子）が分割対象にすべきだと主張した[25]，ハ）地価の高騰により，賃貸ビルの賃料の純収入額について当事者間で合意が成立しなかった[26]などのケースがそれである。このとき裁判所は遺産分割の対象から賃料を除外するが，その理由として，⑧相続開始後の賃料は相続財産とは別個の財産であり[27]，賃料を分割審判の対象に含めるのは便宜的な方法にすぎない[28]，⑨当事者の訴権を保障する観点からこれを遺産分割の対象とするには当事者間の合意が必要であり[29]，⑩（上記ロの事案で）抗告人が異議を唱えている以上〔相手方の家賃収受の現状を変更したければ〕訴訟の中で主張すべきである[30]としている。

　(2)　これに対し，本件ではA（平成8年10月13日死亡）の遺産に第1審判決別紙遺産目録(1)〜(17)（民集では内容省略）という多数の不動産が含まれており（調査官解説[31]）によれば，5階建ての店舗・事務所・共同住宅，4階建て共同住宅，

---

23)　このほか，福岡家審昭和46・4・27家月24巻12号52頁も，遺産からの収益や管理費用の清算は遺産分割とは別個に行うべきであるとする。その理由は述べられていないが，当該事案では小作料の支払いに代えて小作人が固定資産税を支払う約束がなされていたところ，その後，免税点の引上げにより課税されなくなった等の複雑な事情が存在した。
24)　前掲注12)東京家審昭和55・2・12。
25)　東京高決昭和56・5・18家月35巻4号55頁。
26)　東京高決昭和63・5・11家月41巻4号51頁。
27)　前掲注12)東京家審昭和55・2・12。
28)　前掲注26)東京高決昭和63・5・11。
29)　前掲注12)東京家審昭和55・2・12。なお，当事者の合意の範囲が不分明な事例で同旨の判断をするものに東京高決昭和63・1・14家月40巻5号142頁がある。
30)　前掲注25)東京高決昭和56・5・18。

3階建て寄宿舎，平屋居宅，宅地2筆など），これらについて遺産分割審判の抗告審（大阪高決平成12・2・2判例集未登載）で分割の決定がなされている。しかし，この決定に先立ち，A死亡の約2か月後（平成8年12月26日）に全相続人（Aには後妻Xと養子Yのほか前妻の子ら3名がいた）が各不動産の賃料の入金や維持管理費用等の出金のための銀行口座——調査官解説[32]によれば「亡A相続人代理人 弁護士P〔Xが委任〕弁護士Q〔Yらが委任〕」という共同名義の口座——を開設し，遺産分割協議等により最終的に各不動産の帰属が決まった時点で，賃料や管理費等を清算する旨の合意が取り交わされていたのである。ところが本件口座の残金——平成12年2月18日時点で2億1000万円余り——の分配をめぐり争いが生じたので，各相続人は争いのない範囲で金員を取得し，争いのある部分は本件口座を解約し，Yが預託金として保管し，訴訟により最終帰属先を確定する旨の合意がなされた。本件は，この合意を受けて，XがYに対して預託金（8886万円余り）の返還を求めた事件である。

　このように本件は，賃料の帰属について，**遺産分割審判と切り離し，通常の民事訴訟で決着をつけることを当事者があらかじめ了承していたケース**である。従来の審判例（2(1)）の第3の類型のように，賃料を遺産分割の対象とすることについて合意に至らなかった場合とは様相を異にし，本件の当事者は——本件口座の名義からも分かるように弁護士が早い段階で関与したこともあってか——多額の賃料の帰属と管理費用の清算をめぐって，より積極的に問題解決に動いている。このような行動選択は，**遺産に多数の不動産が含まれる場合**（分割審判の対象から賃料を除外した審判例にも同様の事情があった。2(1)⑦参照），**遺産分割審判の長期化の防止**につながり，相続人にもメリットが大きいだろう。また本件は，従来の審判例のように，相続人の1人が賃料を現実に受け取っているわけではなく，当初は本件口座への入金という形をとり，その後はYが預託金として保管している。相続人の1人が賃料を費消している場合は，他の相続人は不当利得返還請求権等を有する（2(1)④）が，本件ではXに帰属する賃料債権の内容が直截に問われたのである。

---

31)　松並・前掲注13)574頁（注2）および（注3）参照。
32)　松並・前掲注13)575頁（注4）参照。

III 本判決の検討

1 原判決の理論構成との比較

(1) それでは X は，具体的にどのような賃料債権を有するのだろうか。この問題について原判決は，**遺産分割の遡及効**（909条本文）および元物に対する果実の従属性（89条2項）を理由に，遺産分割により不動産を取得した相続人に賃料もまた帰属すると解した。これは X の主張に沿うものであり，従来の審判例にも見られた議論である（Ⅱ2(1)⑥）。そして原判決は，結局，8886万円余りの預託金の全額（2億1000万円余りの本件口座の残金の約9割に相当する1億9000万円余りが本来 X の取得できる金額であり，そこから X が既に取得した金額等を控除すると預託金の全額になる）を Y が X に支払うよう命じている。これに対して本判決は，相続開始から遺産分割までの賃料債権の状況——**相続人の共有に属しているという現状**——に着目することにより（Ⅰ1(1)），賃貸不動産には分割の遡及効という擬制的な構成が妥当するとしても，賃料債権は同様に考えられないとしたのである（両者は別個の扱いを受けるので89条2項も適用されない[33]）。この意味で，賃料は法定果実だから遺産分割の対象になりうるという一部裁判例の論拠〔Ⅱ2(1)①〕も，それだけでは弱いということになるだろう）。本判決が賃料債権は遺産を構成しないことについて，やや分かりにくい判示を行った（Ⅰ1(1)）のは，原判決を破棄差し戻すためのロジックでもあった。本判決が本講冒頭の〈判旨〉に続けて，次のように述べているのは，以上の点と関係している。

> 遺産分割は，相続開始の時にさかのぼってその効力を生ずるものであるが，各共同相続人がその相続分に応じて分割単独債権として確定的に取得した上記賃料債権の帰属は，後にされた遺産分割の影響を受けないものというべきである。

---

33) 武川幸嗣・受験新報2006年5月号（2006年）18頁以下〔19頁〕の明快な指摘も参照。

2 賃料債権の帰属

 もっとも、本判決のいう「賃料債権の帰属」に関しては補足が必要だろう。なぜなら、賃料が期間ごとに銀行口座に入金されると、賃貸人の債権もそれに応じて消滅するのではないかという批判[34]がありうるからである。しかし本件では、賃借人に対する請求が問題となっているのではなく、また銀行が被告となっている[35]わけでもない。「亡Ａ相続人代理人 弁護士Ｐ 弁護士Ｑ」という共同名義の口座（Ⅱ2⑵）に入金された**賃料の最終的な帰属をめぐり、賃貸人同士が争っている**。ここでは、賃貸人らが、何らかの形で自分たちに分属している賃料債権を（その最終的な消滅に向けて）行使・実現しようとしていると解するのが素直なのではあるまいか。このように考えると、本件の事案は、遺産たる金銭の帰属が遺産分割前に争われた最判平成4・4・10（家月44巻8号16頁。金銭も債権と同じく法定相続分に応じて当然分割されるという上告理由を退け、遺産分割外での保管金返還請求を否定した）とも異なっている。Ｘが実現しようとしている賃料債権はそもそも遺産を構成せず、本件口座の解約後も預託金の上に継続する[36]と考えられるからである。

 このように本件が賃貸人同士の争いであり、またそれがこの種の事件の合理的な争い方であることに注目すると、本判決のいう「分割単独債権」という考え方をとったからといって、**賃借人に直ちに不都合な結果が生じるとは考えにくい**（なお遺産分割前に葬儀費用その他緊急にお金が必要な場合は、賃借人に請求しなくても、被相続人名義の預金があれば、相続人が銀行に対し、いわゆる便宜払い[37]を求める方法もある）。遺産分割審判申立事件でも、相手方（相続人の1人）

---

34) 七戸克彦「遺産分割の対象財産」市民と法43号（2007年）28頁以下〔39頁〕参照。
35) 名古屋地判平成16・6・18金商1210号27頁は、被告が銀行の事案で、死亡した被相続人名義の口座に賃料が入金された時点で賃料債権は消滅し預金返還請求権の問題が残るとする。
36) 長秀行「相続開始後の賃料収入の処理」判時1520号（1995年）12頁以下〔14頁〕も参照。
37) 遺産分割前に各相続人からの払戻請求に応じることに慎重な銀行実務も、相続人にやむを得ない出費が生じたときは、葬儀社などからの請求書の写しや相続人らの念書を徴求して、これに応じるのがならいである（高橋恒夫『新版 トラブル防止のための預金法務Q&A』〔経済法令研究会、2009年〕84頁以下、斎藤輝夫＝田子真也監修『Q&A 家事事件と銀行実務』〔日本加除出版、2013年〕114頁以下）。

がこれまで賃料を収受してきたという事実が前提とされていることが多く（II 2(1)），（分割審判の当事者が相続人であることからすれば当然のことだともいえるが）対賃借人という視点は出てこない。たしかに理論的可能性としては，本判決をきっかけに，（預託金の返還を求めるためのタームである「分割単独債権」は賃借人に対する「可分債権」のことであると読み込んだ上で）各相続人が個別に相続分に基づく賃料の支払いを賃借人に請求することはありうるだろう。そしてこのとき賃借人は，誰が相続人で相続分がどれくらいか分かりにくいので不利益を受けるかもしれない（債権の準占有者に対する弁済に関する478条でどの程度保護されるかも不明確である）。一部の論者はこの点にかんがみて，相続開始後の賃料債権を不可分債権だと解している。しかし上記の理論的可能性が現実化する蓋然性がどれくらいあるのかは微妙であるし，また，賃借人の保護という政策論以外に不可分債権説の論拠は乏しい。例えば，賃貸不動産を使用収益させる債務が共同相続人間に不可分的に帰属するとしても，だからといって賃料債権も不可分債権になる38)理由はあるのだろうか39)。また，従来の審判例では相続人の1人が賃料を受け取っている事案が多かった（II 2(1)）が，その状況に法的なお墨付きを与える（共同相続人の1人が賃料の全額を請求することを正面から是認する〔428条〕）と，当該相続人の無資力のリスクを他の共同相続人が負担することになり40)，しかも，本件のような共同名義の賃料入金口座の開設を通じた合理的解決へのインセンティブ（銀行実務では，貸主の死後，振込み賃料の受け皿として預金口座を開設することは珍しくないとのことである41)）が失われることにもなりかねない。本判決の「分割単独債権」理論は，賃料債権が賃借人との関係で不可分債権であるという立場とは相容れないと考えるべ

---

38) 内田勝一「今期の主な裁判例〔不動産〕」判タ1204号（2006年）15頁以下〔19頁〕は，このような解釈の可能性を示唆する。
39) 福田誠治・判例セレクト2005（2006年）26頁も参照。
40) 高田淳「賃料債権の共同相続」法学新法113巻7＝8号（2007年）55頁以下〔77頁〕は，このようなリスクは「共同相続人間の協議を促すインセンティブにもなろう」と述べるが疑問である。窪田充見「金銭債務と金銭債権の共同相続」論ジュリ10号（2014年）119頁以下〔125頁〕は，本件とは異なる文脈であるが，金銭債権の共同相続について不可分債権説をとると，「分割承継の原則をとっていた場合以上に，遺産分割を通じた金銭債権の最終帰属の確定を阻害することになる」と指摘する。
41) 渡辺隆生・金法1753号（2005年）4頁以下〔5頁〕。

きである[42]。

3 事案の望ましい解決のあり方

それでは本判決の「分割単独債権」理論は，（共同相続人同士が争った）事案の解決という点からは妥当だったか。これは次の2つの局面で問題となる。

(1) 第1に，通常の民事訴訟の中で決着をつけようとした当事者にとって納得のいく結論だったか。この点は，**本件口座をめぐって当事者が取り交わした合意**（分割協議等により各不動産の帰属が決まった時点で賃料や管理費等を清算する〔Ⅱ2(2)〕）**の解釈**と関連する[43]。仮に，各賃貸不動産を遺産分割で承継した相続人が，それに伴う賃料もまた取得すると黙示のうちに合意していたらどうだろうか。この場合は，分割単独債権としていったん賃料債権が帰属するとしても，合意に沿う形での清算を認めるべきであろう。もっとも本件では——遺産分割の対象不動産の詳細（賃貸用物件がどれで賃料がいくらか）や，本件口座の残金の約9割もの金額をXが取得できるとした原審の算定根拠が記録上からも明らかでない[44]ため推測によるほかはないが——，抗告審における遺産分割の決定により，Xは遺産を構成する多数の不動産（Ⅱ2(2)）のうち，多額の賃料を生み出す不動産[45]をおそらく承継したのだと考えられる。この結果はXの生活保障という観点（相続にはこのような機能もある〔Ⅱ1〕）に照らすと，Yも容認せざるをえないものかもしれない。しかし，相続開始から遺産分割決定までの賃料について，Xがそのほとんどを独占するという結果についてまで，Yが分割前の本件口座開設時点であらかじめ同意を与えたとはいえない場合もあるだろう。もしそうならば，両当事者の合意の内容は一義的には決まらず，したがって，賃料債権の帰属について，相続分（家裁の遺産分割手続では分配の前提となるべき計算上の割合〔寄与分や特別受益等を考慮した具

---

42) 丸山絵美子・法セ613号（2006年）120頁も参照。
43) この点を鋭く指摘するものに野口・前掲注10)95頁がある。
44) 松並・前掲注13)574頁（注3），575頁（注6）。
45) 原審の確定した事実によれば，第1審判決別紙遺産目録1の不動産(1)～(17)（Ⅱ2(2)参照）のうち，Xは，(5)，(9)～(13)の不動産を取得しており，松並・前掲注13)575頁（注5）によれば，3階建て寄宿舎1棟およびその敷地である土地4筆と，宅地2筆のうち1筆だとのことである。

体的相続分〕が明らかにされるが，本件のような判決手続では法定相続分〔または遺言による指定相続分（902条）〕に依拠せざるをえないだろう[46]）に応じる形で問題解決をはかった本判決の態度は是認できるのではないだろうか。

　(2)　第2に，本件と異なり遺産に多数の不動産が含まれていない場合はどうか。この場合，**遺産分割手続の一括処理の観点（Ⅱ2(1)②）や紛争の全体的な解決（Ⅱ2(1)③）**という観点からは，相続開始後に生じた賃料を分割の対象に含め，個々の遺産を分配する際の具体的相続分とのズレを埋めるなどのために賃料を有効に活用することが望ましい。学説も相続人全員の合意があれば，かかる解決が可能であり，本判決の射程はその場合には及ばないと解している[47]）。なお，遺産中に預金債権などの可分債権が含まれている場合も，同様に相続人の合意があれば分割の対象とするのが従来の家裁実務であり，遺産分割審判における「当事者主義的運用」（Ⅰ2）の一環として説明されている[48]）。それでは，相続人の一部の合意が得られない場合はどうか。これについて「訴権の保障」という観点から全員の合意を要求する裁判例もあるが（Ⅱ2(1)⑨），むしろ次のように考えるべきではないだろうか。すなわち，判例によれば，遺産分割審判の前提である相続財産の範囲の確定は訴訟事項であるが，その点につき争いがあっても，審判手続における当該事項の判断には既判力が生じないので審判をすることは差し支えない（最大決昭和41・3・2民集20巻3号360頁）。しかしいま問題となっているのは，相続財産の範囲に含まれるかどうかにつき争いがあるケースではなく，含まれないことが本判決によって明らかとなっている賃料についてである。この場合，せっかく家庭裁判所が賃料を含める形で合目的的な裁量（Ⅰ2）に基づく審判をしても，合意をしていない相続人が訴訟を提起して賃料債権の分割を求めると家裁の審理が無駄になってしまう。つまり，紛争の一回的解決のために，相続人全員の合意が必要だと考えるべきだろう。そして，全員の合意があれば，その後の民事訴訟で賃料の遺産帰

---

[46]　最判平成12・2・24民集54巻2号523頁は，具体的相続分は実体法上の権利関係ではなく，遺産分割手続を離れて，独立に判決によって確認することはできないとする。なお，水野紀子・判評572号（判時1937号）（2006年）40頁以下〔43頁〕も参照。

[47]　例えば，前田・前掲注1)10頁，道垣内・前掲注2)91頁，福田・前掲注39)26頁など。

[48]　田中ほか・前掲注8)221頁以下。

属性を蒸し返すことは許されないというべきではないだろうか[49]。

　もっとも，このとき，**家庭裁判所が当事者からどの程度の合意を得たらよいのかは難問**である。遺産中に預金債権が含まれる場合も，現場の裁判官たちはこの点を苦慮しており，可分債権に関する判例理論（前掲最判昭和 29・4・8 〔Ⅰ 1 (2)〕。近時の判例変更については，本講末尾「民法改正との関係」参照）を明確に伝えず，「審判の対象は不動産と預金と○○ですね」と，「さらっと」確認するだけでもいいのかということが議論になっている[50]。賃料債権の場合は，それが「分割単独債権」であり，しかも「遺産とは別個の財産」であるという点について，当事者にどの程度明確に理解してもらった上で合意を取り付ける必要があるのだろうか。これは，単なる実務上の問題にとどまらず，①賃貸不動産の物件数の多寡など各事案の特質に応じて，本件〈判旨〉をどこまで厳格に捉えるか（それほど厳格に捉える必要がないのなら「さらっと」合意を得ればいいのかもしれない），また，②**通常の訴訟との比較で家庭裁判所の行う遺産分割審判の意義をどう捉えたらよいのか**（単なる私益紛争[51]に関するものと考えると「当事者主義的運用」のもと当事者権の保障という要請が重視され「しっかりと」合意を得る必要があるかもしれないが，他方で，家裁が諸般の事情を考慮して柔軟に遺産分割をすることに意味があると考えると「さらっと」合意を得る程度で構わないかもしれない）など，より深い問題に連なっている。

Directions

(1) 本判決によれば，共同相続の開始から遺産分割までの間，遺産である賃貸不動産から生じる賃料債権は，遺産を構成せず，各相続人が分割単独債権と

---

49) 笠井正俊「遺産分割審判における遺産の範囲の判断と当事者主義」田原睦夫先生古稀・最高裁判事退官記念論文集・前掲注 9) 1194 頁以下〔1222 頁〕は，当事者の合意がある場合，家裁が事件を家事調停に付し（前掲注 4) 参照），遺産帰属性について調停調書を作成すれば，当該部分につき既判力が生じるとしている。

50) 森野俊彦「遺産分割事件における不合理とその是正」判タ 1246 号（2007 年）67 頁以下〔74 頁（注 20)〕。

51) 髙田裕成編著『家事事件手続法』（有斐閣，2014 年）193 頁〔畑瑞穂〕，197 頁〔増田勝久〕。

して取得する。
(2) 本判決のいう「分割単独債権」とは，賃貸人相互の関係を律する概念であるが，賃借人に対する関係では「可分債権」としての性格をもちうるだろう。これに対して，賃料債権を不可分債権と捉える説があるが，本判決の立場とは対立し，共同相続人間で合理的解決を行うインセンティブをかえって失わせる危険もある。
(3) 本判決を前提にしても，相続人全員の合意の下で，賃貸不動産からの賃料を遺産分割審判の対象とすることは妨げられない。しかし，このとき家庭裁判所が相続人から合意をどのように取り付けたらよいのかという微妙な問題は残されている。この問題は，遺産分割審判の性格をどう捉えたらよいのかなどの大きな問題とかかわっている。

● *民法改正との関係*

　本文および注11)で述べたように，2016年6月，法制審議会が「民法（相続関係）等の改正に関する中間試案」を取りまとめているが，その中の「第2　遺産分割に関する見直し」において，預貯金債権などの可分債権について，相続開始時に当然に分割されることを前提に，遺産分割の対象に含める考え方（甲案）や，可分債権を遺産分割の対象に含めることとし，かつ，遺産分割終了まで可分債権の行使を禁止する考え方（乙案）が示されている。これについて，最大決平成28・12・19金判1508号10頁は，預貯金債権について共同相続人間で遺産分割の対象に含める合意がないとき，相続開始と同時に当然に相続人が相続分に応じて分割取得するとした原決定に対する許可抗告事件で，「共同相続された普通預金債権，通常貯金債権及び定期貯金債権は，いずれも，相続開始と同時に当然に相続分に応じて分割されることはなく，遺産分割の対象となる」と判示して（原決定を破棄差戻し），預貯金債権について相続開始時における分割承継を肯定していた従来の判例を変更した。多数意見は，その理由として「共同相続人間の実質的公平を図ることを旨とする」遺産分割では「被相続人の財産をできる限り幅広く対象とすることが望まし」いという一般論を述べた上で，現金のように「評価についての不確定要素が少なく」遺産分割の際に「調整に資する財産」については，これを遺産分割の対象とする要請が広く存在するところ，預貯金は「決済手段としての性格」が強く，預金者がこれを「確実かつ簡易に換価することができる」点に照らすと，預貯金は，「現金

に近いものとして想起される」と指摘する。さらに，一方で普通預金及び通常貯金は，預金者が死亡しても「共同相続人が全員で預貯金契約を解約しない限り，同一性を保持しながら常にその残高が変動し得る」のであり，相続開始時の各相続人の法定相続分相当額は算定しうるものの，「預貯金契約が終了していない以上，その額は観念的なものにすぎない」こと，他方で定期貯金は，「契約上その分割払戻しが制限されている」ことから，仮に定期貯金債権が相続により当然に分割されると解しても，「共同相続人は共同して全額の払戻しを求めざるを得ず，単独でこれを行使する余地はない」こと，また，分割を認めると「利子を含めた債権額の計算が必要」になり，「定期貯金に係る事務の定型化，簡素化を図る」郵便貯金法の趣旨に反するとしている。この多数意見は，可分債権のうち，普通預金債権，通常貯金債権及び定期貯金債権について，相続による当然分割という考え方を否定したものであるが（これに対して，可分債権について当然分割を肯定した上で，遺産分割の際に，その点を考慮に入れれば足りるとする少数意見〔中間試案の甲案に近い〕などが付されている），本判決のロジック——遺産である賃貸不動産から相続開始後に生じる賃料債権が，相続開始時の「遺産とは別個の財産」であり，遺産分割の遡及効の影響を受けない——それ自体には直接の影響を与えるものではないと考えられる。

判例索引
（太字は各講で主題として取り扱う判例とその頁を表す）

大審院・最高裁判所

大判明治 30・10・7 民録 3 輯 9 巻 21 頁 ·· 36
大判明治 36・4・23 民録 9 輯 484 頁 ··· 247
大判明治 36・11・13 民録 9 輯 1221 頁 ·· 170
大判明治 37・6・22 民録 10 輯 861 頁 ··· 382
大判明治 39・2・5 民録 12 輯 136 頁 ··· 229
大判明治 41・6・4 民録 14 輯 663 頁 ··· 249
大連判明治 41・12・15 民録 14 輯 1276 頁 ·· 98
大連判明治 41・12・15 民録 14 輯 1301 頁 ·· 100
大判明治 43・1・25 民録 16 輯 22 頁 ·· 68, 71
大判明治 43・2・25 民録 16 輯 153 頁 ··· 114, 175
大判明治 43・4・15 民録 16 輯 325 頁 ··· 248
大判明治 44・2・21 民録 17 輯 62 頁 ··· 268
大判明治 44・10・10 民録 17 輯 563 頁 ·· 257
大判大正 3・9・28 民録 20 輯 690 頁 ·· 41
大判大正 4・10・22 民録 21 輯 1746 頁 ·· 384
大判大正 5・5・6 民録 22 輯 909 頁 ·· 384
大判大正 5・5・16 民録 22 輯 961 頁 ·· 117
大判大正 5・11・17 民録 22 輯 2089 頁 ·· 92
大判大正 5・12・13 民録 22 輯 241 頁 ··· 384
大判大正 5・12・25 民録 22 輯 2494 頁 ·· 73
大判大正 6・10・27 民録 23 輯 1867 頁 ·· 247
大判大正 7・10・30 民録 24 輯 2087 頁 ·· 53
大判大正 7・12・23 民録 24 輯 2396 頁 ·· 257
大判大正 8・4・7 民録 25 輯 558 頁 ·· 257
大判大正 8・9・15 民録 25 輯 1633 頁 ··· 257
大判大正 9・2・25 民録 26 輯 152 頁 ·· 85
大判大正 9・9・25 民録 26 輯 1389 頁 ··· 188
大判大正 9・10・16 民録 26 輯 1530 頁 ·· 134
大判大正 9・12・3 民録 26 輯 1928 頁 ··· 165
大判大正 10・6・18 民録 27 輯 1168 頁 ·· 232
大判大正 10・7・11 民録 27 輯 1378 頁 ·· 332
大判大正 10・8・10 民録 27 輯 1476 頁 ·· 41
大判大正 11・8・21 民集 1 巻 498 頁 ··· 133
大連判大正 12・4・7 民集 2 巻 209 頁 ··· 148
大連判大正 12・7・7 民集 2 巻 448 頁 ··· 173
大決大正 13・1・30 民集 3 巻 53 頁 ·· 246

大判大正 14・7・3 民集 4 巻 606 頁 …… 333
大連判大正 14・7・8 民集 4 巻 412 頁 …… 100
大判大正 15・7・12 民集 5 巻 616 頁 …… 347
大判昭和 2・12・22 民集 6 巻 716 頁 …… 353
大判昭和 3・7・2 新聞 2898 号 14 頁 …… 21
大判昭和 4・1・30 新聞 2945 号 12 頁 …… 237
大判昭和 5・7・9 民集 9 巻 839 頁 …… 355
大決昭和 5・9・23 民集 9 巻 918 頁 …… 148
大判昭和 6・3・25 新聞 3261 号 8 頁 …… 250
大判昭和 6・5・23 新聞 3290 号 17 頁 …… 355
大判昭和 6・10・21 民集 10 巻 913 頁 …… 170
大判昭和 6・11・24 民集 10 巻 1103 頁 …… 41
大判昭和 6・11・24 裁判例 5 巻民 249 頁 …… 52
大判昭和 7・2・23 民集 11 巻 148 頁 …… 120
大判昭和 7・4・20 新聞 3407 号 15 頁 …… 170
大判昭和 7・5・9 民集 11 巻 824 頁 …… 384
大判昭和 8・1・14 民集 12 巻 71 頁 …… 315
大判昭和 8・2・13 新聞 3250 号 11 頁 …… 119
大判昭和 9・5・2 民集 13 巻 670 頁 …… 72
大判昭和 9・5・4 民集 13 巻 633 頁 …… 60
大判昭和 10・4・4 民集 14 巻 437 頁 …… 173
大判昭和 10・10・1 民集 14 巻 1671 頁 …… 385
大判昭和 11・11・27 民集 15 巻 2110 頁 …… 355
大判昭和 13・1・31 民集 17 巻 27 頁 …… 250
大判昭和 13・3・1 民集 17 巻 318 頁 …… 348
大判昭和 14・3・18 民集 18 巻 183 頁 …… 41
大判昭和 14・12・1 判決全集 7 輯 2 号 17 頁 …… 355
大判昭和 15・5・31 判決全集 7 輯 20 号 9 頁 …… 355
大判昭和 15・7・11 新聞 4604 号 9 頁 …… 336
大判昭和 16・12・20 法学 11 巻 719 頁 …… 85
大判昭和 17・9・30 民集 21 巻 911 頁 …… 24, 100
大判昭和 20・11・26 民集 24 巻 120 頁 …… 92
最判昭和 23・8・5 刑集 2 巻 9 号 1123 頁 …… 417
最判昭和 28・12・18 民集 7 巻 12 号 1515 頁 …… 332
最判昭和 29・4・8 民集 8 巻 4 号 819 頁 …… 482
最判昭和 29・8・20 民集 8 巻 8 号 1505 頁 …… 3
最判昭和 30・10・11 民集 9 巻 11 号 1626 頁 …… 230
最判昭和 31・5・25 民集 10 巻 5 号 554 頁 …… 88
最判昭和 33・6・14 民集 12 巻 9 号 1449 頁 …… 28
最判昭和 33・6・20 民集 12 巻 10 号 1585 頁 …… 144
最判昭和 34・9・3 民集 13 巻 11 号 1357 頁 …… 132, 189

判例索引　*499*

最判昭和 35・2・11 民集 14 巻 2 号 168 頁 ··· 113
最判昭和 35・2・19 民集 14 巻 2 号 250 頁 ··· 62
最判昭和 35・6・17 民集 14 巻 8 号 1396 頁 ··· 85
最判昭和 35・11・29 民集 14 巻 13 号 2869 頁 ··· 100
最判昭和 36・4・20 民集 15 巻 4 号 774 頁 ··· 62
最判昭和 36・4・27 民集 15 巻 4 号 901 頁 ··· 105
最判昭和 36・5・4 民集 15 巻 5 号 1253 頁 ··· 174
最判昭和 36・6・16 民集 15 巻 6 号 1592 頁 ··· 173
最判昭和 36・7・19 民集 15 巻 7 号 1875 頁 ··· 232
最判昭和 37・2・27 民集 16 巻 2 号 407 頁 ··· 466
最判昭和 37・10・2 民集 16 巻 10 号 2059 頁 ·· 42
最判昭和 38・5・24 民集 17 巻 5 号 639 頁 ··· 343
最判昭和 38・9・5 民集 17 巻 8 号 909 頁 ·· 37
最判昭和 39・1・23 民集 18 巻 1 号 76 頁 ··· 232
最判昭和 39・2・13 判タ 160 号 71 頁 ·· 21
最判昭和 39・4・2 民集 18 巻 4 号 497 頁 ·· 62
最判昭和 39・5・23 民集 18 巻 4 号 621 頁 ··· **49**
最判昭和 39・6・19 民集 18 巻 5 号 795 頁 ··· 352
最大判昭和 39・12・23 民集 18 巻 10 号 2217 頁 ·· 297
最大判昭和 40・3・17 民集 19 巻 2 号 453 頁 ··· 339
最判昭和 40・5・25 集民 79 号 175 頁 ··· 382
最判昭和 40・6・18 民集 19 巻 4 号 976 頁 ··· 338
最大判昭和 40・6・30 民集 19 巻 4 号 1143 頁 ··· **245**
最判昭和 40・12・21 民集 19 巻 9 号 2221 頁 ··· 102
最判昭和 41・1・13 民集 20 巻 1 号 1 頁 ·· 338
最大決昭和 41・3・2 民集 20 巻 3 号 360 頁 ·· 493
最判昭和 41・3・18 民集 20 巻 3 号 451 頁 ··· 2
最判昭和 41・4・22 民集 20 巻 4 号 752 頁 ·· 51, 57
最大判昭和 41・4・27 民集 20 巻 4 号 870 頁 ·· **329**
最判昭和 41・5・27 民集 20 巻 5 号 1004 頁 ·· 230
最判昭和 42・4・20 民集 21 巻 3 号 697 頁 ··· 37
最判昭和 42・5・2 判時 491 号 59 頁 ··· 332
最判昭和 42・9・1 民集 21 巻 7 号 1755 頁 ··· 173
最判昭和 42・10・27 民集 21 巻 8 号 2110 頁 ·· 74
最判昭和 42・10・31 民集 21 巻 8 号 2232 頁 ·· 23
最判昭和 42・11・10 民集 21 巻 9 号 2417 頁 ·· 55
最判昭和 43・8・2 民集 22 巻 8 号 1571 頁 ··· 101
最判昭和 43・9・26 民集 22 巻 9 号 2002 頁 ·· 68
最判昭和 43・10・17 民集 22 巻 10 号 2188 頁 ··· 7
最判昭和 43・11・21 民集 22 巻 12 号 2765 頁 ··································· **101, 131**
最判昭和 44・3・28 民集 23 巻 3 号 699 頁 ··· 164

最判昭和 44・5・27 民集 23 巻 6 号 998 頁……………………………………………22
最判昭和 44・7・3 民集 23 巻 8 号 1297 頁…………………………………………237
最判昭和 44・7・17 民集 23 巻 8 号 1610 頁…………………………………………352
最判昭和 44・9・12 判時 572 号 25 頁………………………………………………384
最判昭和 45・3・26 判時 591 号 57 頁…………………………………………………29
最大判昭和 45・6・24 民集 24 巻 6 号 587 頁……………………………………**297**
最判昭和 45・7・24 民集 24 巻 7 号 1116 頁………………………………………3, 92
最判昭和 45・7・28 民集 24 巻 7 号 1203 頁…………………………………………58
最判昭和 45・9・22 民集 24 巻 10 号 1424 頁…………………………………………5
最判昭和 46・1・26 民集 25 巻 1 号 90 頁…………………………………………100
最判昭和 46・3・5 判時 628 号 48 頁…………………………………………………384
最判昭和 46・4・20 集民 102 号 519 頁………………………………………………41
最判昭和 46・11・19 金法 637 号 29 頁……………………………………………305
最判昭和 47・3・23 民集 26 巻 2 号 274 頁…………………………………………259
最判昭和 47・4・4 民集 26 巻 3 号 373 頁……………………………………………41
最判昭和 47・6・22 民集 26 巻 5 号 1051 頁………………………………………341
最判昭和 47・11・16 民集 26 巻 9 号 1619 頁………………………………………138
最判昭和 47・12・7 民集 26 巻 10 号 1829 頁…………………………………………85
最判昭和 48・2・2 民集 27 巻 1 号 80 頁…………………………………………**347**
最判昭和 48・6・28 民集 27 巻 6 号 724 頁……………………………………………6
最判昭和 48・7・19 民集 27 巻 7 号 823 頁…………………………………………277
最判昭和 48・12・14 民集 27 巻 11 号 1586 頁………………………………………68
最判昭和 49・3・19 民集 28 巻 2 号 325 頁……………………………………………90
最判昭和 49・7・22 家月 27 巻 2 号 69 頁……………………………………………42
最判昭和 49・9・2 民集 28 巻 6 号 1152 頁…………………………………………348
最判昭和 49・9・26 民集 28 巻 6 号 1213 頁………………………………………**17**
最判昭和 50・2・13 民集 29 巻 2 号 83 頁…………………………………………340
最判昭和 50・2・25 民集 29 巻 2 号 143 頁……………………………………**195**, 221
最判昭和 50・2・28 民集 29 巻 2 号 193 頁…………………………………………384
最判昭和 50・10・24 民集 29 巻 9 号 1417 頁………………………………**415**, 432
最判昭和 50・11・14 金法 779 号 27 頁………………………………………………54
最判昭和 50・12・8 民集 29 巻 11 号 1864 頁………………………………………303
最判昭和 51・2・13 民集 30 巻 1 号 1 頁……………………………………………257
最判昭和 51・6・17 民集 30 巻 6 号 616 頁…………………………………………136
最判昭和 54・1・25 民集 33 巻 1 号 12 頁…………………………………………231
最判昭和 54・1・25 民集 33 巻 1 号 26 頁…………………………………………383
最判昭和 54・7・10 民集 33 巻 5 号 533 頁…………………………………………304
最判昭和 55・12・18 民集 34 巻 7 号 888 頁………………………………………203
最判昭和 56・2・16 民集 35 巻 1 号 56 頁…………………………………………199
最判昭和 56・2・17 判時 996 号 61 頁………………………………………………386
最判昭和 57・1・22 民集 36 巻 1 号 92 頁…………………………………………180

判例索引 *501*

最判昭和 57・3・12 民集 36 巻 3 号 349 頁 ································· 163
最判昭和 57・9・7 民集 36 巻 8 号 1527 頁 ································ 120
最判昭和 57・9・28 判時 1062 号 81 頁 ·································· 192
最判昭和 58・4・14 判時 1077 号 62 頁 ·································· 341
最判昭和 58・5・27 民集 37 巻 4 号 477 頁 ································ 201
最判昭和 58・12・9 金判 706 号 45 頁 ···································· 202
最判昭和 59・2・2 民集 38 巻 3 号 431 頁 ································· 148
最判昭和 59・4・10 民集 38 巻 6 号 557 頁 ·························· 203, 224
最判昭和 59・5・29 民集 38 巻 7 号 885 頁 ································ 286
最判昭和 59・9・18 判時 1137 号 51 頁 ··································· 218
最判昭和 60・7・19 民集 39 巻 5 号 1326 頁 ······························· 148
最判昭和 60・11・26 民集 39 巻 7 号 1701 頁 ······························· 68
最判昭和 61・2・20 民集 40 巻 1 号 43 頁 ································· 290
最判昭和 61・4・18 集民 147 号 575 頁 ··································· 237
最判昭和 61・12・19 判時 1224 号 13 頁 ·································· 205
最判昭和 62・2・12 民集 41 巻 1 号 67 頁 ································· 180
最判昭和 62・4・7 金法 1185 号 27 頁 ···································· 235
最判昭和 62・11・10 民集 41 巻 8 号 1559 頁 ······························ 125
最判昭和 62・11・12 判時 1261 号 71 頁 ····························· 125, 190
最判昭和 63・7・19 判時 1299 号 70 頁 ··································· 233
最判平成 2・6・5 民集 44 巻 4 号 599 頁 ··································· 68
最判平成 2・12・18 民集 44 巻 9 号 1686 頁 ······························· 241
最判平成 3・4・11 判時 1391 号 3 頁 ································ 208, 224
最判平成 4・2・27 民集 46 巻 2 号 112 頁 ································ **227**
最判平成 4・3・19 民集 46 巻 3 号 222 頁 ·································· 68
最判平成 4・4・10 家月 44 巻 8 号 16 頁 ·································· 490
最判平成 4・12・10 民集 46 巻 9 号 2727 頁 ································ **33**
最判平成 5・10・19 民集 47 巻 8 号 5061 頁 ······························ **381**
最判平成 6・2・8 民集 48 巻 2 号 373 頁 ·································· **81**
最判平成 6・2・22 民集 48 巻 2 号 414 頁 ································· 180
最判平成 6・7・14 民集 48 巻 5 号 1126 頁 ································ 167
最判平成 7・6・9 民集 49 巻 6 号 1499 頁 ································· 441
最判平成 7・9・19 民集 49 巻 8 号 2805 頁 ···························· 139, 395
最判平成 8・10・28 金法 1469 号 51 頁 ··································· 215
最判平成 8・10・29 民集 50 巻 9 号 2506 頁 ···························· **24, 97**
最判平成 9・2・25 民集 51 巻 2 号 502 頁 ································· 417
最判平成 9・7・1 民集 51 巻 6 号 2251 頁 ································· 344
最判平成 10・1・30 民集 52 巻 1 号 1 頁 ····························· **147, 164**
最判平成 10・2・13 民集 52 巻 1 号 65 頁 ·································· 93
最判平成 10・6・22 民集 52 巻 4 号 1195 頁 ································ 68
最判平成 11・1・29 民集 53 巻 1 号 151 頁 ···························· 152, 263

最判平成 11・2・25 民集 53 巻 2 号 235 頁 …… 424, 432
最判平成 11・3・23 判時 1677 号 54 頁 …… 424
最判平成 11・10・21 民集 53 巻 7 号 1190 頁 …… 67
最判平成 12・2・24 民集 54 巻 2 号 523 頁 …… 493
最判平成 12・3・24 民集 54 巻 3 号 1155 頁 …… 207
最決平成 12・4・7 民集 54 巻 4 号 1355 頁 …… 150
最判平成 12・9・22 民集 54 巻 7 号 2574 頁 …… 428, 431
最判平成 13・3・13 民集 55 巻 2 号 363 頁 …… 154
最判平成 13・11・22 民集 55 巻 6 号 1056 頁 …… 266
最判平成 14・3・12 民集 56 巻 3 号 555 頁 …… 149
最判平成 14・3・28 民集 56 巻 3 号 689 頁 …… 156
最判平成 14・10・22 判時 1804 号 34 頁 …… 238
最判平成 15・6・13 判時 1831 号 99 頁 …… 10
最判平成 15・11・11 民集 57 巻 10 号 1466 頁 …… 433
最判平成 16・11・18 民集 58 巻 8 号 2225 頁 …… 216
最判平成 17・2・22 民集 59 巻 2 号 314 頁 …… 161
最判平成 17・3・10 判時 1895 号 60 頁 …… 260
最判平成 17・9・8 民集 59 巻 7 号 1931 頁 …… 481
最判平成 17・9・16 判時 1912 号 8 頁 …… 217
最判平成 17・12・8 判時 1923 号 26 頁 …… 434
最判平成 17・12・16 判時 1921 号 61 頁 …… 365
最判平成 18・1・17 民集 60 巻 1 号 27 頁 …… 104
最判平成 18・2・23 民集 60 巻 2 号 546 頁 …… 1, 61
最判平成 18・3・13 判時 1929 号 41 頁 …… 207
最判平成 18・7・20 民集 60 巻 6 号 2499 頁 …… 126
最判平成 18・10・20 民集 60 巻 8 号 3098 頁 …… 179
最判平成 19・2・15 民集 61 巻 1 号 243 頁 …… 263
最判平成 19・2・27 判時 1964 号 45 頁 …… 218
最判平成 19・7・6 民集 61 巻 5 号 1769 頁 …… 326, 399
最判平成 21・7・16 民集 63 巻 6 号 1280 頁 …… 217
最判平成 22・6・1 民集 64 巻 4 号 953 頁 …… 313
最判平成 22・6・17 民集 64 巻 4 号 1197 頁 …… 412
最判平成 23・2・25 判時 2108 号 45 頁 …… 438
最判平成 23・3・24 民集 65 巻 2 号 903 頁 …… 363
最判平成 23・4・22 民集 65 巻 3 号 1405 頁 …… 211
最判平成 23・4・22 判時 2116 号 61 頁 …… 222
最判平成 23・7・12 判時 2128 号 33 頁②事件 …… 367
最判平成 23・7・21 判時 2129 号 36 頁 …… 326, 401
最判平成 23・11・22 民集 65 巻 8 号 3165 頁 …… 281
最判平成 23・11・24 民集 65 巻 8 号 3213 頁 …… 292
最判平成 24・2・2 民集 66 巻 2 号 89 頁 …… 447

最判平成 27・4・9 民集 69 巻 3 号 455 頁 ……………………………………… 463
最判平成 28・3・1 民集 70 巻 3 号 681 頁 ………………………………………… 478
最大決平成 28・12・19 金判 1508 号 10 頁 ……………………………………… 495

高等裁判所

高松高決昭和 36・1・8 家月 14 巻 7 号 62 頁 …………………………………… 486
大阪高決昭和 40・4・22 家月 17 巻 10 号 102 頁 ………………………………… 486
東京高判昭和 45・1・29 判タ 247 号 274 頁 ……………………………………… 19
東京高判昭和 51・7・20 判タ 345 号 197 頁 ……………………………………… 59
大阪高判昭和 53・4・14 民集 33 巻 1 号 40 頁 …………………………………… 387
東京高決昭和 56・5・18 家月 35 巻 4 号 55 頁 …………………………………… 487
東京高判昭和 57・8・31 下民集 33 巻 5〜8 号 968 頁 …………………………… 110
東京高判昭和 58・7・28 判時 1087 号 67 頁 ……………………………………… 384
東京高判昭和 59・4・26 判時 1118 号 181 頁 …………………………………… 473
仙台高決昭和 59・9・4 判タ 542 号 220 頁 ……………………………………… 384
東京高判昭和 59・10・30 判時 1139 号 43 頁 …………………………………… 385
大阪高判昭和 59・11・20 高民集 37 巻 3 号 225 頁 ……………………………… 12
東京高決昭和 63・1・14 家月 40 巻 5 号 142 頁 ………………………………… 487
東京高決昭和 63・5・11 家月 41 巻 4 号 51 頁 …………………………………… 487
大阪高判昭和 63・11・29 判タ 695 号 219 頁 …………………………………… 389
大阪高判平成 7・12・6 判時 1564 号 31 頁 ……………………………………… 158
東京高判平成 9・2・20 判時 1605 号 49 頁 ……………………………………… 158
東京高判平成 11・2・24 判例集未登載 …………………………………………… 453
大阪高決平成 12・2・2 判例集未登載 …………………………………………… 488
福岡高判平成 16・12・16 判タ 1180 号 209 頁 …………………………………… 402
大阪高判平成 18・1・12 判時 1959 号 42 頁 ……………………………………… 444
東京高判平成 18・2・16 判タ 1240 号 294 頁 …………………………………… 473
東京高判平成 19・3・28 判時 1968 号 3 頁 ……………………………………… 444
福岡高判平成 21・2・6 判時 2051 号 74 頁 ……………………………………… 405
知財高判平成 21・8・27 判時 2060 号 137 頁 …………………………………… 454
福岡高判平成 24・1・10 判時 2158 号 62 頁 ……………………………………… 408

地方裁判所

東京地判昭和 34・2・17 下民集 10 巻 2 号 296 頁 ……………………………… 387
東京地判昭和 41・6・18 判タ 194 号 153 頁 ……………………………………… 344
福岡地判昭和 47・3・16 判タ 278 号 332 頁 ……………………………………… 474
和歌山地判昭和 48・8・10 判時 721 号 83 頁 …………………………………… 474
東京地判昭和 51・6・29 判時 817 号 23 頁 ……………………………………… 452
東京地判昭和 56・12・14 判タ 470 号 145 頁 …………………………………… 218
福岡地小倉支判昭和 59・2・23 判時 1120 号 87 頁 ……………………………… 475
浦和地判昭和 60・4・22 判時 1159 号 68 頁 ……………………………………… 475

東京地判昭和 61・5・27 判時 1239 号 71 頁 ･････････････････････････････････････ 384
富山地判昭和 61・10・31 判時 1218 号 128 頁 ･････････････････････････････････ 455
京都地判昭和 62・10・30 判タ 660 号 142 頁 ･･････････････････････････････････ 389
東京地判昭和 63・4・22 金判 807 号 34 頁 ････････････････････････････････････ 385
京都地判平成元・9・6 判時 1380 号 126 頁 ･･･････････････････････････････････ 475
神戸地判平成 9・9・8 判時 1652 号 114 頁 ････････････････････････････････････ 404
東京地判平成 12・2・29 判時 1715 号 76 頁 ･･･････････････････････････････････ 453
大阪地判平成 12・9・27 判タ 1053 号 137 頁 ･････････････････････････････････ 404
東京地判平成 13・11・26 判タ 1123 号 228 頁 ････････････････････････････････ 473
大分地判平成 15・2・24 民集 61 巻 5 号 1775 頁 ･･････････････････････････････ 402
神戸地判平成 16・2・25 判時 1853 号 133 頁 ･････････････････････････････････ 474
名古屋地判平成 16・6・18 金商 1210 号 27 頁 ････････････････････････････････ 490
東京地判平成 16・7・14 判時 1879 号 71 頁 ･･････････････････････････････････ 453
東京地判平成 17・8・31 判タ 1208 号 247 頁 ･････････････････････････････････ 454
横浜地判平成 18・4・25 判タ 1258 号 148 頁 ･････････････････････････････････ 444
京都地判平成 18・10・13 判例集未登載 ･･････････････････････････････････････ 443
東京地判平成 20・7・4 判時 2023 号 152 頁 ･･････････････････････････････････ 453
大阪地判平成 21・3・25 判タ 1297 号 224 頁 ･････････････････････････････････ 437
仙台地判平成 22・6・30 判例集未登載 ･･ 437
大阪地判平成 22・6・30 判時 2092 号 122 頁 ･････････････････････････････････ 228
東京地判平成 22・10・21 判例集未登載 ･･････････････････････････････････････ 453
大阪地判平成 23・7・25 判タ 1354 号 192 頁 ･････････････････････････････････ 439
仙台地判平成 24・7・19 裁判所 HP ･･･ 439
東京地判平成 24・10・4 判時 2180 号 63 頁 ･･････････････････････････････････ 277
名古屋地判平成 25・1・31 判時 2188 号 87 頁 ････････････････････････････････ 472
東京地判平成 25・6・6 判タ 1395 号 351 頁 ･･････････････････････････････････ 228
大阪地判平成 26・12・4 判時 2279 号 60 頁 ･･････････････････････････････････ 228
東京地判平成 27・4・28 判時 2275 号 97 頁 ･･････････････････････････････････ 277

家庭裁判所

京都家審昭和 38・8・2 家月 15 巻 11 号 124 頁 ･･･････････････････････････････ 486
秋田家審昭和 38・10・17 家月 16 巻 2 号 83 頁 ･･･････････････････････････････ 485
新潟家審昭和 42・8・3 家月 20 巻 3 号 81 頁 ･･････････････････････････････････ 486
福岡家審昭和 46・4・27 家月 24 巻 12 号 52 頁 ･･･････････････････････････････ 487
東京家審昭和 55・2・12 家月 32 巻 5 号 46 頁 ･････････････････････････････････ 485
東京家審昭和 61・3・24 家月 38 巻 11 号 110 頁 ･･････････････････････････････ 486

事項索引

あ行

悪意者排除論 …………………………… 172
悪意の抗弁 ……………………………… 143
アスベスト ……………………………… 321
「あれなければこれなし」定式 ………… 432
安全配慮義務 ……………… 195, 221, 224
遺産分割審判 ……………… 483, 494, 495
　（当事者主義的運用）…… 484, 493, 494
　――の長期化の防止 ………………… 488
遺産分割の遡及効 ……………………… 489
異時競売 ………………………………… 235
意思決定の自由 ……………………… 74-79
意思主義 ………………………………… 87
異時配当 ………………………………… 240
意思表示 …………………………… 17, 19
慰謝料 …………………………………… 203
萎縮診療 ………………………………… 442
一括下請負 ………………… 382, 389, 390, 396
「一種の担保」理論 ………………… 288-291
一般先取特権 ………………………… 282-287
委任契約 …………………………… 217, 223
委任事項欄非濫用型 …………………… 56
委任事項欄濫用型 ……………………… 56
委任状 …………………………………… 49
医療システムの崩壊 …………………… 444
医療従事者相互の連携 ………………… 440
医療水準 ………… 431-438, 441, 442, 445
因果関係の終点 ………………… 436, 437
因果関係の立証
　（医師の不作為事例）………… 424, 432
　（因果関係の終点）… 424, 425, 432, 435
　（因果法則）………………………… 423-425
　（間接事実）…………………… 423, 424
　（時間的な近接性）…………… 423, 424
　（他の原因）………………………… 422-425
　（通常人）…… 415, 421, 422, 424, 428, 429
因果法則 ………………………………… 426

か行

請負契約 …………………… 208, 401, 410
請負人
　――のための保証 …………………… 259
　――の担保責任 ……………… 402, 411
請負人帰属説 …………………………… 383
受戻権 …………………………………… 179
売主のための保証 ……………………… 260
売渡担保 …………………… 19, 188, 189

か行

外形自己作出型 ………………………… 2, 3, 8
外形他人作出型 ………………………… 4, 5, 8
解除
　――と第三者 ………………………… 28
　――の遡及効 …………………… 28, 30
蓋然性説 ………………………………… 426
　優越的―― ……………………… 427, 428
解明度 …………………………………… 428
買戻特約 ………………………………… 189
価格賠償 …………………… 228, 230, 233
加工 ……………………………………… 383
瑕疵 ……………………………… 399, 400
「瑕疵」概念（民法570条の）… 314, 327
　（客観説）…………………………… 314-316
　（主観説）…………………… 314-316, 327
瑕疵担保責任 ……………… 402, 403, 411
果実 ……………………………………… 159
過失相殺 …………………………… 205, 412
過失相殺の規定の類推適用 …………… 465
家団論 ……………………… 330, 338, 343
可分債権（共同相続された）… 482, 493-495
仮登記 ………………………………… 19, 20
簡易の引渡し …………………………… 114
環境確保条例 ……………… 319, 322, 323
完成建物の所有権 ……………………… 382
間接型（代理権授与表示の存否に関する）
　………………………………………… 54, 61

間接事実 ………………………………… 426
間接占有 ……………………… 118-120, 128
完全性利益 ……………………………… 197
監督義務者の責任 ……………………… 466
　（親に具体的な予見可能性がある場合）
　　………………………………… 473-475, 479
　（親に具体的な予見可能性がない場合）
　　……………………………………… 475, 476
　（過失必要説）…………………………… 466
　（過失不要説）…………………………… 467
　（家族関係の特殊性）……… 469, 470, 472, 479
　（危険責任）……………… 470-472, 477, 479
　（自己責任）……………………………… 466
　（責任無能力者によるいじめ）……… 473, 475
　（代位責任）……………………………… 466
　（包括的な監護義務）……………… 470, 474
観念的所有権 …………………………… 94
観念の通知 …………………………… 50, 62
期限
　――の利益 ……………… 190, 191, 301, 308
帰責事由 ………………………………… 199, 206
帰属清算型 ……………………………… 180
期待権 …………………………… 438-440, 445
期待権侵害 ……………………………… 442
　――の帰責根拠 ………………………… 441
期待権侵害理論の射程 ………………… 443
基本契約 ………………………………… 266
逆相殺 …………………………………… 304, 308
給付義務 ……………… 195, 197, 221, 224, 410
旧民法 …………………………………… 159
共益債権 ……………………………… 290-294
強制競売 ………………………………… 182
強制執行 ………………………………… 179
競争秩序 ………………………………… 111
　――違反行為 ……………………… 107, 112
共同担保 ………………………………… 235, 236
共同抵当 ………………………………… 227
供用物 ……………………………… 166, 167, 169
虚偽表示 ……………………………… 21, 22, 193
　――と第三者 …………………………… 22
居住権 …………………………………… 337

禁反言 ………………………………… 13-15
　行為による―― ………………………… 14
形式的判断説（民法826条の利益相反行為
　に関する）……………………………… 42
契約
　――上の引渡請求権 ………………… 144
　――の解釈 …… 251, 253, 258, 259, 261, 315, 316
　――の解除 …………………………… 222
　――の相対効 ………………………… 390
　――の取消し ………………………… 215
　――の無効 …………………………… 215
契約自由の原則 ……………………… 277, 301
契約上の地位 …………………………… 267
　――の移転 …………………………… 350
契約責任 ……………………… 402, 404, 411
契約責任説（瑕疵担保責任に関する）
　………………………………………… 316, 327
契約締結上の過失 …………………… 211
契約適合性 ……………………………… 327
ゲヴェーレ ……………………………… 117
結果債務 ………………………………… 200, 206
欠陥建物 ………………………………… 399, 400
原因者負担原則 ……………………… 324-326
原契約変容説 ………………………… 256, 258
現実の引渡し …………………………… 114
原始的不能 ……………………………… 220
原状回復義務
　賃借人の――（賃貸借契約の終了による）
　　………………………………………… 260
　契約の解除による―― ……………… 246-258
　賃借人の―― ………………………… 365, 371
建設業法 ………………………………… 390
現物返還 ……………………… 228, 230, 233
券面額 …………………………………… 351
権利外観法理 ……………………… 4, 13-15, 82
権利行使要件 …………………………… 271
権利抗弁説 ……………………………… 109
権利の登記 ……………………………… 340
権利保護資格要件 ………………… 18, 25, 29
権利濫用 ………… 46, 71, 152, 308, 343, 344, 384
牽連性 …………………………………… 131

事項索引　507

更改 …………………………………… 300
工作物責任 …………………………… 410
後順位抵当権者 ………………… 67, 68
工場抵当法 ………… 163-165, 168, 169
公序良俗（民法90条）違反 …… 104, 105
公信力 …………………………… 124, 173
　占有の—— ………… 114, 118, 128, 175
高度の蓋然性 ………………………… 415
　（因果関係の立証の場面における）
　　……… 419-422, 425-429, 432, 434-438, 445
　（訴訟上の証明一般における）… 416, 418, 420
　——ないし相当程度の可能性 ……… 437
抗弁権 …………………………… 143, 144
国税債権 ……………………………… 265
国税徴収法 …………………………… 264
個人主義 ……………………………… 343
雇用契約 ………………… 199, 204, 224

さ 行

債権質 …………………………… 300, 305
債権者代位権 …………………… 76, 395
債権譲渡 ………………… 147, 148, 303
債権譲渡登記 ………………………… 271
債権譲渡特例法 ……………………… 271
再生債権 ………………………… 290, 292
財団債権 …………… 281, 284, 288, 291, 293
裁判所の情報状態 ……………… 428, 429
裁判への信頼 …………………… 428, 429
債務者対抗要件 ……………………… 270
債務の承認 ……………………………… 70
債務不履行責任 ………… 196, 212, 403
材料主義 ……………………………… 381
詐害行為取消権 ……………………… 227
詐欺 ……………………………… 17, 215
先取特権 ………………… 159, 305, 309
錯誤 …………………………………… 215
差押え
　——の処分禁止効 ………………… 184
差押命令 ………………………… 348, 349
指図による占有移転 …………… 114, 119
時間的近接性 ………………………… 426

敷金 ………………… 156, 157, 347, 364
　——契約 ……………………………… 350
　——の充当 ………………………… 156
　——の分離措置 …………………… 359
　——返還債務 ……………………… 354
　——返還請求権 ………………… 347, 348
敷引特約 ………………… 363-367, 372-379
自己イメージの呈示 …… 458, 459, 462
時効
　——援用権 ………………………… 69
　——中断 …………………………… 70
　——の援用 ………………………… 73
　——の援用権 …………………… 71, 72
　——の援用権者 …………………… 68
事後求償権 …………………………… 237
　物上保証人の—— ………………… 241
自己決定権 ……… 214, 216, 455, 456
自己責任 ……………………………… 467
使者 …………………………………… 60
地震売買 ……………………………… 332
事前求償権 …………………………… 241
下請負人 ……………………………… 384
執行妨害 ……………………………… 152
実質的所有者 ………………………… 89
　——責任説 ………………… 85, 86, 88
　建物の—— ………………………… 85
実質的判断説（民法826条の利益相反行為
　に関する） ………………………… 42
自働債権 ……………………………… 297
社会的な相互行為 ……… 458, 460, 462
借地権 ………………………………… 329
　——の社会的性格 ………………… 335
借地借家法 …………………………… 334
借賃増減額訴訟 ……………………… 374
借家権 ………………………………… 333
自由競争 ……………………………… 101
従物 ……………… 163, 166, 169, 176
修補費用 ………………………… 400, 401
手段債務 ……………………………… 200
受働債権 ……………………………… 297
純粋経済損失 ………………………… 413

使用者責任 …………………………… 197, 202
状態責任 …………………………… 323, 324, 326
譲渡禁止特約 ………………………………… 273
譲渡制限特約 …………………………… 274, 277
譲渡担保 ……………………………………… 179
　――の法的構成 ………………… 125, 192
　帰属型の―― ……………………………… 185
　狭義の―― ………………………………… 189
　処分型の―― ……………………………… 185
譲渡担保権 …………………………………… 74
　――の実行 ………………………………… 187
　――の法的構成 …………………………… 126
譲渡担保権者 ……………………………… 179
　――の清算義務 …………………………… 180
譲渡担保設定者 …………………………… 180
消費寄託契約 ……………………………… 306
消費貸借契約 ………………………… 186, 306
証明
　――と疎明 ……………………… 415, 420, 428
　自然科学的―― ………… 415-417, 420, 421
　歴史的―― …………………… 416, 417, 420
消滅時効 ………………………… 67, 72, 212
将来債権 ……………………………………… 263
　狭義の―― …………………………… 267, 276
　広義の―― …………………………… 267, 276
処分権 ………………………………………… 272
処分清算型 …………………………………… 180
所有権喪失の抗弁 ……………………… 109, 110
所有権に基づく返還請求権 ………… 132, 144
信義則 ……… 46, 71, 197, 198, 211, 213, 218, 384
信義則違反 ………… 91, 101, 102, 106, 111, 112
人的編成主義 ……………………………… 275
信頼利益 ……………………………… 219, 409
診療契約 ……………………………………… 208
推定相続人 …………………………………… 330
制限説（相殺と受働債権の差押えに関する）
　………………………………………………… 298
製造物責任法 ……………………………… 414
制定法の欠缺 ………………………… 126, 277
責任能力 ……………………………………… 464
説明義務 ……………………………………… 211

善管注意義務 ………………………………… 44
先行行為型の不作為不法行為責任 ……… 325
占有改定 ……………………………… 114, 175
占有補助者 ………………………………… 396
相殺 ……………………………… 153, 154, 360
　――の意志表示 …………………………… 308
　――の抗弁 ………………………………… 303
　――の担保的機能 ………………………… 297
相殺適状 ……………………………… 297, 304
相殺予約 ……………………………………… 301
相続権 ……………………………… 33, 39, 44
相当価格での不動産の売却 ……………… 229
相当程度の可能性 ……………………… 431-
　――の推認 ………………………………… 439
　――を否定する裁判例 …………………… 439
即時取得 …………………………… 164, 167, 170
損益相殺 ……………………………………… 409
損害 …………………………………………… 404
　――賠償責任 ……………………………… 400
損害賠償債務（主たる債務の不履行による）
　………………………………………………… 248

た行

代位 …………………………………………… 75
大気汚染防止法 …………………………… 321
対抗関係 ………………………… 87, 89, 91, 332
対抗法理 ……………………………… 83, 86
対抗要件 …………………………… 17, 20, 21, 29
　――としての適格性 …………… 114, 126, 127
　――の抗弁 ………………………………… 109
対抗力 …………………………… 124, 127, 134, 175, 340
　――の消長 ………………………………… 173
　抵当権設定登記の―― ……… 172, 173, 175, 177
第三債務者保護説（抵当権者による差押え
　に関する） ………………………………… 148
第三者異議の訴え …………………… 179, 191
第三者抗弁説 ……………………………… 109
第三者対抗要件 …………………………… 270
　――としての適格性 ……………………… 266
第三者弁済 ……………………… 240, 282, 285-287
第三取得者 ………………………………… 67, 68

代物弁済 …………………………………… 300
代理権授与表示 ………………………… 50, 53
代理権濫用 ………………………………… 34
建前 ……………………………………… 385
建物収去土地明渡請求 ……………… 83, 330
建物収去土地明渡請求権 ………………… 84
建物保護法 ……………………………… 332
他人のために登記義務を負う者 ………… 110
他人物売買 ………………… 113, 135, 138
他の原因 ………………………………… 426
担保価値維持義務 ……………………… 278
担保権的構成
　　譲渡担保における—— ………… 268
注意義務 …………………… 399, 408, 409
中間的合意 ……………………… 220, 222
中途解除 ……………… 382, 386, 387, 393
　　請負契約の—— ……………… 393
直接型（代理権授与表示の存否に関する）
　　………………………… 54, 58, 59, 61
直接効果説 ………… 249, 253, 256, 258, 260
　　——の嚆矢 ……………………… 257
直接請求権 ……………………………… 396
賃借権 …………………………………… 133
賃借人
　　——のための保証 ……………… 259
　　——保護 ……………………… 357, 358
賃借物の損傷 …………………… 260, 379
賃貸借 …………………………………… 151
賃貸借契約 ………………………… 156, 347
賃貸事例比較法 …………… 366, 373, 374
賃料債権 ………………………………… 151
　　共同相続開始後の—— ………… 481
追及権 ……………………………… 116, 117
追及効 ……………………………… 159, 305
追奪担保責任 …………………………… 108
通常損耗等 ……………………… 363-378
通常人 ……………………………… 426, 427
通知・承諾方式 ………………… 267, 276
抵当権 …………………………………… 147
　　——の消滅 …………………… 69, 73
出来形部分の所有権 …………… 382, 385

デフォルトルールへの固着性 …… 254, 255, 261
典型契約 ………………………………… 252
転々予定型 ……………………………… 56
転々流通型 ……………………………… 60
転付命令 ………… 148, 149, 303, 304, 348, 349
転用物訴権 ……………………………… 395
登記懈怠 ……………………… 93, 94, 99-102
登記欠缺を主張する正当な利益 …… 90, 93, 98
登記請求権
　　賃借権に基づく—— …………… 332
登記妨害 ………………………………… 112
　　詐欺・強迫による—— ………… 110
登記名義人責任説 ………………………… 88
動産譲渡登記制度 ……………………… 127
動産売買先取特権 ………………… 148, 161
同時競売 ………………………………… 235
同時配当 ………………………………… 240
同時履行 ………………………………… 360
　　——の抗弁 …………………… 348
　　——の抗弁権 …………… 137, 139, 361
登録自動車 ………………………… 83, 90
特定物ドグマ …………………………… 327
特別代理人 ………………… 38, 41, 42, 47
土壌汚染 ……………………………… 318, 320
土壌汚染対策法 …………… 319, 320, 324-326
土地工作物所有者の責任 ……………… 395
取消し …………………………………… 27
　　——と第三者 …………………… 17
　　——の遡及効 ………………… 20, 24, 25
取消権 ……………………………………… 24
取立権 …………………………………… 274

な行

内容同一性
　　——説 …………………… 248, 258, 260
　　保証債務と主たる債務との——
　　………………………… 248, 250, 251, 260
なす債務 ………………………………… 208
荷送指図書 ……………………………… 123
二重譲渡 …………………………… 23, 29
二重売買 …………………………… 131, 140

荷渡指図書……………………………121
任意売却………………………………230
任意法規……………………252, 253, 369
　不文の——…………………370, 376, 378
農地賃借権……………………………333

は行

配偶者の法定相続分…………………485
背信行為論……………………………344
背信的悪意者………………23, 172, 181, 186
背信的悪意者排除論…………………175
売買契約……………………206, 216, 224
白紙委任状………………………………50
破産債権…………………………281, 283
　優先的——……………………………284
パブリシティ権
　人格権に由来する——……451, 455, 459, 462
　フリー・ライドの自由の例外としての——
　　………………………………………454
　——侵害による財産的損害の額の算定…456
　——と「専ら」基準……………453, 457
　——の独自性…………………………452
パブリシティ権侵害と名誉毀損・プライバ
　シー侵害との関係…………………460
パロディ………………………………461
反対債権…………………………298, 299
非転々予定型……………………………55
表現の自由…………………………458, 462
表見法理…………………………………4
表示の登記……………………………339
費用償還請求権……………………139, 282
表明保証………………………………321
付加一体物…………………163, 164, 170
付合……………………………………383
付従性…………………………………353
付随義務……………………213, 216, 224
復帰的物権変動…………………………27
物権………………………………143, 144
物権的請求権……………………………82
　抵当権に基づく——…………………165
物権的返還請求権…………………143, 144

物権的妨害排除請求権………………170
物権変動……………………………22, 24, 26
物上代位………………………………147
　代償的・代替的——…………………160
　派生的・付加的——…………………160
物上保証…………………………………34
物上保証人………………………………68
物の納税責任………………………265, 269
物の編成主義…………………………275
物の有限責任………………………237, 242
不動産工事の先取特権………………396
不動産付合……………………………385
不動産登記法………………102, 107, 110
不当利得返還請求権…………………139
船荷証券………………………………121
不法行為責任…………196, 212, 399, 402, 411
不法占拠…………………………………84
扶養義務……………………………33, 39, 44
分割単独債権……………481, 482, 490-495
分離物……………………………170, 171
別除権………………………………283, 286
弁済先固定特約………………………274
弁済受領権……………………………274
弁済による代位……………………281, 295
　——の構造……………………285, 286
　——の趣旨……………………………287
変動原因無制限説……………………100
妨害排除請求権…………………………87
　抵当権に基づく——…………………169
妨害予防請求権………………………170
包括的代理権………………………40, 43, 47
法定責任説（瑕疵担保責任に関する）……316
法定相殺……………………………302, 309
法定代理権………………………………37
法定納期限
　国税の——……………………………269
保険金債権……………………………151
保護義務……………………………197, 198
保護法益………………………………410
補充性
　責任の——……………………………242

事項索引　*511*

保証
　請負人のための——……………………248-250
　売主のための——…………245, 249, 250, 252
保証金債権………………………………………153
保証債務と主たる債務との内容同一性……249
保証人の与信リスクの引受け………………294
保証渡し…………………………………………121

ま行

未成年後見監督人………………………………44
未成年後見人………………………………36, 40, 48
民法………………………………………………331, 387
　——93条ただし書の類推適用…………37, 45
　——94条の本来予定する事案………………3
　——94条2項……………………………91, 108
　——94条2項の第三者………………………92
　——94条2項の類推適用……………………61, 92
　——94条2項の類推適用（外観作出に
　　関する意思的な関与）……………………8, 12
　——94条2項の類推適用の基礎……………10
　——94条2項，110条の法意…………………7
　——94条2項および110条の類推適用……1
　——95条の類推適用…………………………63
　——110条の基本権限………………………62
民法現代語化……………………………………51
無過失責任………………………………………410
無権代理人の責任………………………………63
無権利の法理…………………………………86, 113
無効………………………………………………22, 27
無制限説（相殺と受働債権の差押えに関する）
　…………………………………………………298
無断転貸…………………………………………338
明認方法…………………………164, 173, 174, 176

物
　——の改良……………………………………142
　——の保存……………………………………142
ものまね…………………………………………461

や行

有益費の償還請求権……………………………136
優先的保全説（抵当権者による差押えに
　関する）………………………………………148
預貯金債権（共同相続された）………495, 496
予約完結権………………………………72, 75, 79

ら行

利益相反……………………………………34, 110
利益相反行為……………………………34, 38, 41
履行
　——の間接的強制……………………137, 138, 140
　——の強制…………………………………208, 209
履行不能…………………………………………225
履行補助者…………………………………201, 219
履行補助者的立場………………………………390
　下請負人の——………………………………390
履行利益…………………………………………212
立証責任……………………………………199, 200
留置権……………………………………131, 188, 396
　——の抗弁…………………………………135, 136
　——の効力……………………………………141
　——の成立……………………………………141
流動動産譲渡担保………………………………126
立木登記…………………………………………174
類型論………………………………88, 115, 124, 268, 396
類推適用…………………………………………9
廉価売却…………………………………………235

〈判旨〉から読み解く民法
Understanding Civil Law Decisions

2017 年 5 月 20 日　初版第 1 刷発行

法学教室
LIBRARY

著　者	水　野　　　謙 古　積　健　三　郎 石　田　　　剛
発行者	江　草　貞　治
発行所	株式会社 有　斐　閣

郵便番号 101-0051
東京都千代田区神田神保町 2-17
電話　(03)3264-1311〔編集〕
　　　(03)3265-6811〔営業〕
http://www.yuhikaku.co.jp/

印刷・株式会社暁印刷／製本・大口製本印刷株式会社
©2017, Mizuno Ken, Kozumi Kenzaburo, Ishida Takeshi.
Printed in Japan

落丁・乱丁本はお取替えいたします。
★定価はカバーに表示してあります。
ISBN 978-4-641-13771-4

[JCOPY] 本書の無断複写（コピー）は、著作権法上での例外を除き、禁じられています。複写される場合は、そのつど事前に、(社)出版者著作権管理機構（電話03-3513-6969、FAX03-3513-6979、e-mail:info@jcopy.or.jp）の許諾を得てください。